合格するための

本試験問題集

よくわかる簿記シリーズ　Exercises in the Exam

日商簿記 2級

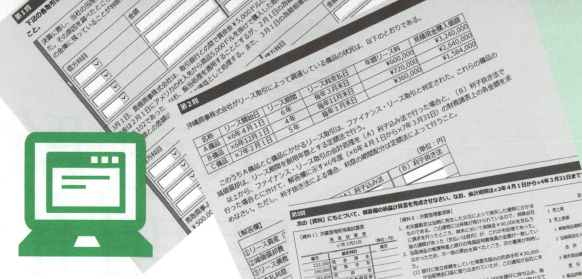

ネット試験用
模擬試験プログラムにチャレンジしよう！

本書掲載の「第2部本試験演習編」の問題のうち、5回分には、本番とまったくおなじ環境でネット試験の演習ができる、模擬試験プログラムが付属しています。実際にパソコンで解いてみると、下書用紙の使い方や、日本語入力への切り替えなど、ペーパー試験とは違った工夫が必要なことに気づかれると思います。
ネット試験を受験されるかたは、ぜひこの模擬試験プログラムをダウンロードして、ネット試験用の対策をすすめてください。

※本サービスの提供期間は、9月上旬から本書の改訂版刊行月末日までです。

模擬試験プログラムへのアクセス方法

STEP 1　TAC出版　検索

STEP 2　 書籍連動ダウンロードサービス　にアクセス

STEP 3　パスワードを入力
21088851

はしがき

　本書は、日本商工会議所および各地商工会議所が主催する簿記検定試験で出題された本試験の問題およびＴＡＣオリジナル問題と、これらの解答・解説を収録し、編纂したものです。

　日商簿記検定は2021年度より新形式で実施されていますが、ＴＡＣ出版では、本試験問題の分析をそのつど行い、問題を改題して、新試験形式で対策ができるようになっておりますので、安心してご利用ください。

　そして、学習にあたっては、第１部（巻頭）の「ＴＡＣ式　出題別攻略テクニック編」により、本試験の出題傾向とその攻略テクニックを理解したうえで、第２部の「本試験演習編」にチャレンジしてください。そのために次のような工夫がしてあります。

◎ 第１部「ＴＡＣ式　出題別攻略テクニック編」ではまず、第１問や第４問⑴で出題される、基本となる仕訳を取り上げ、さらにそれ以外の設問については、本試験でよく出る代表的な問題の攻略テクニックについて解説をしています。

◎ 第２部「本試験演習編」では、本試験問題を徐々に実力が身に付くように収録したうえで、問題・解答・解答への道（解説）の順に編集してあります。本試験形式の総合問題を解く手順を練習するとともに、簿記２級の全論点を網羅していますので、論点ごとの知識を確認してください。また、巻末に答案用紙を抜き取り式で収録してあります。なお、答案用紙の最初にチェック・リスト（得点一覧表）がありますので、これを活用し、本試験演習を繰り返すことで、知識を確かなものにしてください。

　本書の解説（解答への道）には、ＴＡＣ簿記検定講座が教室講座および通信講座の運営を通じて培ったノウハウが随所に生かされていますので、きっとご満足いただけるものと思います。

　読者のみなさんが合格され、新たな一歩を歩まれますよう心よりお祈り申し上げます。

　2021年７月

ＴＡＣ簿記検定講座

学習の進め方

本書の使い方

第1部 TAC式 出題別攻略テクニック編

■ 第1問・第4問(1)対策

　巻頭にある「TAC式　出題別攻略テクニック編」は、第1問対策および第4問(1)対策として、基本となる仕訳を取り上げています。

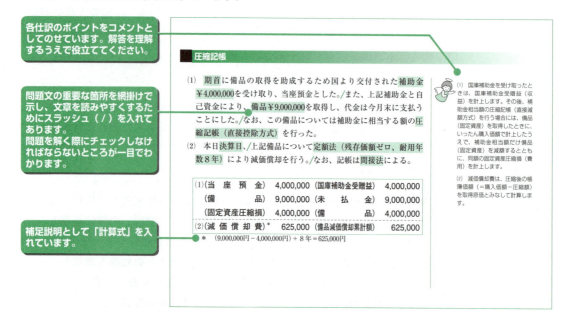

- 各仕訳のポイントをコメントとしてのせています。解答を理解するうえで役立ててください。
- 問題文の重要な箇所を網掛けで示し、文章を読みやすくするためにスラッシュ（/）を入れてあります。問題を解く際にチェックしなければならないところが一目でわかります。
- 補足説明として「計算式」を入れています。

■ 第2問～第5問対策

　第2問から第5問までの内容は、本試験でよくでる代表的な問題の攻略テクニックについて解説をしています。

 典型的な問題の攻略テクニックを示しています。

精算表の問題です。精算表とは、決算整理前残高試算表から損益計算書と貸借対照表を作る過程を一枚の表にまとめたものになります。精算表は決算の手続きを一覧できる便利な表になりますので、決算の流れを精算表の問題をとおして理解するようにしてください。

精算表の仕組みを示すと次のようになります。

精算表の戦略的解法術

戦略的解法術により、解法の手順が示してあります。また、合格するために必要なラインも示していますので、学習する際の指標にしてください。

Step 1

決算整理仕訳を1つだけ行い、修正記入欄に直接記入します。
このとき、未処理事項がある場合には、先に未処理事項を仕訳し、その後、決算整理仕訳を行います。

Step 2

1つの決算整理仕訳を修正記入欄に記入したら、すぐに前T/Bの残高と決算整理仕訳の金額を合計または差し引き、決算整理後の残高をP/L欄またはB/S欄に書き移しましょう。

検定試験は部分配点なので、解答できる部分だけでもできるだけ多く記入していく

「戦略的解法術」で示されたステップをもとに、「解答への道」では、解き方が示されています。

解答への道

決算整理仕訳は次のとおりです。
(1) 現金過不足の整理

| （雑 | 損） | 4,000 | （現 | 金） | 4,000 |

決算に際して生じた原因不明の現金不足額は、現金過不足勘定を使わずに直接、雑損（失）勘定で処理します。

ネット試験では

適宜、ネット試験における学習上の注意点や、本番での心構えなどを掲載しています。

ネット試験では、画面上に書き込みができません。統一試験（ペーパー試験）との最大の違いがココにあります。計算用紙に仕訳をして、画面を見ながら、上手に集計できるようにあらかじめ練習しておきましょう。

なお、統一試験とネット試験の違いのイメージは次のとおりです。

統一試験

ネット試験

画面左側に資料、画面右側に解答欄が配置され、資料を見ながら解答する構成になっています。

第2部 本試験演習編

　本試験演習編の問題は回数別に収録してありますので、時間配分を考えながら本試験の演習を行ってください。解答にあたっては巻末に収録されている「答案用紙」を抜き取ってご利用ください。
　第1回から第12回の順で簿記の知識・理解度が深まるように本試験問題を再編集していますので、まずは、第1回から順番どおりに解いてみてください。

■ 問題

制限時間を示しています。
時間を計って解いてみましょう。

問題はすべて新試験形式に改題をしています。
また、出題範囲外となった問題については削除しております。

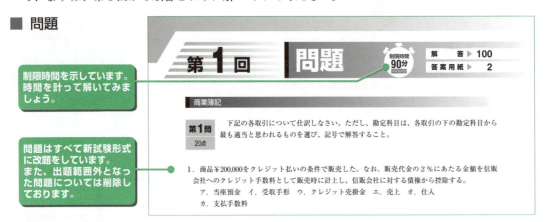

■ 解答

予想採点基準を示しています。
解き終わったら採点をしてみましょう。

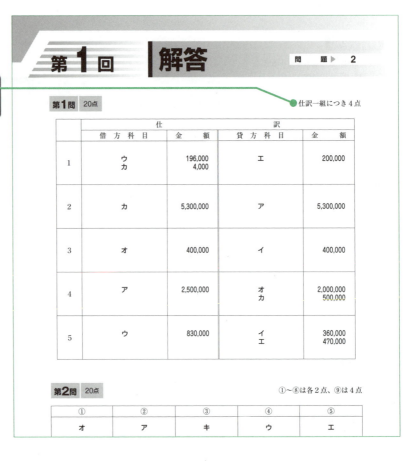

■ 解答への道

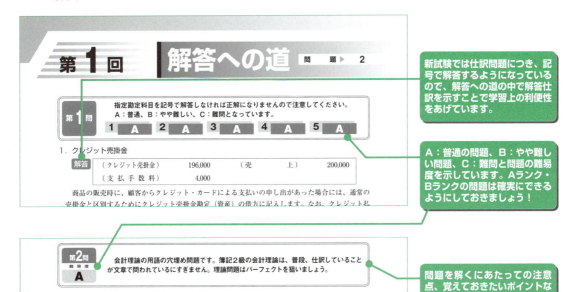

■ 簿記で使用される記号

(1) P / L ：損益計算書　　　　　　　　（Profit & Loss Statement）
(2) B / S ：貸借対照表　　　　　　　　（Balance Sheet）
(3) S / S ：株主資本等変動計算書　　　（Statements of Shareholder's Equity）
(4) C / R ：製造原価報告書（明細書）　（Cost Report）
(5) F / S ：財務諸表　　　　　　　　　（Financial Statements）
(6) T / B ：試算表　　　　　　　　　　（Trial Balance）
(7) W / S ：精算表　　　　　　　　　　（Work Sheet）
(8) a / c ：勘定　　　　　　　　　　　（account）
(9) ¥ 　　：円　　　　　　　　　　　　（yen）
(10) @ 　　：単価　　　　　　　　　　　（at）　@¥100→単価100円

チェック・リスト

問題	回数	第1問	第2問	第3問	第4問	第5問	合　計
1回	1回目	点	点	点	点	点	点
	2回目	点	点	点	点	点	点
2回	1回目	点	点	点	点	点	点
	2回目	点	点	点	点	点	点
3回	1回目	点	点	点	点	点	点
	2回目	点	点	点	点	点	点

合格するための３ステップ

　簿記検定試験２級の受験にあたって、次の３つのステップ（段階）を踏まえて学習を進めるとよいでしょう。

		内　　　容	使　用　教　材
①インプット		学習すべき項目の一つ一つの論点について、正確に知識を身に付けることが大切です。 このとき１日にまとめて学習するよりは毎日２～３時間ずつ学習することをお勧めします。 簿記は「慣れる」ことが大切です。	◆ 日商簿記２級商業簿記 　合格テキスト 　合格トレーニング ◆ 日商簿記２級工業簿記 　合格テキスト 　合格トレーニング
アウトプット	②本試験問題研究	本書の「TAC式　出題別攻略テクニック編」を理解することで、その出題傾向と攻略テクニックをつかんでください。攻略テクニックを知ることで、より効果的な学習が可能となります。 そのうえで、本試験タイプの問題を使って、攻略テクニックの実践的な練習をしていきますので、無理なく実力を身に付けることができます。	◆ 日商簿記２級 　合格するための本試験問題集 　（TAC式　出題別攻略テクニック編 　　付き）
	③予想問題演習	予想問題を解くことで、最後の総仕上げをします。 ここでは時間配分はもちろん、苦手な問題をつくらないようにしましょう。	◆ 日商簿記２級 　第159回（11月）をあてるTAC直前 　予想模試 ◎さらに通信講座「直前対策パック」を利 　用すれば、質問電話、質問カードにより 　適切なアドバイスを受けられます。

（注）使用教材は発行時期によりバージョン（改訂版）が変更されていますので、ご注意ください。

出題論点を知ろう！

日商簿記検定2級は全部で5題の問題が出題され、うち3題が商業簿記（60点満点）、残り2題が工業簿記（40点満点）の範囲から出題されます。制限時間は90分で、合格は100点満点中の70点以上となります。おおむね出題傾向は次に示すとおりですが、はじめから100点満点をねらうのではなく、まずは制限時間内に70点（合格点）を取れる実力を身に付けることが重要です。

	出 題 傾 向	配点 （目標得点）	解答時間
第1問	商業簿記の範囲より、**仕訳問題が5題**出題されます。	20点 （16点～20点）	10～15分
第2問	商業簿記の範囲より、**個別会計**を前提とした**仕訳や勘定記入**のほか、**連結会計**を前提とした標準的な内容が出題されます。また、**会計理論**も出題されます。	20点 （12点～16点）	15～25分
第3問	商業簿記の範囲より、**決算問題**として、個別会計を前提とした**財務諸表の作成**のほか、**製造業の内容**が出題されます。また、**本支店会計**を前提とした総合問題が出題されます。	20点 （12点～16点）	15～25分
第4問 (1)	工業簿記の範囲より、おもに「**財務会計**」を前提とした問題が出題されます。具体的には、**費目別計算、個別原価計算、総合原価計算、標準原価計算**の論点から「**仕訳**」が**3題**出題されます。	12点 （8点～12点）	5～8分
第4問 (2)	工業簿記の範囲より、「**財務会計**」を前提とした問題が出題されます。具体的には、**費目別計算、個別原価計算、総合原価計算、標準原価計算**の論点から**勘定記入や財務諸表の作成問題**などが出題されます。	16点 （12点～16点）	10～15分
第5問	工業簿記の範囲より、「**管理会計**」を前提とした問題が出題されます。具体的には、**標準原価計算、直接原価計算、CVP分析**の論点から原価計算の内容が出題されます。	12点 （8点～12点）	10～15分

2級の“合否のカギ”を握るのは工業簿記です。すなわち、工業簿記で大きなミスをしないことが、合格の絶対的な条件となります。したがって、工業簿記を得意にすることが、合格への近道といえます。

2級のレベル

経営管理に役立つ知識として、企業から最も求められる資格の一つ。

高度な商業簿記・工業簿記（原価計算を含む）を修得し、財務諸表の数字から経営内容を把握できるなど、企業活動や会計実務を踏まえ適切な処理や分析を行うために求められるレベル。

第2部本試験演習編　出題論点一覧表

設問 回数	第1問 (20点)	第2問 (20点)	第3問 (20点)	第4問(1) (12点)	第4問(2) (16点)	第5問 (12点)
科目	商業簿記 (60点)			工業簿記 (40点)		
				主に財務会計		管理会計
内容	仕訳問題 5題	個別会計・ 連結会計 など	個別決算	仕訳問題 3題	費目別・部門別・ 個別・総合・標準 原価計算	標準 (差異分析)・ 直接原価計算・ CVP分析
第1回	1. クレジット売掛金 2. 研究開発費 3. 圧縮記帳 4. 株式の発行 (設立時) 5. 消費税	会計理論の 穴埋め問題	精算表 の作成 (Ⅰ)	材料費と本 社工場会計	工業簿記の 勘定体系	直接 原価計算 (Ⅰ)
第2回	1. 仕入割引 2. 有形固定資産の除却 3. 株主資本の計数の変動 4. 利益剰余金の配当と処分 5. 外貨建取引 (為替予約)	株主資本等 変動計算書 の作成 (Ⅰ)	損益計算書 の作成 (Ⅰ)	労務費と 製造間接費	費目別計算 (材料費)	直接 原価計算 (Ⅱ)
第3回	1. 電子記録債権の譲渡 2. 有価証券の購入 3. 固定資産の改良と修繕 4. 株式の発行 (増資時) 5. リース取引 (取引開始時)	合併と 連結会計	貸借対照表 の作成 (Ⅰ)	材料費	単純個別 原価計算	直接 原価計算 (Ⅲ)
第4回	1. 有形固定資産の割賦購入 2. 合併 3. 有価証券の購入 (満期保有目的債券) 4. サービス業 (仕掛品の計上) 5. 本支店会計	現金預金の 総合問題	精算表 の作成 (Ⅱ)	労務費 と経費	部門別個別 原価計算 (Ⅰ)	直接 原価計算 (Ⅳ)
第5回	1. 有価証券の売却 (端数利息) 2. 有形固定資産の割賦購入 3. 商品保証引当金 4. 外貨建取引 (為替予約) 5. 株式の発行 (設立時)	株主資本等 変動計算書 の作成 (Ⅱ)	損益計算書 の作成 (Ⅱ)	材料費	部門別個別 原価計算 (Ⅱ)	直接 原価計算 (Ⅴ)
第6回	1. 手形の不渡り 2. 仕入割戻 3. 税効果会計 4. 未決算勘定 5. 株式の発行 (増資時)	商品売買の 総合問題 (Ⅰ)	精算表 の作成 (Ⅲ)	労務費と 製造間接費 の差異分析	単純総合 原価計算 (Ⅰ)	標準 原価計算 (Ⅰ)
第7回	1. 研究開発費 2. 貸倒引当金 3. 圧縮記帳 4. 電子記録債権の譲渡 5. 任意積立金取崩と 配当処分	有価証券の 総合問題 (Ⅰ)	損益計算書 の作成 (Ⅲ)	費目別計算 と本社工場 (Ⅰ)	単純総合 原価計算 (Ⅱ)	CVP 分析 (Ⅰ)

回数＼設問	第1問 (20点)	第2問 (20点)	第3問 (20点)	第4問⑴ (12点)	第4問⑵ (16点)	第5問 (12点)
第8回	1. 本支店会計(支店の開設) 2. その他有価証券と税効果 3. 有価証券の購入 (売買目的有価証券) 4. 法人税等の追徴 5. 固定資産の売却	連結 精算表 の作成	貸借対照表 の作成 (Ⅱ)	標準 原価計算	工程別総合 原価計算	CVP 分析 (Ⅱ)
第9回	1. ソフトウェアの取得 2. 土地の売却と営業外手形 3. クレジット売掛金と 消費税 4. 商品の購入と引取費用 5. 子会社株式の取得	固定資産の 総合問題	製造業の 損益計算書 の作成	労務費と 製造間接費	組別総合 原価計算	標準 原価計算 (Ⅱ)
第10回	1. 役務収益・役務原価の 計上 2. 有形固定資産の割賦購入 3. 事業譲渡 4. クレジット売掛金と 消費税 5. 株主資本の計数の変動	商品売買の 総合問題 (Ⅱ)	損益計算書 の作成 (Ⅳ)	費目別計算 と本社工場 (Ⅱ)	等級別総合 原価計算	標準 原価計算 (Ⅲ)
第11回	1. 建設仮勘定、固定資産の 除却 2. 外貨建取引(為替予約) 3. クレジット売掛金と 消費税 4. リース取引(利子込み法) 5. ソフトウェア、長期前払 費用	有価証券の 総合問題 (Ⅱ)	貸借対照表 の作成 (Ⅲ)	費目別計算	標準 原価計算 (Ⅰ)	直接 原価計算 (Ⅵ)
第12回	1. リース取引 2. 配当金の受領と源泉徴収 3. 退職給付引当金 4. 外貨建取引(為替予約) 5. ソフトウェア仮勘定 の振替	連結 財務諸表の 作成	本支店会計 の帳簿決算	労務費と 製造間接費	標準 原価計算 (Ⅱ)	CVP 分析 (Ⅲ)

　第2部では、第1回から第12回の順で簿記の知識・理解度が深まるように、本試験問題を再編集しています。もちろん回数を重ねるごとに徐々にレベルは上がりますが、全体的なバランスは保っています。初めはできなくても、繰り返し反復練習することが大切です。

　回を進めれば、進めるほどみなさんの"簿記力"をステップ・アップさせることができます。

　したがって、基本的には、第1回から第12回の順番どおりに解くのがおすすめです！　また、論点別に学習したい方は、論点ごとに第1回から第12回の順で学習するのも効果的です。同一論点が複数ある論点には論点の後ろに（Ⅰ）～（Ⅵ）を付していますので、学習の参考にしてください。

　本試験の問題演習を統一試験（ペーパー試験）に向けて開始する時期や、ネット試験に合わせて始めるときなどご自身の勉強スタイルにあったやり方を工夫してみてください。

　それでは、2級合格のために本試験演習を一所懸命頑張りましょう！

日商簿記検定はこんな試験

　現在、実施されている簿記検定試験の中で最も規模が大きく、また歴史も古い検定試験が、日本商工会議所および各地商工会議所が主催する簿記検定試験です（略して日商検定といいます）。

　日商検定は知名度も高く、企業の人事労務担当者にも広く知れ渡っている資格の一つです。一般に履歴書に書ける資格といわれているのは同検定３級からですが、社会的な要請からも今は２級合格が一つの目安になっています。なお、同検定１級合格者には税理士試験の受験資格を付与するという特典があり、職業会計人への登竜門となっています。

主 催 団 体	日本商工会議所、各地商工会議所	
受 験 資 格	特に制限なし	
試 験 日	●統一試験（ペーパー試験） 年３回 ６月（第２日曜日）、11月（第３日曜日）、２月（第４日曜日） ※１級は６月・11月のみ	●ネット試験 随時（テストセンターが定める日時。統一試験前後10日間は休止。）
試 験 級	１級・２級・３級・初級・原価計算初級	
申 込 手 続 き	●統一試験（ペーパー試験） 試験の２か月前から開始 申込期間は各商工会議所によって異なる	●ネット試験 テストセンターの申し込みサイトより随時
受験料（税込）	１級 ¥7,850　２級 ¥4,720　３級 ¥2,850　初級・原価計算初級 ¥2,200 （一部の商工会議所およびネット試験では受験料のほかに要事務手数料）	
試 験 科 目	１級：商業簿記・会計学・工業簿記・原価計算 ２級：商業簿記・工業簿記、３級：商業簿記	
試 験 時 間	１級商会・工原：各90分、２級：90分、３級：60分 簿記初級：40分、原価計算初級：40分	
合 格 基 準	70点以上　※１級は左記に加えて、各科目10点以上	
問 い 合 せ 先	最寄りの各地商工会議所　検定試験ホームページ：https://www.kentei.ne.jp/	

(注１) 刊行時のデータです。最新の情報は検定試験ホームページをご確認ください。
(注２) 統一試験において、使用できる筆記用具は次のとおりに限定されています。(1)HBまたはBの黒鉛筆／(2)シャープペンシル／(3)消しゴム。なお、ラインマーカーや色鉛筆、定規等の使用は認められていません。また、ネット試験では、筆記用具が貸与されます。
(注３) 商工会議所で施行するすべての検定試験（認定試験）について本人確認のため、身分証明書（運転免許証、旅券〈パスポート〉、社員証、学生証など）の携帯が義務付けられました。詳しくは受験地の商工会議所へお問い合わせください。

合格率

回　　数	第145回 （17年２月）	第146回 （17年６月）	第147回 （17年11月）	第148回 （18年２月）	第149回 （18年６月）	第150回 （18年11月）
受験者数	60,238人	43,767人	47,917人	48,533人	38,352人	49,516人
合格者数	15,075人	20,790人	10,171人	14,384人	5,964人	7,257人
合 格 率	25.0%	47.5%	21.2%	29.6%	15.6%	14.7%

回　　数	第151回 （19年２月）	第152回 （19年６月）	第153回 （19年11月）	第149回 （18年６月）	第156回 （20年11月）	第157回 （21年２月）
受験者数	49,776人	41,995人	48,744人	38,352人	39,830人	35,898人
合格者数	6,297人	10,666人	13,195人	5,964人	7,255人	3,091人
合 格 率	12.7%	25.4%	27.1%	15.6%	18.2%	8.6%

目　次

模擬試験プログラムにチャレンジしよう！ ……………………………………… ii

はしがき ……………………………………………………………………………… iii

学習の進め方　本書の使い方 ……………………………………………………… iv

　　　　　　　合格するための３ステップ ……………………………………… viii

　　　　　　　出題論点を知ろう！／２級のレベル …………………………… ix

　　　　　　　第２部本試験演習編　出題論点一覧表 ………………………… x

日商簿記検定はこんな試験 ………………………………………………………… xii

第1部／TAC式 出題別攻略テクニック編

日商２級本試験の解き方 …………………………………………………………… 2

第１問対策 …………………………………………………………………………… 4

第２問対策 …………………………………………………………………………… 34

第３問対策 …………………………………………………………………………… 55

第４問対策 …………………………………………………………………………… 75

第５問対策 …………………………………………………………………………… 95

第2部／本試験演習編

	問題	解答	解答への道	答案用紙
第１回	2	100	104	別冊・2
第２回	8	114	119	別冊・8
第３回	14	136	141	別冊・14
第４回	22	156	160	別冊・20
第５回	30	174	179	別冊・26
第６回	38	190	195	別冊・32
第７回	44	206	211	別冊・38
第８回	52	224	229	別冊・44
第９回	60	248	253	別冊・50
第10回	68	270	275	別冊・56
第11回	78	290	295	別冊・62
第12回	88	310	314	別冊・68

TAC式　出題別
攻略テクニック編

第1部

日商2級本試験の解き方

　日商2級の本試験は大問が5題で出題されます。第1問から第3問が商業簿記からの出題（60点満点）、第4問・第5問が工業簿記からの出題（40点満点）になります。計100点満点中70点以上を獲得することができれば、合格となるわけですが、効率よく得点するためには、ある程度の **"戦略"** が必要になってきます。

ネット試験では

　ネット試験ではスタートのタイミングを自分で決められます。まずはあせらず、キーボードやマウスの位置、電卓および計算用紙などの最適な配置を決め、落ち着いて、一度深呼吸をしてから、スタートボタンをクリックしましょう。

STEP 1

　試験開始の合図があったら、まず1分で全体の問題を見渡してください。第1問から第5問という順番はあくまでも、単純な羅列に過ぎません。自分の得意な分野、簡単な問題から手をつけて、難しい問題やボリュームのある問題、部分点の取りやすい問題などは、他の問題を終えてから手をつけるほうがよいでしょう（時間配分だけでなく、いつもどおりの状態で解答することができます）。いかに自分のやり方にもっていけるかが大事になるのです。

　問題を解く順番（基本スタイル）は以下のとおりです。

　　問題を解く順番 ： 第1問 → 第4問(1)(2) → 第5問 → 第3問 → 第2問

　仕訳問題から先に解くのが得策です。「仕訳」は得点源になります。
　この順番をベースにして、やりづらい問題が出題された場合には、その設問を後回しにするとよいでしょう。

　このように、最初に自分がどういう順番で解答していくのかという意思決定をしてから、各設問に取りかかるようにしましょう。

2級では、第1問と第4問(1)の"仕訳"が得点源になります！

■ お助けエンジェル ■

第1部　TAC式 出題別攻略テクニック編

STEP 2

各設問を解答する際には、とくに次の点に注意してください。

その1　まず、問題用紙・答案用紙を一読してから解く！

　全体の構造を把握し、計算の方向性を決めてから、取りかかるようにしてください。また、本試験ではすべての処理が問われるわけではありませんから、何を答えればいいのか？　問題が最終的に何を聞いているのか？　を意識して、余計なことはせずに、問われていることだけを計算するようにしましょう（解答要求を意識して、下書きを書いていきましょう）。

● 答案用紙を見てから解き始めることが大切です。答案用紙を見てから解き始めるということは、解答要求事項というゴールを最初に確認してからスタートできるということです。

その2　問題文を自分の解きやすいように加工する！

　問題文を読みながら、書き込みをしてください。とくに、解答要求や会計処理によって答えが変わるところなど重要な箇所はチェックしながら読むとよいでしょう。「第1部　攻略テクニック編」では重要な箇所を▢▢▢（網掛け）で示していますので、問題を解く際にチェックしなければならないところが一目でわかります。また、長くて読みづらい問題文などは、スラッシュ（／）を書き込むだけでかなり読みやすくなります。

ネット試験では

　ネット試験の場合、画面上に問題と解答欄が表示されるため、書き込みができません。計算用紙を上手に工夫する練習をあらかじめしておきましょう。

その3　取れるところから取る！

　70点以上で合格ですから満点を取る必要はありません。完璧主義になりすぎるのは危険です。また、配点（箇所）を意識して記入し、部分点をねらっていくことも大切です。本書をとおして、本試験でどんな問題が出題されたときでも、70点（合格点）を取れる勉強法を身に付けてください。

3

第1問対策

　第1問では仕訳形式の問題が5題出題され、各4点の配点となります。本試験では使用できる（勘定）科目が指定されますので、この指定科目を使用して解答しなければ正解とならないことに注意してください。また、仕訳問題は問題文をスラッシュ（／）で区切って、問題文に合わせて、借方・貸方、わかる所から部分的に仕訳をしていくのが"コツ"になります。
　まずは、仕訳問題の中から基本となる仕訳をみていきましょう。
　（注）商品売買の記帳は、とくに指示のない場合は「三分法」によるものとします。

4種類の仕訳…メインは「期中仕訳」と「決算整理仕訳」

商業簿記の仕訳は「4種類」に分けられます。どのタイミングの仕訳か意識しましょう。

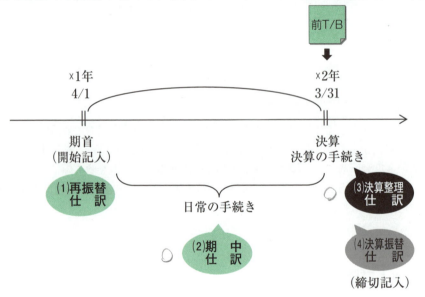

（注）開始記入（前期繰越）と締切記入（次期繰越）に仕訳はありません。

- (1) **再振替仕訳**：前期末に行われた決算整理仕訳の一部の項目について、翌期首に逆仕訳をして「元に戻す」仕訳です。
- (2) **期　中　仕　訳**：毎日（1年365日）の「日常の手続き」を記録するために行われる仕訳です。
- (3) **決算整理仕訳**：会計期間の正しい損益計算書や貸借対照表を作成するために、期中の処理を最終確認して「修正する」仕訳です。
- (4) **決算振替仕訳**：決算整理後の収益・費用を「損益勘定」に集計することにより、当期純利益（損失）を計算するための仕訳です。

基本となる仕訳 ★★★★★★★★★★★

商品売買

仕入割戻

買掛金￥1,800,000の決済日となったが、仕入先から同社の大口顧客にかかわる規定にもとづいて買掛金の2％の支払いを免除する旨の通知があったので、支払免除額を差し引いた残額について小切手を振り出して買掛金の決済を行った。

（買　　掛　　金）	1,800,000	（当　座　預　金）	1,764,000
		（仕　　　　　入）*	36,000

*　1,800,000円×2％＝36,000円

仕入先との特約により、一定の期間内に一定の数量（または金額）以上の商品を取引したときに、仕入代金の一部を買掛金から減額するか、現金などで払い戻しを受けることを「仕入割戻」といいます。仕入割戻を受けたときは、割戻額を「仕入」（費用）の貸方に記入し、商品の原価を修正します。

仕入割引

×5年5月25日、仕入先に対する買掛金を小切手を振り出して支払った。なお、この買掛金は×5年5月10日に購入した商品￥2,500,000に対する債務であり、購入日より40日後に支払う契約であるが、購入日から20日以内に入金があった場合には、掛け代金の1.5％の割引きを認める条件がついている。

（買　　掛　　金）	2,500,000	（当　座　預　金）	2,462,500
		（仕　入　割　引）*	37,500

*　2,500,000円×1.5％＝37,500円

仕入割引は、営業外収益（受取利息の一種）として処理します。

商品売買の記帳：売上原価対立法（その都度法）

大阪商事は、神戸商事より商品￥350,000（＠￥700×500個）を仕入れ、代金は掛けとした。なお、同社では商品売買に関しては、商品を仕入れたとき商品勘定に記入し、販売したときそのつど売上原価を売上原価勘定に振り替える方法で記帳している。

（商　　　　　品）	350,000	（買　　掛　　金）	350,000

「商品を仕入れたとき商品勘定に記入し、販売したときそのつど売上原価を売上原価勘定に振り替える方法」という記述から売上原価対立法（その都度法）で処理します。
売上原価対立法では、商品を仕入れたときに「仕入」ではなく「商品」を計上します。

大阪商事は、京都商事に商品300個（原価@¥700、売価@¥1,000）を売り上げ、代金は掛けとした。／なお、大阪商事は商品売買に関して、商品を仕入れたとき商品勘定に記入し、販売したときそのつど売上原価を売上原価勘定に振り替える方法で記帳している。

売上原価対立法では、商品を売り上げたときに、売価で売上を計上するとともに、その原価を「商品」から「売上原価」に振り替えます。

（売　掛　金）	300,000	（売　　　上）*1	300,000
（売　上　原　価）*2	210,000	（商　　　品）	210,000

*1　@1,000円×300個＝300,000円
*2　@700円×300個＝210,000円

現金および預金

未渡小切手

決算にあたって、当座預金について調査したところ、仕入先岡山商事に買掛金支払のため振り出した小切手¥50,000と、／広告宣伝費支払のために振り出した小切手¥35,000が、／ともに先方に未渡しであった。なお、いずれの取引も帳簿上は支払済みとして処理されている。

仕入代金に対する債務を支払うために振り出した小切手が未渡しだった場合は、貸方を「買掛金」としますが、仕入代金以外に対して振り出した小切手が未渡しだった場合は、貸方を「未払金」とします。

（当　座　預　金）	85,000	（買　掛　金）	50,000
		（未　払　金）	35,000

債権・債務

手形の不渡り

盛岡商事振出し仙台商事あての約束手形¥700,000を仙台商事から裏書譲渡されていたが、／満期日に決済されなかったので、仙台商事に支払請求した。／なお、償還請求の諸費用¥5,000は現金で支払った。

所有していた手形が不渡りとなった場合、償還請求などの諸費用を含め、通常の手形債権と区別するために「不渡手形」で処理します。

（不　渡　手　形）	705,000	（受　取　手　形）	700,000
		（現　　　金）	5,000

手形の更改

かねて振り出していた約束手形¥200,000について、得意先の倒産により支払期日までに資金を用立てることが難しくなったため、手形の所持人である大分商事に対して手形の更改を申し入れ、同社の了承を得て、旧手形と交換して、新手形を振り出した。/なお、支払期日延長にともなう利息¥4,000は現金で支払った。

| （支 払 手 形） | 200,000 | （支 払 手 形） | 200,000 |
| （支 払 利 息） | 4,000 | （現　　　　金） | 4,000 |

手形の更改とは、手形の満期日までに資金の都合がつかないときに手形の所持人の許可を得て、支払期日を延長した新しい手形を振り出して古い手形と交換することをいいます。その際、支払期日の延長にともなう利息を債務者が負担します。手形を更改したときは、古い手形の債権・債務が消滅し、新しい手形の債権・債務が発生するため、仕訳にあたって、それが帳簿上表れるように、借方、貸方のそれぞれに「支払手形」を計上する必要があります。相殺しないように注意してください。

クレジット売掛金

商品¥300,000をクレジット払いの条件で販売した。/なお、信販会社への手数料（販売代金の5％）は販売時に計上する。

| （クレジット売掛金）*2 | 285,000 | （売　　　　上） | 300,000 |
| （支 払 手 数 料）*1 | 15,000 | | |

*1　300,000円×5％＝15,000円
*2　300,000円－15,000円＝285,000円

商品をクレジット払いの条件で販売した場合は、普通の売掛金と区別するため「クレジット売掛金」で処理します。
なお、支払手数料がある場合は、売上高から支払手数料を控除した残額を「クレジット売掛金」として計上します。

電子記録債権・債務

長崎商事は、佐賀商事に対する買掛金¥500,000の支払いを電子債権記録機関で行うため、取引銀行を通して債務の発生記録を行った。/また、佐賀商事は取引銀行よりその通知を受けた。(1)長崎商事および(2)佐賀商事の仕訳を示しなさい。

| (1)（買　掛　金） | 500,000 | （電子記録債務） | 500,000 |
| (2)（電子記録債権） | 500,000 | （売　掛　金） | 500,000 |

買掛金の支払いを電子債権記録機関で行うため、債務の発生記録を行ったときは、「買掛金」を「電子記録債務」に振り替えます。
これに対し、取引相手は「売掛金」を「電子記録債権」に振り替えます。

佐賀商事は、電子債権記録機関に発生記録した債権¥500,000の支払期日が到来し、/普通預金口座に振り込まれた。

| （普 通 預 金） | 500,000 | （電子記録債権） | 500,000 |

電子記録債権について払い込みを受けたときは、「電子記録債権」の減少として処理します。

長崎商事は、電子債権記録機関に発生記録した債務¥500,000の支払期日が到来したので、/当座預金口座から引き落とされた。

| （電子記録債務） | 500,000 | （当 座 預 金） | 500,000 |

電子記録債務について払い込みを行ったときは、「電子記録債務」の減少として処理します。

宮崎商事は、日向商事に対する買掛金￥390,000の支払いを電子債権記録機関で行うため、取引銀行を通して電子記録債権の譲渡記録を行った。

 買掛金の支払いを電子記録債権の譲渡によって行う場合、「電子記録債権」の減少として処理します。

| (買　掛　金) | 390,000 | (電子記録債権) | 390,000 |

熊本商事は、電子記録債権のうち￥600,000を銀行で割り引き、割引料￥9,000が差し引かれた残額が当座預金口座へ振り込まれた。

電子記録債権を割り引いたときは、割引料を「電子記録債権売却損」として処理します。

| (当　座　預　金) | 591,000 | (電子記録債権) | 600,000 |
| (電子記録債権売却損) | 9,000 | | |

有価証券

売買目的有価証券の購入

×2年12月12日に、日商株式会社の社債（期間10年、利率年5％、利払日は3月31日と9月30日の年2回）額面総額￥1,000,000を売買目的で額面￥100につき￥97で購入し、代金は売買手数料￥6,000と前回の利払日の翌日から購入日までの端数利息とともに小切手を振り出して支払った。なお、1年は365日とする。

 売買目的で株式や債券を購入したときは、購入代金に購入にともなう売買手数料（付随費用）を含めた金額（取得原価）を「売買目的有価証券」として借方に記入します。
また、売主に端数利息（前利払日の翌日から売買日当日までの利息）を支払った場合、その金額を「有価証券利息」（収益の勘定）のマイナスとして借方に記入します。なお、端数利息は日割計算します。

| (売買目的有価証券)*1 | 976,000 | (当　座　預　金)*3 | 986,000 |
| (有価証券利息)*2 | 10,000 | | |

*1　$1,000,000円 \times \dfrac{@97円}{@100円} + 6,000円 = 976,000円$

*2　$1,000,000円 \times 5\% \times \dfrac{31日 + 30日 + 12日}{365日} = 10,000円$

*3　976,000円 + 10,000円 = 986,000円

第1部　TAC式 出題別攻略テクニック編

満期保有目的債券の購入

埼玉物産が発行した社債（額面総額：¥100,000,000、期間：5年、利率：年1.825％、利払日：毎年3月および9月末日）を4月30日に額面@¥100につき¥99で取得した。/代金は端数利息とともに当座預金から証券会社の指定する口座に振り込んだ。/当社は、この社債を満期日に償還されるまで保有する予定である。/なお、端数利息は1年を365日とする日割計算によることとするが、購入の当日を含めて求めること。

満期保有目的で債券を購入したときは、購入代金に購入にともなう売買手数料（付随費用）を含めた金額（取得原価）を「満期保有目的債券」として借方に記入します。
また、売主に端数利息を支払った場合、その金額を「有価証券利息」（収益の勘定）のマイナスとして借方に記入します。なお、端数利息は前利払日の翌日から売買日当日までの期間（4月1日から4月30日までの30日間）に対する分を日割計算します。

（満期保有目的債券）*1 99,000,000 （当　座　預　金）99,150,000
（有　価　証　券　利　息）*2　　150,000

*1　$100,000,000円 \times \dfrac{@99円}{@100円} = 99,000,000円$

*2　$100,000,000円 \times 年1.825\% \times \dfrac{30日}{365日} = 150,000円$

子会社株式の購入

富岡商事の株式800株を@¥1,220で取得し、代金は小切手を振り出して支払った。/なお、これまでに富岡商事が発行する株式の過半数（50％超）を取得している。

他社の発行済株式総数の過半数（50％超）を取得した場合、その取得原価を「子会社株式」として処理します。

（子　会　社　株　式）*　　976,000 （当　座　預　金）　976,000

*　@1,220円×800株＝976,000円

関連会社株式の購入

新たに三重商事の株式1,000株を@¥1,100で取得し、代金は手数料等¥13,000とともに小切手を振り出して支払った。/なお、三重商事の発行済株式総数は4,000株である。

他社の発行済株式総数の20％以上50％以下を取得した場合、その取得原価を「関連会社株式」として処理します。
ここでは、25％（1,000株÷4,000株×100(％)＝25％）を取得しているため、関連会社株式に該当します。

（関連会社株式）*　1,113,000 （当　座　預　金）1,113,000

*　@1,100円×1,000株＋13,000円＝1,113,000円

その他有価証券の購入

金沢商事は、長期利殖目的で富山商事の株式1,000株を@¥1,850で取得した。/なお、買入手数料等¥50,000を含めた代金は4営業日内に証券会社に支払うことにした。

売買目的有価証券・満期保有目的債券・子会社株式・関連会社株式のいずれにも該当しない有価証券は、その取得原価を「その他有価証券」として処理します。

（その他有価証券）*　1,900,000 （未　払　金）1,900,000

*　@1,850円×1,000株＋50,000円＝1,900,000円

売買目的有価証券の売却

×2年12月12日に@¥97.60で購入し売買目的で所有していた、利率は年5％、利払日が3月末と9月末の額面¥1,000,000の社債を、×3年2月23日に@¥98.80で売却し、売却代金を端数利息とともに小切手で受け取った。なお、1年は365日とする。

(現　　　　　金)*4 1,008,000	(売買目的有価証券)*1 976,000
	(有価証券売却益)*2 12,000
	(有価証券利息)*3 20,000

* 1　$1,000,000円 \times \dfrac{@97.6円}{@100円} = 976,000円$
* 2　$1,000,000円 \times \dfrac{@98.8円}{@100円} - 976,000円 = \underset{売却益}{\underline{12,000円}}$
* 3　$1,000,000円 \times 5\% \times \dfrac{31日+30日+31日+31日+23日}{365日} = 20,000円$
* 4　$1,000,000円 \times \dfrac{@98.8円}{@100円} + 20,000円 = 1,008,000円$

売買目的有価証券を売却したときは、売却金額と帳簿価額との差額を「有価証券売却損（益）」として計上します。
また、売却に際して端数利息を受け取った場合、その金額を「有価証券利息」として貸方に記入します。なお、端数利息は前利払日の翌日から売却日当日までの期間に対応する利息であるため、購入日から計算しないように注意してください。

利払日　購入　売却　利払日
有価証券利息勘定の記入を示すと次のとおりです。

─　有価証券利息　＋
10/1～12/12　10/1～2/23
立替分　　　20,000円

当社分

2回に分けて、売買目的で取得していた上場株式のうち15,000株を、@¥500で売却し、代金は4日後に受け取ることにした。第1回目（12,000株、取得価額@¥452）は、前期中に取得したものであり、前期末に@¥460で評価替えされ、当期首に取得価額に振り戻しておく方法（洗替法）により処理されている。第2回目（8,000株、取得価額@¥474）は、今期中に取得したものである。株式の払出単価の計算は移動平均法によっている。

(未　収　入　金)*2 7,500,000	(売買目的有価証券)*1 6,912,000
	(有価証券売却益)*3 588,000

* 1　$\dfrac{@452円 \times 12,000株 + @474円 \times 8,000株}{12,000株 + 8,000株}$ (@460.8円) $\times 15,000株$
　　$= 6,912,000円$
* 2　$@500円 \times 15,000株 = 7,500,000円$
* 3　$7,500,000円 - 6,912,000円 = \underset{売却益}{\underline{588,000円}}$

洗替法は前期末に時価に評価替えをしたとしても、翌期首に再振替仕訳を行い、帳簿価額を取得価額に戻す方法です。したがって、売却時の帳簿価額は前期末の時価ではなく、取得価額になります。

前期に@¥800で購入し、前期末決算で@¥1,100に評価替え（切放法採用）した売買目的有価証券のうち2,000株を、@¥1,200で売却し、代金は現金で受け取った。

(現　　　　　金)*2 2,400,000	(売買目的有価証券)*1 2,200,000
	(有価証券売却益)*3 200,000

* 1　$@1,100円 \times 2,000株 = 2,200,000円$
* 2　$@1,200円 \times 2,000株 = 2,400,000円$
* 3　$2,400,000円 - 2,200,000円 = \underset{売却益}{\underline{200,000円}}$

切放法は前期末に時価に評価替えをした後、翌期も引き続きその前期末時価を帳簿価額とする方法です。したがって、売却時の帳簿価額は前期末時価になります。

その他有価証券評価差額金に係る税効果会計

(1) 金沢商事は、得意先である富山商事との取引の開始にあたり、同社との長期にわたる取引関係を維持するために、同社の株式1,000株を1株当たり¥1,850にて購入し、取引費用¥50,000とともに現金にて支払った。

(2) 決算にあたり、富山商事株式の時価評価を行った。当該株式の時価は、1株当たり¥2,400である。全部純資産直入法によることとし、税効果会計を適用する。法定実効税率は、40％である。

(3) 翌期首に、(2)についての再振替仕訳を行う。

(1)(その他有価証券)*1	1,900,000	(現　　　　金)	1,900,000
(2)(その他有価証券)*2	500,000	(繰延税金負債)*3	200,000
		(その他有価証券評価差額金)*4	300,000
(3)(繰延税金負債)	200,000	(その他有価証券)	500,000
(その他有価証券評価差額金)	300,000		

*1　@1,850円×1,000株 = 1,850,000円（購入代価）
　　1,850,000円 + 50,000円 = 1,900,000円（取得原価）
*2　@2,400円×1,000株 = 2,400,000円（期末時価）
　　2,400,000円 − 1,900,000円 = 500,000円（貸方差額）
*3　500,000円 × 40% = 200,000円
*4　500,000円 × (1 − 40%) = 300,000円

(1) 長期にわたる取引関係を維持することを目的として購入した株式のように、売買目的有価証券、満期保有目的債券、子会社株式、関連会社株式のいずれにも該当しない有価証券は、その取得原価を「その他有価証券」として処理します。

(2) 決算にあたり、会計上はその他有価証券を時価で評価するのに対し、税務上は原価で評価します。よって、時価評価による評価差額が一時差異となるため、税効果会計を適用します。ただし、会計上、時価評価による評価差額を純資産直入するため、税引前当期純利益と課税所得との間には差額が生じないことから、「法人税等調整額」を使用せずに仕訳を行う点に注意しましょう。
なお、その他有価証券の時価評価による評価差額が貸方差額のときは、実効税率を乗じた金額を「繰延税金負債」として計上し、残額を「その他有価証券評価差額金」の増加として取り扱います。

(3) その他有価証券の評価差額の会計処理は洗替方式によるため、翌期首において再振替仕訳（評価差額の振戻仕訳）を行います。

決算にあたり、その他有価証券として保有する富山商事の株式1,000株（1株当たりの帳簿価額¥1,900）を全部純資産直入法にもとづき1株につき¥1,700に評価替えする。税効果会計を適用し、法定実効税率は40％とする。

(繰延税金資産)*2	80,000	(その他有価証券)*1	200,000
(その他有価証券評価差額金)*3	120,000		

*1　@1,900円×1,000株 = 1,900,000円（帳簿価額）
　　@1,700円×1,000株 = 1,700,000円（期末時価）
　　1,700,000円 − 1,900,000円 = △200,000円（借方差額）
*2　200,000円 × 40% = 80,000円
*3　200,000円 × (1 − 40%) = 120,000円

その他有価証券の時価評価による評価差額が借方差額のときは、実効税率を乗じた金額を「繰延税金資産」として計上し、残額を「その他有価証券評価差額金」のマイナスとして取り扱います。

有形固定資産

固定資産の購入

備品10台（@¥500,000）を購入し、割戻額¥120,000を控除した残額を小切手を振り出して支払った。

（備　　　　品）*	4,880,000	（当 座 預 金）	4,880,000

* ＠500,000円×10台－120,000円＝4,880,000円

固定資産の購入にあたって、割戻しを受けたときは、この金額を控除して取得原価を計算します。

固定資産税¥2,400,000（これを4期に分けて分納）の納税通知書と土地の取得原価に含める不動産取得税¥1,100,000の納税通知書を受け取り、これらを未払計上した。

（租 税 公 課）	2,400,000	（未　　払　　金）	3,500,000
（土　　　　地）	1,100,000		

固定資産にかかわる税金の処理に注意してください。
固定資産の取得原価とは、企業がその資産を手に入れて使用できるまでにかかった金額をいいます。したがって、不動産取得税は購入時にかかる付随費用ですから、固定資産の取得原価に算入します。
一方、固定資産税は購入後も固定資産を所有していれば、ずっと払い続ける税金ですから、取得原価には算入せずに、租税公課勘定（費用）で処理します。

固定資産の割賦購入

(1) x1年4月1日に営業用軽トラック（現金販売価額¥7,000,000）を割賦契約で購入した。代金は毎月末に支払期限の到来する額面¥730,000の約束手形10枚を振り出して交付した。なお、利息相当額については資産勘定で処理することとした。

(2) x1年4月30日　上記約束手形のうち、期日の到来したものが当座預金口座より引き落とされた。

(1)（車 両 運 搬 具）	7,000,000	（営業外支払手形）*1	7,300,000
（前 払 費 用）*2	300,000		
(2)（営業外支払手形）	730,000	（当 座 預 金）	730,000
（支 払 利 息）*3	30,000	（前 払 費 用）	30,000

*1　730,000円×10枚＝7,300,000円
　　　（額面）

*2　7,300,000円－7,000,000円＝300,000円

*3　300,000円×$\frac{1か月}{10か月}$＝30,000円
　　　（前払費用）

固定資産のような商品以外の物を購入して約束手形を振り出したときは、「営業外支払手形」で処理します。なお、割賦購入に関してかかる利息分は「前払費用」（資産）として処理しておき、経過した期間に対応する金額を「支払利息」へ振り替えます（2級では定額法のみ）。
また、反対に「支払利息」（費用）でいったん処理しておき、経過していない期間に対応する金額を決算で「前払費用」として繰り延べる方法もあります。問題文の指示や指定勘定科目から判断してください。

第1部　TAC式 出題別攻略テクニック編

固定資産の減価償却

決算（年1回決算）にあたり、1機あたり取得原価￥2,000,000の航空機10機について生産高比例法により減価償却を行った。なお、残存価額はゼロ、航空機1機あたり総飛行可能時間は32,000時間、当期の平均飛行時間は4,000時間であり、直接法により会計処理をする。

生産高比例法による減価償却費は、

取得原価 × $\dfrac{当期利用量}{総利用可能量}$

で求めます。なお、生産高比例法の場合、計算結果が当期の減価償却費であるため、会計期間の途中で取得した場合でも月割計算はしません。
また、「直接法」により記帳していますので、減価償却費の金額を固定資産の勘定から直接控除します。

（減 価 償 却 費）*	2,500,000	（航　　空　　機）	2,500,000

* $(2{,}000{,}000円 \times 10機) \times \dfrac{4{,}000時間}{32{,}000時間} = 2{,}500{,}000円$

固定資産の売却

福井商会（年1回、3月末決算）は、×5年11月30日に建物を￥500,000で売却し、代金は翌月末に受け取ることとした。この建物は、×3年4月1日に￥600,000で購入し、残存価額：取得原価の10％、耐用年数20年、定額法により償却（間接法）してきた。なお決算日の翌日から売却した月までの減価償却は、月割計算すること。

売却損（益）は売却価額と帳簿価額との差により求めます。なお、期中売却のときは、当期分（期首から売却日まで）の「減価償却費」を月割計算で計上します。

（建物減価償却累計額）*1	54,000	（建　　　　物）	600,000
（減 価 償 却 費）*2	18,000		
（未 収 入 金）	500,000		
（固定資産売却損）*3	28,000		

*1　$600{,}000円 \times 0.9 \times \dfrac{2年}{20年} = 54{,}000円$

*2　$600{,}000円 \times 0.9 \div 20年 \times \dfrac{8か月}{12か月} = 18{,}000円$

*3　$500{,}000円 - \{600{,}000円 - (54{,}000円 + 18{,}000円)\} = \triangle 28{,}000円$
　　　　　　　　　　　　　　　　　　　　　　　　　　　　　売却損

固定資産の買換え

取得原価￥400,000、期首減価償却累計額￥160,000の備品を期首から半年が経過した時点で下取り価額￥100,000で下取りに出し、新しい備品￥600,000を購入した。新備品の購入価額と旧備品の下取り価額との差額は現金で支払った。なお、旧備品については、償却率25％の定率法（間接法）によって算定した半年分の減価償却費を下取り時において計上すること。

買換えの仕訳は、旧固定資産を売却した仕訳と、新固定資産を購入した仕訳に分けて考えるとわかりやすいでしょう。

（備品減価償却累計額）	160,000	（備　　　　品）	400,000
（減 価 償 却 費）*1	30,000	（現　　　　金）	500,000
（固定資産売却損）*2	110,000		
（備　　　　品）	600,000		

*1　$(400{,}000円 - 160{,}000円) \times 25\% \times \dfrac{6か月}{12か月} = 30{,}000円$

*2　$100{,}000円 - \{400{,}000円 - (160{,}000円 + 30{,}000円)\} = \triangle 110{,}000円$
　　　　　　　　　　　　　　　　　　　　　　　　　　　　　　　売却損

固定資産の除却

備品（取得日：×5年10月1日、取得原価：¥200,000、償却方法：定率法、償却率：年30％、記帳方法：間接法、決算日：9月30日）が不用となり、×7年10月1日に除却した。なお、除却した備品は転用可能であり、その評価額は¥50,000である。

除却した固定資産の処分価額は「貯蔵品」として処理します。また、処分価額と帳簿価額との差額は「固定資産除却損」とします。

（備品減価償却累計額）*1	102,000	（備　　　　品）	200,000
（貯　蔵　品）	50,000		
（固定資産除却損）*2	48,000		

*1　200,000円×30％＝60,000円　……1年目　　計102,000円
　　　（200,000円－60,000円）×30％＝42,000円　……2年目

*2　50,000円－（200,000円－102,000円）＝△48,000円　……除却損

建設仮勘定

建設中の建物の完成にともない工事代金の残額¥8,000,000を小切手を振り出して支払い、建物の引き渡しを受けた。同建物に対しては、工事代金としてすでに¥20,000,000の支出をしている。

建設中に支払った工事代金の一部は「建設仮勘定」で処理されています。したがって、建設中の建物が完成し、引渡しを受けたときは「建設仮勘定」から「建物」に振り替えます。

（建　　　　　　物）*	28,000,000	（当　座　預　金）	8,000,000
		（建　設　仮　勘　定）	20,000,000

*　8,000,000円＋20,000,000円＝28,000,000円

改良と修繕

建物の改修工事を行い、工事代金¥4,500,000を小切手を振り出して支払った。なお、工事代金のうち¥3,000,000は耐用年数延長のための支出であり、残りは定期的修繕のための支出である。この修繕については前期に¥1,000,000の修繕引当金を計上している。

耐用年数延長のような改良のための支出額は固定資産の勘定に加えます。
また、修繕のための支出額は「修繕費」とします。ただし、定期修繕のために修繕引当金が積み立てられている場合には、修繕引当金を優先的に取り崩し、その超過額を「修繕費」とします。

（建　　　　　　物）	3,000,000	（当　座　預　金）	4,500,000
（修　繕　引　当　金）	1,000,000		
（修　繕　費）*	500,000		

*　（4,500,000円－3,000,000円）－1,000,000円＝500,000円

14

第1部　TAC式 出題別攻略テクニック編

未決算勘定

　火災により焼失した建物（取得原価¥5,000,000、残存価額ゼロ、耐用年数10年、定額法により償却、間接法により記帳）について請求していた保険金¥1,700,000を支払う旨の連絡を保険会社から受けた。なお、当該建物については、取得から6年を経過した当期首において火災があり、簿価の全額を未決算勘定に振り替えていた。

本問では、火災発生時に焼失した建物の簿価を「未決算」としている旨の指示があるため、保険会社より保険金を支払う旨の連絡を受けた場合には、保険金確定額と「未決算」とした金額（簿価）との差額を「火災損失」（または「保険差益」）とします。

| (未 収 入 金) | 1,700,000 | (未　　決　　算)*1 | 2,000,000 |
| (火 災 損 失)*2 | 300,000 | | |

*1　$5,000,000円 - 5,000,000円 \times \dfrac{6年}{10年} = 2,000,000円$

*2　$1,700,000円 - 2,000,000円 = \triangle 300,000円$
　　　　　　　　　　　　　　　火災損失

圧縮記帳

(1) 期首に備品の取得を助成するため国より交付された補助金¥4,000,000を受け取り、当座預金とした。また、上記補助金と自己資金により、備品¥9,000,000を取得し、代金は今月末に支払うことにした。なお、この備品については補助金に相当する額の圧縮記帳（直接控除方式）を行った。

(2) 本日決算日、上記備品について定額法（残存価額ゼロ、耐用年数8年）により減価償却を行う。なお、記帳は間接法による。

(1) 国庫補助金を受け取ったときは、国庫補助金受贈益（収益）を計上します。その後、補助金相当額の圧縮記帳（直接減額方式）を行う場合には、備品（固定資産）を取得したときに、いったん購入価額で計上したうえで、補助金相当額だけ備品（固定資産）を減額するとともに、同額の固定資産圧縮損（費用）を計上します。

(2) 減価償却費は、圧縮後の帳簿価額（＝購入価額－圧縮額）を取得原価とみなして計算します。

(1)(当 座 預 金)	4,000,000	(国庫補助金受贈益)	4,000,000
(備　　　　　品)	9,000,000	(未　　払　　金)	9,000,000
(固定資産圧縮損)	4,000,000	(備　　　　　品)	4,000,000
(2)(減 価 償 却 費)*	625,000	(備品減価償却累計額)	625,000

　*　$(9,000,000円 - 4,000,000円) \div 8年 = 625,000円$

15

リース取引

ファイナンス・リース

(1) 当期首に下記の条件によってリース会社と複合機のリース契約を結んだ。/なお、このリース取引はファイナンス・リース取引である。

　　リース期間　5年間
　　リース料　　年額¥210,000（毎年3月末日払い）
　　リース資産　見積現金購入価額¥800,000

(2) 3月31日、1回目のリース料を契約どおりに現金で支払った。/また、本日決算日にあたり、複合機は耐用年数5年、残存価額ゼロとして定額法で減価償却を行う。/なお、リース料に含まれている利息は毎期均等額を費用として処理する。

(1)(リース資産)	800,000	(リース債務)	800,000
(2)(リース債務)*2	160,000	(現　　　金)	210,000
（支　払　利　息)*1	50,000		
（減価償却費)*3	160,000	(リース資産減価償却累計額)	160,000

＊1　210,000円×5回−800,000円＝250,000円
　　　250,000円÷5年＝50,000円

＊2　210,000円−50,000円＝160,000円　または、800,000円÷5回＝160,000円
　　　　　　　　　　　　　　　　　　　　　　　　　リース債務

＊3　800,000円÷5年＝160,000円
　　　取得原価　耐用年数

(1) ファイナンス・リース取引を開始したときは、借手がリース資産（資産）を計上するとともに、リース債務（負債）を計上しますが、その計上額は、利子込み法と利子抜き法とで異なります。本問は(2)に「リース料に含まれている利息は毎期均等額を費用として処理する」旨の指示があるため、利子抜き法で処理することがわかります（利子込み法によると、支払利息の計上がありません）。
よって、リース資産・リース債務の計上額は見積現金購入価額となります。

(2) 利子抜き法によると、リース料を支払ったときは、支払額のうち当期分の利息相当額を支払利息（費用）として計上するとともに、残額を元本返済分ととらえて、リース債務（負債）を減少させます。

オペレーティング・リース

×1年4月1日　下記の条件によってリース会社と複合機のリース契約を結んだ。/なお、このリース取引はオペレーティング・リース取引である。/(1)×1年4月1日および/(2)リース料支払日（×2年3月31日）の仕訳を行いなさい。

　　リース期間　5年間
　　リース料　　年額¥210,000（支払日は毎年3月末日、現金払い）

(1)	仕　訳　な　し		
(2)(支払リース料)	210,000	(現　　　金)	210,000

(1) オペレーティング・リース取引を開始したときに、借手が行う処理はありません。

(2) リース料を支払ったときは、支払リース料（費用）を計上します。

リース取引の会計処理を整理すると、以下のようになります。

リース取引の分類	会計処理方法		利息の期間配分
ファイナンス・リース取引	売買処理	利子抜き法	定額法
			利息法＊
		利子込み法	
オペレーティング・リース取引	賃貸借処理		

＊　日商簿記1級で学習します。

無形固定資産と研究開発費

ソフトウェア

将来の経費削減に確実に役立つので、自社利用目的でソフトウェア¥900,000を購入し、代金は小切手を振り出して支払った。

| （ソフトウェア） | 900,000 | （当　座　預　金） | 900,000 |

自社利用のソフトウェアを購入し、将来の収益獲得または費用削減が確実であると認められる場合には、「ソフトウェア」（無形固定資産）として処理します。

決算にあたり自社利用目的で購入したソフトウェア（取得原価¥900,000）について定額法により償却した。なお、このソフトウェアの利用可能期間は5年と見積もられている。

| （ソフトウェア償却）* | 180,000 | （ソフトウェア） | 180,000 |

＊　900,000円÷5年＝180,000円

自社利用のソフトウェアのうち無形固定資産として計上したものは、残存価額をゼロとし、利用可能期間にわたり定額法により償却します。

研究開発費

当月の研究開発部門の人件費¥200,000と研究開発用の材料の購入代金¥250,000を小切手を振り出して支払った。また、研究開発目的のみに使用する実験装置¥500,000を購入し、その支払いは翌月末払いとした。

| （研　究　開　発　費）* | 950,000 | （当　座　預　金） | 450,000 |
| | | （未　払　金） | 500,000 |

＊　200,000円＋250,000円＋500,000円＝950,000円

研究開発に関する支出額は、「研究開発費」とし、全額を支出した期の費用として処理します。なお、特定の研究開発目的のみに使用され、他の目的に転用できない実験装置などを購入した場合の支出額も研究開発費となります。「機械装置」としないように注意してください。

引当金

貸倒引当金

得意先A社が倒産したため、売掛金¥10,000,000が貸倒れとなった。貸倒金額のうち¥6,000,000は当期中に売り上げた商品代金であり、その他は前期末までに売上げた分である。なお、貸倒引当金の残高は¥14,000,000である。

| （貸　倒　損　失） | 6,000,000 | （売　　掛　　金） | 10,000,000 |
| （貸　倒　引　当　金）* | 4,000,000 | | |

＊　10,000,000円－6,000,000円＝4,000,000円

前期以前に発生した売掛金が貸し倒れたときは、「貸倒引当金」を減らします。また、当期に発生した売掛金が貸し倒れたときは「貸倒損失」とします。

期末における売掛金残高は¥1,200,000、電子記録債権残高は¥1,440,000、貸付金残高は¥1,800,000であった。売掛金と電子記録債権については、過去の貸倒実績率1.5％にもとづき、貸倒引当金を設定するが、貸付金については、債務者の財政状態が悪化したため、その回収不能額を50％と見積もって、差額補充法により貸倒引当金を設定する。期末における貸倒引当金の残高は¥9,600である。

経営状態に重大な問題が生じていない債務者に対する債権については、一括して、過去の貸倒実績率などにより貸倒引当金を設定します（一括評価）。
ただし、財政状態が悪化している債務者に対する債権のように貸倒れの可能性が高いものについては、他の金銭債権と区別して、個別にその回収不能額を見積り、貸倒引当金として設定します（個別評価）。

| （貸倒引当金繰入）＊ | 930,000 | （貸倒引当金） | 930,000 |

＊　(1,200,000円 + 1,440,000円) × 1.5％ + 1,800,000円 × 50％ − 9,600円 = 930,000円
　　　売掛金　　電子記録債権　　　　　　　貸付金　　　　　　期末
　　　　　　　　　　　　　　　　　　　　　　　　　　　　　貸倒引当金

商品保証引当金

前期に保証書を付して販売した商品について、顧客より無料修理の申し出があったので、修理業者に修理を依頼し、代金¥80,000は現金で支払った。なお、前期の決算で計上した商品保証引当金の残高は¥50,000である。

過去に販売した商品について保証契約にもとづく修理を行った場合に、商品保証引当金が設定されていれば、これを優先的に取り崩し、超過した分は「商品保証費」（費用）とします。

| （商品保証引当金） | 50,000 | （現　　　　　金） | 80,000 |
| （商　品　保　証　費） | 30,000 | | |

×年3月31日、決算にあたり、前年度に販売した商品に付した品質保証期限が経過したため、この保証のために設定した引当金の残高¥36,000を取り崩すとともに、当期に品質保証付きで販売した商品の保証費用を当期の売上高¥18,500,000の1％と見積もり、洗替法により引当金を設定する。

「洗替法」により引当金を設定する旨の指示があるため、「商品保証引当金戻入」（収益）を計上し、引当金の残高を全額取り崩したうえで、当期末における引当金の設定額を全額繰り入れます。

| （商品保証引当金） | 36,000 | （商品保証引当金戻入） | 36,000 |
| （商品保証引当金繰入） | 185,000 | （商品保証引当金）＊ | 185,000 |

＊　18,500,000円 × 1％ = 185,000円
　　　当期の売上高　　　当期末の設定額

賞与引当金

決算（決算日3月31日）にあたり、次年度の6月における従業員に対する賞与の支給に備え、当期の負担分を¥3,000,000と見積もり、賞与引当金に計上した。

次年度に従業員に対して賞与を支給する場合は、その見込額のうち、当期の負担に属する金額を「賞与引当金」として設定します。

| （賞与引当金繰入） | 3,000,000 | （賞　与　引　当　金） | 3,000,000 |

6月25日、従業員の賞与¥6,300,000（前期末に賞与引当金¥3,000,000を計上している）に対して、源泉所得税等の預り金¥950,000を差し引き、残額を現金で支払った。

従業員に対して賞与を支給した場合には、前期末に設定していた「賞与引当金」を取り崩し、不足分は「賞与」（費用）として計上します。
なお、源泉所得税などがある場合には、その金額を「所得税預り金」として貸方に計上し、これを控除した残額を従業員に支払います。

| （賞 与 引 当 金） | 3,000,000 | （所得税預り金） | 950,000 |
| （賞　　　　　与）*1 | 3,300,000 | （現　　　　　金）*2 | 5,350,000 |

* 1　6,300,000円 − 3,000,000円 = 3,300,000円
* 2　6,300,000円 − 950,000円 = 5,350,000円

役員賞与引当金

決算日において、当年度に属する役員賞与¥300,000を見積り計上する。なお、当社は、株主総会において役員賞与の支給に関する議案の承認を受けることとしている。

次年度に役員に対して当年度分の賞与を支給する場合には、その見込額を「役員賞与引当金」として設定します。

| （役員賞与引当金繰入） | 300,000 | （役員賞与引当金） | 300,000 |

● 外貨換算会計

外貨建取引

(1) 12月13日　アメリカの仕入先より商品3,000ドルを掛けで購入した。この時の為替相場は1ドル¥110であった。
(2) 3月4日　商品代金3,000ドルを支払うために、取引銀行でドルに両替し、当座預金口座より仕入先に送金した。支払時の為替相場は1ドル¥113であった。

(1) 商品を輸入し、代金を外貨で支払うときは、その金額を取引発生時（輸入時）の為替相場で換算します。

(2) 外貨建買掛金を決済したときは、支払額を決済時の為替相場で換算し、減少する買掛金の帳簿価額との差額を為替差損益で処理します。

(1)（仕　　　　　入）	330,000	（買　　　掛　　　金）*1	330,000
(2)（買　　掛　　金）	330,000	（当　座　預　金）*2	339,000
（為 替 差 損 益）*3	9,000		

* 1　3,000ドル×110円 = 330,000円
* 2　3,000ドル×113円 = 339,000円
* 3　330,000円 − 339,000円 = △9,000円
　　　　　　　　　　　　　　為替差損

(1) 12月4日　アメリカの得意先に商品2,000ドルを輸出し代金は掛けとした。代金の決済は5月8日の予定であり、12月4日の為替相場は1ドル￥110であった。

(2) 3月31日　本日決算日である。決算日の為替相場は1ドル￥112であった。

(3) 5月8日　商品代金2,000ドルの送金があり、取引銀行で円貨に両替し当座預金口座に入金した。5月8日の為替相場は1ドル￥109であった。

(1) 商品を輸出し、代金を外貨で受け取るときは、その金額を取引発生時（輸出時）の為替相場で換算します。

(2) 外貨建売掛金は、貨幣項目であることから、その決済前に決算日が到来したときは、決算時の為替相場（CR）で換算替えを行い、生じた換算差額を為替差損益で処理します。

(3) 外貨建売掛金が決済されたときは、受取額を決済時の為替相場で換算し、減少する売掛金の帳簿価額との差額を為替差損益で処理します。

(1)(売　　掛　　金)*1	220,000	(売　　　　上)	220,000
(2)(売　　掛　　金)*2	4,000	(為 替 差 損 益)	4,000
(3)(当　座　預　金)*4	218,000	(売　　掛　　金)*3	224,000
(為 替 差 損 益)*5	6,000		

* 1　2,000ドル×110円＝220,000円
* 2　① 売掛金の決算整理前残高：220,000円
　　② CRで換算替えした金額：2,000ドル×112円＝224,000円（B/S計上額）
　　③ ②－①＝4,000円（売掛金の増加額）
* 3　220,000円＋4,000円＝224,000円
* 4　2,000ドル×109円＝218,000円
* 5　218,000円－224,000円＝△6,000円（為替差損）

為替予約

(1) 11月1日　アメリカの仕入先より商品3,000ドルを掛けで購入した。このときの為替相場は1ドル￥110であり、掛け代金の決済日は3月4日の予定である。なお、当社では商品売買の記帳は、商品を仕入れたとき商品勘定に記入し、販売のつど売上原価勘定に振り替える方法によっている。

(2) 11月28日　取引銀行との間で、3月4日の買掛金支払いのために3,000ドルを1ドル￥111で購入する為替予約を結んだ。なお、振当処理を適用することとするが、11月28日の為替相場による円への換算額と、為替予約による円換算額との差額はすべて当期の損益として処理する。なお、11月28日の為替相場は1ドル￥109であった。

(3) 3月4日　輸入代金3,000ドルの支払期日を迎えたので、取引銀行との為替予約契約にもとづき、仕入先に3,000ドルを送金し、当座預金から決済した。なお、3月4日の為替相場は1ドル￥115であった。

問題文の指示より、商品売買取引は売上原価対立法で処理します。

(1) 商品を輸入し、代金を外貨で支払うときは、その金額を取引発生時（輸入時）の為替相場によって換算します。

(2) 外貨建買掛金について、取引発生後に為替予約を付したときは、為替予約時の先物為替相場（予約レート）で換算替えを行い、生じた換算差額を為替差損益で処理します。

(3) 為替予約を付しているときは、為替予約時の先物為替相場（予約レート）で決済が行われるため、換算差額（為替差損益）は生じません。

(1)(商　　　　品)	330,000	(買　　掛　　金)*1	330,000
(2)(為 替 差 損 益)	3,000	(買　　掛　　金)*2	3,000
(3)(買　　掛　　金)	333,000	(当　座　預　金)	333,000

* 1　3,000ドル×110円＝330,000円
* 2　① 為替予約を付す前の帳簿価額：330,000円
　　② FRで換算替えした金額：3,000ドル×111円＝333,000円
　　③ ②－①＝3,000円（買掛金の増加額）

税　金

法人税、住民税及び事業税

法人税、住民税及び事業税について中間申告を行い、前期の業績にもとづいて税額¥980,000を小切手を振り出して納付した。

| （仮払法人税等） | 980,000 | （当　座　預　金） | 980,000 |

中間申告分については「仮払法人税等」とします。

普通預金口座に、A商会の株式に対する期末配当金¥240,000（源泉所得税20％を控除後）の入金があった旨の通知があった。

| （普　通　預　金） | 240,000 | （受　取　配　当　金）*1 | 300,000 |
| （仮払法人税等）*2 | 60,000 | | |

*1　240,000円÷（100％－20％）＝300,000円
*2　300,000円×20％＝60,000円

会社が配当金を受け取るさいに控除される源泉所得税は法人税等の前払いとしての性質があるため、中間申告分と同様に「仮払法人税等」で処理をします。なお、普通預金口座への入金額240,000円は、源泉所得税20％控除後の残額となることに注意してください。

決算にあたり、法人税、住民税及び事業税の当期充当額を¥2,460,000計上する。なお、すでに法人税、住民税及び事業税の中間納付を¥1,120,000行い、仮払法人税等で処理している。

| （法人税,住民税及び事業税） | 2,460,000 | （仮払法人税等） | 1,120,000 |
| | | （未払法人税等） | 1,340,000 |

決算時の未納分については「未払法人税等」とします。

過年度に納付した法人税に関して、税務当局から追徴の指摘を受け、追加で¥360,000を支払うようにとの通知が届いたため、負債の計上を行った。

| （追徴法人税等） | 360,000 | （未払法人税等） | 360,000 |

前期以前の法人税等について不足額の追徴を受けたときは、その金額を「追徴法人税等」（費用）で処理し、当期の「法人税、住民税及び事業税」とは区別します。また、同額の「未払法人税等」（負債）を計上します。

課税所得の算定

×1年度の決算において、税引前当期純利益は¥800,000計上している。しかし、貸倒引当金の損金不算入額が¥90,000あった。当期の法人税、住民税及び事業税の法定実効税率を40％として、未払法人税等を計上する。

| （法人税,住民税及び事業税）* | 356,000 | （未払法人税等） | 356,000 |

*　課税所得：800,000円＋90,000円＝890,000円
　　　　　　税引前当期純利益　損金不算入額
　　法人税、住民税及び事業税：890,000円×40％＝356,000円

課税所得の算定方法は、

| 税引前当期純利益 |
| ＋　損金不算入額 |
| △　損金算入額 |
| △　益金不算入額 |
| ＋　益金算入額 |
| 課　税　所　得 |

です。

消費税

得意先に商品¥4,000,000を販売し、消費税¥400,000とともに、¥4,400,000の小切手を受け取った。なお、消費税の会計処理は税抜方式によっている。

（現　　　　金）	4,400,000	（売　　　　　上）	4,000,000
		（仮 受 消 費 税）	400,000

税抜方式では、商品の販売先などから受け取った消費税を「仮受消費税」（商品の仕入先などに支払った消費税は「仮払消費税」）で記帳します。
一方、税込方式なら消費税を「売上」（または「仕入」）に含めて処理します。

決算に際して、消費税の納付額を計算し、これを確定した。なお、今年度の消費税仮払分は¥45,000、消費税仮受分は¥60,000であり、消費税の処理は税抜方式によっている。

（仮 受 消 費 税）	60,000	（仮 払 消 費 税）	45,000
		（未 払 消 費 税）*	15,000

*　60,000円－45,000円＝15,000円

税抜方式では、決算時に「仮受消費税」と「仮払消費税」との差額を「未払消費税」（または「未収消費税」）とします。

税効果会計

将来減算一時差異の発生と解消

(1) ×1年度の決算において、売掛金に対して貸倒引当金を¥300,000計上したが、うち¥90,000は税法上損金に算入することが認められなかった。なお、法人税等の実効税率は40%とする。

(2) 前期に損金に算入することが認められなかった貸倒引当金繰入額¥90,000について、該当する売掛金が貸倒れ、当期中に適切に処理して当期の損金に算入することが認められた。そこで、税効果会計の処理を行う。

(3) 決算にあたり、当期首に取得した備品(取得原価¥600,000、残存価額ゼロ、耐用年数6年)について、定額法により減価償却を行った。なお、税法で認められている耐用年数は10年であるために、税法で認められる償却額を超過した部分については損金に算入することが認められない。よって減価償却に関する仕訳と税効果に関する仕訳を示しなさい。なお、法人税等の実効税率は40%とする。

(1) 会計上の費用の損金不算入による将来減算一時差異の発生は、法人税等の「前払い」が発生したことを意味するため、差異の金額に実効税率を乗じた金額を「法人税等調整額」として法人税等から控除し、これを「繰延税金資産」として計上し、繰延処理を行います。

(2) 差異が解消したときは、差異発生時の仕訳の逆仕訳を行います。

(3) 会計上の減価償却費のうち、損金不算入となるのは償却限度超過額だけであることから、税務上の減価償却費との差額部分のみを将来減算一時差異として把握する必要がある点に注意しましょう。

(1) (繰延税金資産)*1	36,000	(法人税等調整額)	36,000
(2) (法人税等調整額)*2	36,000	(繰延税金資産)	36,000
(3) (減価償却費)*3	100,000	(備品減価償却累計額)	100,000
(繰延税金資産)*4	16,000	(法人税等調整額)	16,000

*1 90,000円×40%=36,000円
*2 90,000円×40%=36,000円
*3 600,000円÷6年=100,000円
　　　　　　　　　会計上の減価償却費
*4 600,000円÷10年=60,000円
　　　　　　　　　税務上の減価償却費
　100,000円−60,000円=40,000円
　　　　　　　　　償却限度超過額
　40,000円×40%=16,000円

株式の発行

株式の発行 〜会社の設立〜

会社設立に際して、授権株式総数80,000株のうち、普通株式2,000株を1株の払込金額￥90,000で発行し、払込金額を普通預金とした。なお、資本金には払込金額のうち「会社法」で認められる最低額を組み入れることとした。また、株式発行のための費用￥1,000,000は現金で支払った。

会社法では株式を発行したときに、払込金額の2分の1以上を資本金に組み入れなければなりません。なお、払込金額のうち資本金に組み入れない金額は「資本準備金」とします。
また、会社設立にともなう株式発行のための諸費用は「創立費」とします。

(普 通 預 金)*1	180,000,000	(資　　本　　金)*2	90,000,000
		(資 本 準 備 金)*2	90,000,000
(創　立　費)	1,000,000	(現　　　　　金)	1,000,000

* 1　＠90,000円×2,000株＝180,000,000円
* 2　180,000,000円×$\frac{1}{2}$＝90,000,000円

株式の発行 〜増資〜

取締役会の決議により、未発行株式のうち株式2,000株を払込金額＠￥80,000で発行し、全株式について払い込みを受け、払込金額を普通預金に預け入れた。なお、払込金額のうち「会社法」で認められる最低限度額を資本金に組み入れることとした。また、株式発行のための諸費用￥1,850,000は現金で支払った。

会社法では株式を発行したときに、払込金額の2分の1以上を資本金に組み入れなければなりません。なお、払込金額のうち資本金に組み入れない金額は「資本準備金」とします。
また、増資にともなう株式発行のための諸費用は「株式交付費」とします。

(普 通 預 金)*1	160,000,000	(資　　本　　金)*2	80,000,000
		(資 本 準 備 金)*2	80,000,000
(株 式 交 付 費)	1,850,000	(現　　　　　金)	1,850,000

* 1　＠80,000円×2,000株＝160,000,000円
* 2　160,000,000円×$\frac{1}{2}$＝80,000,000円

株式申込証拠金

普通株式1,000株の時価発行増資を行うため、払込金額＠￥80,000で新株の引き受けの募集をしたところ、申込期間中にすべての応募があり、受け取った代金は別段預金とした。なお、資本金の増加は、払込期日に記帳する。

新株を割り当てる前の払込金は「株式申込証拠金」または「新株式申込証拠金」とします。

(別 段 預 金)*	80,000,000	(株式申込証拠金)	80,000,000

*　＠80,000円×1,000株＝80,000,000円

新株の発行にさいして、払込期日までに払込まれ、別段預金に預け入れられていた申込証拠金を払込期日に資本金に振替え、同時に別段預金を当座預金に預け入れた。なお、発行する新株は1,000株で、払込金額（1株￥80,000）の全額が振込まれていた。資本金には「会社法」で認められる最低額を組入れる。

 払込期日に株式申込証拠金勘定から資本金勘定等に振り替えるとともに、別段預金勘定から当座預金勘定へ振り替えます。

（株式申込証拠金）*1	80,000,000	（資　本　　　金）*2	40,000,000
		（資 本 準 備 金）	40,000,000
（当 座 預 金）	80,000,000	（別 段 預 金）	80,000,000

＊1　@80,000円×1,000株＝80,000,000円
＊2　80,000,000円×$\frac{1}{2}$＝40,000,000円

● 剰余金の配当と処分

■ 利益剰余金の配当・処分

三崎商事は、×8年6月26日の定時株主総会において、繰越利益剰余金￥7,500,000を次のとおり配当および処分することが承認された。
利益準備金：各自算定
株主配当金：1株につき￥80　　　別途積立金：￥3,000,000
なお、資本金、資本準備金、利益準備金の勘定残高はそれぞれ￥30,000,000、￥6,600,000、￥540,000であり、発行済株式数は30,000株であった。

 繰越利益剰余金を原資として配当を行う場合には、一定額に達するまで、「利益準備金」を積み立てる必要があり、その積立額は、
①株主配当金×$\frac{1}{10}$
②資本金×$\frac{1}{4}$－（資本準備金＋利益準備金）
のいずれか小さい方となります。

（繰越利益剰余金）	5,640,000	（利 益 準 備 金）*2	240,000
		（未 払 配 当 金）*1	2,400,000
		（別 途 積 立 金）	3,000,000

＊1　@80円×30,000株＝2,400,000円
＊2　①2,400,000円×$\frac{1}{10}$＝240,000円
　　　②30,000,000円×$\frac{1}{4}$－（6,600,000円＋540,000円）＝360,000円
　　　③　①＜②　∴240,000円

三崎商事（発行済株式数30,000株）は、×8年6月26日の定時株主総会において、繰越利益剰余金¥7,500,000を次のとおり配当および処分することを承認した。

　　利益準備金：各自算定

　　株主配当金：1株につき¥130　　別途積立金：¥3,000,000

ただし、資本金¥30,000,000、資本準備金¥6,600,000、利益準備金¥540,000であった。

（繰越利益剰余金）	7,260,000	（利　益　準　備　金）*2	360,000
		（未　払　配　当　金）*1	3,900,000
		（別　途　積　立　金）	3,000,000

＊1　@130円×30,000株＝3,900,000円

＊2　①3,900,000円×$\frac{1}{10}$＝390,000円

　　　②30,000,000円×$\frac{1}{4}$－（6,600,000円＋540,000円）＝360,000円

　　　③　①＞②　∴360,000円

利益準備金の積立額は、
①株主配当金×$\frac{1}{10}$
②資本金×$\frac{1}{4}$－（資本準備金＋利益準備金）
のいずれか小さい方となります。

その他資本剰余金による配当

株主総会において、現金による配当¥1,000,000（その他資本剰余金¥400,000、繰越利益剰余金¥600,000）を決定した。配当金の10分の1の金額を準備金として積み立てた。

（その他資本剰余金）*2	440,000	（未　払　配　当　金）	1,000,000
（繰越利益剰余金）*4	660,000	（資　本　準　備　金）*1	40,000
		（利　益　準　備　金）*3	60,000

＊1　400,000円×$\frac{1}{10}$＝40,000円

＊2　400,000円＋40,000円＝440,000円

＊3　600,000円×$\frac{1}{10}$＝60,000円

＊4　600,000円＋60,000円＝660,000円

配当原資が繰越利益剰余金の場合には、「利益準備金」、その他資本剰余金の場合には、「資本準備金」を積み立てます。

株主資本の計数の変動

株主総会の決議により、資本準備金¥3,000,000を減少させその他資本剰余金に組み入れた。

（資　本　準　備　金）	3,000,000	（その他資本剰余金）	3,000,000

会社は株式総会等の決議によって、株主資本内で、ある科目から別の科目へ振り替えを行い、その内訳を変更することができます。これを株主資本の計数の変動といいます。
ここでは資本準備金を減らし、その他資本剰余金へ振り替えます。

株主総会の決議により、利益準備金¥2,500,000を減少させ繰越利益剰余金に組み入れた。

（利　益　準　備　金）	2,500,000	（繰越利益剰余金）	2,500,000

利益準備金を減らし、繰越利益剰余金へ振り替えることができます。

会社の累積赤字を補填するために、別途積立金¥200,000を取り崩すことを株主総会で決定した。／なお、株主総会直前における繰越利益剰余金の借方残高は¥300,000である。

株主総会の決議によって、繰越利益剰余金の借方残高（マイナス）を別途積立金などで補填することができます。その場合、「別途積立金」を減らし、「繰越利益剰余金」に振り替えることになるため、株主資本の計数の変動に該当します。

（別 途 積 立 金）	200,000	（繰越利益剰余金）	200,000

● 収益・費用の認識基準

■ 商品売買業（仕入・売上の計上基準）

(1) 得意先より商品¥91,000（原価¥72,800）の注文が入り、代金は掛けとして本日発送した。／当社では、売上の記帳については検収基準を採用し、商品売買の記帳は3分法を用いている。
(2) 上記商品に関し、／注文どおり商品が届き検収が終了した旨の連絡が入った。

売上の記帳について「検収基準」を採用している場合、商品の発送や引き渡しが行われたときではなく、相手方から検収が完了した旨の連絡があったときに、売上を計上します。

(1)		仕 訳 な し		
(2)（売 掛 金）	91,000	（売	上）	91,000

■ サービス業（役務収益・役務原価の計上基準）

(1) 資格試験の受験学校を経営しているＣＡＴ学園は、6月10日、7月開講予定の簿記講座（受講期間1年）の受講料¥600,000を現金で受け取った。
(2) 3月31日、本日決算にあたり上記(1)の取引について収益を計上した。なお、／上記講座は決算日現在、全体の4分の3が完了している。

役務（サービス）の提供を行う前に代金を受け取ったときは、その受取額を「前受金」として貸方に計上しておき、その後、役務の提供が完了した分だけを「役務収益」に振り替えます。

(1)（現 金）	600,000	（前 受 金）	600,000
(2)（前 受 金）	450,000	（役 務 収 益）＊	450,000

＊ $600,000円 \times \frac{3}{4} = 450,000円$

(1) 旅行業を営む西日本ツーリストは、2泊3日のツアーを企画したところ、顧客30名からの申込みがあり、／代金合計¥1,500,000を現金にて受け取った。
(2) 上記(1)のツアーを催行し、／宿泊代や移動のための交通費や添乗員への報酬など、¥900,000を普通預金口座から支払った。

役務を提供するための費用を支払った場合には、「役務収益」を計上する時点で、対応する金額を「役務原価」として計上します。

(1)（現 金）	1,500,000	（前 受 金）	1,500,000
(2)（前 受 金）	1,500,000	（役 務 収 益）	1,500,000
（役 務 原 価）	900,000	（普 通 預 金）	900,000

(1) 建築物の設計・監理を請け負っている北陸設計事務所は、給料¥400,000および出張旅費¥120,000を現金にて支払った。
(2) 顧客から依頼のあった案件について建物の設計を行ったが、(1)のうち給料¥210,000および出張旅費¥50,000が当該案件のために直接費やされたものであることが明らかになったので、これらを仕掛品勘定に振り替えた。
(3) 上記の案件について、設計図が完成したので、これを顧客に提出し、対価として¥500,000が普通預金口座に振り込まれた。役務収益の発生に伴い、対応する役務原価を計上する。

過去に支払った費用の中に将来の役務提供に対応する分が含まれていることが判明した場合には、その金額を「仕掛品」に振り替えておき、「役務収益」を計上する時点で対応する金額を「役務原価」に振り替えます。

(1)(給 料)	400,000	(現 金)	520,000
(旅 費 交 通 費)	120,000		
(2)(仕 掛 品)*	260,000	(給 料)	210,000
		(旅 費 交 通 費)	50,000
(3)(普 通 預 金)	500,000	(役 務 収 益)	500,000
(役 務 原 価)	260,000	(仕 掛 品)	260,000

* 210,000円+50,000円=260,000円

本支店会計

本支店間取引

京都に支店を開設することになり、本店から現金¥8,500,000、商品（原価：¥6,100,000、売価：¥9,700,000）およびトラック（取得価額：¥3,800,000、減価償却累計額：¥760,000）が移管された。支店独立会計制度を導入したときの支店側の仕訳を答えなさい。ただし、当社は商品売買の記帳を「販売のつど売上原価勘定に振り替える方法」、有形固定資産の減価償却に係る記帳を間接法によっている。

(現 金)	8,500,000	(車両減価償却累計額)	760,000
(商 品)	6,100,000	(本 店)	17,640,000
(車 両)	3,800,000		

支店では、開設にあたり、本店から移管された各資産を計上する仕訳を行います。なお、問題文に商品売買を「販売のつど売上原価勘定に振り替える方法（売上原価対立法）」で記帳している旨の指示があることから、移管された商品は、商品勘定に原価で計上することになります。繰越商品勘定や仕入勘定で処理しないように注意してください。また、有形固定資産の減価償却を間接法で記帳している旨の指示があることから、移管されたトラックについては、車両勘定に取得価額で計上するとともに、車両減価償却累計額を引き継ぐことになります。
本支店会計（支店独立会計制度）を採用している場合、支店の本店に対する債権債務は、本店勘定を設けて記録することから、仕訳の貸借差額を『本店』勘定で処理します。

かねて本店が日本橋商会から掛けで仕入れた商品の代金￥700,000について、本日、東京支店に日本橋商会の店員が集金に来たので、東京支店は本店に代わってこれを全額小切手を振り出して支払った。なお、当社は本店の他に複数の支店を全国に展開しており支店独立会計制度を導入しているが、本店側の仕訳は答えなくてよい。

| （本　　　　店） | 700,000 | （当 座 預 金） | 700,000 |

本支店会計（支店独立会計制度）を採用している場合の、本店と支店の間の取引です。本支店会計を採用している場合、本支店間の取引については、本店（または支店）に対する債権・債務の発生と考え、本店側では『支店』勘定、支店側では『本店』勘定を設けて処理をします。

決算にあたり、本店より「本店が支払った通信費￥840,000につき、その4分の1を仙台支店が負担するように」との指示があったので、仙台支店はこの指示にしたがって通信費を計上した。なお、当社は支店独立会計制度を導入しているが、本店側の仕訳は答えなくてよい。

| （通　信　費）* | 210,000 | （本　　　　店） | 210,000 |

＊ 840,000円 × $\frac{1}{4}$ ＝ 210,000円

本支店間の取引については、債権・債務が発生したと考え、本店側では『支店』勘定、支店側では『本店』勘定を設けて処理をします。

決算にあたり、本店は支店より「当期純利益￥613,000を計上した」との連絡を受けた。なお、当社は支店独立会計制度を導入しているが、支店側の仕訳は答えなくてよい。

| （支　　　　店） | 613,000 | （損　　　　益） | 613,000 |

本支店会計では、本店側・支店側それぞれで独自の利益（損失）を計算した後、支店の純損益を支店側から本店側に振り替え、本店側の帳簿上で会社全体の当期純損益を確定します。

■ 支店間取引（本店集中計算制度）

大手町商事は横浜支店、大宮支店および市川支店に3つの支店を有しており、本店集中計算制度により会計処理を行っている。このような場合、大宮支店が、横浜支店の広告宣伝費￥130,000を現金で支払った取引について、本店で行われる仕訳を示しなさい。

| （横 浜 支 店） | 130,000 | （大 宮 支 店） | 130,000 |

本店集中計算制度とは、支店が複数あるとき、支店相互間の取引を本店と各支店の取引とみなして処理する方法であり、各支店では『本店』勘定のみが設けられ、本店では『各支店』の勘定が設けられます。

大手町商事の横浜支店は、横浜支店負担の広告宣伝費￥130,000を大宮支店が立替払いした旨の連絡を本店から受けた。なお、同社は本店集中計算制度を採用している。

| （広 告 宣 伝 費） | 130,000 | （本　　　　店） | 130,000 |

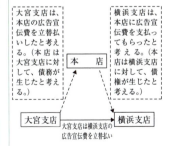

合併と事業譲渡

合併

日商商会㈱を吸収合併し、新たに株式100株（時価@¥65,000）を同社の株主に交付した。承継した資産および負債は、次のとおりである。なお、株式の交付に伴って増加する株主資本は、すべて資本金とする。

現　　金（帳簿価額¥5,000,000、時価¥5,000,000）
売 掛 金（帳簿価額¥3,800,000、時価¥3,800,000）
備　　品（帳簿価額¥3,000,000、時価¥3,200,000）
借 入 金（帳簿価額¥7,000,000、時価¥7,000,000）

（現　　　　金）	5,000,000	（借　入　金）	7,000,000
（売　掛　金）	3,800,000	（資　本　金）*1	6,500,000
（備　　　　品）	3,200,000		
（の　れ　ん）*2	1,500,000		

＊1　@65,000円×100株＝6,500,000円
＊2　5,000,000円＋3,800,000円＋3,200,000円＝12,000,000円
　　　　　　　　　　　　　　　　　　引き継いだ資産の時価
　　12,000,000円－7,000,000円＝5,000,000円
　　　　　　　　　引き継いだ負債の時価　配分された純額
　　6,500,000円－5,000,000円＝1,500,000円

合併にあたって、合併会社（承継会社）は被合併会社（消滅会社）の資産と負債を合併時の時価で引き継ぎます。問題資料に帳簿価額が与えられていても、解答上使用しませんので、ひっかからないように注意してください。
なお、対価として交付した株式の時価が、引き継いだ資産と負債の差額（配分された純額）を超える場合には、その超過額を「のれん」とします。

事業譲渡

相模商事を現金¥5,000,000で買収した。なお、相模商事を買収した際の資産・負債は、受取手形¥2,400,000、商品¥3,000,000、および買掛金¥1,600,000であった。

（受　取　手　形）	2,400,000	（買　掛　金）	1,600,000
（仕　　　　入）	3,000,000	（現　　　金）	5,000,000
（の　れ　ん）＊	1,200,000		

＊　2,400,000円＋3,000,000円＝5,400,000円
　　　　　　　　　　　　　　受け入れた資産
　　5,400,000円－1,600,000円＝3,800,000円
　　　　　　　　　受け入れた負債　配分された純額
　　5,000,000円－3,800,000円＝1,200,000円

買収の対価が、受け入れた資産と負債の差額（配分された純額）を超える場合には、その超過額を「のれん」とします。

その他の出題論点

長期前払費用

広告用看板の掲示に関する契約を締結し、今後3年分の広告料金¥2,700,000を普通預金から支払ってその総額をいったん資産に計上し、さらに計上した資産から当月分（1か月分）の費用の計上を行った。

| （長期前払費用） | 2,700,000 | （普 通 預 金） | 2,700,000 |
| （広 告 宣 伝 費）* | 75,000 | （長期前払費用） | 75,000 |

* $2,700,000円 \times \dfrac{1か月}{36か月} = 75,000円$

広告宣伝費などの費用の支払いを行ったときの処理には、①いったん費用の勘定科目で処理し、決算で未経過分の金額を資産の勘定科目で繰り延べる方法と②いったん資産の勘定科目で処理し、決算で経過分の金額を費用の勘定科目へ振り替える方法があります。
問題文の指示から②の方法と判明します。したがって、支払時はいったん「長期前払費用」（資産）または「前払費用」（資産）で処理（一年基準を適用）し、当期に経過した分を「広告宣伝費」（費用）へ振り替えます。

法定福利費

給料から控除した社会保険料の従業員負担分¥300,000を、雇用主負担分と合わせ現金で支払った。なお、当社は、社会保険料を従業員と雇用主とで同額を負担している。

| （社会保険料預り金） | 300,000 | （現　　　　金） | 600,000 |
| （法 定 福 利 費） | 300,000 | | |

会社は従業員に給料を支給する際、従業員負担分の社会保険料を預かり、その金額を「社会保険料預り金」などの科目で貸方に計上しています。その後、年金事務所などに社会保険料を納付したときは、従業員から預かった分については「社会保険料預り金」を減少させるとともに、会社負担分については「法定福利費」で処理します。

攻略 テクニック

第1問では、このほかにも実務で想定されるさまざまな場面の仕訳が問われますが、どんな問題が出題されても、問題文をよく読み、取引の結果として、どの資産、負債または純資産の勘定がいくら増減するかを考えるとともに、その相手勘定として収益または費用がいくら増減するか（増減しない場合もある）を考えて、問題文に合わせて素直に仕訳することが重要です。

簿記は「仕訳に始まり、仕訳に終わる」と言われます。反復練習を心掛けましょう。

なお、次ページには財務諸表のかたちにまとめた「勘定科目（商業簿記）一覧表」を掲載しています。各勘定科目名を正しく覚えられているか、また、その勘定科目が5要素のどれにあたるかを、しっかりと暗記してください。

勘定科目（2級商業簿記）一覧表

貸借対照表項目		
資産科目（もっている物や権利）		
現金	貸付金	船舶
普通預金	前払費用※	航空機
当座預金	未収収益※	土地
別段預金	仮払金	リース資産
長期性預金（定期預金）	仮払法人税等	建設仮勘定
受取手形	仮払消費税	（火災）未決算
不渡手形	未収還付法人税等	営業外受取手形
売掛金	未収消費税	営業外電子記録債権
クレジット売掛金	売買目的有価証券	特許権
電子記録債権	満期保有目的債券	商標権
繰越商品	子会社株式	のれん
商品	関連会社株式	ソフトウェア
前払金	その他有価証券	ソフトウェア仮勘定
立替金	建物	長期前払費用※
差入保証金	構築物	繰延税金資産
貯蔵品	備品	〈資産のマイナス勘定〉
仕掛品	車両（運搬具）	貸倒引当金
未収入金	機械装置	減価償却累計額※
損益計算書項目		
費用科目（何に費やしたのか、使ってなくなったこととか損したこと）		
仕入	退職給付費用	為替差損
売上原価	修繕引当金繰入	創立費
役務原価	商品保証引当金繰入	株式交付費
棚卸減耗損	賞与引当金繰入	特許権償却
商品評価損	役員賞与引当金繰入	商標権償却
給料	減価償却費	のれん償却
賞与（手当）	保険料	ソフトウェア償却
広告（宣伝）費	支払地代	雑損（失）
旅費交通費	支払家賃	投資有価証券売却損
福利厚生費	支払手数料	固定資産売却損※
発送費	支払リース料	固定資産除却損※
租税公課	法定福利費	固定資産圧縮損※
修繕費	支払利息	火災損失
保守費	手形売却損	災害損失
商品保証費	債権売却損	法人税、住民税及び事業税
研究開発費	電子記録債権売却損	追徴法人税等
貸倒損失	有価証券売却損	法人税等調整額
貸倒引当金繰入	有価証券評価損	
当期純利益（一会計期間で獲得することができたもうけ）		

貸借対照表項目		
負債科目（義　務）		
支払手形	未払費用※	退職給付引当金
買掛金	前受収益※	繰延税金負債
電子記録債務	修繕引当金	
前受金	商品保証引当金	
未払金	賞与引当金	
未払法人税等	役員賞与引当金	
未払消費税	リース債務	
未払配当金	営業外支払手形	
借入金	営業外電子記録債務	
預り金※	仮受金	
預り保証金	仮受消費税	
純資産（資本）科目（もとでともうけ、その他）		
資本金	利益準備金	その他有価証券評価差額金
資本準備金	新築積立金	
その他資本剰余金	配当平均積立金	
（新）株式申込証拠金	別途積立金	
	繰越利益剰余金	
損益計算書項目		
収益科目（どうやって稼いだのか、もらって得したこと）		
売上	固定資産売却益※	〈費用収益の混合勘定〉
役務収益	国庫補助金受贈益	有価証券売却損益
商品売買益	工事負担金受贈益	有価証券評価損益
仕入割引		有価証券運用損益
有価証券利息		為替差損益
受取利息		
受取配当金		
受取手数料		
受取地代		
受取家賃		
有価証券評価益		
有価証券売却益		
為替差益		
雑益（雑収入）		
保険差益		
償却債権取立益		
投資有価証券売却益		（注）※を付した勘定科目は、具体的な名称を付すこともあります。

第2問対策

I 個別論点（個別会計）

個別論点を前提に「簿記一巡の手続き」が問われます。

1 商 品 売 買 → **第2部 第6回・第10回**

2 現 金 預 金 → **第2部 第4回**

3 有 価 証 券 → **第2部 第7回・第11回**

4 有形固定資産 → **第2部 第9回**

5 純 資 産(S/S) → **厳選問題1＋第2部 第2回・第5回**

6 合 併 → **第2部 第3回**

攻略 テクニック

　個別論点の問題の攻略には、簿記一巡の手続きを意識しながら「取引を一つ一つ仕訳していく」ことが最も重要です。「簿記一巡の手続き」については次々ページに全体像を掲載していますので、必要に応じて確認しながら問題を解き進めましょう。

　また、原価ボックスやタイム・テーブルなどの下書用紙を利用することで、時間短縮を図ることができます。下書き（計算メモ）を工夫することも大切です。

第1部　TAC式 出題別攻略テクニック編

II 連結会計

連結会計を前提とした総合問題が出題されます。

> **1 連結精算表**　→ **厳選問題2-1＋第2部 第8回**
>
> **2 連結財務諸表**　→ **厳選問題2-2＋第2部 第12回**

第2問対策

攻略 テクニック

　連結会計の問題を攻略するには、連結修正仕訳（消去・振替仕訳）を「一つ一つ行っていく」ことが最も重要です。

　また、資本連結については、タイム・テーブルを利用することで、時間短縮を図ることができます。

論点横断

　近年では **I 個別論点（個別会計）** **II 連結会計** を組み合わせた、各論点を横断する一連の流れが出題される傾向にあります。

　体系的な理解を心掛けた勉強をしましょう。

III 会計理論

会計理論の穴埋め問題や○×問題が出題されます。

> **1 穴埋め問題**　→ **第2部 第1回**
>
> **2 ○×問題**

　それでは、総合問題の解き方など「TAC式　出題別攻略テクニック」を伝授していきたいと思います。

簿記一巡の手続き（"記録"と"報告"の流れ）

● 日常の手続き

取　引　→　仕　訳　帳　　期中処理！　→　総勘定元帳

11/1 商品100円を仕入れ、代金は掛けとした。

（仕　入）100　（買掛金）100

仕　入	買掛金
100	100

● 決算の手続き

① 試　算　表　→　② 決算整理　決算整理！　→　③ 試　算　表

決算整理前残高試算表　→　総勘定元帳／仕訳帳　→　決算整理後残高試算表

決算整理前残高試算表
X年3月31日

借　方	勘定科目	貸　方
	買　掛　金	100
100	仕　　　入	
100		100

期末商品棚卸高：30円

（繰越商品）30　（仕　入）30

繰越商品	仕　入
30	100　30

決算整理後残高試算表
X年3月31日

借　方	勘定科目	貸　方
	買　掛　金	100
30	繰越商品	
70	仕　　　入	
100		100

④ 決算振替　　　　　　⑤ 報　告　書

総勘定元帳／仕訳帳　→　損益計算書／貸借対照表

（損　益）70　（仕　入）70

損　益	繰越商品	損益計算書	貸借対照表
仕　入 70	次期繰越 30	売上原価 70	商　品 30

前T/Bから報告書作成までの一覧表（下書用紙）

精　算　表

勘定科目	試算表(前T/B) 借方	貸方	整理記入 借方	貸方	損益計算書 借方	貸方	貸借対照表 借方	貸方
仕　　　入	100			30	70			
繰越商品			30				30	

● 日常の手続き

毎日、会社はいろいろな取引をしています。簿記はそれをもれがないように記録（仕訳帳に仕訳し、総勘定元帳に転記）していきます。そして、これを1年間、繰り返し、繰り返し、行います。

● 決算の手続き

1 決算整理前試算表（前T/B）の作成

まず、試算表を作成して日常の記録（期中処理）が正しく行われたかを確かめます。また、この試算表が**決算整理前の各勘定の残高を一覧できる集計表**になります。

決算整理前の試算表の各勘定残高は決算整理前の金額であり、**日常の手続き（期首から期末までの間にどのような記録をしてきたかという結果）**を表しているものだといえます。

 決算整理**前**残高試算表（**前T/B**）には**期中処理の結果**が表れる

2 決算整理事項

決算整理前における総勘定元帳のすべての勘定の残高が、そのまま報告書に載せてよい正しい金額とは限りません。そこで、**決算において一部の勘定の残高を修正する手続きが決算整理**です。この決算整理仕訳を仕訳帳に仕訳し、総勘定元帳に転記することで、総勘定元帳のすべての勘定の残高を報告書に載せてよい正しい金額に修正します。

 決算整理ですべての**勘定の残高**を**正しく**する

3 決算整理後試算表（後T/B）の作成

決算整理仕訳が正しく行われたかを確かめるために、決算整理後の試算表を作成します。また、この試算表が**決算整理後の各勘定の残高を一覧で確認する目的や、損益計算書と貸借対照表を作成する目的で用いられる集計表**になります。

 決算整理〝**前**〟と〝**後**〟では各勘定の**残高**の意味が変わるので注意する

4 決算振替（帳簿の締め切り）

損益勘定で当期の純利益を計算（確定）するため、決算振替仕訳を行い、収益・費用の勘定の残高をゼロにして損益勘定へ振り替えます。その後、**各勘定を締め切る（当期と次期の区切りをつける）**ことになります。また、資産・負債・純資産は繰越記入を行います。

これにより、「1年間の利益」と「決算日の財産」が確定します。

5 報告書（財務諸表）の作成

総勘定元帳の**各勘定の残高**、または**決算整理後残高試算表**をもとに報告書（**損益計算書と貸借対照表**）を作成します。ただし、外部に報告するものなので、わかりやすく書かなければなりません。したがって、**表示の仕方**がルールで決まっているのです。

 勘定科目と財務諸表の**表示科目**の違いに注意する

厳選問題1　純資産（S/S）

次に示した東京商事株式会社の［資料］にもとづき、答案用紙の株主資本等変動計算書について、（　　）に適切な金額を記入して完成しなさい。金額が負の値であるときは、（　　）の前に△を付している。なお、会計期間は×6年4月1日から×7年3月31日までの1年間である。

［資　料］

1．×6年5月1日、新株を発行して増資を行い、払込金¥800,000は当座預金とした。増資に伴う資本金の計上額は、払込金の60％の金額とした。

2．×6年6月27日、定時株主総会を開催し、剰余金の配当および処分を次のように決定した。
　⑴　株主への配当¥500,000…このうち¥100,000はその他資本剰余金を財源とし、¥400,000は繰越利益剰余金を財源とする。
　⑵　株主への配当に伴う準備金の積立て…その他資本剰余金を財源とする配当については、その10分の1に相当する金額をその他資本剰余金から資本準備金として積み立て、繰越利益剰余金を財源とする配当については、その10分の1に相当する金額を繰越利益剰余金から利益準備金として積み立てる。
　⑶　別途積立金の積立て…繰越利益剰余金を処分し、別途積立金として¥80,000を積み立てる。

3．×7年1月15日、大阪物産株式会社を吸収合併し、合併の対価として新株3,000株（1株当たりの時価は¥600）を発行し、大阪物産の株主に交付した。新株の発行に伴う純資産（株主資本）の増加額のうち、¥900,000は資本金、¥500,000は資本準備金とし、残額はその他資本剰余金として計上する。

4．×7年3月31日、決算を行い、当期純利益¥750,000を計上した。

38

株主資本等変動計算書
自×6年4月1日　至×7年3月31日
（単位：円）

	株主資本		
	資本金	資本剰余金	
		資本準備金	その他資本剰余金
当期首残高	10,000,000	540,000	150,000
当期変動額			
新株の発行	（　　　　　）	（　　　　　）	
剰余金の配当		（　　　　　）	△（　　　　　）
別途積立金の積立て			
吸収合併	（　　　　　）	（　　　　　）	（　　　　　）
当期純利益			
当期変動額合計	（　　　　　）	（　　　　　）	（　　　　　）
当期末残高	（　　　　　）	（　　　　　）	（　　　　　）

（下段へ続く）

（上段より続く）

	株主資本			
	利益剰余金			株主資本合計
	利益準備金	その他利益剰余金		
		別途積立金	繰越利益剰余金	
当期首残高	240,000	120,000	950,000	12,000,000
当期変動額				
新株の発行				（　　　　　）
剰余金の配当	（　　　）		△（　　　）	△（　　　）
別途積立金の積立て		（　　　）	△（　　　）	―
吸収合併				（　　　　　）
当期純利益			（　　　）	（　　　）
当期変動額合計	（　　　）	（　　　）	（　　　）	（　　　）
当期末残高	（　　　）	（　　　）	（　　　）	（　　　）

解　答

○数字…予想配点

株 主 資 本 等 変 動 計 算 書
自×6年4月1日　至×7年3月31日

（単位：円）

	株　主　資　本		
	資　本　金	資　本　剰　余　金	
		資　本　準　備　金	その他資本剰余金
当 期 首 残 高	10,000,000	540,000	150,000
当 期 変 動 額			
新 株 の 発 行	（　　　480,000　）	（　②　320,000　）	
剰 余 金 の 配 当		（　　　10,000　）	△（　②　110,000　）
別途積立金の積立て			
吸 収 合 併	（　　　900,000　）	（　　　500,000　）	（　　　400,000　）
当 期 純 利 益			
当 期 変 動 額 合 計	（　②1,380,000　）	（　②　830,000　）	（　　　290,000　）
当 期 末 残 高	（　　11,380,000　）	（　　1,370,000　）	（　　　440,000　）

（下段へ続く）

（上段より続く）

	株　主　資　本			
	利　益　剰　余　金			株主資本合計
	利益準備金	その他利益剰余金		
		別途積立金	繰越利益剰余金	
当 期 首 残 高	240,000	120,000	950,000	12,000,000
当 期 変 動 額				
新 株 の 発 行				（　　　800,000）
剰 余 金 の 配 当	（　　40,000）		△（②　440,000）	△（　　500,000）
別途積立金の積立て		（　　80,000）	△（　　80,000）	—
吸 収 合 併				（②1,800,000）
当 期 純 利 益			（②　750,000）	（　　750,000）
当 期 変 動 額 合 計	（②　40,000）	（　　80,000）	（　　230,000）	（　2,850,000）
当 期 末 残 高	（　　280,000）	（②　200,000）	（　1,180,000）	（②14,850,000）

40

第1部　TAC式 出題別攻略テクニック編

個別論点の攻略方法は、つねに 簿記一巡の手続き を意識しながら 仕訳をして解く！ことです。

解答への道

まず、本問を解くにあたり、株主資本の内訳を確認しておきましょう。

〈基礎知識〉株主資本の内訳

株主資本	資本金		もとで
	資本剰余金	資本準備金	
		その他資本剰余金	
	利益剰余金	利益準備金	もうけ
		利益その他剰余金	任意積立金（新築積立金・別途積立金等）
			繰越利益剰余金

　株主資本等変動計算書は、貸借対照表の純資産の部の一会計期間における変動額のうち、主として、株主に帰属する部分である上記株主資本の各項目の変動事由を報告するために作成する財務諸表です。その記載方法は、純資産の期首残高を基礎として、期中の変動額を加算または減算し、期末残高を記入します。

> **当期首残高**：前期末における貸借対照表の純資産の金額を記入します。
> **当期変動額**：期中における純資産の変動を「一定の項目」に区別して記入します。
> **当期末残高**：当期末における貸借対照表の純資産の金額を記入します。

1．x6年5月1日：増資（新株の発行）

　　増資にともなう資本金計上額は払込金額の60％、残りの40％は資本準備金とします。

　　（当座預金）800,000　（資　本　金）480,000　⇨ 新株の発行：⊕
　　　　　　　　　　　　（資本準備金）320,000　⇨ 新株の発行：⊕

　　資本金：800,000円×60％＝480,000円
　　資本準備金：800,000円×40％＝320,000円

2．x6年6月27日：剰余金の配当と処分
　(1) その他資本剰余金と繰越利益剰余金の配当
　　　その他資本剰余金と繰越利益剰余金を財源に配当します。

剰余金の配当：⊖ ⇦　（その他資本剰余金）100,000　（未払配当金）500,000
剰余金の配当：⊖ ⇦　（繰越利益剰余金）400,000

41

(2) 資本準備金と利益準備金の積み立て

　　会社法の規定にもとづき、その他資本剰余金を財源に配当した場合は「資本準備金」、繰越利益剰余金を財源に配当した場合は「利益準備金」を積み立てます。

剰余金の配当：⊖ ⇦ （その他資本剰余金）10,000　（資 本 準 備 金）10,000 ⇨ 剰余金の配当：⊕

剰余金の配当：⊖ ⇦ （繰越利益剰余金）40,000　（利 益 準 備 金）40,000 ⇨ 剰余金の配当：⊕

　　　資本準備金：$100,000円 \times \dfrac{1}{10} = 10,000円$

　　　利益準備金：$400,000円 \times \dfrac{1}{10} = 40,000円$

(3) 株主資本の計数の変動（別途積立金の積み立て）

　　繰越利益剰余金を処分し、別途積立金を積み立てます。

別途積立金の積み立て：⊖ ⇦ （繰越利益剰余金）80,000　（別 途 積 立 金）80,000 ⇨ 別途積立金の積み立て：⊕

３．×7年1月15日：吸収合併

　　合併にあたり、新株を発行した場合には純資産（株主資本）が増加します。なお、引き継ぐ資産や負債の資料がないため、次のように仮定して仕訳するとよいでしょう。

（諸　資　産）×× （諸　負　債）××
　　　　　　　　　 （資　　本　　金）900,000 ⇨ 吸収合併：⊕
　　　　　　　　　 （資 本 準 備 金）500,000 ⇨ 吸収合併：⊕
　　　　　　　　　 （その他資本剰余金）400,000 ⇨ 吸収合併：⊕

　　増加純資産（株主資本）：@600円×3,000株 = 1,800,000円
　　その他資本剰余金：1,800,000円 − 900,000円 − 500,000円 = 400,000円

４．×7年3月31日：当期純利益の振り替え

　　決算にあたり、損益勘定で計算した当期純利益を繰越利益剰余金勘定へ振り替えます。

（損　　　　　益）750,000 （繰越利益剰余金）750,000 ⇨ 当期純利益：⊕

⊕は純資産の増加
⊖は純資産の減少

以上の仕訳を参考に、株主資本等変動計算書を完成させます。

厳選1

　　株主資本等変動計算書（S/S）の作成問題では、「その他有価証券評価差額金」が出題されることもあります。ここで、税効果会計の仕訳をまとめておきましょう。

第1部　TAC式 出題別攻略テクニック編

税効果会計の絶対暗記！　仕訳まとめ

第2問対策

1．将来減算一時差異（2級では「引当金」と「減価償却」）

差異×税率！

(1) 発生時（損金不算入など）

（ 繰 延 税 金 資 産 ） ⊕	×××*	（ 法 人 税 等 調 整 額 ） ⊖	×××
前払費用（前払法人税等）		法人税等のマイナス	

＊　差異×税率

(2) 解消時（損金算入など）

（ 法 人 税 等 調 整 額 ） ⊕	×××	（ 繰 延 税 金 資 産 ） ⊖	×××*
法人税等のプラス		前払費用（前払法人税等）	

＊　差異×税率

2．その他有価証券　➡B/Sだけで解決‼

(1) **将来加算一時差異**（2級では「その他有価証券の評価益」のみ）

例）評価益100円、税率40%とします。

（ そ の 他 有 価 証 券 ） ⊕	100	（ 繰 延 税 金 負 債 ） ⊕	40*1
		未払費用（未払法人税等）	
		（ その他有価証券評価差額金 ） ⊕	60*2
		有価証券評価益〈益金不算入〉	

その他有価証券
を先に決める！

＊1　差異×税率

＊2　差額または差異×（1 −税率）

(注) 翌期首に再振替仕訳（逆仕訳）を行います〈洗替法〉。

(2) **将来減算一時差異**（評価損の場合）

例）評価損100円、税率40%とします。

（ 繰 延 税 金 資 産 ） ⊕	40*1	（ そ の 他 有 価 証 券 ） ⊖	100
前払費用（前払法人税等）			
（その他有価証券評価差額金） ⊖	60*2		
有価証券評価損〈損金不算入〉			

その他有価証券
を先に決める！

＊1　差異×税率

＊2　差額または差異×（1 −税率）

(注) 翌期首に再振替仕訳（逆仕訳）を行います〈洗替法〉。

43

厳選問題2-1　連結会計（連結精算表の作成）

　P社は×1年3月31日にS社の発行済株式総数の**70％**を**¥325,000**で取得して支配を獲得し、S社を連結子会社とした。/よって、次の資料にもとづいて、**×1年度**（×1年4月1日から×2年3月31日まで）の連結精算表を完成させなさい。/ただし、税金については考慮しない。

〔資料1〕　×1年度の個別財務諸表

損　益　計　算　書
自×1年4月1日　至×2年3月31日　　　　　　　　（単位：円）

借　方　科　目	P　社	S　社	貸　方　科　目	P　社	S　社
売　上　原　価	900,000	510,000	売　上　高	1,125,000	680,000
販売費及び一般管理費	180,000	130,000	営 業 外 収 益	75,000	20,000
営 業 外 費 用	24,000	12,000			
当 期 純 利 益	96,000	48,000			
	1,200,000	700,000		1,200,000	700,000

貸　借　対　照　表
×2年3月31日　　　　　　　　　　　　　（単位：円）

資　　　産	P　社	S　社	負債・純資産	P　社	S　社
諸　資　産	987,000	871,200	諸　負　債	629,000	502,000
売　掛　金	100,000	60,000	買　掛　金	80,000	40,000
貸 倒 引 当 金	△　2,000	△　1,200	資　本　金	500,000	250,000
商　　　品	90,000	70,000	資 本 剰 余 金	75,000	50,000
子 会 社 株 式	325,000		利 益 剰 余 金	216,000	158,000
	1,500,000	1,000,000		1,500,000	1,000,000

〔資料2〕　その他の事項
1．支配獲得時のS社の貸借対照表項目は、諸資産¥860,000、諸負債¥410,000、資本金¥250,000、資本剰余金¥50,000、利益剰余金¥150,000であった。/なお、のれんは、計上の翌年度から**10年間**で均等償却を行う。
2．S社は×1年度において、**¥40,000の配当**を行っている。
3．×1年度より、P社はS社に対して商品を掛販売しており、/×1年度の**販売額は¥305,000**であった。なお、P社がS社に対して販売する商品の**利益付加率は25％**である。
4．×1年度末に**S社が保有する商品**のうち、/P社から仕入れた金額は**¥10,000**であった。
5．P社は、売掛金期末残高¥100,000に対して**2％**の貸倒引当金を設定しているが、この¥100,000のうち**¥20,000は、S社に対する**ものであった。/なお、個別損益計算書の販売費及び一般管理費に含まれる貸倒引当金繰入額は、P社¥1,500、S社¥1,000であった。

44

第1部　TAC式 出題別攻略テクニック編

〈連結第1年度〉

連 結 精 算 表　　　　　　　　（単位：円）

科　目	個別財務諸表		修正・消去		連結財務諸表
	P 社	S 社	借 方	貸 方	
貸 借 対 照 表					連結貸借対照表
諸　資　産	987,000	871,200			
売　掛　金	100,000	60,000			
貸 倒 引 当 金	(2,000)	(1,200)			( )
商　品	90,000	70,000			
子 会 社 株 式	325,000				
[　]					
資 産 合 計	1,500,000	1,000,000			
諸　負　債	(629,000)	(502,000)			( )
買　掛　金	(80,000)	(40,000)			( )
資　本　金	(500,000)	(250,000)			( )
資 本 剰 余 金	(75,000)	(50,000)			( )
利 益 剰 余 金	(216,000)	(158,000)			( )
非 支 配 株 主 持 分					( )
負債・純資産合計	(1,500,000)	(1,000,000)			( )
損 益 計 算 書					連結損益計算書
売　上　高	(1,125,000)	(680,000)			( )
売 上 原 価	900,000	510,000			
販売費及び一般管理費	180,000	130,000			
[　] 償 却 額					
営 業 外 収 益	(75,000)	(20,000)			( )
営 業 外 費 用	24,000	12,000			
当 期 純 利 益	(96,000)	(48,000)			( )
非支配株主に帰属する当期純利益					
親会社株主に帰属する当期純利益					( )

(注)　(　)内の金額は、貸方金額を表す。[　]内には、適切な語を記入しなさい。なお、修正・消去欄は採点の対象とはしない。

解　答

○数字…予想配点

〈連結第1年度〉

連　結　精　算　表　　　　　　　　（単位：円）

科　目	個別財務諸表		修正・消去		連結財務諸表
	P　社	S　社	借　方	貸　方	
貸　借　対　照　表					連結貸借対照表
諸　資　産	987,000	871,200			1,858,200
売　掛　金	100,000	60,000		20,000	140,000 ②
貸　倒　引　当　金	(2,000)	(1,200)	400		(2,800) ②
商　品	90,000	70,000		2,000	158,000 ②
子　会　社　株　式	325,000			325,000	
［の　れ　ん］			10,000	1,000	9,000 ②
資　産　合　計	1,500,000	1,000,000	10,400	348,000	2,162,400
諸　負　債	(629,000)	(502,000)			(1,131,000)
買　掛　金	(80,000)	(40,000)	20,000		(100,000) ②
資　本　金	(500,000)	(250,000)	250,000		(500,000)
資　本　剰　余　金	(75,000)	(50,000)	50,000		(75,000)
利　益　剰　余　金	(216,000)	(158,000)	150,000	40,000	(219,000)
			350,400	305,400	
非　支　配　株　主　持　分			12,000	135,000	(137,400) ②
				14,400	
負債・純資産合計	(1,500,000)	(1,000,000)	832,400	494,800	(2,162,400)
損　益　計　算　書					連結損益計算書
売　上　高	(1,125,000)	(680,000)	305,000		(1,500,000) ②
売　上　原　価	900,000	510,000	2,000	305,000	1,107,000 ②
販売費及び一般管理費	180,000	130,000		400	309,600 ②
［の れ ん］償　却　額			1,000		1,000 ②
営　業　外　収　益	(75,000)	(20,000)	28,000		(67,000)
営　業　外　費　用	24,000	12,000			36,000
当　期　純　利　益	(96,000)	(48,000)	336,000	305,400	(113,400)
非支配株主に帰属する当期純利益			14,400		14,400
親会社株主に帰属する当期純利益			350,400	305,400	(99,000)

第1部　TAC式 出題別攻略テクニック編

　連結会計の問題を攻略するには、**連結修正仕訳**（消去・振替仕訳）を「一つ一つ行っていく」ことが最も重要です。
　また、資本連結については、タイム・テーブルを利用することで時間短縮を図ることができます。

解答への道

　本問は、**連結第1年度における連結会計の手続き（支配獲得日後1期目の連結）を問う問題**となっています。

Ⅰ　タイム・テーブル（S社の純資産の推移）
　　本問の資料にもとづいて、タイム・テーブルを作成すると、以下のようになります（単位：円）。投資と資本の相殺消去、のれんの償却、子会社当期純利益の非支配株主持分への振り替え、配当金の修正といった、いわゆる「資本連結」に必要なデータが揃っているため、タイム・テーブルを利用すると、素早く連結修正仕訳を行うことができます。たとえば、「のれん」の金額はタイム・テーブルだけで求められますし、「非支配株主持分」の金額もタイム・テーブル上の純資産合計に非支配株主持分割合を乗じるだけで簡単に求められます。

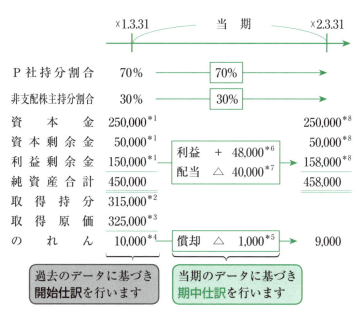

* 1　〔資料2〕の1より
* 2　450,000円×70％＝315,000円
　　　　純資産合計　P社持分割合　取得持分
* 3　冒頭の問題文またはP社B/Sの子会社株式より
* 4　325,000円－315,000円＝10,000円
　　　S社株式の取得原価　取得持分　のれん
* 5　10,000円÷10年＝1,000円
　　　のれん　　　のれん償却額

47

* 6　S社P/L当期純利益より
* 7　〔資料2〕の2より
* 8　S社B/Sより

Ⅱ　連結修正仕訳

1. 開始仕訳：支配獲得日（×1年3月31日）の連結修正仕訳 〜 投資と資本の相殺消去

　　本問では、問題資料の個別貸借対照表や答案用紙の連結精算表の表示科目に合わせて「子会社株式」を使用します。また、開始仕訳における純資産項目は、当期の連結株主資本等変動計算書の当期首残高に影響を与えることになるため、科目に「当期首残高」を付けて仕訳を行います。ただし、本問は、連結株主資本等変動計算書を作成しないことから、資本金と資本剰余金には何も付けずに仕訳を行います。

（資　本　金）	250,000	（子 会 社 株 式）S社株式	325,000
（資 本 剰 余 金）	50,000		
（利 益 剰 余 金）	150,000	（非支配株主持分）	135,000*2
（の　れ　ん）	10,000*1		

* 1　250,000円＋50,000円＋150,000円＝450,000円
　　　　　　　　　　　　　×1年3/31の
　　　　　　　　　　　　　S社純資産合計

　　　450,000円×70％＝315,000円
　　　　　　　　P社　　取得持分
　　　　　　　持分割合

　　　325,000円－315,000円＝10,000円
　　　S社株式の
　　　取得原価

* 2　450,000円×30％＝135,000円
　　　　　　　非支配株主
　　　　　　　持分割合

補足

連結修正仕訳で使用する「純資産の科目」について

　　本問は、連結株主資本等変動計算書が解答要求になっていないことから、効率よく解答するために、あえて純資産の科目に「当期首残高」や「当期変動額」などを付けずに連結修正仕訳を行うことが、実践的な解き方といえます。解答時間の短縮にもつながるので、試してみましょう。

第1部 TAC式 出題別攻略テクニック編

2．期中仕訳：×1年度（×1年4月1日～×2年3月31日）の連結修正仕訳

(1) のれんの償却

（のれん償却額）	1,000 *	（ の れ ん ）	1,000
販売費及び一般管理費			

* 10,000円÷10年＝1,000円

(2) 子会社当期純利益の非支配株主持分への振り替え

（非支配株主に帰属する当期純利益）	14,400 *	（非支配株主持分）	14,400

* 48,000円×30％＝14,400円
  S社当期純利益

(3) 配当金の修正

答案用紙の連結精算表や連結財務諸表が内訳を示さずに集約表示となっているため、「受取配当金」を「営業外収益」に置き換えて仕訳を行います。

（営 業 外 収 益）	28,000 *1	（利 益 剰 余 金）	40,000
受取配当金			
（非支配株主持分）	12,000 *2		

*1 40,000円×70％＝28,000円
   S社配当金

*2 40,000円×30％＝12,000円

(4) 売上高と売上原価の相殺消去

（売 　 上 　 高）	305,000	（売 　 上 　 原 　 価）	305,000
P社P/L		S社P/L当期商品仕入高	

(5) 期末商品に含まれる未実現利益の消去（ダウン・ストリーム）

（売 　 上 　 原 　 価）	2,000 *	（商 　 　 品）	2,000

* $10,000円 \times \dfrac{0.25〈利益付加率〉}{1+0.25} = 2,000円$
  S社期末商品のうち　　　　　　　　未実現利益
  P社からの仕入分

(6) 売掛金と買掛金の相殺消去

（買 　 掛 　 金）	20,000	（売 　 掛 　 金）	20,000
S社B/S		P社B/S	

(7) 親会社の貸倒引当金の調整

答案用紙の連結精算表が内訳を示さずに集約表示となっているため、「貸倒引当金繰入額」を「販売費及び一般管理費」に置き換えて仕訳を行います。

（貸 倒 引 当 金）	400 *	（販売費及び一般管理費）	400
P社B/S		P社P/L貸倒引当金繰入額	

* 20,000円×2％＝400円

第2問対策

厳選問題2-2　連結会計（連結財務諸表の作成）

　厳選問題2-1の資料にもとづいて、×1年度（×1年4月1日から×2年3月31日まで）の連結財務諸表を完成させなさい。ただし、税金については考慮しない。

連結損益計算書
自×1年4月1日　至×2年3月31日　（単位：円）

売上高	（　　　　）
売上原価	（　　　　）
売上総利益	（　　　　）
販売費及び一般管理費	（　　　　）
営業利益	（　　　　）
営業外収益	（　　　　）
営業外費用	（　　　　）
当期純利益	（　　　　）
非支配株主に帰属する当期純利益	（　　　　）
親会社株主に帰属する当期純利益	（　　　　）

連結貸借対照表
×2年3月31日　（単位：円）

資産	金額	負債・純資産	金額
諸資産		諸負債	
売掛金		買掛金	
貸倒引当金	△	資本金	
商品		資本剰余金	
［　　　　］		利益剰余金	
		非支配株主持分	

（注）［　　］内には、適切な語を記入しなさい。

第1部　TAC式 出題別攻略テクニック編

解　答

○数字…予想配点

連 結 損 益 計 算 書
自×1年4月1日　至×2年3月31日　（単位：円）

売　　　　上　　　　高	（　1,500,000）	②
売　　上　　原　　価	（　1,107,000）	②
売　上　総　利　益	（　　393,000）	
販 売 費 及 び 一 般 管 理 費	（　　310,600）	②
営　業　利　益	（　　82,400）	
営　業　外　収　益	（　　67,000）	
営　業　外　費　用	（　　36,000）	
当　期　純　利　益	（　　113,400）	
非支配株主に帰属する当期純利益	（　　14,400）	②
親会社株主に帰属する当期純利益	（　　99,000）	

連 結 貸 借 対 照 表
×2年3月31日　　　　　　（単位：円）

資　　産	金　額		負債・純資産	金　額	
諸　資　産	1,858,200		諸　負　債	1,131,000	
売　掛　金	140,000	②	買　掛　金	100,000	②
貸 倒 引 当 金	△　2,800	②	資　本　金	500,000	
商　　　品	158,000	②	資 本 剰 余 金	75,000	
［の　れ　ん］	9,000	②	利 益 剰 余 金	219,000	
			非支配株主持分	137,400	②
	2,162,400			2,162,400	

51

● ♨ワンポイントアドバイス●

連結貸借対照表の利益剰余金の計算

　連結B/Sの利益剰余金の金額は、連結貸借対照表の貸借差額で計算するのが簡単です。参考までに、前記の仕訳をもとに下記のように計算することもできます。

> ①　P社とS社の個別B/S上の利益剰余金を合算する。
> ②　連結修正仕訳のうち、利益剰余金の「当期末残高」に影響を与える科目を、①の金額に加減算する。

　なお、損益計算書項目も「親会社株主に帰属する当期純利益」を通じて「利益剰余金」の「当期末残高」に影響を与えるので、集計の対象に含める必要があります。具体的には、以下のようになります。

①
- 216,000円 ← P社個別B/S利益剰余金
- 158,000円 ← S社個別B/S利益剰余金

②
- △ 150,000円 ← 開始仕訳
- △ 　1,000円 ← のれん償却
- △ 14,400円 ← 子会社当期純利益の非支配株主持分への振り替え
- △ 28,000円 ← 配当金の修正
- ＋ 40,000円 ← 配当金の修正
- △ 305,000円 ⎤
- ＋ 305,000円 ⎦ 売上高と売上原価の相殺消去（省略可）
- △ 　2,000円 ← 期末商品に含まれる未実現利益の消去
- ＋ 　　400円 ← 貸倒引当金の調整

────────────
219,000円

厳選2

52

第1部　TAC式 出題別攻略テクニック編

連結会計で覚えておきたい絶対暗記！　仕訳まとめ

〈資本連結〉

1. 開始仕訳（過去の仕訳のやり直し）

（資　本　金）	⊖	×××	（S　社　株　式）	⊖	×××
（利　益　剰　余　金）	⊖	×××	（非 支 配 株 主 持 分）	⊕	×××
（の　れ　ん）	⊕	×××			

2. のれんの償却（当期分）

（の れ ん 償 却）	⊕	×××	（の　れ　ん）	⊖	×××

3. 子会社当期純利益の非支配株主持分への振り替え（当期分）

（非支配株主に帰属する当期純利益）	⊕	×××	（非 支 配 株 主 持 分）	⊕	×××

4. 子会社配当金の修正（当期分）

（受 取 配 当 金）	⊖	×××	（利　益　剰　余　金）	⊕	×××
（非 支 配 株 主 持 分）	⊖	×××			

〈成果連結〉基本的な考え方：（債務）⊖××／（債権）⊖××、（収益）⊖××／（費用）⊖××

1. 商品売買

(1) 売上高・仕入高の相殺消去（当期分）

（売　上　高）	⊖	×××	（売　上　原　価）	⊖	×××

(2) 商品の未実現利益の消去（期末商品）

（売　上　原　価）	⊕	×××	（商　品）	⊖	×××

(3) アップ・ストリームの場合は仕訳を1行追加

（非 支 配 株 主 持 分）	⊖	×××	（非支配株主に帰属する当期純利益）	⊖	×××

2. 掛けと手形の相殺消去と貸倒引当金の修正

(1) 掛けと手形の相殺消去

（買　掛　金）	⊖	×××	（売　掛　金）	⊖	×××
（支　払　手　形）	⊖	×××	（受　取　手　形）	⊖	×××

(2) 貸倒引当金の修正（当期分）

（貸 倒 引 当 金）	⊖	×××	（貸 倒 引 当 金 繰 入）	⊖	×××

(3) アップ・ストリームの場合は仕訳を1行追加

（非支配株主に帰属する当期純利益）	⊕	×××	（非 支 配 株 主 持 分）	⊕	×××

3. 資金取引等

(1) 貸付金・借入金等の相殺消去

（借　入　金）	⊖	×××	（貸　付　金）	⊖	×××

(2) 利息等の相殺消去（当期分）

（受　取　利　息）	⊖	×××	（支　払　利　息）	⊖	×××

(3) 手形の割引き

（支　払　手　形）	⊖	×××	（借　入　金）	⊕	×××

4. 土地の未実現損益の消去（当期分）←アップ・ストリームの場合は仕訳を1行追加

（土 地 売 却 益）	⊖	×××	（土　地）	⊖	×××
（土　地）	⊕	×××	（土 地 売 却 損）	⊖	×××

第2問対策

成果連結（期首）絶対暗記！　仕訳まとめ

〈成果連結〉開始仕訳

１．期首商品

☆仕訳の考え方（期首商品）☆

Step 1 ：前期末の仕訳を考える

Step 2 ：開始仕訳：**Step 1** の科目を置き換える

P/L項目 →利益剰余金（「当期首残高」をつけることもある）

非支配株主持分（当期変動額）→非支配株主持分（「当期首残高」をつけることもある）

Step 3 ：実現仕訳：**Step 1** の仕訳の借方と貸方を逆にする

⇒結果的にB/S商品は消え、P/L売上原価は前期末の仕訳の貸借逆に出る

（1）　開始仕訳

① 開始仕訳

（利 益 剰 余 金） ⊖ ×××	（商　　　　　　　　　品） ⊖ ×××

② アップ・ストリームの場合は仕訳を１行追加

（非 支 配 株 主 持 分） ⊖ ×××	（利 益 剰 余 金） ⊕ ×××

（2）　実現仕訳

① 実現仕訳

（商　　　　　　　　　品） ⊕ ×××	（売 上 原 価） ⊖ ×××

② アップ・ストリームの場合は仕訳を１行追加

（非支配株主に帰属する当期純利益） ⊕ ×××	（非 支 配 株 主 持 分） ⊕ ×××

（3）　まとめ（期首商品のみ）←（1）①＋（2）①

（利 益 剰 余 金） ⊖ ×××	（売 上 原 価） ⊖ ×××

２．貸倒引当金

〈開始仕訳＋期中仕訳（ダウン・ストリーム）〉

（貸 倒 引 当 金）*1 ⊖ ×××	（利 益 剰 余 金）*2 ⊕ ××
	（貸 倒 引 当 金 繰 入）*3 ⊖ ××

＊１　当期末売上債権×設定率（％）　　＊３　仕訳の貸借差額〈差額補充法〉

＊２　前期末売上債権×設定率（％）

３．土　地

（1）　売却益の場合（開始仕訳）

① 開始仕訳

（利 益 剰 余 金） ⊖ ×××	（土　　　　　　　　　地） ⊖ ×××

② アップ・ストリームの場合は仕訳を１行追加

（非 支 配 株 主 持 分） ⊖ ××	（利 益 剰 余 金） ⊕ ××

（2）　売却損の場合（開始仕訳）

① 開始仕訳

（土　　　　　　　　　地） ⊕ ×××	（利 益 剰 余 金） ⊕ ×××

② アップ・ストリームの場合は仕訳を１行追加

（利 益 剰 余 金） ⊖ ××	（非 支 配 株 主 持 分） ⊕ ××

第3問対策

　第3問では個別会計から簿記一巡の手続きのうち「決算手続」が出題されます。その内容は、商品売買業の決算問題、サービス業の決算問題および製造業の決算問題になります。

Ⅰ 通常の決算問題

決算整理前 残高試算表	⊕	決算整理仕訳	→	1. 精算表の作成 → 厳選問題1・第2部
			→	2. 財務諸表の作成 → 厳選問題2・第2部

Ⅱ 本支店会計を前提とした決算問題

本店および支店の 決算整理前残高試算表	⊕	決算整理仕訳	＝	帳簿決算または 損益計算書・貸借対照表

1 本支店会計の帳簿決算 → 第2部 第12回

2 本支店合併財務諸表の作成

　また、解答要求が決算整理後残高試算表（後T/B）作成の場合も、「財務諸表の作成」と解き方は同じです。

第3問対策

Ⅰ 通常の決算問題

厳選問題 1 精算表の作成

北海道産業株式会社の第19期（自×1年4月1日　至×2年3月31日）の［資料］にもとづいて、精算表を完成しなさい。

［資　料］決算整理事項等
(1) 現金過不足の整理

現金出納帳と実際有高を照合したところ、実際有高が¥4,000不足していたため調査したが、その原因は不明であった。

(2) 貸倒引当金の設定

受取手形および売掛金の期末残高に対して2％の貸倒れを見積る（差額補充法）。

(3) 有価証券の評価

銘柄	保有目的	取得原価	当期末時価	備考
北陸社株式	売買目的	¥250,000	¥252,000	（注1）
石狩社社債	満期保有目的	¥195,000	¥197,300	（注2）

（注1）当期に取得したものである。

（注2）石狩社社債（額面¥200,000、年利5％、利払日3月末、償還日×6年3月31日）は当期首に取得したものである。満期保有目的債券の評価は、償却原価法（定額法）による。

(4) 売上原価の計算と期末商品の評価

期末商品棚卸高

帳簿棚卸数量	1,200個	実地棚卸数量	1,140個
原　　価	@¥150	正味売却価額	@¥145

なお、商品評価損は売上原価に算入し、棚卸減耗損は売上原価に算入しない。売上原価は「仕入」の行で計算する。

(5) 減価償却費の計上

建物：定額法；耐用年数　30年；残存価額　ゼロ

備品：200％定率法；耐用年数　10年；残存価額　ゼロ

なお、建物のうち¥900,000は、×1年12月1日に完成し、引き渡しを受け、翌日より使用しているものである。また、減価償却方法は新旧資産ともに同一であるが、本年度引き渡しを受けた建物については月割計算を行う。

(6) その他の引当金の設定

修繕引当金の当期繰入額¥40,000を計上する。

(7) 収益・費用の前受け・前払いと未収・未払いの計上

①支払家賃の未払分が¥12,000ある。

②保険料は×1年12月1日に向こう1年分を支払ったものである。

③受取利息の未収分¥25,000を計上する。

第1部　TAC式 出題別攻略テクニック編

精　算　表

勘 定 科 目	試 算 表 借 方	試 算 表 貸 方	修 正 記 入 借 方	修 正 記 入 貸 方	損 益 計 算 書 借 方	損 益 計 算 書 貸 方	貸 借 対 照 表 借 方	貸 借 対 照 表 貸 方
現　　　　　金	624,000							
当 座 預 金	648,400							
受 取 手 形	447,000							
売 掛 金	623,000							
売買目的有価証券	250,000							
繰 越 商 品	240,000							
建　　　　　物	1,500,000							
備　　　　　品	100,000							
満期保有目的債券	195,000							
支 払 手 形		619,500						
買 掛 金		610,000						
修 繕 引 当 金		230,000						
長 期 借 入 金		200,000						
貸 倒 引 当 金		14,500						
建物減価償却累計額		108,000						
備品減価償却累計額		36,000						
資 本 金		1,100,000						
利 益 準 備 金		207,000						
別 途 積 立 金		600,000						
繰越利益剰余金		35,000						
売　　　　　上		4,550,000						
受 取 利 息		40,000						
有 価 証 券 利 息		10,000						
固 定 資 産 売 却 益		70,000						
仕　　　　　入	2,835,000							
給　　　　　料	520,000							
支 払 家 賃	130,000							
旅 費 交 通 費	101,800							
保 険 料	180,000							
支 払 利 息	4,800							
火 災 損 失	31,000							
	8,430,000	8,430,000						
雑 （　　　）								
貸 倒 引 当 金 繰 入								
有価証券評価（　）								
棚 卸 減 耗 損								
商 品 評 価 損								
減 価 償 却 費								
修 繕 引 当 金 繰 入								
（　　　）家 賃								
（　　　）保 険 料								
（　　　）利 息								
当 期 純 （　　　）								

第3問対策

解答

○数字…予想配点

精算表

勘定科目	試算表 借方	試算表 貸方	修正記入 借方	修正記入 貸方	損益計算書 借方	損益計算書 貸方	貸借対照表 借方	貸借対照表 貸方
現　　　　　金	624,000			4,000			620,000	
当 座 預 金	648,400						648,400	
受 取 手 形	447,000						447,000	
売 掛 金	623,000						623,000	
売買目的有価証券	250,000		2,000				252,000	
繰 越 商 品	240,000		180,000	240,000			165,300 ②	
				9,000				
				5,700				
建　　　　　物	1,500,000						1,500,000	
備　　　　　品	100,000						100,000	
満期保有目的債券	195,000		1,000				196,000 ②	
支 払 手 形		619,500						619,500
買 掛 金		610,000						610,000
修 繕 引 当 金		230,000		40,000				270,000 ②
長 期 借 入 金		200,000						200,000
貸 倒 引 当 金		14,500		6,900				21,400 ②
建物減価償却累計額		108,000		30,000				138,000
備品減価償却累計額		36,000		12,800				48,800
資 本 金		1,100,000						1,100,000
利 益 準 備 金		207,000						207,000
別 途 積 立 金		600,000						600,000
繰越利益剰余金		35,000						35,000
売　　　　　上		4,550,000				4,550,000		
受 取 利 息		40,000		25,000		65,000		
有価証券利息		10,000		1,000		11,000		
固定資産売却益		70,000				70,000		
仕　　　　　入	2,835,000		240,000	180,000	2,900,700 ②			
			5,700					
給　　　　　料	520,000				520,000			
支 払 家 賃	130,000		12,000		142,000			
旅 費 交 通 費	101,800				101,800			
保 険 料	180,000			120,000	60,000			
支 払 利 息	4,800				4,800			
火 災 損 失	31,000				31,000			
	8,430,000	8,430,000						
② 雑 （ 損 ）			4,000		4,000			
貸倒引当金繰入			6,900		6,900			
② 有価証券評価（益）				2,000		2,000		
棚 卸 減 耗 損			9,000		9,000			
商 品 評 価 損			5,700	5,700				
減 価 償 却 費			42,800		42,800 ②			
修繕引当金繰入			40,000		40,000			
（未 払）家 賃				12,000				12,000
② （前 払）保 険 料			120,000				120,000	
（未 収）利 息			25,000				25,000	
② 当期純（利 益）					835,000			835,000
			694,100	694,100	4,698,000	4,698,000	4,696,700	4,696,700

別解 貸借対照表欄の「繰越商品」および損益計算書欄の「仕入」の金額は、使用行数の範囲内であれば、どの行に記入してもよい。

精算表の問題です。精算表とは、決算整理前残高試算表から損益計算書と貸借対照表を作る過程を一枚の表にまとめたものになります。精算表は決算の手続きを一覧できる便利な表になりますので、決算の流れを精算表の問題をとおして理解するようにしてください。

精算表の仕組みを示すと次のようになります。

《精算表の仕組み》

試算表欄の残高に修正記入欄の金額を加算または減算して、修正後の残高を損益計算書欄または貸借対照表欄に書き移します（左から右に作っていきます）。どの欄に書き移すかは、その勘定科目が資産・負債・純資産（資本）・収益・費用（5要素）の何に属するかによって決まります。

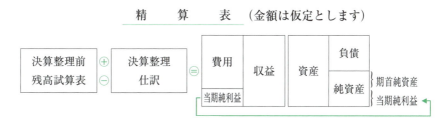

勘定科目	試算表 借方	試算表 貸方	修正記入 借方	修正記入 貸方	損益計算書 借方	損益計算書 貸方	貸借対照表 借方	貸借対照表 貸方
資　　産	100		10				110	
資　　産	100			20			80	
負債・純資産		100	30					70
負債・純資産		100		40				140
収　　益		100	50			50		
収　　益		100		60		160		
費　　用	100		70		170			
費　　用	100			80	20			
	××	××						
当期純利益					××			××
			××	××	×××	×××	×××	×××

精算表の問題を何度も解いて、まずは、決算整理仕訳のパターンをしっかり身に付けましょう。

精算表の戦略的解法術

Step 1

決算整理仕訳を1つだけ行い、修正記入欄に直接記入します。
このとき、未処理事項がある場合には、先に未処理事項を仕訳し、その後、決算整理仕訳を行います。

Step 2

1つの決算整理仕訳を修正記入欄に記入したら、すぐに前T/Bの残高と決算整理仕訳の金額を合計または差し引き、決算整理後の残高をP/L欄またはB/S欄に書き移しましょう。

> 検定試験は部分配点なので、解答できる部分だけでもできるだけ多く記入していくことが大切になります！

Step 3

Step 1 Step 2 をすべての決算整理仕訳について繰り返し行います。

Step 4   最低ライン

すべての決算整理仕訳が終わったら、まだP/L欄またはB/S欄に書き移していない勘定科目の前T/Bの残高を、そのままP/L欄またはB/S欄に書き移します。

Step 5   目標ライン

自信があったら、P/L欄の貸借差額で当期純利益を計算します。

Step 6

自信があったら、P/L欄で計算した当期純利益をB/S欄に書き移し、B/S欄の合計金額を一致させます。

解答への道

決算整理仕訳は次のとおりです。

(1) 現金過不足の整理

| （雑　　　　損） | 4,000 | （現　　　　金） | 4,000 |

決算に際して生じた原因不明の現金不足額は、現金過不足勘定を使わずに直接、雑損（失）勘定で処理します。

(2) 貸倒引当金の設定（差額補充法）

| （貸倒引当金繰入） | 6,900 | （貸倒引当金） | 6,900 |

受取手形と売掛金の2％が貸倒引当金の残高になるように補充します。

貸倒引当金：（447,000円 + 623,000円）× 2％ = 21,400円
　　　　　　　受取手形　　売掛金

貸倒引当金繰入：21,400円 − 14,500円 = 6,900円

(3) 有価証券の評価

① 北陸社株式（売買目的有価証券）

時価法により評価しますので、帳簿価額250,000円を時価252,000円に評価替えします。

| （売買目的有価証券） | 2,000 | （有価証券評価益） | 2,000 |

② 石狩社社債（満期保有目的債券）

償却原価法（定額法）により評価します。

| （満期保有目的債券） | 1,000 | （有価証券利息） | 1,000 |

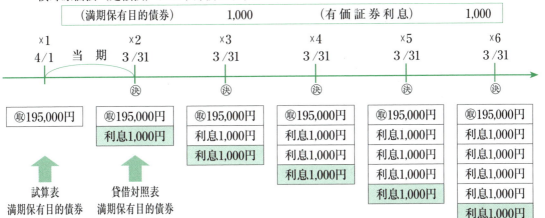

（注）満期保有目的債券の場合、短期的な時価は問題とならないことに注意してください。また、利払日と決算日が一致しているため、決算では利札分の利息（クーポン利息）について何も考慮する必要はありません。

(4) 売上原価の計算と期末商品の評価

① 売上原価の計算

| （仕　　　　入） | 240,000 | （繰　越　商　品） | 240,000 |
| （繰　越　商　品） | 180,000 | （仕　　　　入） | 180,000 |

② 棚卸減耗損の計上

| （棚　卸　減　耗　損） | 9,000 | （繰　越　商　品） | 9,000 |

③ 商品評価損の計上

| （商　品　評　価　損） | 5,700 | （繰　越　商　品） | 5,700 |

次のような期末商品のボックス図を書いて計算します。

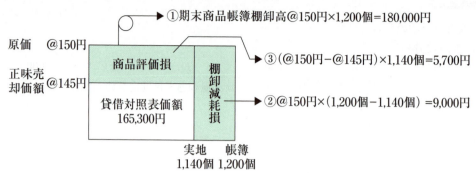

④ 商品評価損の仕入勘定への振り替え
商品評価損を売上原価に算入するために、仕入勘定へ振り替えます。

| （仕 入） | 5,700 | （商品評価損） | 5,700 |

(5) 有形固定資産の減価償却

| （減 価 償 却 費） | 42,800 | （建物減価償却累計額） | 30,000 |
| | | （備品減価償却累計額） | 12,800 |

① 建物（定額法）：旧建物　600,000円÷30年＝20,000円
　　　　　　　　　新建物　900,000円÷30年×$\frac{4か月}{12か月}$＝10,000円 ｝計 30,000円

② 備品（200％定率法）：償却率　（1÷10年）×200％＝0.2
　　　　　　　　　　　減価償却費　（100,000円－36,000円）×0.2＝12,800円

(6) 修繕引当金の設定

| （修繕引当金繰入） | 40,000 | （修 繕 引 当 金） | 40,000 |

(7) 収益・費用の前受け・前払いと未収・未払いの計上
① 費用の未払い（未払費用の計上）

| （支 払 家 賃） | 12,000 | （未 払 家 賃） | 12,000 |

② 費用の前払い（前払費用の計上）
試算表の保険料は1年分なので、翌期の8か月分（x2年4月～x2年11月）を次期に繰り延べます。

| （前 払 保 険 料） | 120,000 | （保 険 料） | 120,000 |

前払保険料：180,000円×$\frac{8か月}{12か月}$＝120,000円

③ 収益の未収（未収収益の計上）

| （未 収 利 息） | 25,000 | （受 取 利 息） | 25,000 |

第1部　TAC式 出題別攻略テクニック編

決算整理仕訳のまとめ

1．売上原価の計算と期末商品の評価
  (1) 売上原価の計算

| （仕　　　　　　入） | ⊕ | ××× | （繰　越　商　品） | ⊖ | ××× | …期首商品 |
| （繰　越　商　品） | ⊕ | ××× | （仕　　　　　　入） | ⊖ | ××× | …期末商品 |

  (2) 商品の期末評価…棚卸減耗損、商品評価損の計上

| （棚　卸　減　耗　損） | ⊕ | ××× | （繰　越　商　品） | ⊖ | ××× |
| （商　品　評　価　損） | ⊕ | ××× | （繰　越　商　品） | ⊖ | ××× |

  (3) 棚卸減耗損、商品評価損を売上原価に算入するとき

| （仕　　　　　　入） | ⊕ | ××× | （棚　卸　減　耗　損） | ⊖ | ××× |
| （仕　　　　　　入） | ⊕ | ××× | （商　品　評　価　損） | ⊖ | ××× |

2．現金過不足の整理（期末に現金過不足が生じた場合）

| （雑　　　　　　損） | ⊕ | ××× | （現　　　　　　金） | ⊖ | ××× |

3．当座預金の修正
  (1) 未渡小切手　仕入先 → 買掛金勘定　仕入先以外 → 未払金勘定
  (2) 連絡未通知（未処理）　　(3) 企業側誤記入（訂正仕訳）

4．有価証券の評価替え
  (1) 売買目的有価証券（時価法）

| （有価証券評価損益） | ⊕ | ××× | （売買目的有価証券） | ⊖ | ××× |
| （売買目的有価証券） | ⊕ | ××× | （有価証券評価損益） | ⊕ | ××× |

  (2) 満期保有目的債券（償却原価法：定額法）

| （満　期　保　有　目　的　債　券） | ⊕ | ××× | （有　価　証　券　利　息） | ⊕ | ××× |

  (3) その他有価証券（全部純資産直入法）

| （そ　の　他　有　価　証　券） | ⊕ | ××× | （その他有価証券評価差額金） | ⊕ | ××× |

5．有形固定資産の減価償却
  (1) 定額法 → 取得原価×定額法の償却率
  (2) 定率法 →（取得原価−減価償却累計額）×定率法の償却率　┐直接法
  (3)（生産高）比例法　　　　　　　　　　　　　　　　　　　┘間接法

| （減　価　償　却　費） | ⊕ | ××× | （減　価　償　却　累　計　額） | ⊕ | ××× |

6．無形固定資産の償却

| （○　　　償　却） | ⊕ | ××× | （○　　　） | ⊖ | ××× |

  のれん（償却期間：20年）、ソフトウェア（償却期間：5年）

7．引当金の計上
  (1) 貸倒引当金：個別評価・一括評価 ⇔ 売上債権・貸付金
  (2) 修繕引当金、退職給付引当金、商品保証引当金、（役員）賞与引当金

| （○○引当金繰入） | ⊕ | ××× | （○　○　引　当　金） | ⊕ | ××× |

8．株式会社の税金
  (1) 法人税等

| （法　人　税　等） | ⊕ | ××× | （仮　払　法　人　税　等） | ⊖ | ××× |
| | | | （未　払　法　人　税　等） | ⊕ | ××× |

  (2) 消費税

| （仮　受　消　費　税） | ⊖ | ××× | （仮　払　消　費　税） | ⊖ | ××× |
| | | | （未　払　消　費　税） | ⊕ | ××× |

9．費用・収益の前払い・前受けと未払い・未収

| （前払費用（未収収益）） | ⊕ | ××× | （費用（収益）の科目） | | ××× |
| （収益（費用）の科目） | | ××× | （前受収益（未払費用）） | ⊕ | ××× |

10．外貨建取引
  貨幣項目は決算日の為替相場（CR）で換算

11．税効果会計 … 将来減算一時差異

| （繰　延　税　金　資　産） | ⊕ | ××× | （法　人　税　等　調　整　額） | ⊖ | ××× |

  繰延税金資産＝差異〈ズレ〉×税率

第3問対策

63

厳選問題 2　財務諸表の作成

　北海道産業株式会社の第19期（自×1年4月1日　至×2年3月31日）の（A）決算整理前残高試算表
と（B）決算整理事項等にもとづいて、損益計算書および貸借対照表を完成させなさい。

（A）決算整理前残高試算表

残　高　試　算　表
×2年3月31日

借　　方	勘　定　科　目	貸　　方
624,000	現　　　　　　金	
640,900	当　座　預　金	
447,000	受　取　手　形	
623,000	売　　掛　　金	
250,000	売買目的有価証券	
240,000	繰　越　商　品	
1,500,000	建　　　　　　物	
100,000	備　　　　　　品	
195,000	満期保有目的債券	
7,500	繰　延　税　金　資　産	
	支　払　手　形	619,500
	買　　掛　　金	610,000
	修　繕　引　当　金	230,000
	長　期　借　入　金	200,000
	貸　倒　引　当　金	14,500
	建物減価償却累計額	108,000
	備品減価償却累計額	36,000
	資　　本　　金	1,100,000
	利　益　準　備　金	207,000
	別　途　積　立　金	600,000
	繰　越　利　益　剰　余　金	35,000
	売　　　　　　上	4,550,000
	受　取　利　息	40,000
	有　価　証　券　利　息	10,000
	固　定　資　産　売　却　益	70,000
2,835,000	仕　　　　　　入	
520,000	給　　　　　　料	
130,000	支　払　家　賃	
101,800	旅　費　交　通　費	
180,000	保　　険　　料	
4,800	支　払　利　息	
31,000	火　災　損　失	
8,430,000		8,430,000

64

第1部　TAC式 出題別攻略テクニック編

（B）決算整理事項等

(1) 現金過不足の整理

現金出納帳と実際有高を照合したところ、実際有高が¥4,000不足していたため調査したが、その原因は不明であった。

(2) 貸倒引当金の設定

受取手形および売掛金の期末残高に対して2％の貸倒れを見積る（差額補充法）。

(3) 有価証券の評価

銘柄	保有目的	取得原価	当期末時価	備考
北陸社株式	売買目的	¥250,000	¥252,000	（注1）
石狩社社債	満期保有目的	¥195,000	¥197,300	（注2）

（注1）当期に取得したものである。

（注2）石狩社社債（額面¥200,000、年利5％、利払日3月末、償還日×6年3月31日）は当期首に取得したものである。満期保有目的債券の評価は、償却原価法（定額法）による。

(4) 売上原価の計算と期末商品の評価

期末商品棚卸高

帳簿棚卸数量　1,200個　　　実地棚卸数量　1,140個

原　　価　@¥150　　　正味売却価額　@¥145

なお、商品評価損は売上原価に算入し、棚卸減耗損は売上原価に算入しない。

(5) 減価償却費の計上

建物：定額法；耐用年数　30年；残存価額　ゼロ

備品：200％定率法；耐用年数　10年；残存価額　ゼロ

なお、建物のうち¥900,000は、×1年12月1日に完成し、引き渡しを受け、翌日より使用しているものである。また、減価償却方法は新旧資産ともに同一であるが、本年度引き渡しを受けた建物については月割計算を行う。

(6) その他の引当金の設定

修繕引当金の当期繰入額¥40,000を計上する。

(7) 収益・費用の前受け・前払いと未収・未払いの計上

①支払家賃の未払分が¥12,000ある。

②保険料は×1年12月1日に向こう1年分を支払ったものである。

③受取利息の未収分¥25,000を計上する。

(8) 法人税、住民税及び事業税は¥250,800である。

(9) 当期の税効果会計上の一時差異は、次のとおりである（法定実効税率は30％である）。

	期　首	期　末
貸倒引当金損金算入限度超過額	¥11,700	¥11,800
減価償却費限度超過額	13,300	14,200
合　　　計	¥25,000	¥26,000

損 益 計 算 書

自×1年4月1日　　至×2年3月31日　　　　　　（単位：円）

Ⅰ	売 上 高			（　　　　　　　）	
Ⅱ	売 上 原 価				
	1 期首商品棚卸高	（　　　　　　）			
	2 当期商品仕入高	（　　　　　　）			
	合　　　計	（　　　　　　）			
	3 期末商品棚卸高	（　　　　　　）			
	差　　引	（　　　　　　）			
	4 （　　　　　）	（　　　　　　）		（　　　　　　）	
	（　　　　　）			（　　　　　　）	

Ⅲ　販売費及び一般管理費

1	給　　　料	（　　　　　　）	
2	支 払 家 賃	（　　　　　　）	
3	旅 費 交 通 費	（　　　　　　）	
4	保　険　料	（　　　　　　）	
5	棚 卸 減 耗 損	（　　　　　　）	
6	貸倒引当金繰入	（　　　　　　）	
7	修繕引当金繰入	（　　　　　　）	
8	（　　　　　）	（　　　　　　）	（　　　　　　）
	（　　　　　）		（　　　　　　）

Ⅳ　営 業 外 収 益

1	受 取 利 息	（　　　　　　）	
2	有 価 証 券 利 息	（　　　　　　）	
3	有 価 証 券 評 価 益	（　　　　　　）	（　　　　　　）

Ⅴ　営 業 外 費 用

1	支 払 利 息	（　　　　　　）	
2	雑　　損	（　　　　　　）	（　　　　　　）
	（　　　　　）		（　　　　　　）

Ⅵ　特 別 利 益

1 （　　　　　）		（　　　　　　）

Ⅶ　特 別 損 失

1	火 災 損 失		（　　　　　　）
	税引前当期純利益		（　　　　　　）
	法人税、住民税及び事業税	（　　　　　　）	
	法 人 税 等 調 整 額	（△　　　　　）	（　　　　　　）
	当 期 純 （　　）		（　　　　　　）

第1部　TAC式 出題別攻略テクニック編

貸 借 対 照 表
×2年 3 月31日

（単位：円）

資 産 の 部			負 債 の 部		
Ⅰ 流 動 資 産			Ⅰ 流 動 負 債		
現 金 預 金		（　　　）	支 払 手 形		（　　　）
受 取 手 形	（　　　）		買 　 掛 　 金		（　　　）
売 　 掛 　 金	（　　　）		修 繕 引 当 金		（　　　）
計	（　　　）		未 払 費 用		（　　　）
（　　　　　　）	（　　　）	（　　　）	（　　　　　　）		（　　　）
有 価 証 券		（　　　）	流 動 負 債 合 計		（　　　）
商 　 　 品		（　　　）	Ⅱ 固 定 負 債		
前 払 費 用		（　　　）	（　　　　　　）		（　　　）
未 収 収 益		（　　　）	固 定 負 債 合 計		（　　　）
流 動 資 産 合 計		（　　　）	負 　 債 　 合 　 計		（　　　）
Ⅱ 固 定 資 産			純 資 産 の 部		
建 　 　 物	（　　　）		Ⅰ 資 　 本 　 金		（　　　）
減価償却累計額	（　　　）	（　　　）	Ⅱ 利 益 剰 余 金		
備 　 　 品	（　　　）		利 益 準 備 金	（　　　）	
減価償却累計額	（　　　）	（　　　）	別 途 積 立 金	（　　　）	
投 資 有 価 証 券		（　　　）	（　　　　　　）	（　　　）	（　　　）
繰 延 税 金 資 産		（　　　）			
固 定 資 産 合 計		（　　　）	純 資 産 合 計		（　　　）
資 　 産 　 合 　 計		（　　　）	負債及び純資産合計		（　　　）

第3問対策

解　答

○数字…予想配点

損 益 計 算 書
自×1年4月1日　至×2年3月31日　（単位：円）

Ⅰ 売　上　高			（　4,550,000　）	
Ⅱ 売　上　原　価				
1 期首商品棚卸高	（　240,000　）			
2 当期商品仕入高	（　2,835,000　）			
合　　　計	（　3,075,000　）			
3 期末商品棚卸高	（　180,000　）			
差　　　引	（　2,895,000　）			
4（商品評価損）	（　5,700　）		（　2,900,700　）	②
（売上総利益）			（　1,649,300　）	
Ⅲ 販売費及び一般管理費				
1 給　　　料	（　520,000　）			
2 支　払　家　賃	（　142,000　）			
3 旅　費　交　通　費	（　101,800　）			
4 保　険　料	（　60,000　）			
5 棚　卸　減　耗　損	（　9,000　）			
6 貸倒引当金繰入	（　6,900　）			
7 修繕引当金繰入	（　40,000　）			
8（減価償却費）	（　42,800　）	②	（　922,500　）	
（営　業　利　益）			（　726,800　）	
Ⅳ 営　業　外　収　益				
1 受　取　利　息	（　65,000　）			
2 有価証券利息	（　11,000　）			
3 有価証券評価益	（　2,000　）	②	（　78,000　）	
Ⅴ 営　業　外　費　用				
1 支　払　利　息	（　4,800　）			
2 雑　　　損	（　4,000　）	②	（　8,800　）	
（経　常　利　益）			（　796,000　）	
Ⅵ 特　別　利　益				
1（固定資産売却益）			（　70,000　）	
Ⅶ 特　別　損　失				
1 火　災　損　失			（　31,000　）	
税引前当期純利益			（　835,000　）	
法人税、住民税及び事業税	（　250,800　）			
法人税等調整額	（△　　300　）		（　250,500　）	
当期純（利益）			（　584,500　）	②

第1部　TAC式 出題別攻略テクニック編

貸　借　対　照　表

×2年 3 月31日　　　　　　　　　　　　　　　（単位：円）

資　産　の　部			負　債　の　部		
Ⅰ　流　動　資　産			Ⅰ　流　動　負　債		
現　金　預　金		(1,260,900)	支　払　手　形		(619,500)
受　取　手　形	(447,000)		買　　掛　　金		(610,000)
売　　掛　　金	(623,000)		修　繕　引　当　金	②	(270,000)
計	(1,070,000)		未　払　費　用		(12,000)
②（貸倒引当金）	(21,400)	(1,048,600)	（未払法人税等）		(250,800)
有　価　証　券		(252,000)	流　動　負　債　合　計		(1,762,300)
商　　　　　品	②	(165,300)	Ⅱ　固　定　負　債		
前　払　費　用	②	(120,000)	（長　期　借　入　金）		(200,000)
未　収　収　益		(25,000)	固　定　負　債　合　計		(200,000)
流　動　資　産　合　計		(2,871,800)	負　債　合　計		(1,962,300)
Ⅱ　固　定　資　産			純　資　産　の　部		
建　　　　　物	(1,500,000)		Ⅰ　資　本　金		(1,100,000)
減価償却累計額	(138,000)	(1,362,000)	Ⅱ　利　益　剰　余　金		
備　　　　　品	(100,000)		利　益　準　備　金	(207,000)	
減価償却累計額	(48,800)	(51,200)	別　途　積　立　金	(600,000)	
投 資 有 価 証 券	②	(196,000)	（繰越利益剰余金）	(619,500)	(1,426,500)
繰 延 税 金 資 産		(7,800)			
固　定　資　産　合　計		(1,617,000)	純　資　産　合　計		(2,526,500)
資　　産　　合　　計		(4,488,800)	負債及び純資産合計		(4,488,800)

🖊ワンポイントアドバイス ●

　損益計算書なら**売上高**（営業収益）や**売上原価・販売費及び一般管理費**（営業費用）、または**営業外収益・営業外費用**、一方、貸借対照表なら**流動資産・固定資産**または**流動負債・固定負債**などの表示区分の名称が空欄の場合も書けるようにしておきましょう。

解答への道

(1)～(7)の決算整理仕訳は**厳選問題1**と同じです。

(8) 法人税、住民税及び事業税の計上

| （法人税,住民税及び事業税） | 250,800 | （未払法人税等） | 250,800 |

(9) 税効果会計の適用（将来減算一時差異の発生）

会計上の費用の損金不算入による将来減算一時差異の発生は、法人税等の「前払い」が発生したことを意味するため、差異の金額に実効税率を乗じた金額を「繰延税金資産」として計上し、繰延処理を行います。

| （繰延税金資産）* | 300 | （法人税等調整額） | 300 |

(10) B/S繰越利益剰余金

繰越利益剰余金：35,000円 + 584,500円 = 619,500円
　　　　　　　　　前T/B　　当期純利益

攻略 テクニック

財務諸表作成問題です。この問題は、決算整理前残高試算表と決算整理事項から、損益計算書と貸借対照表を作成させる問題であり、決算整理後の各勘定の残高が報告式の損益計算書や勘定式の貸借対照表のどの区分に表示されるかが問われています。なお、財務諸表の作成問題では、勘定科目の表示区分を暗記しておく必要があります。

第1部　TAC式 出題別攻略テクニック編

表示上の注意事項

1．損益計算書の記入
(1) 貸倒引当金繰入・減価償却費・研究開発費など……Ⅲ.販売費及び一般管理費に表示
(2) 利息関係の勘定・有価証券関係の勘定
　　受取利息・有価証券利息・有価証券売却益・仕入割引など……Ⅳ.営業外収益に表示
　　貸倒引当金繰入・支払利息・有価証券評価損など……Ⅴ.営業外費用に表示
(3) 固定資産売却損・固定資産圧縮損・火災損失・災害損失など……Ⅶ.特別損失に表示

2．貸借対照表の記入
(1) 貸倒引当金・減価償却累計額……資産からマイナスする形で表示
(2) 有価証券
　　売買目的有価証券…Ⅰ.流動資産に表示
　　売買目的有価証券以外の有価証券…Ⅱ.固定資産に表示
(3) 貸付金、借入金（一年基準）
　　返済期限が決算日の次の日から起算して1年以内……短期貸付金、短期借入金（流動項目）
　　返済期限が決算日の次の日から起算して1年超……長期貸付金、長期借入金（固定項目）
(4) 前払費用（一年基準）
　　決算日の次の日から起算して1年以内に費用化……前払費用（Ⅰ.流動資産に表示）
　　決算日の次の日から起算して1年を超えて費用化……長期前払費用（Ⅱ.固定資産に表示）
(5) その他有価証券評価差額金
　　純資産の部のⅡ.評価・換算差額等に表示

第3問対策

　決算の手続きは複雑ですが、その流れは精算表が表しています。そこで、この問題の資料と解答要求事項の関係を表すと次のようになります。

勘定科目	試　算　表		修　正　記　入		損益計算書		貸借対照表	
	借　方	貸　方	借　方	貸　方	借　方	貸　方	借　方	貸　方

精　算　表

資料(A)　　　　　資料(B)　　　　　損益計算書　　　　貸借対照表
　：　　　　　　　：　　　　　　　：　　　　　　　：
整理前試算表　　決算整理仕訳　　　**本　問**　　　　**本　問**

　基本的な解答手順は精算表と同じになります。つまり、解答のテクニックとして、精算表の損益計算書欄の記入をするつもりで損益計算書の記入をし、貸借対照表欄を記入するつもりで貸借対照表の記入をすればよいのです。ただし、精算表との違いは、決算整理仕訳を記入するための便利な修正記入欄が用意されていないところにあります。そこで、集計のためのテクニックが必要になってくるのです。

　まず、問題の資料にある(A)決算整理前残高試算表に(B)決算整理仕訳を加減算して、決算整理前残高試算表を決算整理後残高試算表に作り替えます。その後、決算整理後残高試算表上の損益計算書項目を損益計算書に書き移し、貸借対照表項目を貸借対照表に書き移せばよいだけになります。

　なお、損益計算書の作成だけが解答要求の場合は、問題資料の決算整理前残高試算表（前T/B）に決算整理仕訳を直接書き込んでいき、**損益計算書項目（収益・費用）**の残高にのみ着目して集計していくとより速く解答することができます。

　また、貸借対照表の作成だけが解答要求の場合は、**貸借対照表項目（資産・負債・純資産）**の残高にのみ着目して集計していくとより速く解答することができます。

　解答要求を意識して、いかに効率良く解答に到達できるかがポイントです。

71

財務諸表の戦略的解法術

> 精算表を作成する
> 要領で解きます

精　算　表

勘 定 科 目	試算表（前T/B）		修 正 記 入		損 益 計 算 書		貸 借 対 照 表	
	借方	貸方	借方	貸方	借方	貸方	借方	貸方
	×××	×××						
			×××	×××	×××	×××	×××	×××

決算整理前　　　　決算整理仕訳　　損益計算書（P/L）　貸借対照表（B/S）
残高試算表

Step 1

決算整理仕訳を１つだけ行います。このとき、未処理事項がある場合には先に未処理事項を仕訳し、その後、決算整理仕訳を行います。

Step 2

１つの決算整理仕訳が終わったら、すぐに前T/Bの残高と決算整理仕訳の金額を合計または差し引き、決算整理後の残高をP／LまたはB／Sに書き移しましょう。

> 検定試験は部分配点なので、解答できる部分だけでもできるだけ多く記入していくことが大切になります！

Step 3

Step 1 **Step 2** をすべての決算整理仕訳について繰り返し行います。

Step 4　　　　　　　　　　　　　　　　　　　　　**最低ライン**

すべての決算整理仕訳が終わったら、まだP／LまたはB／Sに書き移していない勘定科目の前T/Bの残高を、そのままP／LまたはB／Sに書き移します。

Step 5　　　　　　　　　　　　　　　　　　　　　**目標ライン**

自信があったら、P／Lで法人税、住民税及び事業税と当期純利益を計算します。

Step 6

自信があったら、P／Lで計算した当期純利益に前T／Bの繰越利益剰余金勘定の残高を合計しB/Sに記入し、B/Sの貸借を一致させます。

第1部 TAC式 出題別攻略テクニック編

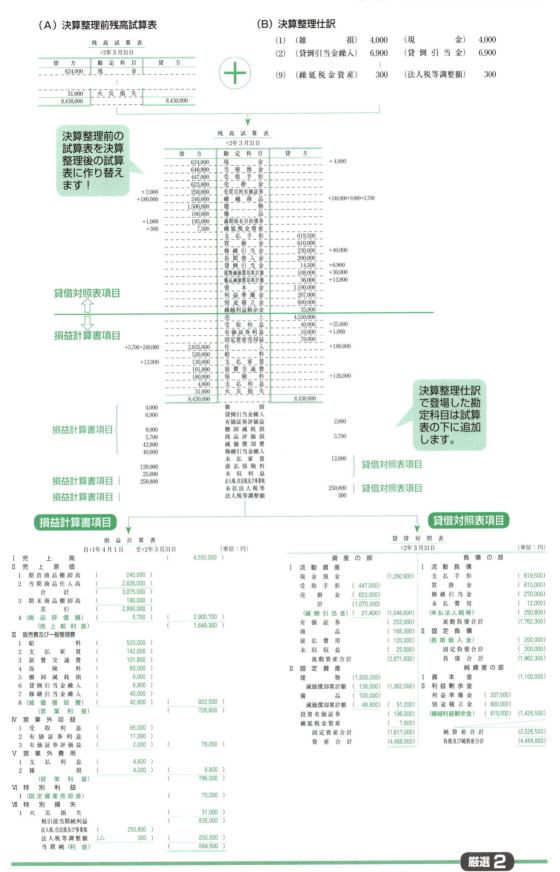

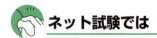

ネット試験では

ネット試験では、画面上に書き込みができません。統一試験（ペーパー試験）との最大の違いがココにあります。計算用紙に仕訳をして、画面を見ながら、上手に集計できるようにあらかじめ練習しておきましょう。

なお、統一試験とネット試験の違いのイメージは次のとおりです。

統一試験

問題冊子の左側が問題用紙、右側が答案用紙になっています。計算用紙は問題用紙・答案用紙の一部や冊子の最後にあり、1冊にまとまっています。
金額は数字を記入します。
一部空欄となっている勘定科目は適切な勘定科目や語句を記入します。

ネット試験

画面左側に資料、画面右側に解答欄が配置され、資料を見ながら解答する構成になっています。
金額は数字を入力します。
一部空欄となっている勘定科目は適切な勘定科目や語句をキーボードを使って入力します。
計算用紙は別途、配布されます。

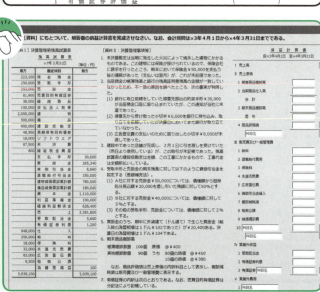

第4問対策

Ⅰ 第4問⑴対策

　第4問⑴では費目別計算、個別原価計算、総合原価計算、標準原価計算および本社工場会計といった「財務会計」の論点から仕訳問題が3題出題されます。

Ⅱ 第4問⑵対策

　第4問⑵では費目別計算、個別原価計算、総合原価計算、標準原価計算といった「財務会計」の論点から勘定記入や財務諸表作成問題などが出題されます。

1	工業簿記の体系－製造原価の分類→	**厳選問題＋第2部 第1回**
2	費目別計算－材料費の計算　→	**第2部 第2回**
3	単純個別原価計算　　　　　→	**第2部 第3回**
4	部門別個別原価計算　　　　→	**第2部 第4回・第5回**
5	単純総合原価計算　　　　　→	**第2部 第6回・第7回**
6	工程別総合原価計算　　　　→	**第2部 第8回**
7	組別総合原価計算　　　　　→	**第2部 第9回**
8	等級別総合原価計算　　　　→	**第2部 第10回**
9	標準原価計算　　　　　　　→	**第2部 第11回・第12回**

　工業簿記の学習にあたっては「工場全体の勘定連絡図」を思い浮かべ、勘定連絡図のどこでどのような計算手続を行っているかを意識しながら学習をすることが最も重要です。勘定連絡図をベースに、原価計算の手続きどおり解いていきましょう。

全部原価計算の勘定連絡図

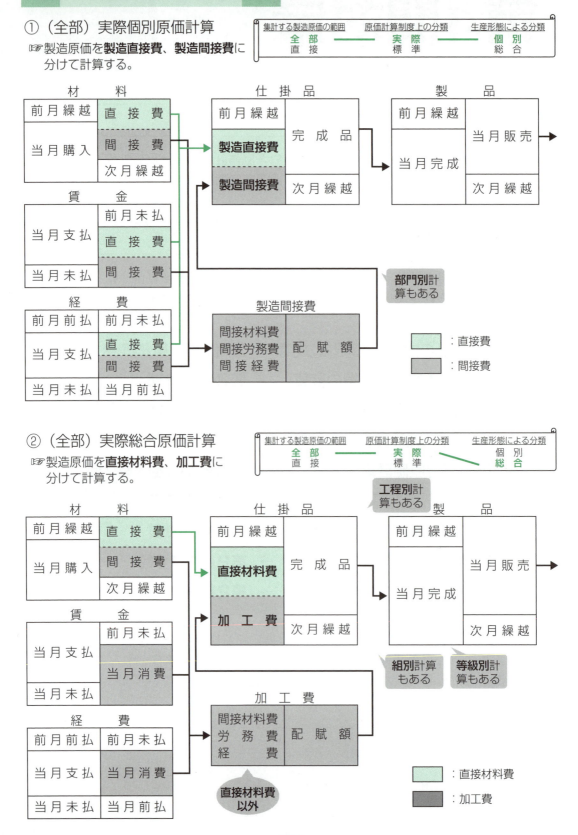

③（全部）標準総合原価計算

☞製品の原価を**標準原価**で計算する。
勘定記入はパーシャル・プランによる。

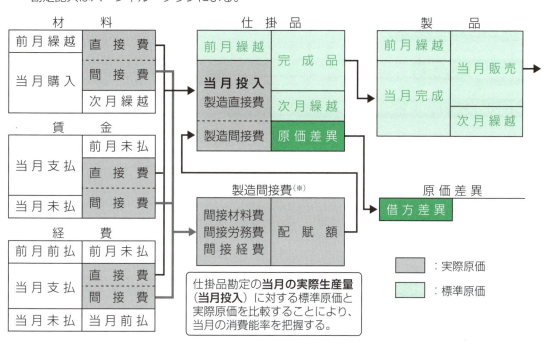

直接原価計算の勘定連絡図

直接実際総合原価計算
☞製品の原価を**変動費だけ**で計算する。

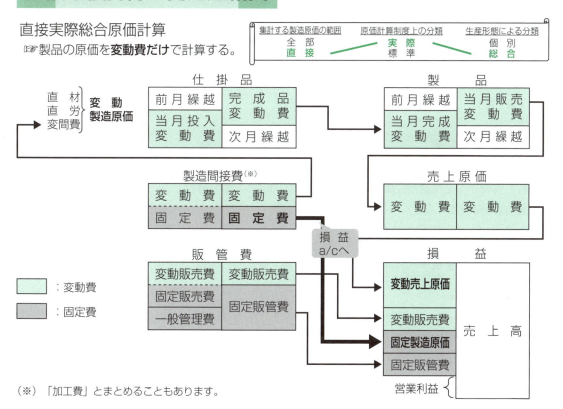

（※）「加工費」とまとめることもあります。

I 第4問(1)対策

費目別計算 ★★★★★★★★★★★★

● 材料費

材料の購入（材料副費の実際配賦）

材料を掛けで購入した。/材料の購入代価は50,000円であり、材料副費3,000円は現金で支払った。
【指定勘定科目】
現　　　金　材　　　料　買　掛　金

（材　　　料）	53,000	（買　掛　金）	50,000
		（現　　　金）	3,000

材料を購入したときは、購入代価に付随費用を含めた取得原価で仕訳します。

材料の購入（材料副費の予定配賦）

材料を掛けで購入した。/材料の購入代価は50,000円であり、材料副費については購入代価の5％を予定配賦した。
【指定勘定科目】
材　　　料　買　掛　金　材　料　副　費

（材　　　料）	52,500	（買　掛　金）	50,000
		（材　料　副　費）*	2,500

*　50,000円×5％＝2,500円

材料副費を予定配賦した場合は、材料副費勘定を設け、材料副費勘定の貸方から材料勘定へ予定配賦額を振り替えます。

当月の材料副費の実際発生額3,000円を現金で支払った。
【指定勘定科目】
現　　　金　材　料　副　費

（材　料　副　費）	3,000	（現　　　金）	3,000

材料副費の実際額を支払った場合は材料副費勘定の借方に記入します。

材料副費の予定配賦額2,500円と実際発生額3,000円の差額を材料副費勘定へ振り替えた。
【指定勘定科目】
材　料　副　費　材料副費差異

（材料副費差異）*	500	（材　料　副　費）	500

*　2,500円－3,000円＝△500円（不利差異・借方差異）
　　予定配賦額　実際発生額

材料副費の予定配賦額と実際発生額との差額を材料副費差異勘定へ振り替えます。

材料の消費（実際消費単価を用いる計算）

材料の実際消費単価は120円/kg（平均法）であり、実際消費量は65kgが直接材料費、5kgが間接材料費であった。

【指定勘定科目】
　材　　　料　　仕　掛　品　　製造間接費

（仕　掛　品）*1　　7,800　（材　　　料）　8,400
（製造間接費）*2　　 600

*1　120円/kg×65kg＝7,800円
*2　120円/kg× 5kg＝600円

材料を消費した場合、材料勘定から直接材料費は仕掛品勘定、間接材料費は製造間接費勘定へ振り替えます。なお、実際消費額は平均法または先入先出法で計算します。

材料の消費（予定消費単価を用いる計算）

材料の予定消費単価は110円/kgであり、実際消費量は65kgが直接材料費、5kgが間接材料費であった。

【指定勘定科目】
　材　　　料　　仕　掛　品　　製造間接費

（仕　掛　品）*1　　7,150　（材　　　料）　7,700
（製造間接費）*2　　 550

*1　110円/kg×65kg＝7,150円
*2　110円/kg× 5kg＝550円

予定消費単価を用いた場合は、価格は予定消費単価で計算しますが、消費量は「実際」消費量であることに注意してください。

当月の材料の実際消費額は8,400円であり、予定消費額7,700円と実際消費額との差額を材料消費価格差異勘定へ振り替えた。

【指定勘定科目】
　材　　　料　　材料消費価格差異

（材料消費価格差異）*　　 700　（材　　　料）　 700

*　7,700円－8,400円＝△700円（不利差異・借方差異）
　　予定消費額　実際消費額

材料の予定消費額と実際消費額との差額を材料消費価格差異勘定へ振り替えます。

月末材料の管理（棚卸減耗費の計上）

材料の月末帳簿棚卸高（継続記録法）は30kgであった。また、月末に材料の実地棚卸を行ったところ、月末実地棚卸高は28kgであることがわかった。材料の棚卸減耗は正常な数量である。実際単価120円/kgを用いて計算しなさい。なお、経費に関する諸勘定を用いない方法によること。

【指定勘定科目】
　材　　　料　　製造間接費

（製造間接費）*　　 240　（材　　　料）　 240

*　（30kg－28kg）×120円/kg＝240円

材料の棚卸減耗は「消費」ではないので、材料費にはできません。したがって、「間接経費」として製造間接費勘定へ振り替えます。

● 労務費

■ 直接工賃金の支払い

　直接工の賃金7,100円から預り金900円を差し引き、現金で支払った。

【指定勘定科目】
　現　　　金　　預　り　金　　賃　　　金

（賃　　　　金）	7,100	（預　り　金）	900
		（現　　　金）	6,200

賃金を支払ったときは、賃金勘定の借方に記入します。

■ 直接工の賃金消費（実際消費賃率を用いる計算）

　直接工の実際消費賃率は720円/時間であり、実際直接作業時間は8時間、実際間接作業時間は1.5時間、実際手待時間は0.5時間であった。

【指定勘定科目】
　仕　掛　品　　製造間接費　　賃　　　金

（仕　掛　品）*1	5,760	（賃　　　金）	7,200
（製造間接費）*2	1,440		

＊1　720円/時間×8時間＝5,760円
＊2　720円/時間×（1.5時間＋0.5時間）＝1,440円

直接工賃金を消費した場合、賃金勘定から直接労務費は仕掛品勘定、間接労務費は製造間接費勘定へ振り替えます。

■ 直接工の賃金消費（予定消費賃率を用いる計算）

　直接工の予定消費賃率は700円/時間であり、実際直接作業時間は8時間、実際間接作業時間は1.5時間、実際手待時間は0.5時間であった。

【指定勘定科目】
　仕　掛　品　　製造間接費　　賃　　　金

（仕　掛　品）*1	5,600	（賃　　　金）	7,000
（製造間接費）*2	1,400		

＊1　700円/時間×8時間＝5,600円
＊2　700円/時間×（1.5時間＋0.5時間）＝1,400円

予定消費単価を用いた場合は、賃率は予定消費賃率で計算しますが、作業時間は「実際」作業時間であることに注意してください。

　直接工賃金の当月支払額は7,100円、前月未払額は400円、当月未払額は500円であり、予定消費額と実際消費額との差額を賃率差異勘定へ振り替えた。

【指定勘定科目】
　賃　　　金　　賃率差異

（賃　率　差　異）*	200	（賃　　　金）	200

＊　7,100円 － 400円 ＋ 500円 ＝ 7,200円
　　当月支払額　前月未払額　当月未払額　　実際消費額
　　7,000円 － 7,200円 ＝ △200円（不利差異・借方差異）
　　予定消費額　実際消費額

直接工賃金の予定消費額と実際消費額との差額を賃率差異勘定へ振り替えます。

第1部　TAC式 出題別攻略テクニック編

間接工賃金の支払い

間接工の賃金900円から預り金100円を差し引き、現金で支払った。

【指定勘定科目】
現　金　預り金　賃金

（賃　　　金）	900	（預　り　金）	100
		（現　　　金）	800

賃金を支払ったときは、賃金勘定の借方に記入します。

間接工の賃金消費

間接工賃金の当月支払額は900円、前月未払額は140円、当月未払額は180円であり、賃金勘定から**製造間接費勘定**へ振り替える。

【指定勘定科目】
製造間接費　賃金

（製 造 間 接 費）*	940	（賃　　　金）	940

* 900円 － 140円 ＋ 180円 ＝ 940円
　　当月支払額　前月未払額　当月未払額

間接工賃金を消費した場合はすべて間接労務費なので、実際消費額を賃金勘定から製造間接費勘定へ振り替えます。

● 経　費

外注加工賃の支払い

外注加工賃700円を現金で支払った。なお、経費に関する諸勘定を用いない方法によること。

【指定勘定科目】
仕掛品　現金

（仕　掛　品）	700	（現　　　金）	700

外注加工賃は直接経費なので、仕掛品勘定へ振り替えます。

減価償却費の計上

減価償却費800円を計上した。なお、経費に関する諸勘定を用いない方法によること。

【指定勘定科目】
製造間接費　減価償却累計額

（製 造 間 接 費）	800	（減価償却累計額）	800

減価償却費は間接経費なので、製造間接費勘定へ振り替えます。

個別原価計算 ★★★★★★★★★★★

● 単純個別原価計算

■ 製造直接費の賦課（直課）

材料3,500円、賃金4,000円を各製品に賦課（直課）する。

【指定勘定科目】
材　　料　　仕　掛　品　　賃　　金

（仕　掛　品）	7,500	（材　　料）	3,500
		（賃　　金）	4,000

 製造直接費は仕掛品勘定へ振り替えます。

■ 製造間接費の配賦（実際配賦）

製造間接費の実際発生額6,600円を機械運転時間を基準に各製品に実際配賦する。

【指定勘定科目】
仕　掛　品　　製　造　間　接　費

（仕　掛　品）	6,600	（製 造 間 接 費）	6,600

 製造間接費は製造間接費勘定へ振り替えます。なお、配賦には「基準」が必要です。

■ 製造間接費の配賦（予定配賦）

製造間接費を実際機械運転時間11時間を基準に各製品に予定配賦する。なお、製造間接費の年間予定機械運転時間は144時間、年間製造間接費予算は72,000円である。

【指定勘定科目】
仕　掛　品　　製　造　間　接　費

（仕　掛　品）	5,500	（製 造 間 接 費）*	5,500

* 72,000円÷144時間＝500円/時間（予定配賦率）
　500円/時間×11時間＝5,500円（予定配賦額）

 予定配賦率を用いた場合は、配賦率は予定配賦率で計算しますが、操業度は「実際」配賦基準数値であることに注意してください。

当月の製造間接費の実際発生額は、間接材料費1,500円、間接労務費1,500円、間接経費3,600円であり、実際発生額を製造間接費勘定へ振り替えた。なお、経費勘定を用いる方法によること。

【指定勘定科目】
材　　料　　賃　　金　　経　　費　　製　造　間　接　費

（製 造 間 接 費）*	6,600	（材　　料）	1,500
		（賃　　金）	1,500
		（経　　費）	3,600

* 1,500円＋1,500円＋3,600円＝6,600円
　（間接材料費）（間接労務費）（間接経費）（実際発生額）

 間接材料費、間接労務費、間接経費の実際消費額を製造間接費勘定の借方へ振り替えます。

82

第1部　TAC式 出題別攻略テクニック編

当月の/製造間接費の予定配賦額5,500円と実際発生額6,600円の差額を/製造間接費配賦差異勘定へ振り替える。

製造間接費の予定配賦額と実際発生額との差額を製造間接費配賦差異勘定へ振り替えます。

【指定勘定科目】
　製 造 間 接 費　　製造間接費配賦差異

（製造間接費配賦差異）*	1,100	（製造間接費）	1,100

* 　5,500円 － 6,600円 ＝ △1,100円（不利差異・借方差異）
　予定配賦額　実際発生額

製造間接費の差異分析

製造間接費差異を公式法変動予算により差異分析した結果、/予算差異が800円（借方差異）、/操業度差異が300円（借方差異）であった。/製造間接費勘定から予算差異勘定/、操業度差異勘定へ振り替える。

製造間接費差異を分析した後、予算差異勘定や操業度差異勘定へ振り替えることもあります。

【指定勘定科目】
　製 造 間 接 費　　予 算 差 異　　操 業 度 差 異

（予 算 差 異）	800	（製 造 間 接 費）	1,100
（操 業 度 差 異）	300		

● 部門別個別原価計算

製造間接費の各製造部門と補助部門への集計（第1次集計）

工場全体で発生した製造間接費の実際発生額6,600円を製造間接費勘定から、/切削部門費2,800円、/組立部門費2,680円、/動力部門費400円、/修繕部門費420円、/工場事務部門費300円/を各勘定へ振り替える。

部門別個別原価計算では、第1次集計で製造間接費を各部門へ振り替えます。

【指定勘定科目】
　製 造 間 接 費　　切 削 部 門 費　　組 立 部 門 費　　動 力 部 門 費
　修 繕 部 門 費　　工場事務部門費

（切 削 部 門 費）	2,800	（製 造 間 接 費）	6,600
（組 立 部 門 費）	2,680		
（動 力 部 門 費）	400		
（修 繕 部 門 費）	420		
（工場事務部門費）	300		

補助部門費の各製造部門への配賦（第２次集計）

補助部門に集計された動力部門費400円、修繕部門費420円、工場事務部門費300円を、直接配賦法により、製造部門である切削部門へ560円、組立部門へ560円振り替える。

【指定勘定科目】
切削部門費　組立部門費　動力部門費　修繕部門費　工場事務部門費

（切削部門費）	560	（動力部門費）	400
（組立部門費）	560	（修繕部門費）	420
		（工場事務部門費）	300

部門別個別原価計算では、第２次集計で製造間接費を補助部門費を各製造部門へ振り替えます。

製造部門費の配賦（実際配賦）

各製造部門に集計された当月の補助部門費配賦後の製造部門費は、切削部門費が3,360円、組立部門費が3,240円であり、これを各製品に実際配賦した。

【指定勘定科目】
仕掛品　切削部門費　組立部門費

（仕　掛　品）	6,600	（切削部門費）	3,360
		（組立部門費）	3,240

部門別個別原価計算では、最終的に製造部門費を各製品に配賦します。

製造部門費の配賦（予定配賦）

製造部門費を切削部門費は機械運転時間を基準に、組立部門費は直接作業時間を基準に予定配賦する。なお、切削部門費年間予算は37,800円、年間予定機械運転時間は84時間、組立部門費年間予算は34,200円、年間予定直接作業時間は36時間である。また当月の切削部門の実際機械運転時間は7時間、組立部門の実際直接作業時間は4時間であった。

【指定勘定科目】
仕掛品　切削部門費　組立部門費

（仕　掛　品）	6,950	（切削部門費）*1	3,150
		（組立部門費）*2	3,800

*1　37,800円÷84時間＝450円/時間
　　　　　　　切削部門費の予定配賦率
　　450円/時間×7時間＝3,150円
　　　　　　　切削部門費の予定配賦額

*2　34,200円÷36時間＝950円/時間
　　　　　　　組立部門費の予定配賦率
　　950円/時間×4時間＝3,800円
　　　　　　　組立部門費の予定配賦額

各製造部門で予定配賦率を用いた場合は、配賦率は予定配賦率で計算しますが、操業度は「実際」配賦基準数値であることに注意してください。

製造部門費の予定配賦額は切削部門費が3,150円、組立部門費が3,800円であった。また、各製造部門に集計された当月の製造部門費実際発生額は、/切削部門費が3,360円、組立部門費が3,240円であった。/したがって、予定配賦額と実際発生額との差額を各製造部門費勘定から製造部門費配賦差異勘定へ振り替えた。

製造部門費の予定配賦額と実際発生額の差額を製造部門費配賦差異勘定へ振り替えます。

【指定勘定科目】
切 削 部 門 費　　組 立 部 門 費　　製造部門費配賦差異

（製造部門費配賦差異）*1	210	（切 削 部 門 費）	210
（組 立 部 門 費）	560	（製造部門費配賦差異）*2	560

*1　切削部門：3,150円 − 3,360円 ＝ △210円（不利差異・借方差異）
　　　　　　　予定配賦額　実際発生額

*2　組立部門：3,800円 − 3,240円 ＝ ＋560円（有利差異・貸方差異）
　　　　　　　予定配賦額　実際発生額

● 完成品原価の振替（単純個別原価計算を採用している場合）

■ 製造間接費を実際配賦している場合

完成品原価14,100円を仕掛品勘定から製品勘定へ振り替える。/なお、製造間接費は実際配賦している。

完成品原価は仕掛品勘定から製品勘定へ振り替えます。

【指定勘定科目】
製　　　　　品　　仕　　掛　　品

（製　　　　品）	14,100	（仕　　掛　　品）	14,100

■ 製造間接費を予定配賦している場合

完成品原価13,000円を仕掛品勘定から製品勘定へ振り替える。/なお、製造間接費は予定配賦している。

完成品原価は仕掛品勘定から製品勘定へ振り替えます。

【指定勘定科目】
製　　　　　品　　仕　　掛　　品

（製　　　　品）	13,000	（仕　　掛　　品）	13,000

● 完成品原価の振替（部門別個別原価計算を採用している場合）

■ 製造部門費を実際配賦している場合

完成品原価14,100円を仕掛品勘定から製品勘定へ振り替える。/なお、製造間接費は実際配賦している。

完成品原価は仕掛品勘定から製品勘定へ振り替えます。

【指定勘定科目】
製　　　　　品　　仕　　掛　　品

（製　　　　品）	14,100	（仕　　掛　　品）	14,100

製造部門費を予定配賦している場合

完成品原価14,450円を仕掛品勘定から製品勘定へ振り替える。なお、製造間接費は予定配賦している。

完成品原価は仕掛品勘定から製品勘定へ振り替えます。

【指定勘定科目】
製　品　仕　掛　品

（製　　　品）　14,450　（仕　掛　品）　14,450

総合原価計算

単純総合原価計算

直接材料費の振り替え

直接材料費の実際消費額8,160円を仕掛品勘定へ振り替える。

直接材料費は仕掛品勘定へ振り替えます。

【指定勘定科目】
材　料　仕　掛　品

（仕　掛　品）　8,160　（材　　　料）　8,160

加工費の実際配賦

加工費の実際発生額14,520円を製品へ実際配賦する。

加工費を仕掛品勘定へ振り替えます。

【指定勘定科目】
仕　掛　品　加　工　費

（仕　掛　品）　14,520　（加　工　費）　14,520

加工費の予定配賦

加工費を直接作業時間を基準に予定配賦する。加工費の年間予定額は180,000円、年間予定直接作業時間は18,000時間である。なお、当月の実際直接作業時間は1,430時間である。

予定配賦率を用いた場合は、配賦率は予定配賦率で計算しますが、操業度は「実際」配賦基準数値であることに注意してください。

【指定勘定科目】
仕　掛　品　加　工　費

（仕　掛　品）　14,300　（加　工　費）*　14,300

* 180,000円 ÷ 18,000時間 = 10円/時間（予定配賦率）
　10円/時間 × 1,430時間 = 14,300円（予定配賦額）

当月の加工費の予定配賦額14,300円と実際発生額14,520円の差額を/加工費配賦差異勘定へ振り替える。

加工費の予定配賦額と実際発生額の差額を加工費配賦差異勘定へ振り替えます。

【指定勘定科目】
　加　工　費　　加工費配賦差異

（加工費配賦差異）*	220	（加　工　費）	220

* 14,300円 － 14,520円 ＝ △220円（不利差異・借方差異）
　予定配賦額　実際発生額

完成品原価の振替

加工費を実際配賦している場合

　完成品原価23,800円（平均法）を仕掛品勘定から製品勘定へ振り替える。/なお、加工費は実際配賦している。

完成品原価は仕掛品勘定から製品勘定へ振り替えます。なお、完成品原価は平均法または、先入先出法で計算します。

【指定勘定科目】
　製　　　　品　　仕　掛　品

（製　　　　品）	23,800	（仕　掛　品）	23,800

加工費を予定配賦している場合

　完成品原価23,600円（平均法）を仕掛品勘定から製品勘定へ振り替える。/なお、製造間接費は予定配賦している。

【指定勘定科目】
　製　　　　品　　仕　掛　品

（製　　　　品）	23,600	（仕　掛　品）	23,600

標準原価計算 ★★★★★★★★★★★

完成品原価の振替

標準総合原価計算を採用している場合

　完成品数量は100個であり、/原価標準は5,500円/個である。

完成品原価は原価標準×完成品数量で計算されます。標準原価計算を採用すると原価計算がスピード・アップします。

【指定勘定科目】
　製　　　　品　　仕　掛　品

（製　　　　品）*	550,000	（仕　掛　品）	550,000

* 5,500円/個 × 100個 ＝ 550,000円
　原価標準　完成品数量

パーシャル・プラン

　当月の実際原価は、直接材料費は68,200円、直接労務費は226,800円、製造間接費は350,000円であった。したがって各原価要素の勘定から仕掛品勘定へ振り替える。なお、勘定記入方法はパーシャル・プランによる。

【指定勘定科目】
材　料　　仕 掛 品　　賃　金　　製造間接費

（仕　掛　品）＊　645,000　（材　　　料）　68,200
　　　　　　　　　　　　　（賃　　　金）226,800
　　　　　　　　　　　　　（製 造 間 接 費）350,000

＊　68,200円　＋　226,800円　＋　350,000円　＝　645,000円
　　直接材料費　　直接労務費　　製造間接費　　　当月投入実際発生額

パーシャル・プランは仕掛品勘定の当月投入額を「実際原価」で記入します。したがって、各原価要素から仕掛品勘定へ「実際原価」を振り替えます。

　標準原価は、完成品は550,000円、月末仕掛品は120,000円、月初仕掛品は60,000円である。また、当月の実際原価は、直接材料費は68,200円、直接労務費は226,800円、製造間接費は350,000円であった。したがって、原価差異を仕掛品勘定から原価差異勘定へ振り替える。なお、勘定記入方法はパーシャル・プランによる。

【指定勘定科目】
仕 掛 品　　原 価 差 異

（原　価　差　異）＊　35,000　（仕　掛　品）　35,000

＊　550,000円　＋　120,000円　－　60,000円　＝　610,000円
　　　　　　　　　　　　　　　　　　　　　　当月投入標準原価
　　68,200円　＋　226,800円　＋　350,000円　＝　645,000円
　　　　　　　　　　　　　　　　　　　　　　当月投入実際発生額
　　610,000円　－　645,000円　＝　△35,000円　（不利差異・借方差異）
　　当月標準原価　当月実際発生額

パーシャル・プランは仕掛品勘定の当月投入額を「実際原価」で記入します。したがって、原価差異は仕掛品勘定で把握され、これを原価差異勘定へ振り替えます。

シングル・プラン

　当月の標準原価は、直接材料費は60,000円、直接労務費は220,000円、製造間接費は330,000円であった。したがって、各原価要素の勘定から仕掛品勘定へ振り替える。なお、勘定記入方法はシングル・プランによる。

【指定勘定科目】
材　料　　仕 掛 品　　賃　金　　製造間接費

（仕　掛　品）＊　610,000　（材　　　料）　60,000
　　　　　　　　　　　　　（賃　　　金）220,000
　　　　　　　　　　　　　（製 造 間 接 費）330,000

＊　60,000円　＋　220,000円　＋　330,000円　＝　610,000円
　　直接材料費　　直接労務費　　製造間接費　　　当月投入標準原価

シングル・プランは仕掛品勘定の当月投入額を「標準原価」で記入します。したがって、各原価要素から仕掛品勘定へ「標準原価」を振り替えます。

当月の標準原価は、直接材料費は60,000円、直接労務費は220,000円、製造間接費は330,000円であった。当月の実際原価は、直接材料費は68,200円、直接労務費は226,800円、製造間接費は350,000円であった。したがって、原価差異を各原価要素の勘定から、原価差異勘定へ振り替える。/なお、勘定記入方法はシングル・プランによる。

シングル・プランは仕掛品勘定の当月投入額を「標準原価」で記入します。したがって、原価差異は各原価要素の勘定で把握され、これを原価差異勘定へ振り替えます。

【指定勘定科目】
材料　賃金　製造間接費　原価差異

（原 価 差 異） 35,000	（材　　　料）*1	8,200
	（賃　　　金）*2	6,800
	（製 造 間 接 費）*3	20,000

* 1　60,000円 − 68,200円 = △8,200円（不利差異・借方差異）
　　　標準原価　　実際発生額　　　　　直接材料費差異
* 2　220,000円 − 226,800円 = △6,800円（不利差異・借方差異）
　　　標準原価　　実際発生額　　　　　直接労務費差異
* 3　330,000円 − 350,000円 = △20,000円（不利差異・借方差異）
　　　標準原価　　実際発生額　　　　　製造間接費差異

本社工場会計 ★★★★★★★★★★★★

工場側の仕訳

材料の購入

本社で材料100円を掛けで購入し、/工場の材料倉庫に受け入れた。

【指定勘定科目】
材料　本社

（材　　　料） 100	（本　　　社）	100

本社工場会計を採用している場合、工場側では本社側に対する債権・債務を「本社」または「本社元帳」勘定で仕訳します。

製品の完成

製品300円が完成し、/倉庫に納入した。

【指定勘定科目】
製品　仕掛品

（製　　　品） 300	（仕　掛　品）	300

本社工場会計では指定された勘定科目をチェックすることが大切です。工場側に設置している勘定科目を必ず確認してください。

製品の販売

製品を500円で販売した。/なお、販売した製品の製造原価は300円である。

【指定勘定科目】
製品　本社

（本　　　社） 300	（製　　　品）	300

本社工場会計を採用している場合、工場側では本社側に対する債権・債務を「本社」または「本社元帳」勘定で仕訳します。

II 第4問(2)対策

厳選問題　工業簿記の体系──製造原価の分類

次の資料にもとづいて、Z工業の1月の製造原価報告書および損益計算書を完成しなさい。

〔資　料〕

1．棚卸資産有高 （単位：円）

	月初有高	月末有高
素　　　　材	2,840,000	2,920,000
部　　　　品	1,920,000	1,780,000
補　修　材	318,000	339,000
仕　掛　品	4,286,000	4,412,000
製　　　　品	2,416,000	2,524,000

2．直接工の作業時間および賃率

直接工の総就業時間の内訳は、直接作業時間3,780時間、間接作業時間266時間、手待時間18時間であった。なお、賃金計算では、平均賃率である1時間当たり1,200円を適用している。

3．1月中の支払高等 （単位：円）

素材仕入高	6,320,000
部品仕入高	2,380,000
補修材仕入高	428,000
接着剤購入額	24,000
間接工賃金当月支払高	840,000
間接工賃金前月未払高	160,000
間接工賃金当月未払高	140,000
電力料金（測定額）	195,000
保険料（月割額）	410,000
減価償却費（月割額）	1,850,000
水道料金（測定額）	123,000

4．製造間接費は直接労務費の90％を予定配賦している。なお、配賦差異は売上原価に賦課する。

第1部 TAC式 出題別攻略テクニック編

製造原価報告書　　　　　　　（単位：円）

Ⅰ　直　接　材　料　費			
月　初　棚　卸　高	（　　　　　）		
当　月　仕　入　高	（　　　　　）		
合　　　　　計	（　　　　　）		
月　末　棚　卸　高	（　　　　　）	（　　　　　）	
Ⅱ　直　接　労　務　費		（　　　　　）	
Ⅲ　製　造　間　接　費			
間　接　材　料　費	（　　　　　）		
間　接　労　務　費	（　　　　　）		
電　力　料　金	（　　　　　）		
保　　険　　料	（　　　　　）		
減　価　償　却　費	（　　　　　）		
水　道　料　金	（　　　　　）		
合　　　　　計	（　　　　　）		
製造間接費配賦差異	（　　　　　）	（　　　　　）	
当　月　製　造　費　用		（　　　　　）	
月　初　仕　掛　品　原　価		（　　　　　）	
合　　　　　計		（　　　　　）	
月　末　仕　掛　品　原　価		（　　　　　）	
当　月　製　品　製　造　原　価		（　　　　　）	

損　益　計　算　書　　　　　　　（単位：円）

Ⅰ　売　　上　　高		42,580,000	
Ⅱ　売　上　原　価			
月　初　製　品　有　高	（　　　　　）		
当月製品製造原価	（　　　　　）		
合　　　　　計	（　　　　　）		
月　末　製　品　有　高	（　　　　　）		
原　価　差　異	（　　　　　）	（　　　　　）	
売　上　総　利　益		（　　　　　）	

（以下略）

第4問対策

解　答

○数字…予想配点

製造原価報告書　　　　　　　（単位：円）

Ⅰ　直 接 材 料 費			
月 初 棚 卸 高	（　　4,760,000　）		
当 月 仕 入 高	（　　8,700,000 ②）		
合　　　　　　計	（　　13,460,000　）		
月 末 棚 卸 高	（　　4,700,000　）	（　　8,760,000　）	
Ⅱ　直 接 労 務 費		（　　4,536,000 ②）	
Ⅲ　製 造 間 接 費			
間 接 材 料 費	（　　431,000 ②）		
間 接 労 務 費	（　　1,160,800 ②）		
電　力　料　金	（　　195,000　）		
保　　険　　料	（　　410,000　）		
減 価 償 却 費	（　　1,850,000　）		
水　道　料　金	（　　123,000　）		
合　　　　　　計	（　　4,169,800　）		
製造間接費配賦差異	（　　87,400 ②）	（　　4,082,400　）	
当 月 製 造 費 用		（　　17,378,400　）	
月 初 仕 掛 品 原 価		（　　4,286,000　）	
合　　　　　　計		（　　21,664,400　）	
月 末 仕 掛 品 原 価		（　　4,412,000　）	
当 月 製 品 製 造 原 価		（　　17,252,400　）	

損益計算書　　　　　　　（単位：円）

Ⅰ　売　　上　　高		42,580,000	
Ⅱ　売　　上　　原　　価			
月 初 製 品 有 高	（　　2,416,000　）		
当 月 製 品 製 造 原 価	（　　17,252,400 ②）		
合　　　　　　計	（　　19,668,400　）		
月 末 製 品 有 高	（　　2,524,000 ②）		
原　価　差　異	（　　87,400　）	（　　17,231,800 ②）	
売 上 総 利 益		（　　25,348,200　）	

（以下略）

工業簿記の攻略方法は、つねに勘定連絡図を意識しながら問題を解くことです。

解答への道

【勘定連絡図（本問の体系）】（単位：円）

重要 原価データの分類

1. 製造原価（工場）…製品を製造する（作る）ためにかかった費用

総　合	個　別	標　準	直　接	
直接材料費 …	直接材料費 …	直接材料費 …	直接材料費	
	間接材料費 ┐			
加　工　費 {	直接労務費 …	直接労務費 …	直接労務費	変動製造原価
	間接労務費 ┘			
	直接経費 …	（直接経費）…	（直接経費）	
	間接経費 →	製造間接費	変動製造間接費	
			固定製造間接費 … 固定製造原価	

材料費	直接材料費	主要材料費	… 素材費または原料費ともいいます。
		買入部品費	主要材料費であっても「補修用」に用いられたときは間接材料費となります。
	間接材料費	補助材料費	
		工場消耗品費	貯蔵品消費額ともいいます。
		消耗工具器具備品費	

労務費	直接労務費	賃金	直接工	直接作業時間	… 直接工の直接作業時間分の賃金だけが直接労務費となります。
		工具に対するもの		間接作業時間	（例）直接工：切削工、組立工、機械工など
				手待時間	
			間接工	間接作業時間	（例）間接工：修理工、運搬工、倉庫係など
	間接労務費	給料			… 工場長や事務職員に対するもの
		雑給			
		従業員賞与手当			
		退職給付費用			
		法定福利費			

経費	直接経費	外注加工賃	
		特許権使用料	
	間接経費	工場建物等の減価償却費	
		電力料・ガス代・水道料	
		材料の棚卸減耗費	… 間接材料費ではなく、間接経費になります。
		租税公課（固定資産税）	
		保険料	
		福利厚生費	… 運動会費など
		福利施設負担額	… 福利施設：工員用住宅、託児所など
		その他の経費	

2. 販売費（営業所）…製品を販売する（売る）ためにかかった費用
（例）営業所で働く営業マンの給料、営業所建物の減価償却費など

3. 一般管理費（本社）…企業全般を管理するためにかかった費用
（例）本社で働く従業員の給料、本社建物の減価償却費など

厳選

第5問対策

　第5問では標準原価計算および直接原価計算といった、おもに「管理会計」の論点から原価計算の内容が出題されます。

1 標準原価計算（差異分析）　→　厳選問題＋第2部 第6回・第9回・第10回

2 直接原価計算　　　　　　　→　第2部 第2回・第3回・第4回・第5回・第11回

3 ＣＶＰ分析　　　　　　　　→　第2部 第1回・第7回・第8回・第12回

第5問対策

| 厳選問題 | 標準原価計算—原価差異の分析 |

　株式会社ガトーニッショウでは、2種類の洋菓子（製品Xと製品Y）を製造している。原価計算方式としては標準原価計算を採用している。加工費の配賦基準は直接作業時間であり、予算直接作業時間を基準操業度としている。現在、20××年5月の予算と実績に関するデータを入手し、実績検討会議に向けた報告書を作成している。次の［資料］にもとづいて、下記の問に答えなさい。

［資　料］
1．原価標準（製品1個当たりの標準原価）
　(1)　製品X

原 料 費	6円/g　　　×100g	600円
加 工 費	1,500円/時間×0.4時間	600円
	合計	1,200円

　(2)　製品Y

原 料 費	8円/g　　　×150g	1,200円
加 工 費	1,500円/時間×0.6時間	900円
	合計	2,100円

2．20××年5月予算

	製 品 X	製 品 Y
生　産　量	2,000個	1,500個
変 動 加 工 費	400円/時間	400円/時間
固 定 加 工 費	880,000円	990,000円

　　※加工費予算は変動予算を用いている。

3．20××年5月実績

	製 品 X	製 品 Y
生　産　量	2,200個	1,500個
原　料　費	1,410,000円	1,759,300円
原 料 消 費 量	225,600 g	231,500 g
加　工　費	1,241,500円	1,372,000円
直 接 作 業 時 間	910時間	920時間

　　※月初・月末に仕掛品は存在しない。

問1　予算生産量にもとづく製品Xの標準原価（予算原価）を計算しなさい。

問2　実際生産量にもとづく製品Xの標準原価を計算しなさい。

問3　製品Yの標準原価差異を分析し、
　(1)　原料費差異を価格差異と数量差異に分けなさい。
　(2)　加工費差異を予算差異、能率差異、操業度差異に分けなさい。なお、能率差異は変動費と固定費の両方からなる。

第1部　TAC式 出題別攻略テクニック編

問1 ☐☐☐☐☐☐ 円

問2 ☐☐☐☐☐☐ 円

問3

(1) 価 格 差 異 ☐☐☐☐☐☐ 円 （ 有利 ・ 不利 ）

※（　）内の「有利」または「不利」を○で囲むこと。以下同じ。

数 量 差 異 ☐☐☐☐☐☐ 円 （ 有利 ・ 不利 ）

(2) 予 算 差 異 ☐☐☐☐☐☐ 円 （ 有利 ・ 不利 ）

能 率 差 異 ☐☐☐☐☐☐ 円 （ 有利 ・ 不利 ）

操 業 度 差 異 ☐☐☐☐☐☐ 円 （ 有利 ・ 不利 ）

第5問対策

解　答

○数字…予想配点

問1　②　2,400,000　円

問2　②　2,640,000　円

問3

(1)　価格差異　　92,700　円　（ 有利 ・ 不利 ）②

※（　）内の「有利」または「不利」を○で囲むこと。以下同じ。

　　　数量差異　　52,000　円　（ 有利 ・ 不利 ）②

(2)　予算差異　　14,000　円　（ 有利 ・ 不利 ）②

　　　能率差異　　30,000　円　（ 有利 ・ 不利 ）①

　　　操業度差異　22,000　円　（ 有利 ・ 不利 ）①

攻略テクニック

標準原価計算の手続きは次のとおりです。この流れは問題を解くうえでも大切です。

解答への道

1．原価標準の設定（製品1個当たりの標準原価）
　(1) 製品X

原 料 費：標準単価	6円/g × 標準消費量	100g	=	600円
加 工 費：標準配賦率	1,500円/時間 × 標準直接作業時間	0.4時間	=	600円
				1,200円

(2) 製品Y

原料費：標準単価	8円/g × 標準消費量 150g	=	1,200円
加工費：標準配賦率	1,500円/時間 × 標準直接作業時間 0.6時間	=	900円
			2,100円

2．**製品Xの予算生産量にもとづく標準原価（予算原価）【問1】**
　月次予算の資料をもとに、「**予算生産量**」にもとづく標準原価（予算原価）を計算します。
　予算生産量（製品X）の標準原価：1,200円/個 × 2,000個 = **2,400,000円**
　　　　　　　　　　　　　　　　　　　原価標準　　　予算生産量

3．**製品Xの実際生産量にもとづく標準原価【問2】**
　月次実績の資料をもとに、「**実際生産量**」にもとづく標準原価を計算します。
　実際生産量（製品X）の標準原価：1,200円/個 × 2,200個 = **2,640,000円**
　　　　　　　　　　　　　　　　　　　原価標準　　　実際生産量

4．**製品Yの原価差異の計算・分析【問3】**
　標準原価計算では**実際生産量（当月投入量）**に対する標準原価と実際原価を比較することにより、原価差異の分析を行い、当月の消費能率などを把握します。

(1) 原料費差異の分析

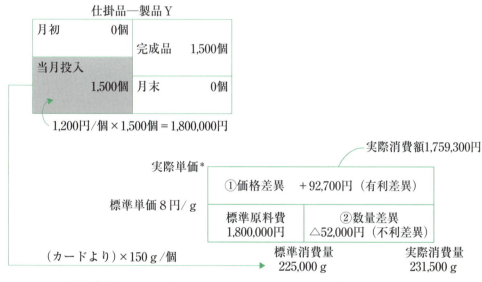

＊　実際単価：1,759,300円 ÷ 231,500g = 7.599…円/g（割り切れません）
　　　　　　　実際消費額　　実際消費量

① 価格差異：(8円/g × 231,500g) − 1,759,300円 = **+92,700円（有利差異）**
　　　　　　　標準単価　実際消費量　　実際消費額
　　　(注) 実際単価が割り切れない場合は、面積の差し引きで計算します。

② 数量差異：8円/g × (225,000g − 231,500g) = **△52,000円（不利差異）**
　　　　　　　標準単価　　標準消費量　実際消費量

(2) 加工費差異の分析

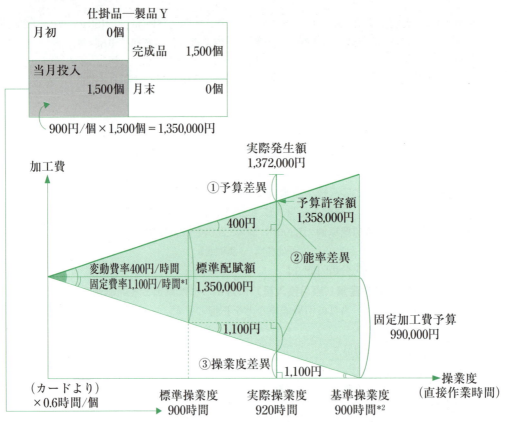

* 1 　固定費率：1,500円/時間 − 400円/時間 ＝ 1,100円/時間
　　　　　　　標準配賦率　　　変動費率

* 2 　基準操業度：990,000円 ÷ 1,100円/時間 ＝ 900時間
　　　　　　　　　固定加工費　　固定費率

① 予算差異：(400円/時間 × 920時間 ＋ 990,000円) − 1,372,000円 ＝ △14,000円（不利差異）
　　　　　　　　　　　予算許容額　　　　　　　　　実際発生額

② 能率差異：1,500円/時間 ×(900時間 − 920時間) ＝ △30,000円（不利差異）
　　　　　　標準配賦率　　　標準操業度　実際操業度

③ 操業度差異：1,100円/時間 ×(920時間 − 900時間) ＝ ＋22,000円（有利差異）
　　　　　　　　固定費率　　実際操業度　基準操業度

補足

把握された差異をどのようにまとめるかによって、次の3つの方法があります。

四　分　法	三　分　法⑴	三　分　法⑵
予　算　差　異	予　算　差　異	予　算　差　異
変動費能率差異	能　率　差　異	能　率　差　異
固定費能率差異		操　業　度　差　異
操　業　度　差　異	操　業　度　差　異	

三分法⑴：「能率差異を変動費および固定費の両方から算出する方法」といいます。
三分法⑵：「能率差異を変動費のみから算出する方法」といいます。

第1部　TAC式 出題別攻略テクニック編

● ワンポイントアドバイス ●

実際原価計算と標準原価計算

金額は、次の式のように面積で考えることができます。

単価（縦）×数量（横）＝金額（面積）

１．**実際原価計算**…実際総合原価計算・実際個別原価計算

事後に確定する原価の実績値（実際原価）によって製品の原価を計算する方法です。

(1)　**実際単価を用いた実際原価（狭義の実際原価）**

実際単価

| 実際消費額（実際原価） |

実際消費量

(2)　**予定単価を用いた実際原価（広義の実際原価）**

実際単価

予定単価

| 価格面の差異 |
| 予定消費額（実際原価） |

実際消費量

価格（単価）について予定を使用しても、**消費量（数量）が実際であるかぎり「実際原価計算」**とよびます。工業簿記で使われる**「実際」**には２種類の意味があることを知っておきましょう。

例）材料の予定消費価格、労務費の予定消費賃率、製造間接費の予定配賦率

この場合、材料の数量差異、労務費の時間差異および製造間接費の能率差異といった数量面の差異については把握できません。

２．**標準原価計算**…標準総合原価計算

事前に設定した原価の目標値（標準原価）によって製品の原価を計算する方法です。

実際単価

標準単価

| | 価格面の差異 | |
| 標準消費額（標準原価） | 数量面の差異 |

標準消費量　　　　　　実際消費量

消費量（数量）にも標準を設定するため、価格面のみならず数量面についても差異が把握できるので、実際原価計算よりも原価管理に適した方法といえます。

なお、原価差異をまとめると次のようになります。

	価格面の差異	数量面の差異
直接材料費差異	価格差異	数量差異
直接労務費差異	賃率差異	時間差異
製造間接費差異	予算差異、操業度差異	変動費能率差異、固定費能率差異

第5問対策

厳選

本試験演習編

第2部 問題

日本商工会議所掲載許可済—禁無断転載

第1回 問題

制限時間 **90分**

解　答 ▶ 100
答案用紙 ▶ 2

商業簿記

第1問 20点

下記の各取引について仕訳しなさい。ただし、勘定科目は、設問ごとに最も適当と思われるものを選び、答案用紙の（　）の中に記号で解答すること。

1. 商品¥200,000をクレジット払いの条件で販売した。なお、販売代金の2％にあたる金額を信販会社へのクレジット手数料として販売時に計上し、信販会社に対する債権から控除する。
　　　ア．当座預金　イ．受取手形　ウ．クレジット売掛金　エ．売上　オ．仕入
　　　カ．支払手数料

2. 研究開発に従事している従業員の給料¥300,000および特定の研究開発にのみ使用する目的で購入した機械装置の代金¥5,000,000を当座預金口座から振り込んで支払った。
　　　ア．当座預金　イ．普通預金　ウ．機械装置　エ．支払手数料　オ．給料　カ．研究開発費

3. 備品¥1,000,000の取得にあたり、国庫補助金¥400,000を受け取り、これにかかわる会計処理も適切に行われていたが、当該国庫補助金を返還しないことが本日確定したため、直接控除方式により圧縮記帳の処理を行った。
　　　ア．普通預金　イ．備品　ウ．資本金　エ．国庫補助金受贈益　オ．固定資産圧縮損
　　　カ．手形売却損

4. 会社の設立にあたり、発行可能株式総数10,000株のうち2,500株を1株あたり¥1,000の価額で発行し、その全額の引受けと払込みを受け、払込金は普通預金とした。なお、払込金の8割に相当する金額を資本金とする。
　　　ア．普通預金　イ．当座預金　ウ．利益準備金　エ．繰越利益剰余金　オ．資本金
　　　カ．資本準備金

5. 決算を行い、納付すべき消費税の額を算定した。なお、本年度の消費税の仮払分は¥360,000、仮受分は¥830,000であり、消費税の記帳は税抜方式により行っている。
　　　ア．未収還付消費税　イ．仮払消費税　ウ．仮受消費税　エ．未払消費税　オ．仕入
　　　カ．租税公課

（第146回第1問改）

2

第2部　本試験演習編

第2問
20点

下記(1)～(3)の文章の空欄のうち①～⑧に入る語句および⑨には数値を答えなさい。ただし、語句については、次の［語群］の中から最も適当なものを選び、記号で答えなさい。

［語　群］
　　ア．税効果　イ．償却原価　ウ．無形固定資産　エ．特別利益　オ．益金
　　カ．取得原価　キ．のれん　ク．満期保有目的の債券

(1)　企業の所得に課税される税金には、法人税、住民税のほかに（　　）がある。課税所得は1年間に得られた（①）から（　　）を差し引いて求め、これに税率をかけたものが納税額となる。また、企業会計上の「収益・費用」と法人税法上の「（①）・（　　）」の認識時点の相違により、企業会計上の「資産・負債」の額と法人税法上の「資産・負債」の額に相違が生じた場合に、利益の金額をもとに課税される法人税等の額を適切に期間分配することにより、「法人税等」の金額を「税引前当期純利益」に合理的に対応させるための手続きを（②）会計という。

(2)　合併の対価が合併によって受け入れた資産から負債を差し引いた純資産額を上回る場合、その超過額である（③）は、貸借対照表の（④）の区分に記載し、（　　）年以内に（　　）法その他合理的な方法によって規則的に償却しなければならない。これに対し、合併の対価が合併によって受け入れた純資産額を下回る場合、その不足額は、（　　）として損益計算書の（⑤）の区分に記載されることになる。

(3)　有価証券は、その保有目的にしたがい、（　　）、（⑥）、（　　）およびその他有価証券に区分される。（⑥）は、（⑦）をもって貸借対照表価額とするが、債券金額より低い価額または高い価額で取得した場合、その差額が金利の調整と認められるときは、その差額を償還期まで一定の方法で取得価額に加減する。この方法を（⑧）法という。たとえば、20×1年4月1日に社債1,000,000千円を額面100円につき99.00円にて償還期日20×6年3月31日まで保有する目的で購入したとする。ここで定額法によって（⑧）法を適用したとすると、20×3年3月31日時点での（⑥）の貸借対照表価額は（⑨）千円となる。

（第153回第2問㉔）

3

第3問

20点

次に示した熊本商事株式会社の[資料]にもとづいて、答案用紙の精算表を完成しなさい。なお、会計期間は×27年4月1日から×28年3月31日までの1年間である。

[資 料] 決算整理事項その他

1. 決算にあたって調査したところ、次の事実が判明した。
   ① 現金の実際有高は¥65,400であった。帳簿残高との不一致の原因は不明であるので、適切に処理する。
   ② 手形の裏書譲渡高¥90,000のうち¥75,000は期日までに決済されていた。
   ③ 売掛金のうち¥23,000は得意先が倒産したため回収不能であった。この売掛金は前期の売上取引から生じたものであり、貸倒れとして処理する。
   ④ 建設仮勘定は建物の建築工事（工事代金総額¥1,500,000）にかかわるものであるが、工事はすでに完了し、当期の3月1日に引渡しを受けていた。なお、工事代金の残金¥300,000については、建物の引渡しの際に小切手を振り出して支払っていたが、この取引も未記帳となっている。

2. 受取手形と売掛金の期末残高に対して2％の貸倒れを見積もる。貸倒引当金は差額補充法により設定する。

3. 売買目的有価証券の内訳は次のとおりである。

	帳簿価額	時　価
A社株式	¥37,800	¥41,500
B社株式	¥81,900	¥72,200
C社社債	¥27,850	¥29,800

4. 商品の期末棚卸高は次のとおりである。売上原価の計算は仕入勘定で行うが、棚卸減耗損および商品評価損は独立の科目として処理する。

   帳簿棚卸高　数量　410個　原　　価　@¥215
   実地棚卸高　数量　403個　正味売却価額　@¥221

5. 有形固定資産の減価償却は次の要領で行う。
   建物：耐用年数は30年、残存価額は取得原価の10％として、定額法により計算する。
   備品：償却率は年20％として、定率法により計算する。

   なお、当期に新たに取得した建物についても、耐用年数は30年、残存価額は取得原価の10％として、定額法により月割で減価償却を行う。

6. のれんは×24年4月1日に他企業を買取りした際に生じたものであり、10年間にわたって毎期均等額を償却することとしており、今期も同様に償却する。

7. 満期保有目的債券（額面金額：¥500,000、利率：年1.5％、償還日：×31年3月31日）は、×26年4月1日に額面¥100につき¥98.80で取得したもので、償却原価法（定額法）により評価しており、今期も同様の処理を行う。

8. 従業員に対する退職給付を見積もった結果、当期の負担に属する金額は¥175,000と計算されたので、引当金として計上する。

9. 保険料は毎年同額を8月1日に向こう1年分（12か月分）として支払っているものであり、前払分の再振替処理は期首に行っている。保険期間の未経過分について必要な処理を行う。

（第144回第3問改）

第2部　本試験演習編

工業簿記

第4問(1)

12点

　下記の各取引について仕訳しなさい。ただし、勘定科目は、設問ごとに最も適当と思われるものを選び、答案用紙の（　　）の中に記号で解答すること。

1．当月、素材800kg（購入代価2,000円/kg）、買入部品3,000個（購入代価100円/個）、工場消耗品100,000円（購入代価）を掛けで購入した。なお、購入に際しては、購入代価の10％を材料副費として予定配賦している。

　　ア．材料　イ．材料副費　ウ．買掛金　エ．材料副費差異　オ．仕掛品　カ．製造間接費

2．掛けで購入した部品5,000個（購入価額300円/個）を倉庫に搬入した。購入に際し、本社は、50,000円の引取運賃を支払っている。なお、当工場では工場会計を独立させており、工場側での仕訳を示しなさい。また、工場元帳には、次の勘定が設定されている。

　　ア．材料　イ．賃金　ウ．設備減価償却累計額　エ．仕掛品　オ．製造間接費　カ．本社

3．工場設備の当月の減価償却費として1,200,000円を計上した。なお、当工場では工場会計を独立させており、工場側での仕訳を示しなさい。また、工場元帳には、次の勘定が設定されている。

　　ア．材料　イ．賃金　ウ．設備減価償却累計額　エ．仕掛品　オ．製造間接費　カ．本社

（第150回・第131回第4問改）

第4問(2)

16点

次の [資料] にもとづいて、A工業の当月の仕掛品勘定と月次損益計算書を作成しなさい。

[資　料]

1．棚卸資産有高　　　　　　　　（単位：円）

	月初有高	月末有高
素　　　材	1,520,000	1,600,000
部　　　品	1,400,000	1,350,000
燃　　　料	250,000	310,000
仕　掛　品	3,520,000	3,650,000
製　　　品	1,400,000	1,200,000

2．直接工の作業時間および賃率

　　直接工の就業時間の内訳は、直接作業時間2,600時間、間接作業時間250時間であった。なお、賃金計算では、平均賃率である1時間当たり1,300円を適用している。

3．当月中の支払高等　　　　　　（単位：円）

素 材 仕 入 高	5,800,000
部 品 仕 入 高	4,720,000
燃 料 仕 入 高	750,000
工 場 消 耗 品 消 費 額	35,000
間 接 工 賃 金 当 月 支 払 高	740,000
間 接 工 賃 金 前 月 未 払 高	120,000
間 接 工 賃 金 当 月 未 払 高	130,000
電 力 料 金 (測定額)	240,000
保 険 料 (月割額)	390,000
減 価 償 却 費 (月割額)	1,200,000
水 道 料 金 (測定額)	80,000

4．製造間接費は直接作業時間を配賦基準として予定配賦し、配賦差異は売上原価に賦課している。なお、A工業の年間の製造間接費予算は44,800,000円、年間の予定総直接作業時間は32,000時間である。

（第156回第4問㊡）

第5問
12点

　米菓を製造・販売するニッショウ製菓では、これまで全部原価計算による損益計算書のみを作成してきたが、製品Aの月間利益計画を作成するため、直接原価計算による損益計算書を作成することとした。製品Aの販売価格は1kg当たり1,000円を予定している。次の[資料]にもとづいて、その下の[会話文]の（　ア　）と（　イ　）に入るもっとも適切な語を選んで○で囲みなさい。また、（　①　）～（　⑥　）に入る金額を計算しなさい。

[資　料]

(1) 製品A1kg当たり全部製造原価

　　直接材料費　400円/kg　　　変動加工費　140円/kg

　　固定加工費　月額　840,000円（全部原価計算では月間生産量をもとに配賦率を算定する）

(2) 販売費及び一般管理費

　　変動販売費　80円/kg

　　固定販売費及び一般管理費　月額　452,000円

(3) 月間生産・販売計画（仕掛品は存在しない）

　　月初在庫量　　　0kg　　　月間販売量　4,000kg

　　月間生産量　4,000kg　　　月末在庫量　　　0kg

[会話文]

社　　　長：全部原価計算と違って、直接原価計算では、売上高から変動費を差し引いて（　ア　）利益が出てくるわけですね。

経理部長：そうです。月間生産・販売量を4,000kgとする現在の計画では、月間（　ア　）利益は（　①　）円になります。仮に、月間生産・販売量を5,000kgとすると、月間（　ア　）利益は（　②　）円になります。

社　　　長：なるほど。（　ア　）利益は売上高に（　イ　）変化するわけですね。

経理部長：そうです。次に、（　ア　）利益から固定費を差し引いて営業利益を出します。月間生産・販売量を4,000kgとする現在の計画では、月間営業利益は（　③　）円になります。

社　　　長：月間営業利益がマイナスにならないようにするためには、月間売上高はいくら必要になりますか。

経理部長：損益分岐点ですね。損益分岐点の月間売上高は（　④　）円です。

社　　　長：わかりました。この月間売上高は上回らないといけませんね。ところで、直接原価計算の営業利益は全部原価計算の営業利益と同じ金額になるのですか。

経理部長：現在の計画ではそうですが、生産量と販売量が一致しないときは同じ金額にはなりません。仮に、月間生産量だけを5,000kgに増やし、月間販売量は4,000kgのまま変わらないとします。直接原価計算では、月間営業利益は（　⑤　）円ですが、全部原価計算では、月間営業利益は（　⑥　）円になります。

社　　　長：販売量が変わらないのに、生産量だけを増やして利益が増えるのはおかしいですね。

経理部長：そのとおりです。直接原価計算のほうが利益計画に適しているといえるでしょう。

(第156回第5問㊺)

第2回 問題

解　答 ▶ 114
答案用紙 ▶ 8
制限時間 90分

商業簿記

第1問 下記の各取引について仕訳しなさい。ただし、勘定科目は、設問ごとに最も適当と思われるものを選び、答案用紙の（　）の中に記号で解答すること。
20点

1．6日前に仕入先新潟商店から商品￥5,000,000を掛けで仕入れ、適切に処理していた。新潟商店からは、代金を10日以内に支払えば、0.1％分の支払いを免除することとされていたので、本日上記の掛け代金を現金で支払い、所定の額の免除を受けた。
　　ア．現金　イ．売掛金　ウ．買掛金　エ．仕入割引　オ．売上　カ．仕入

2．前期末で耐用年数を経過していた備品（取得原価：￥800,000、減価償却累計額：￥720,000、記帳方法：間接法）を本日、除却した。なお、この備品の処分価値は￥50,000と見積もられた。
　　ア．未収入金　イ．備品　ウ．貯蔵品　エ．備品減価償却累計額　オ．負ののれん発生益
　　カ．固定資産除却損

3．株主総会の決議を経て、その他資本剰余金￥900,000および繰越利益剰余金￥600,000をそれぞれ準備金に組み入れることとした。
　　ア．資本金　イ．資本準備金　ウ．その他資本剰余金　エ．利益準備金　オ．繰越利益剰余金
　　カ．その他有価証券評価差額金

4．定時株主総会を開催し、繰越利益剰余金￥3,500,000の処分を次のとおり決定した。なお、資本金は￥80,000,000、資本準備金は￥12,000,000、利益準備金は￥7,800,000であり、発行済株式数は3,000株である。
　　株主配当金：1株につき￥900　　利益準備金：会社法が定める金額　　別途積立金：￥500,000
　　ア．当座預金　イ．未払配当金　ウ．資本金　エ．利益準備金　オ．別途積立金
　　カ．繰越利益剰余金

5．先日、商品を400,000ドルにて米国の顧客に掛けで売り渡し、適切に処理していたが（取引時の直物為替相場1ドル＝￥115）、今後円の為替相場が上昇するリスクに備えて、全額1ドル＝￥113にてドルを円に売却する為替予約を締結した。ただし、当該売掛金の円換算額と、為替予約による円換算額との差額はすべて当期の損益として振当処理を行う。
　　ア．現金　イ．当座預金　ウ．受取手形　エ．売掛金　オ．売上　カ．為替差損益

（第148回第1問改）

第2部　本試験演習編

第2問
20点

次に示した広島商事株式会社の［資料］にもとづいて、答案用紙の株主資本等変動計算書（単位：千円）について、（　　）に適切な金額を記入して完成しなさい。金額が負の値のときは、金額の前に△を付して示すこと。なお、会計期間は×29年4月1日から×30年3月31日までの1年間である。

［資　料］

1．×29年3月31日の決算にあたって作成した貸借対照表において、純資産の部の各項目の残高は次のとおりであった。なお、この時点における発行済株式総数は50,000株である。

資　本　金　¥20,000,000　　資本準備金　¥1,600,000　　その他資本剰余金　¥500,000
利益準備金　¥400,000　　別途積立金　¥220,000　　繰越利益剰余金　¥1,200,000

2．×29年6月28日、定時株主総会を開催し、剰余金の配当および処分を次のように決定した。

① 株主への配当金について、その他資本剰余金を財源として1株につき¥5、繰越利益剰余金を財源として1株につき¥15の配当を行う。

② 上記の配当に関連して、会社法が定める金額を資本準備金および利益準備金として積み立てる。

③ 繰越利益剰余金を処分し、別途積立金として¥80,000を積み立てる。

3．×29年9月1日、新株1,000株を1株につき¥500で発行して増資を行い、全額の払込みを受け、払込金は当座預金とした。なお、会社法が定める最低限度額を資本金とした。

4．×30年2月1日、岡山物産株式会社を吸収合併し、同社の諸資産（時価総額¥9,000,000）と諸負債（時価総額¥5,000,000）を引き継ぐとともに、合併の対価として新株8,000株（1株当たりの時価は¥550）を発行し、同社の株主に交付した。なお、新株の発行にともなう純資産（株主資本）の増加額のうち、¥3,000,000は資本金とし、残額はその他資本剰余金として計上した。

5．×30年3月31日、決算を行い、当期純利益¥980,000を計上した。

（第151回第2問改）

第3問

20点

次に示した株式会社信濃商会の［資料1］から［資料3］にもとづいて、答案用紙の損益計算書を完成しなさい。なお、会計期間は×7年4月1日より×8年3月31日までの1年間である。

［資料1］決算整理前残高試算表

<table>
<tr><td colspan="3" align="center">決算整理前残高試算表</td><td align="right">（単位：円）</td></tr>
<tr><td align="center">借　方</td><td colspan="2" align="center">勘　定　科　目</td><td align="center">貸　方</td></tr>
<tr><td align="right">2,439,000</td><td colspan="2">現　金　預　金</td><td></td></tr>
<tr><td align="right">3,087,000</td><td colspan="2">受　取　手　形</td><td></td></tr>
<tr><td align="right">5,163,000</td><td colspan="2">売　掛　金</td><td></td></tr>
<tr><td align="right">1,800,000</td><td colspan="2">クレジット売掛金</td><td></td></tr>
<tr><td></td><td colspan="2">貸　倒　引　当　金</td><td align="right">76,000</td></tr>
<tr><td align="right">550,000</td><td colspan="2">売買目的有価証券</td><td></td></tr>
<tr><td align="right">3,800,000</td><td colspan="2">繰　越　商　品</td><td></td></tr>
<tr><td align="right">400,000</td><td colspan="2">仮　払　法　人　税　等</td><td></td></tr>
<tr><td align="right">5,000,000</td><td colspan="2">貸　付　金</td><td></td></tr>
<tr><td align="right">7,000,000</td><td colspan="2">建　物</td><td></td></tr>
<tr><td></td><td colspan="2">建物減価償却累計額</td><td align="right">900,000</td></tr>
<tr><td align="right">2,000,000</td><td colspan="2">車　両　運　搬　具</td><td></td></tr>
<tr><td></td><td colspan="2">車両運搬具減価償却累計額</td><td align="right">500,000</td></tr>
<tr><td align="right">4,500,000</td><td colspan="2">土　地</td><td></td></tr>
<tr><td align="right">720,000</td><td colspan="2">その他有価証券</td><td></td></tr>
<tr><td></td><td colspan="2">支　払　手　形</td><td align="right">2,953,000</td></tr>
<tr><td></td><td colspan="2">買　掛　金</td><td align="right">3,872,300</td></tr>
<tr><td></td><td colspan="2">長　期　借　入　金</td><td align="right">8,000,000</td></tr>
<tr><td></td><td colspan="2">退　職　給　付　引　当　金</td><td align="right">3,159,000</td></tr>
<tr><td></td><td colspan="2">資　本　金</td><td align="right">10,000,000</td></tr>
<tr><td></td><td colspan="2">繰　越　利　益　剰　余　金</td><td align="right">2,739,500</td></tr>
<tr><td></td><td colspan="2">売　　　上</td><td align="right">48,947,000</td></tr>
<tr><td></td><td colspan="2">固　定　資　産　売　却　益</td><td align="right">800,000</td></tr>
<tr><td align="right">32,651,000</td><td colspan="2">仕　　　入</td><td></td></tr>
<tr><td align="right">9,608,300</td><td colspan="2">給　　　料</td><td></td></tr>
<tr><td align="right">256,500</td><td colspan="2">水　道　光　熱　費</td><td></td></tr>
<tr><td align="right">600,000</td><td colspan="2">修　繕　費</td><td></td></tr>
<tr><td align="right">420,000</td><td colspan="2">保　険　料</td><td></td></tr>
<tr><td align="right">288,000</td><td colspan="2">支　払　利　息</td><td></td></tr>
<tr><td align="right">964,000</td><td colspan="2">有　価　証　券　売　却　損</td><td></td></tr>
<tr><td align="right">700,000</td><td colspan="2">災　害　損　失</td><td></td></tr>
<tr><td align="right">81,946,800</td><td colspan="2"></td><td align="right">81,946,800</td></tr>
</table>

10

第２部　本試験演習編

[資料２]　決算にあたっての修正事項

１．×7年12月１日に土地￥2,000,000および中古の建物￥3,000,000を取得し、翌年２月１日より使用している（処理済み）。ただし、建物に関し、使用できる状態にするための内装工事に￥600,000を支出していたが、これをすべて修繕費として処理していた。

２．当社では、クレジット取引をのぞき、商品の売買はすべて掛けにて行っており、決算作業に取り組んでいたところ、営業部門から￥70,000の商品を得意先上野商事に出荷していたが、検収が完了したとの連絡が入った。なお、当社は売上収益の計上基準に検収基準を採用している。

３．得意先ＸＹＺ商会が倒産し、売掛金￥50,000が貸し倒れた。そのうち￥30,000は当期に販売した商品に係るものである。

[資料３]　決算整理事項

１．期末商品帳簿棚卸高は￥4,200,000（[資料２]２．の売上に係る原価を控除済み）である。ただし、商品Ａには棚卸減耗損￥180,000、商品Ｂには商品評価損￥190,000が生じている。いずれも売上原価の内訳項目として表示する。

２．期末残高に対し、クレジット売掛金については0.5％、受取手形および売掛金については１％を差額補充法により貸倒引当金を設定する。

３．次の要領にて有形固定資産の減価償却を行う。

	減価償却方法	残存価額	耐用年数	備　　　考
建　　物	定額法	取得原価の10％	40年	新規取得分も同じ要領で月割計算にて減価償却を行う
車両運搬具	生産高比例法	同　上	―	総走行可能距離　200,000km 当期の走行距離　40,000km

４．売買目的有価証券の期末における時価は￥600,000、その他有価証券の期末における時価は￥750,000であった。

５．退職給付の見積りを行った結果、当期の退職給付費用は￥490,000と見積られた。

６．保険料はかねてより毎年同額を６月１日に向こう１年分をまとめて支払っている。未経過分の繰延べを月割計算にて行う。

７．貸付金は、×7年11月１日に取引先甲斐商店に期間１年、利息は年利率4.8％にて返済時に元本とともに受け取る条件で貸し付けたものである。これに対し、３％の貸倒引当金を設定する。また、利息を月割計算にて計上する。

８．税引前当期純利益の25％に当たる￥1,000,000を「法人税、住民税及び事業税」に計上する。

(第143回第３問改)

工業簿記

第4問(1)

12点

下記の一連の取引について仕訳しなさい。ただし、勘定科目は、設問ごとに最も適当と思われるものを選び、答案用紙の（　）の中に記号で解答すること。

1. 当月、工場での直接工および間接工による賃金の消費額を計上した。直接工の作業時間について、総就業時間は、直接作業時間1,560時間、間接作業時間120時間、手待時間20時間であった。当工場で適用する予定総平均賃率は1,400円である。また、間接工については、前月賃金未払高600,000円、当月賃金支払高2,800,000円、当月賃金未払高750,000円であった。

　ア．材料　イ．賃金　ウ．仕掛品　エ．製造間接費　オ．予算差異　カ．操業度差異

2. 直接作業時間を配賦基準として製造間接費を各製造指図書に予定配賦した。なお、当工場の年間の製造間接費変動予算は、92,160,000円（うち変動費42,240,000円）、年間の予定総直接作業時間は19,200時間である。

　ア．材料　イ．賃金　ウ．仕掛品　エ．製造間接費　オ．予算差異　カ．操業度差異

3. 当月の製造間接費の実際発生額は7,620,000円であった。これにもとづき予定配賦で生じた差異を製造間接費勘定から予算差異勘定と操業度差異勘定に振り替えた。

　ア．材料　イ．賃金　ウ．仕掛品　エ．製造間接費　オ．予算差異　カ．操業度差異

(第131回第4問改)

第4問(2)

16点

当工場では材料として原料Xおよび消耗品Yを使用している。原料X、消耗品Yの月初有高は、それぞれ44,000円、9,000円であった。
　材料に関する当月中の取引は以下のとおりであった。

11月 4日　　A化学工業より原料X 265,000円を仕入れた。
11月 9日　　製造指図書♯1101の製造向けに、原料X 220,000円を払い出した。
11月12日　　B産業より消耗品Y 32,000円を仕入れた。
11月13日　　Cケミカルより原料X 275,000円を仕入れた。
11月19日　　製造指図書♯1102の製造向けに、原料X 295,000円を払い出した。
11月22日　　D堂より消耗品Y 17,000円を仕入れた。

原料Xの消費高は継続記録法によって把握している。消費価格は実際消費価格とする。消耗品Yの消費高は棚卸計算法によって把握している。当月末の実地棚卸によれば、消耗品Yの月末有高は7,000円であった。

製造間接費は原料X消費高を配賦基準として各製造指図書に予定配賦している。製造間接費の年間予算額は9,600,000円、原料X年間予定消費高は6,000,000円である。

問　答案用紙の各勘定の（　）内に適切な金額を記入しなさい。

(第144回第4問改)

12

第2部　本試験演習編

第5問

12点

　　X社では、製品Aを製造・販売している。次の［資料］にもとづいて、答案用紙の①と⑦には適切な用語を記号で、それ以外には数値を記入しなさい。

　　ア．変動製造間接費　イ．貢献利益　ウ．損益分岐点　エ．当期純利益
　　オ．固定製造間接費　カ．製造原価　キ．売上総利益　ク．原価差異

［資　料］

(1) 販売単価　　　1,200円

(2) 1個当たり変動費
　　直接材料費　　　　300円　　　　直接労務費　　　　160円
　　変動製造間接費　　90円　　　　変動販売費　　　　100円

(3) 固定費
　　固定製造間接費　600,000円　　　固定販売費および一般管理費　280,000円

(4) 金額はすべて実績値であり、第1期・第2期とも条件は同じである。

(5) 製造間接費は各期の実際生産量にもとづいて配賦する。

(6) 生産・販売状況（期首・期末の仕掛品は存在しない）

	第1期	第2期
期首製品在庫量	0個	0個
当期製品生産量	2,000個	2,400個
当期製品販売量	2,000個	1,800個
期末製品在庫量	0個	600個

（第134回第5問改）

問題

第2回

13

第3回 問題

制限時間 90分
解　答 ▶ 136
答案用紙 ▶ 14

商業簿記

第1問 (20点)

下記の各取引について仕訳しなさい。ただし、勘定科目は、設問ごとに最も適当と思われるものを選び、答案用紙の（　）の中に記号で解答すること。

1. 電子記録債権¥300,000を割り引くために、取引銀行を通じて電子債権記録機関に当該債権の譲渡記録の請求を行い、取引銀行から割引料¥2,800を差し引いた手取金が当座預金の口座に振り込まれた。
　　ア．当座預金　イ．電子記録債権　ウ．営業外受取手形　エ．電子記録債務　オ．手形売却損
　　カ．電子記録債権売却損

2. ×年6月19日、満期保有目的の有価証券として、他社が発行する額面総額¥1,000,000の社債（利率は年0.365％、利払日は3月末と9月末）を額面¥100につき¥98.80で購入し、代金は直近の利払日の翌日から売買日当日までの期間にかかわる端数利息とともに小切手を振り出して支払った。なお、端数利息の金額については、1年を365日として日割計算する。
　　ア．当座預金　イ．売買目的有価証券　ウ．満期保有目的債券　エ．営業外支払手形
　　オ．有価証券利息　カ．支払利息

3. 建物の修繕工事を行い、代金¥900,000は小切手を振り出して支払った。なお、工事代金の20％は改良のための支出と判断された。また、この修繕工事に備えて、前期に¥600,000の引当金を設定している。
　　ア．当座預金　イ．建物　ウ．修繕引当金　エ．修繕引当金戻入　オ．修繕引当金繰入
　　カ．修繕費

4. 新株800株（1株の払込金額は¥28,000）を発行して増資を行うことになり、払い込まれた800株分の申込証拠金は別段預金に預け入れていたが、株式の払込期日となったので、申込証拠金を資本金に充当し、別段預金を当座預金に預け替えた。なお、資本金には会社法が規定する最低額を組み入れることとする。
　　ア．当座預金　イ．普通預金　ウ．別段預金　エ．預り金　オ．株式申込証拠金　カ．仮受金
　　キ．資本金　ク．資本準備金

5. ×年4月1日、リース会社からコピー機をリースする契約を結び、リース取引を開始した。リース期間は5年、リース料は年間¥60,000（毎年3月末払い）、リースするコピー機の見積現金購入価額は¥260,000である。なお、決算日は3月31日（1年決算）である。また、このリース取引はファイナンス・リース取引であり、利子抜き法で会計処理を行う。
　　ア．現金　イ．当座預金　ウ．リース資産　エ．リース債務　オ．支払リース料　カ．支払利息

（第149回第1問改）

第2部　本試験演習編

第2問

20点

下記の各問に答えなさい。ただし、仕訳や勘定記入を行うにあたり、勘定科目等は、各問の下から最も適当と思われるものを選び、記号で解答すること。なお、仕訳する必要がない場合には「借方科目」の欄に「サ（仕訳なし）」と記入しなさい。

問1　近畿物産株式会社は、関東商事株式会社を当期首（×8年4月1日）に合併し、関東商事の株主に自社（近畿物産）の株式100,000株（1株当たりの時価@¥350）を交付した。合併時の関東商事の諸資産は¥40,000,000、諸負債は¥10,000,000であり、ともに時価と帳簿価額は一致していた。なお、資本金は1株につき¥175とし、残額は資本準備金とした。

(1)　合併の取引について仕訳しなさい。

(2)　のれん勘定への当年度の記帳を行い、締め切りなさい。なお、前期繰越は、×4年4月1日に同業の株式会社東北商事を買収したさいに生じたのれんの未償却残高である。近畿物産は、のれんを取得時から10年間にわたり、定額法で償却している。

　　ア．のれん　イ．諸資産　ウ．諸負債　エ．資本金　オ．資本準備金　カ．負ののれん発生益
　　キ．のれん償却　ク．前期繰越　ケ．次期繰越　コ．諸口　サ．仕訳なし

問2　株式会社東海ストアは、同業の北陸ストア株式会社の発行済株式総数20,000株のうち16,000株を1株当たり¥2,000で当期首（×8年4月1日）に小切手を振り出して取得し、同社を子会社とした。そのときの北陸ストアの純資産は、資本金¥25,000,000、資本準備金¥8,000,000および繰越利益剰余金¥5,000,000であり、かつ資産・負債とも時価と帳簿価額は一致していた。

(1)　北陸ストア株式を取得した取引について仕訳しなさい。

(2)　上記の株式にかかわる決算時の評価に関する処理について仕訳しなさい。なお、北陸ストアの株式の期末時点における1株当たりの時価は¥1,900であった。

(3)　東海ストアは、北陸ストアを子会社化したことにともない、×9年3月期より連結財務諸表を作成することになる。そこで、北陸ストアにかかわる連結初年度の連結修正仕訳を答えなさい。ただし、①投資と資本の相殺消去、②のれんの償却、および③非支配株主に帰属する当期純損益の振替に分けて仕訳すること。なお、東海ストアは、のれんを取得時から10年間にわたり、定額法で償却している。一方で、北陸ストアの当期純利益は¥900,000であり、剰余金の配当を行っていないほか、東海ストアと資産の売買取引を行っていなかった。

　　ア．当座預金　イ．子会社株式　ウ．のれん　エ．資本金　オ．資本準備金
　　カ．繰越利益剰余金　キ．非支配株主持分　ク．のれん償却
　　ケ．非支配株主に帰属する当期純利益　コ．非支配株主に帰属する当期純損失　サ．仕訳なし

（第147回第2問改）

15

第3問

20点

次に示した商品売買業を営む株式会社鹿児島商会の［資料１］から［資料３］にもとづいて、答案用紙の貸借対照表を完成させなさい。会計期間は20×8年４月１日より20×9年３月31日までの１年間である。本問では貸倒引当金、減価償却、およびその他有価証券の３項目に関してのみ税効果会計を適用する。法定実効税率は前期・当期とも25％であり、将来においても税率は変わらないと見込まれている。なお、繰延税金資産は全額回収可能性があるものとする。

［資料１］　決算整理前残高試算表

決算整理前残高試算表　　　（単位：円）

借　　方	勘　定　科　目	貸　　方
5,532,000	現　金　預　金	
9,960,000	売　　掛　　金	
	貸　倒　引　当　金	12,000
8,400,000	繰　越　商　品	
7,580,000	仮　払　消　費　税	
720,000	仮　払　法　人　税　等	
15,000,000	建　　　　　　物	
	建物減価償却累計額	5,000,000
7,200,000	備　　　　　　品	
6,800,000	その　他　有　価　証　券	
3,000,000	長　期　貸　付　金	
25,000	繰　延　税　金　資　産	
	買　　掛　　金	7,736,000
	仮　受　消　費　税	9,100,000
	資　　本　　金	30,000,000
	繰　越　利　益　剰　余　金	5,192,000
75,000	その他有価証券評価差額金	
	売　　　　　　　上	91,000,000
	受取利息及び受取配当金	300,000
67,500,000	仕　　　　　　入	
11,748,000	給　　　　　　料	
900,000	販　　売　　費	
300,000	減　価　償　却　費	
3,600,000	火　災　未　決　算	
148,340,000		148,340,000

16

第2部　本試験演習編

[資料2]　決算にあたっての修正事項
1．期中に火災に遭ったが保険を付していたため、焼失した資産の帳簿価額（減価償却費計上済）を火災未決算勘定に振り替える処理を行っていた。決算の直前に保険会社から20×9年4月末日に保険金¥1,540,000が当社の普通預金口座に入金されることが決定したとの連絡が入った。
2．売掛金¥740,000が決算日に回収され当社の当座預金口座に入金されていたが、その連絡が届いていなかったので未処理である。

[資料3]　決算整理事項等
1．期末商品帳簿棚卸高は¥8,900,000である。甲商品には商品評価損¥170,000、乙商品には棚卸減耗損¥230,000が生じている。いずれも売上原価に算入する。
2．売上債権の期末残高につき、「1,000分の10」を差額補充法により貸倒引当金として設定する。なお、当該引当金に係る税効果は生じていない。
3．建物、備品とも残存価額ゼロ、定額法にて減価償却を行う。建物の耐用年数は30年、備品の耐用年数は6年である。ただし、備品は当期首に購入したものであり、税務上の法定耐用年数が8年であることから、減価償却費損金算入限度超過額に係る税効果会計を適用する。
4．消費税の処理（税抜方式）を行う。
5．長期貸付金は、20×8年10月1日に期間5年、年利率4％、利払日は毎年3月31日と9月30日の年2回の条件で他社に貸し付けたものである。貸付額につき15％の貸倒引当金を計上する。ただし、これに対する貸倒引当金繰入について損金算入が全額とも認められなかったため、税効果会計を適用する。
6．その他有価証券の金額は、丙社株式の前期末の時価である。前期末に当該株式を全部純資産直入法にもとづき時価評価した差額について、期首に戻し入れる洗替処理を行っていなかった。そのため、決算整理前残高試算表の繰延税金資産は、前期末に当該株式に対して税効果会計を適用した際に生じたものであり、これ以外に期首時点における税効果会計の適用対象はなかった。当期末の丙社株式の時価は¥7,700,000である。
7．法人税、住民税及び事業税に¥2,054,000を計上する。なお、仮払法人税等は中間納付によるものである。
8．繰延税金資産と繰延税金負債を相殺し、その純額を固定資産または固定負債として貸借対照表に表示する。

（第152回第3問改）

工業簿記

第4問(1)

12点

下記の一連の取引について仕訳しなさい。ただし、勘定科目は、設問ごとに最も適当と思われるものを選び、答案用紙の（　　　）の中に記号で解答すること。

1．原料700kgを1kg当たり380円で掛けにて購入した。
　　ア．当座預金　イ．材料　ウ．仕掛品　エ．原価差異　オ．製造間接費　カ．買掛金

2．製造指図書♯101のために原料650kgを出庫し、外注業者に加工を依頼した。出庫記録は通常の出庫票による。また、原料費の計算には1kg当たり350円の予定消費価格を用いている。なお、当工場では、購入した原料を外注先に無償支給し、加工の一部を依頼している。
　　ア．当座預金　イ．材料　ウ．仕掛品　エ．原価差異　オ．製造間接費　カ．買掛金

3．原料の消費価格差異を計上した。なお、原料の月初在庫は100kg、購入原価は1kg当たり400円で記録されていた。棚卸減耗はなかった。実際払出価格の計算は先入先出法によっている。
　　ア．当座預金　イ．材料　ウ．仕掛品　エ．原価差異　オ．製造間接費　カ．買掛金

（第132回第4問⦅改⦆）

第2部　本試験演習編

第4問(2)
16点

当工場では、実際個別原価計算を採用している。次の［資料］にもとづいて、下記の問に答えなさい。

［資　料］

(1)

製造指図書番号	直接材料費	直接労務費	直接作業時間	備　考
＃11	302,000円	150,000円	120時間	5/15 製造着手 5/28 完成 6/2 販売
＃12	50,000円（5月分） 300,000円（6月分）	40,000円（5月分） 160,000円（6月分）	60時間（5月分） 100時間（6月分）	5/20 製造着手 6/3 完成 6/8 販売
＃13	820,000円	350,000円	280時間	6/4 製造着手 6/10 一部仕損 6/20 完成 6/22 販売
＃13－2	70,000円	100,000円	80時間	6/11 補修開始 6/15 補修完了
＃14	840,000円	750,000円	600時間	6/21 製造着手 6/27 完成 6/30 在庫
＃15	80,000円	37,500円	30時間	6/28 製造着手 6/30 仕掛

なお、＃13－2は仕損が生じた＃13を補修して合格品とするために発行した指図書であり、仕損は正常なものであった。

(2) 製造間接費は、直接作業時間を配賦基準として各製造指図書に予定配賦している。年間の製造間接費予算額は12,960,000円、年間の正常直接作業時間は14,400時間である。6月の製造間接費実際発生額は、1,120,000円であり、月次損益計算書においては、製造間接費の配賦差異は原価差異として売上原価に賦課する。

問1　6月の仕掛品勘定と月次損益計算書を作成しなさい。

問2　製造間接費の予定配賦額と実際発生額の差額について、上記の予算を用いて予算差異と操業度差異を計算しなさい。借方差異か貸方差異かを明示すること。

（第143回第4問改）

19

第5問	
12点	

　　A社では、製品Pを製造・販売している。これまで全部原価計算による損益計算書を作成してきたが、販売量と営業利益の関係がわかりにくいため、過去2期分のデータをもとに直接原価計算による損益計算書に作り替えることとした。次の［資料］にもとづいて、答案用紙の直接原価計算による損益計算書を完成しなさい。

[資　料]

(1)　製品P1個あたり全部製造原価

	前々期	前　期
直接材料費	？円	570円
変動加工費	80円	？円
固定加工費	？円	？円
	1,020円	955円

(2)　固定加工費は前々期、前期とも360,000円であった。固定加工費は各期の実際生産量にもとづいて実際配賦している。

(3)　販売費および一般管理費（前々期・前期で変化なし）
　　　変動販売費　110円/個　　　　　固定販売費および一般管理費　　　？　円

(4)　生産・販売状況（期首・期末の仕掛品は存在しない）

	前々期	前　期
期首製品在庫量	0個	0個
当期製品生産量	1,000個	1,200個
当期製品販売量	1,000個	1,000個
期末製品在庫量	0個	200個

(5)　全部原価計算による損益計算書（単位：円）

	前々期	前　期
売　上　高	1,600,000	1,600,000
売　上　原　価	1,020,000	955,000
売上総利益	580,000	645,000
販売費および一般管理費	390,000	390,000
営　業　利　益	190,000	255,000

（第145回第5問㊧）

MEMO

第2部 本試験演習編

問題

第3回

第4回 問題

制限時間 90分
解　答 ▶ 156
答案用紙 ▶ 20

商業簿記

第1問 (20点)　下記の各取引について仕訳しなさい。ただし、勘定科目は、設問ごとに最も適当と思われるものを選び、答案用紙の（　）の中に記号で解答すること。

1．全従業員に支給するため、事務用のパソコン（現金購入価格@¥145,800）100台を割賦で購入した。代金は、来月末より月末ごとに支払期限が順次到来する額面¥1,250,000の約束手形12枚を振り出して相手先に交付した。なお、利息相当額については、資産の勘定（前払利息）を用いて処理することとする。
　　ア．受取手形　イ．営業外受取手形　ウ．備品　エ．前払利息　オ．営業外支払手形
　　カ．支払利息

2．関西に拠点を築くために大阪商事株式会社を吸収合併し、新たに当社の株式10,000株（合併時点の時価@¥5,000）を発行し、これを大阪商事の株主に交付した。そのときの大阪商事の諸資産（時価）は¥87,000,000、諸負債（時価）は¥34,000,000であった。また、合併にあたっては、取得の対価のうち60%を資本金、残り40%を資本準備金として計上することとした。
　　ア．諸資産　イ．のれん　ウ．諸負債　エ．資本金　オ．その他資本剰余金　カ．資本準備金
　　キ．負ののれん発生益　ク．のれん償却

3．満期まで保有する目的で名古屋自動車工業株式会社が発行する社債（額面総額¥60,000,000）を×28年9月8日に額面¥100につき¥99.50にて購入し、前回の利払日の翌日から売買日までの端数利息（1年を365日とする日割計算で算出し、収益の勘定を用いて処理すること）とともに当社の当座預金口座から指定された銀行の普通預金口座へ振り込んだ。この社債は×27年7月1日に発行された普通社債であり、満期までの期間は10年、利払日は毎年6月と12月の末日、利率は年0.365%であった。
　　ア．当座預金　イ．満期保有目的債券　ウ．その他有価証券　エ．有価証券利息
　　オ．支払手数料　カ．支払利息

4．建築物の設計・監理を請け負っている株式会社熊本設計事務所は、給料¥700,000および出張旅費¥180,000を過日現金にて支払い、記帳もすでに行っていたが、そのうち給料¥200,000および出張旅費¥45,000が特定の案件のために直接費やされたものであることが明らかになったので、これらを仕掛品勘定に振り替えた。
　　ア．仕掛品　イ．現金　ウ．普通預金　エ．売上　オ．旅費交通費　カ．給料

5．決算にあたり、本店は支店より「当期純利益¥613,000を計上した」との連絡を受けた。なお、当社は支店独立会計制度を導入しているが、支店側の仕訳は答えなくてよい。
　　ア．現金　イ．当座預金　ウ．支店　エ．本店　オ．資本金　カ．損益

（第145回第1問改）

MEMO

第2部　本試験演習編

問題

第4回

第2問 20点

下記の [資料Ⅰ] および [資料Ⅱ] にもとづいて、次の各問に答えなさい。

問1 答案用紙の当座預金勘定調整表を完成させなさい。
問2 [資料Ⅰ] の(2)(3)(4)、および、[資料Ⅱ] の(1)(2)(4)に関する決算に必要な整理仕訳を、答案用紙の該当欄に示しなさい。ただし、勘定科目は、次の中から最も適当と思われるものを選び、記号で記入すること。

　　ア．現金　イ．当座預金　ウ．普通預金　エ．受取手形　オ．仮払金　カ．仮払法人税等
　　キ．不渡手形　ク．受取配当金　ケ．通信費　コ．為替差損益

[資料Ⅰ]
　3月31日現在の現金勘定および当座預金勘定の内容と、3月中の当座預金出納帳の記入は次のとおりであった。

（単位：円）

	帳簿残高	銀行残高（または実査残高）
現　　　　金	1,575,650	1,703,650
当　座　預　金	3,070,000	2,786,000

当 座 預 金 出 納 帳　　　　（単位：円）

月	日	摘　　要	小切手No.	預　入	引　出	残　高
3	1	前 月 繰 越				1,500,000
	20	買 掛 金 支 払	1001		800,000	700,000
	25	売掛金振込入金		1,200,000		1,900,000
	28	広告宣伝費支払	1002		200,000	1,700,000
	30	消 耗 品 費 支 払	1003		150,000	1,550,000
	31	受取手形取立（2通）		1,400,000		2,950,000
	31	小 切 手 入 金		120,000		3,070,000

当座預金取引について、次の事項が判明した。
(1) 小切手No.1002とNo.1003は3月31日までに銀行に呈示されていなかった。
(2) 受取手形の取立依頼分2通のうち、1通￥500,000は不渡りとなっており、入金処理が銀行で行われなかった。
(3) 3月31日に電話料金￥14,000の自動引落しが行われていた。
(4) 小切手入金の￥120,000は、実際には銀行に預け入れられていなかった。（[資料Ⅱ] の(3)参照）

第２部　本試験演習編

[資料Ⅱ]

現金残高について、金庫の内容を実査したところ、次のものが入っていた。

金 庫 内 実 査 表　　　（単位：円）

摘　　　　　　要	金　　額
日本銀行券及び硬貨	525,650
米国ドル紙幣　100ドル札50枚、50ドル札90枚	950,000
出張旅費仮払い額の従業員からの受取書	100,000
小切手	120,000
12月決算会社の配当金領収証	8,000
合　　　　計	1,703,650

上記の内容について、以下の事実が判明している。

⑴　米国ドル紙幣は円貨による取得価額であり、３月31日の為替レートは、１ドル¥110であった。

⑵　旅費仮払い額は、出金の会計処理が行われておらず、また、３月31日時点で従業員が出張から戻っていないため、旅費精算も行われていない。

⑶　小切手¥120,000は、当座預金口座に入金の会計処理を行ったが、銀行への持参を失念したため、金庫の中にそのまま残っていた。

⑷　配当金領収証（源泉所得税20％控除後の金額である）については、会計処理が行われていない。

（第152回第２問改）

[資 料] 決算整理その他の事項

1．当座預金の帳簿残高と銀行の残高証明書の金額は一致していなかったため、不一致の原因を調べたところ、次の事実が判明した。
　(1) 銀行に取立依頼していた得意先振出しの約束手形の決済代金として¥20,000が当座預金の口座に振り込まれていたが、この通知が銀行から届いていなかった。
　(2) 得意先から売掛金の決済代金として¥5,000の小切手を受け取り、決算日に当座預金に預け入れたが、銀行ではそれを翌日付で記帳していた。
　(3) 保険会社から火災保険金¥150,000が当座預金の口座に振り込まれていたが、この通知が銀行から届いていなかった。なお、未決算¥200,000は、この火災保険金の請求にあたって計上したものであり、残額は火災損失として処理する。

2．受取手形と売掛金の期末残高に対して2％の貸倒れを見積もる。貸倒引当金は差額補充法により設定する。

3．有価証券の内訳は次のとおりである。

	帳簿価額	時　価	保有目的
甲社株式	¥85,500	¥83,000	売買目的
乙社株式	¥64,000	¥68,500	売買目的
丙社社債	¥49,400	¥49,800	満期保有目的

なお、丙社社債（額面総額¥50,000、利率年2％、期間5年、利払日は3月末と9月末の年2回）は×21年4月1日に発行と同時に額面¥100につき¥98の価額で取得したものであり、償却原価法（定額法）により評価する。

4．商品の期末棚卸高は次のとおりである。なお、売上原価は仕入の行で計算する。また、棚卸減耗損と商品評価損は商品ごとに計算し、独立の科目として処理する。

	帳簿棚卸数量	実地棚卸数量	原価（簿価）	正味売却価額
A商品	400個	395個	@¥100	@¥125
B商品	350個	348個	@¥105	@¥100
C商品	150個	150個	@¥125	@¥115

5．建設仮勘定¥800,000は建物の建築工事（工事代金総額¥1,000,000）にかかわるものであるが、工事はすでに完了し、当期の12月1日に引渡しを受けていた。なお、工事代金の残金¥200,000は次年度に支払う約束となっている。

6．有形固定資産の減価償却は次の要領で行う。
　　建物：耐用年数は30年、残存価額は取得原価の10％として、定額法により計算する。
　　備品：償却率は年20％として、定率法により計算する。
　なお、当年度に新たに取得した建物についても、他の建物と同一の要領により月割りで減価償却を行う。

7．のれんは×18年4月1日に他社を買収したさいに生じたものであり、定額法（償却期間10年）により償却してきている。

8．前受金¥30,000は、商品代金総額を受け取っていたものであるが、決算日までに商品の引渡しはすでに完了していた。

9．支払保険料のうち￥3,000は、当期の12月1日に加入した火災保険の1年分の保険料を支払ったものである。

10．支払利息は借入金の利息であるが、当期分の未計上額が￥650ある。

(第132回第3問㋑)

工業簿記

第4問(1)

12点

下記の一連の取引について仕訳しなさい。ただし、勘定科目は、設問ごとに最も適当と思われるものを選び、答案用紙の（　　）の中に記号で解答すること。

1．直接工の直接作業時間は合計で180時間、間接作業時間は合計で150時間であった。なお、直接工の消費賃金の計算には1時間当たり900円の予定消費賃率を用いている。

　　ア．当座預金　イ．仕掛品　ウ．賃金　エ．原価差異　オ．製造間接費　カ．買掛金

2．直接工の賃率差異を計上した。なお、前月未払高は112,000円、当月支払高305,000円、当月未払高は105,000円であった。

　　ア．当座預金　イ．仕掛品　ウ．賃金　エ．原価差異　オ．製造間接費　カ．買掛金

3．当工場では、購入した原料を外注業者に無償支給し、加工の一部を依頼している。加工品が外注業者から納入されると、検査後、ただちに製造現場に引き渡される。当月、外注業者に対して、加工賃19,500円を小切手を振り出して支払った。

　　ア．当座預金　イ．仕掛品　ウ．賃金　エ．原価差異　オ．製造間接費　カ．買掛金

(第132回第4問㊺)

第4問(2)

16点

X社は実際個別原価計算を採用し、製造間接費の計算は部門別計算を行っている。次の[資料]にもとづいて、下記の問に答えなさい。

[資　料]

	合　　計	切　削　部	組　立　部	修　繕　部	動　力　部	工場事務部
動力消費量	1,100kwh	600kwh	300kwh	100kwh	×	100kwh
従 業 員 数	60人	10人	30人	5人	10人	5人
修 繕 回 数	50回	20回	15回	×	10回	5回

問1　直接配賦法によって、答案用紙の補助部門費配賦表を完成しなさい。なお、[資料]から適切なデータのみ選んで使用すること。

問2　製造間接費の製品別配賦は実際配賦を行い、配賦基準として、切削部門には切削作業時間、組立部門には組立作業時間を用いている。当月の総切削作業時間4,000時間のうち、完成品の作業は3,800時間、残りは仕掛品であった。さらに総組立作業時間7,500時間のうち、完成品の作業は7,000時間、残りは仕掛品であった。なお、今月の月初仕掛品はすべて完成品となっている。このとき、答案用紙の勘定に適切な金額を記入しなさい。

(第145回第4問㊺)

28

第2部　本試験演習編

第5問

12点

　H製作所は、製品Tを製造・販売している。次の［資料］にもとづいて、答案用紙に示されている全部原価計算による損益計算書と直接原価計算による損益計算書を完成しなさい。ただし、同製作所では加工費を生産量にもとづいて予定配賦し、すべての配賦差異を当期の売上原価に賦課している。

［資　料］

1．予定生産量（1,200個）における加工費予算

変動加工費	1,800,000円
固定加工費	2,400,000円

2．実際製造原価

原料費（変動費）	1,000円/個
変動加工費	1,500円/個
固定加工費	2,400,000円

3．実際販売費及び一般管理費

変動販売費	500円/個
固定販売費	280,000円
一般管理費（固定費）	720,000円

4．実際生産量・販売量

当期製品生産量	1,116個
当期製品販売量	1,116個

　（注）期首・期末に製品と仕掛品は存在しない。

5．実際販売価格　　　　　　　　6,400円/個

（第136回第5問改）

問

題

第
4
回

29

第5回 問題

解　答 ▶ 174
答案用紙 ▶ 26
制限時間 90分

商業簿記

第1問 (20点)

下記の各取引について仕訳しなさい。ただし、勘定科目は、設問ごとに最も適当と思われるものを選び、答案用紙の（　）の中に記号で解答すること。

1．×年12月1日、売買目的で保有している額面総額¥1,000,000の社債（利率年0.365％、利払日は3月末と9月末の年2回）を額面¥100につき¥98.90の価額（裸相場）で売却し、売却代金は売買日までの端数利息とともに現金で受け取った。なお、この社債は×年9月1日に額面¥100につき¥98.80の価額（裸相場）で買い入れたものであり、端数利息は1年を365日として日割で計算する。
　　ア．現金　イ．当座預金　ウ．売買目的有価証券　エ．満期保有目的債券　オ．有価証券利息
　　カ．有価証券売却益　キ．有価証券評価益　ク．有価証券売却損　ケ．有価証券評価損
　　コ．損益

2．×年4月1日、商品陳列棚を分割払いで購入し、代金として毎月末に支払期日が順次到来する額面¥150,000の約束手形10枚を振り出して交付した。なお、商品陳列棚の現金購入価額は¥1,440,000である。
　　ア．現金　イ．当座預金　ウ．受取手形　エ．売掛金　オ．営業外受取手形　カ．備品
　　キ．支払手形　ク．買掛金　ケ．営業外支払手形　コ．支払利息

3．×年3月31日、決算にあたり、前年度に販売した商品に付した品質保証期限が経過したため、この保証のために設定した引当金の残高¥36,000を取り崩すとともに、当期に品質保証付きで販売した商品の保証費用を当期の売上高¥18,500,000の1％と見積もり、洗替法により引当金を設定する。なお、同一科目を相殺しないで解答すること。
　　ア．貸倒引当金　イ．修繕引当金　ウ．商品保証引当金　エ．退職給付引当金
　　オ．貸倒引当金戻入　カ．商品保証引当金戻入　キ．貸倒引当金繰入　ク．修繕引当金繰入
　　ケ．商品保証引当金繰入　コ．退職給付費用

4．×年8月1日、1か月前の7月1日の輸入取引によって生じた外貨建ての買掛金40,000ドル（決済日は×年9月30日）について、1ドル¥110で40,000ドルを購入する為替予約を取引銀行と契約し、振当処理を行うこととし、為替予約による円換算額との差額はすべて当期の損益として処理する。なお、輸入取引が行われた×年7月1日の為替相場（直物為替相場）は1ドル¥108であり、また本日（×年8月1日）の為替相場（直物為替相場）は1ドル¥109である。
　　ア．現金　イ．売掛金　ウ．未収入金　エ．貯蔵品　オ．買掛金　カ．未払金　キ．売上
　　ク．仕入　ケ．為替差損益　コ．損益

5．会社の設立にあたり、発行可能株式総数10,000株のうち2,500株を1株当たり¥40,000で発行し、その全額について引受けと払込みを受け、払込金は当座預金とした。なお、会社法が認める最低限度額を資本金として計上するとともに、会社の設立準備のために発起人が立て替えていた諸費用¥300,000を現金で支払った。
　　ア．現金　イ．当座預金　ウ．資本金　エ．資本準備金　オ．その他資本剰余金
　　カ．利益準備金　キ．繰越利益剰余金　ク．創立費　ケ．開業費　コ．株式交付費

(第152回第1問改)

第2部　本試験演習編

第2問

20点

次に示した東京商事株式会社の［資料］にもとづいて、答案用紙の株主資本等変動計算書について、（　）に適切な金額を記入して完成しなさい。金額が負の値のときは、金額の前に△を付して示すこと。なお、会計期間は×27年4月1日から×28年3月31日までの1年間である。

［資　料］

1．×27年6月26日、定時株主総会を開催し、剰余金の配当および処分を次のように決定した。

① 株主への配当金について、その他資本剰余金を財源として¥500,000、繰越利益剰余金を財源として¥1,500,000、合計¥2,000,000の配当を行う。

② 上記の配当に関連して、会社法が定める金額を準備金（資本準備金および利益準備金）として積み立てる。

③ 繰越利益剰余金を処分し、別途積立金¥120,000を積み立てる。

2．×27年9月1日、新株を発行して増資を行い、払込金¥1,400,000は当座預金とした。なお、会社法が定める最低限度額を資本金とした。

3．×28年3月31日、決算にあたり、次の処理を行った。

① その他有価証券（前期末の時価は¥1,350,000、当期末の時価は¥1,530,000）について時価評価を行い、評価差額を全部純資産直入法により純資産として計上した。なお、その他有価証券はすべて株式であり、当期にその他有価証券の売買取引は行われていない。

② 当期純利益¥930,000を計上した。

（第145回第2問改）

下記の[資料Ⅰ]、[資料Ⅱ]および[資料Ⅲ]にもとづいて、答案用紙の損益計算書を完成しなさい。なお、会計期間は×23年4月1日から×24年3月31日までの1年である。

[資料Ⅰ] 決算直前における各勘定の残高は、次のとおりである。

1. 借方残高の勘定科目

現　　　　　金	367,000	当　座　預　金	440,000	売　　掛　　金	650,000
仮払法人税等	50,000	繰　越　商　品	380,000	土　　　　　地	1,900,000
建　　　　　物	1,200,000	備　　　　　品	400,000	満期保有目的債券	495,500
の　れ　ん	240,000	仕　　　　　入	4,470,500	給　料　手　当	320,000
消　耗　品　費	340,000	研　究　開　発　費	300,000		

2. 貸方残高の勘定科目

買　　掛　　金	592,000	退職給付引当金	110,000	長　期　借　入　金	800,000
貸　倒　引　当　金	11,000	建物減価償却累計額	320,000	備品減価償却累計額	75,000
資　　本　　金	3,000,000	利　益　準　備　金	360,000	繰越利益剰余金	325,000
売　　　　　上	5,805,000	受　取　家　賃	150,000	有　価　証　券　利　息	5,000

第2部 本試験演習編

[資料Ⅱ] 決算にあたって調査したところ、次の事実が判明したため、適切な処理を行う。

1. 得意先に対する掛代金（前期販売分）の一部￥10,000が回収不能であることが判明したので、貸倒れとして処理する。

2. 満期保有目的で所有しているC社社債の利息￥5,000が当座預金に振り込まれていたが、未記入であった。

3. 当期に購入した消耗品のうち￥80,000は、研究開発に専用のものであったことが判明したので、研究開発費勘定に振り替える。

4. 給料手当のうち￥20,000は、退職金として支払ったものであったことが判明したので、退職給付引当金から控除する。

[資料Ⅲ] 決算整理事項

1. 売上債権の期末残高に対して2％の貸倒引当金を差額補充法により計上する。

2. 期末商品棚卸高は、次のとおりである。棚卸減耗損および商品評価損は売上原価の内訳項目として表示する。

　　帳簿棚卸高：数量360個　取得原価@￥900　　実地棚卸高：数量340個　正味売却価額@￥880

3. 固定資産の減価償却を次のとおり行う。なお、備品のうち、￥100,000は当期首に購入したものである。

　　建　　物：定額法；耐用年数30年　残存価額ゼロ　　備　品：定率法；償却率25％

4. 満期保有目的債券は、C社が×21年4月1日に、額面総額￥500,000、償還期間5年、利率年2％、利払い年2回（3月末日、9月末日）という条件で発行した社債を額面￥100につき￥98.50で引き受けたものである。満期保有目的債券の評価は、償却原価法（定額法）による。

5. のれんは、×19年4月1日にD社を買収したさいに生じたものである。買収時より10年間にわたって定額法により償却する。

6. 退職給付引当金の当期繰入額は￥80,000である。

7. 長期借入金は×23年8月1日に借入期間5年、利率年3％、利払い年1回（7月末日）の条件で借り入れたものである。決算にあたって利息の未払分を計上する。

8. 受取家賃のうち、￥62,500を前受け処理する。

9. 法人税、住民税及び事業税の未払分￥22,000を計上する。なお、[資料Ⅰ]の仮払法人税等は、当期に中間納付した額である。

（第131回第3問改）

工業簿記

第4問(1)

12点

　　下記の一連の取引について仕訳しなさい。ただし、勘定科目は、設問ごとに最も適当と思われるものを選び、答案用紙の（　　　）の中に記号で解答すること。

1．当月、素材500kg（購入代価1,500円/kg）、工場消耗品40,000円（購入代価）を掛けで購入した。なお、購入にさいしては、材料副費として63,200円を予定配賦している。
　　ア．材料　イ．材料副費　ウ．買掛金　エ．材料副費差異　オ．仕掛品　カ．製造間接費
　　キ．材料消費価格差異

2．当月の材料副費の実際発生額は80,000円であったので、材料副費予定配賦額との差額を材料副費差異勘定に振り替える。
　　ア．材料　イ．材料副費　ウ．買掛金　エ．材料副費差異　オ．仕掛品　カ．製造間接費
　　キ．材料消費価格差異

3．当月、素材700,000円、工場消耗品35,000円を消費した。
　　ア．材料　イ．材料副費　ウ．買掛金　エ．材料副費差異　オ．仕掛品　カ．製造間接費
　　キ．材料消費価格差異

（第150回・第136回第4問㊹）

第4問(2)

16点

当工場には、2つの製造部門（第一製造部と第二製造部）と1つの補助部門（修繕部）があり、製造間接費について部門別計算を行っている。補助部門費は製造部門に予定配賦し、製造部門費は製品に予定配賦している。修繕部費の配賦基準は修繕時間、第一製造部費と第二製造部費の配賦基準は機械稼働時間である。次の［資料］にもとづいて、下記の問に答えなさい。

［資　料］

1．年間予算部門別配賦表

（単位：円）

| 費　　目 | 合　　計 | 製　造　部　門 | | 補　助　部　門 |
		第一製造部	第二製造部	修　繕　部
部　門　費	88,000,000	45,600,000	36,800,000	5,600,000
修　繕　部　費	5,600,000	?	?	
製　造　部　門　費	88,000,000	?	?	

（注）　？は各自計算すること。

2．年間予定修繕時間

第一製造部　　　　　600 時間　　　　　第二製造部　　　　　800 時間

3．年間予定機械稼働時間

第一製造部　　　8,000 時間　　　　　第二製造部　　　20,000 時間

4．当月の実際機械稼働時間

第一製造部　　　　690 時間　　　　　第二製造部　　　1,720 時間

5．当月の実際修繕時間

修繕部費は予定配賦率に実際修繕時間を乗じて、第一製造部と第二製造部に配賦する。

第一製造部　　　　　52 時間　　　　　第二製造部　　　　　72 時間

6．当月の実際部門費（補助部門費配賦前）

第一製造部　　3,957,000 円　　　　　第二製造部　　3,238,000 円

修　繕　部　　　502,200 円

問1　修繕部費の予定配賦率を計算しなさい。

問2　第一製造部費と第二製造部費の予定配賦率を計算しなさい。

問3　当月の第一製造部費と第二製造部費の予定配賦額を計算しなさい。

問4　当月の修繕部費の配賦差異を計算しなさい。借方差異か貸方差異かを明示すること。

問5　当月の第一製造部費の配賦差異を計算しなさい。借方差異か貸方差異かを明示すること。

（第151回第4問改）

第5問

12点

次の［資料］にもとづいて、答案用紙の仕掛品勘定と損益計算書を完成しなさい。なお、当社では、直接原価計算による損益計算書を作成している。

［資　料］

1．棚卸資産有高

	期 首 有 高	期 末 有 高
原　　　　料	480,000円	415,000円
仕　掛　品(※)	585,000円	640,000円
製　　　品(※)	710,000円	625,000円

（※）変動製造原価のみで計算されている。

2．賃金・給料未払高

	期首未払高	期末未払高
直 接 工 賃 金	220,000円	205,000円
間 接 工 賃 金	55,000円	48,000円
工場従業員給料	85,000円	80,000円

3．原料当期仕入高　　3,880,000円

4．賃金・給料当期支払高

直 接 工 賃 金	1,640,000円
間 接 工 賃 金	510,000円
工場従業員給料	720,000円

5．製造経費当期発生高

電　力　料	187,000円
保　険　料	210,000円
減 価 償 却 費	264,000円
そ　の　他	185,000円

6．販売費・一般管理費

変 動 販 売 費	655,000円
固 定 販 売 費	406,000円
一 般 管 理 費	475,000円

7．その他

(1) 直接工は直接作業のみに従事している。

(2) 変動製造間接費は直接労務費の40％を予定配賦している。配賦差異は変動売上原価に賦課する。

(3) 間接工賃金は変動費、工場従業員給料は固定費である。

(4) 製造経費のうち電力料のみが変動費である。

(5) 一般管理費はすべて固定費である。

（第149回第4問㋹）

36

MEMO

第2部　本試験演習編

問題

第5回

第6回 問題

制限時間 **90分**

解　答 ▶ 190
答案用紙 ▶ 32

商業簿記

第1問
20点

下記の各取引について仕訳しなさい。ただし、勘定科目は、設問ごとに最も適当と思われるものを選び、答案用紙の（　　）の中に記号で解答すること。

1．かねて得意先から売掛金の決済のために受け取り、取引銀行で割り引いていた額面¥800,000の約束手形が満期日に支払拒絶され、取引銀行から償還請求を受けたので、手形の額面金額に満期日以後の延滞利息¥1,200および償還請求に伴うその他の費用¥800を含めて小切手を振り出して支払うとともに、手形の振出人である得意先に対して、手形の償還請求を行った。
　　　ア．当座預金　イ．受取手形　ウ．未収入金　エ．立替金　オ．不渡手形　カ．営業外受取手形
　　　キ．支払手形　ク．営業外支払手形　ケ．手形売却損　コ．支払手数料

2．買掛金¥1,800,000の決済日となったが、仕入先から買掛金の2％の支払いを免除する旨の通知があったので、支払免除額を差し引いた残額について小切手を振り出して買掛金の決済を行った。
　　　ア．当座預金　イ．売掛金　ウ．未収入金　エ．買掛金　オ．未払金　カ．売上　キ．仕入割引
　　　ク．仕入　ケ．支払利息　コ．損益

3．×年3月31日、決算にあたり、売上債権の期末残高¥500,000について2％の貸倒れを見積もり、貸倒引当金を設定したが、その全額について税法上の損金算入が認められなかったので、貸倒引当金にかかわる税効果会計の仕訳を行う。貸倒引当金に期首残高はなく、また法人税等の法定実効税率は30％である。なお、貸倒引当金を設定するための決算整理仕訳はすでに行っているものとし、税効果会計の適用にかかわる仕訳のみを解答すること。
　　　ア．仮払法人税等　イ．仮払消費税　ウ．繰延税金資産　エ．未払法人税等　オ．仮受消費税
　　　カ．未払消費税　キ．繰延税金負債　ク．法人税、住民税及び事業税　ケ．法人税等調整額

4．×年10月31日、建物（取得原価¥24,000,000、減価償却累計額¥11,520,000、間接法で記帳）が火災で焼失した。焼失した建物には総額¥24,000,000の火災保険が掛けられており、保険会社に保険金の請求を行った。なお、決算日は3月31日（1年決算）であり、この建物については定額法（耐用年数25年、残存価額ゼロ）を用いて減価償却を行っているが、当日までの当期の減価償却費は月割で計算し、記帳を行うものとする。
　　　ア．売掛金　イ．未収入金　ウ．建物　エ．未決算　オ．建物減価償却累計額　カ．買掛金
　　　キ．未払金　ク．保険差益　ケ．減価償却費　コ．火災損失

5．新株600株（1株の払込金額は¥50,000）を発行して増資を行うことになり、払い込まれた600株分の申込証拠金は別段預金に預け入れていたが、株式の払込期日となったので、申込証拠金を資本金に充当し、別段預金を当座預金に預け替えた。なお、資本金は会社法が規定する最低額とする。
　　　ア．当座預金　イ．未収入金　ウ．別段預金　エ．未払金　オ．株式申込証拠金　カ．資本金
　　　キ．資本準備金　ク．その他資本剰余金　ケ．利益準備金　コ．繰越利益剰余金

（第156回第1問改）

38

第2部　本試験演習編

第2問
20点

　日商商事株式会社（会計期間は1年、決算日は3月31日）の20×9年4月における商品売買および関連取引に関する次の［資料］にもとづいて、下記の［設問］に答えなさい。なお、払出単価の計算には先入先出法を用い、商品売買取引の記帳には「販売のつど売上原価勘定に振り替える方法」を用いている。また、月次決算を行い、月末には英米式決算法によって総勘定元帳を締め切っている。

［資　料］　20×9年4月における商品売買および関連取引

4月1日　商品の期首棚卸高は、数量500個、原価@¥3,000、総額¥1,500,000である。

　　4日　商品200個を@¥3,100で仕入れ、代金のうち¥150,000は以前に支払っていた手付金を充当し、残額は掛けとした。

　　5日　4日に仕入れた商品のうち50個を仕入先に返品し、掛代金の減額を受けた。

　　8日　商品450個を@¥6,000で販売し、代金は掛けとした。

　10日　商品200個を@¥3,200で仕入れ、代金は手許にある他人振出の約束手形を裏書譲渡して支払った。

　12日　8日の掛けの代金が決済され、当座預金口座に振り込まれた。

　15日　商品300個を@¥3,300で仕入れ、代金は掛けとした。

　18日　商品420個を@¥6,300で販売し、代金は掛けとした。また、当社負担の発送運賃¥8,000は小切手を振り出して支払った。

　22日　売掛金¥800,000の決済として、電子債権記録機関から取引銀行を通じて債権の発生記録の通知を受けた。

　30日　月次決算の手続として商品の実地棚卸を行ったところ、実地棚卸数量は280個、正味売却価額は@¥5,500であった。

［設　問］

問1　答案用紙の売掛金勘定および商品勘定への記入を完成しなさい。なお、摘要欄へ記入する相手科目等は、下から最も適当と思われるものを選び、記号で解答すること。

　　ア．当座預金　イ．電子記録債権　ウ．受取手形　エ．買掛金　オ．電子記録債務
　　カ．支払手形　キ．売上　ク．仕入　ケ．売上原価　コ．諸口

問2　4月の売上高および4月の売上原価を答えなさい。

(第154回第2問改)

問題

第6回

次の［資料Ⅰ］および［資料Ⅱ］にもとづいて、精算表を完成しなさい。ただし、会計期間は1年、決算日は2×29年3月31日である。

［資料Ⅰ］　未処理事項
(1)　当期の販売から生じた売掛金のうち¥30,000が回収不能であることが判明した。
(2)　建設仮勘定に含まれている¥160,000は、当期中に完了した建物の増改築工事にかかわるものである。この増改築工事による増加部分は、すでに決算日の6か月前から使用が開始されている。この増改築工事の代金のうち¥40,000は修繕費として処理すべきものであることが判明している。
(3)　当座預金から月末に自動引き落しされていた電力料¥3,000が未処理となっていた。
(4)　仮払金は、当期中に退職した従業員に対する支払額¥30,000であり、対応する退職給付引当金の取崩し処理が行われていないことが判明した。

［資料Ⅱ］　決算整理事項
(1)　期末商品の棚卸高は次のとおりである。

	帳簿棚卸数量	実地棚卸数量	単価（原価）	正味売却価額
商品　A	200個	190個	＠¥500	＠¥450
商品　B	420個	400個	＠¥410	＠¥610

　　売上原価は「売上原価」の行で計算する。また、商品評価損と棚卸減耗損は、精算表上、独立の項目として示すこと。
(2)　受取手形および売掛金の期末残高の合計に対して、過去の貸倒実績率により1％の貸倒れを見積もる。なお、貸倒引当金の設定は差額補充法によること。
(3)　有形固定資産の減価償却
　　建物は、耐用年数は30年、残存価額はゼロとして定額法により計算する。この建物は、増改築工事の完了時に取得後ちょうど10年を経過しており、当期の増改築工事による増加部分はこの建物の残存耐用年数にわたり残存価額はゼロとして定額法により償却することとした。
　　備品は、償却率20％として、定率法により計算する。
(4)　満期保有目的債券は、C社社債（額面総額¥600,000、利率年0.5％、利払日3月末日および9月末日の年2回、償還日2×33年3月31日）を当期首に取得したものである。額面総額と取得価額との差額は金利の調整の性格を有していると判断されるため、償却原価法（定額法）により評価する。
(5)　買掛金の中に、ドル建買掛金¥22,000（200ドル、仕入時の為替相場1ドル¥110）が含まれており、決算時の為替相場は、1ドル¥115であった。
(6)　期末時点に計上すべき退職給付引当金の残高は¥200,000であった。
(7)　保険料の中には、当期中の12月1日に1年分の火災保険料を前払いした¥12,000が含まれている。

(第146回第3問改)

第2部　本試験演習編

MEMO

問題

第6回

工業簿記

第4問⑴
12点

下記の一連の取引について仕訳しなさい。ただし、勘定科目は、設問ごとに最も適当と思われるものを選び、答案用紙の（　　　）の中に記号で解答すること。

1．当月の労務費の実際消費額を計上する。なお、直接工の作業時間報告書によれば、直接作業時間（加工および段取時間）は906時間、間接作業時間は20時間、手待時間が10時間であった。当工場において適用される直接工の予定賃率は1時間当たり1,200円である。
　　ア．賃金・給料　イ．仕掛品　ウ．製造間接費　エ．賃率差異　オ．予算差異　カ．操業度差異

2．直接作業時間を配賦基準として製造間接費を各製造指図書に予定配賦した。なお、当工場の年間の製造間接費予算は、40,608,000円、年間の予定総直接作業時間は11,280時間である。
　　ア．賃金・給料　イ．仕掛品　ウ．製造間接費　エ．賃率差異　オ．予算差異　カ．操業度差異

3．当月の製造間接費の実際発生額は3,328,000円であったので、製造間接費予定配賦額との差額を予算差異勘定と操業度差異勘定に振り替える。
　　ア．賃金・給料　イ．仕掛品　ウ．製造間接費　エ．賃率差異　オ．予算差異　カ．操業度差異

（第136回第4問改）

第4問⑵
16点

当社は製品Xを製造・販売し、製品原価の計算は単純総合原価計算により行っている。次の［資料］にもとづいて、月末仕掛品の原料費と加工費、完成品総合原価、完成品単位原価を計算しなさい。ただし、原価投入額合計を完成品総合原価と月末仕掛品原価に配分する方法として平均法を用いること。

［資　料］

［生産データ］

月初仕掛品	400 kg （50%）
当月投入量	4,600
合　計	5,000 kg
正常仕損品	200
月末仕掛品	800　（50%）
完成品	4,000 kg

［原価データ］

月初仕掛品原価	
A原料費	560,000 円
B原料費	130,000
加工費	400,000
小計	1,090,000 円
当月製造費用	
A原料費	6,440,000 円
B原料費	3,090,000
加工費	9,260,000
小計	18,790,000 円
合計	19,880,000 円

（注）A原料は工程の始点、B原料は工程を通じて平均的に投入しており、（　　）内は加工費の進捗度である。なお、正常仕損は工程の終点で発生し、その処分価額は20,000円である。正常仕損費はすべて完成品に負担させる。

（第144回第5問）

第5問
12点

株式会社ガトーニッショウでは、2種類の洋菓子（製品Xと製品Y）を製造している。原価計算方式としては標準原価計算を採用している。加工費の配賦基準は直接作業時間であり、予算直接作業時間を基準操業度としている。現在、2×19年5月の予算と実績に関するデータを入手し、実績検討会議に向けた報告書を作成している。次の［資料］にもとづいて、下記の問に答えなさい。

[資　料]
1．原価標準（製品1個当たりの標準原価）

(1) 製品X

原 料 費	6円/g　×100g	600円
加 工 費	1,500円/時間×0.4時間	600円
	合計	1,200円

(2) 製品Y

原 料 費	8円/g　×150g	1,200円
加 工 費	1,500円/時間×0.6時間	900円
	合計	2,100円

2．2×19年5月予算

	製 品 X	製 品 Y
生 産 量	2,000個	1,500個
変 動 加 工 費	400円/時間	400円/時間
固 定 加 工 費	880,000円	990,000円

※加工費予算は変動予算を用いている。

3．2×19年5月実績

	製 品 X	製 品 Y
生 産 量	2,200個	1,500個
原 料 費	1,410,000円	1,759,400円
原 料 消 費 量	225,600 g	231,500 g
加 工 費	1,241,500円	1,372,000円
直 接 作 業 時 間	910時間	920時間

※月初・月末に仕掛品は存在しない。

問1　予算生産量にもとづく**製品X**の標準原価（予算原価）を計算しなさい。

問2　実際生産量にもとづく**製品X**の標準原価を計算しなさい。

問3　**製品Y**の標準原価差異を分析し、

　(1)　原料費差異を価格差異と数量差異に分けなさい。

　(2)　加工費差異を予算差異、能率差異、操業度差異に分けなさい。なお、能率差異は変動費と固定費の両方からなる。

（第152回第5問改）

第7回 問題

制限時間 90分
解答 ▶ 206
答案用紙 ▶ 38

商業簿記

第1問 下記の各取引について仕訳しなさい。ただし、勘定科目は、設問ごとに最も適当と思われるものを選び、答案用紙の（　）の中に記号で解答すること。
20点

1．特定の研究開発の目的で備品¥500,000と実験用の薬剤¥70,000を購入し、代金は小切手を振り出して支払うとともに、この研究プロジェクトにのみ従事している客員研究員A氏に対する今月分の業務委託費¥300,000を当社の普通預金口座からA氏の指定する預金口座に振り込んだ。
　　ア．普通預金　イ．当座預金　ウ．仕掛品　エ．備品　オ．役務収益　カ．役務原価　キ．給料
　　ク．消耗品費　ケ．外注加工賃　コ．研究開発費

2．得意先東西商事株式会社が倒産し、同社に対する売掛金¥600,000が回収不能となった。同社に対する売掛金のうち、¥400,000は前期の販売から生じたものであり、残額は当期の販売から生じたものである。なお、貸倒引当金の残高は¥320,000であり、設定金額は適切と認められる。
　　ア．受取手形　イ．電子記録債権　ウ．売掛金　エ．クレジット売掛金　オ．未収入金
　　カ．貸倒引当金　キ．支払手形　ク．貸倒損失　ケ．貸倒引当金繰入　コ．損益

3．最新式のレジスター25台（@¥144,000）の導入にあたり、去る5月7日に国から¥1,800,000の補助金を得て、補助金の受領については適切に会計処理済みである。本日（6月1日）、上記のレジスターを予定どおり購入し、小切手を振り出して支払った。そのうえで、補助金に関する圧縮記帳を直接控除方式にて行った。なお、備品勘定は圧縮記帳した事実を示すように記入すること。
　　ア．普通預金　イ．当座預金　ウ．建物　エ．備品　オ．建物減価償却累計額
　　カ．備品減価償却累計額　キ．国庫補助金受贈益　ク．工事負担金受贈益　ケ．減価償却費
　　コ．固定資産圧縮損

4．株式会社平成商会に対する買掛金¥800,000の支払いにつき、取引銀行を通じて電子債権記録機関に令和産業株式会社に対する電子記録債権の譲渡記録を行った。
　　ア．電子記録債権　イ．受取手形　ウ．売掛金　エ．営業外受取手形　オ．営業外電子記録債権
　　カ．電子記録債務　キ．支払手形　ク．買掛金　ケ．営業外支払手形　コ．営業外電子記録債務

5．株主総会が開催され、別途積立金¥18,000,000を全額取り崩して繰越利益剰余金に振り替えたうえで、繰越利益剰余金を財源に1株につき¥100の配当を実施することが可決された。株主総会開催直前の純資産は、資本金¥200,000,000、資本準備金¥40,000,000、利益準備金¥9,000,000、別途積立金¥18,000,000、および繰越利益剰余金¥7,000,000であった。会社法に定める金額の利益準備金を積み立てる。なお、発行済株式総数は200,000株である。なお、同一科目を相殺しないで解答すること。
　　ア．現金　イ．未払配当金　ウ．資本金　エ．資本準備金　オ．その他資本剰余金
　　カ．利益準備金　キ．新築積立金　ク．別途積立金　ケ．繰越利益剰余金　コ．受取配当金

（第153回第1問改）

第2問
20点

有価証券の取引にかかわる次の[資料]にもとづいて、下記の[設問]に答えなさい。なお、利息は便宜上すべて月割で計算し、総勘定元帳は英米式決算法によって締め切るものとする。また、売買目的有価証券は分記法で記帳する。会計期間は×29年1月1日から×29年12月31日までの1年間である。

[資 料]×29年度における有価証券の取引

2月1日　売買目的で額面総額¥300,000の国債（利率は年0.4％、利払いは6月末と12月末の年2回、償還日は×33年12月31日）を額面@¥100につき@¥98.00で購入し、代金は1か月分の端数利息とともに小切手を振り出して支払った。

4月1日　満期保有目的で額面総額¥600,000のA社社債（利率は年0.6％、利払いは3月末の年1回、償還日は×34年3月31日）を額面@¥100につき@¥98.50で購入し、代金は小切手を振り出して支払った。なお、額面金額と取得価額の差額は金利の調整の性格を有すると認められる。

6月30日　売買目的で保有する国債の利払日となり、6か月分の利息が当座預金の口座に振り込まれた。

10月1日　売買目的で保有する国債のうち、額面総額¥100,000分を額面@¥100につき@¥98.60で売却し、代金は3か月分の端数利息とともに受け取り、当座預金の口座に預け入れた。

12月31日　売買目的で保有する国債の利払日となり、6か月分の利息が当座預金の口座に振り込まれた。また、決算にあたり、次の決算整理を行う。

(1) 売買目的で保有する国債の決算日における時価は、額面@¥100につき@¥98.80である。時価への評価替えを行う。

(2) 満期保有目的で保有するA社社債について、当期の未収分の利息を計上するとともに、償却原価法（定額法）で評価する。

[設 問]

問1　答案用紙の売買目的有価証券勘定、満期保有目的債券勘定および有価証券利息勘定への記入を完成しなさい。ただし、摘要欄に記入する相手勘定科目等は、次の中から最も適当と思われるものを選び、記号で解答すること。

　　ア．当座預金　イ．売買目的有価証券　ウ．満期保有目的の債券　エ．受取配当金

　　オ．有価証券利息　カ．損益　キ．前期繰越　ク．次期繰越　ケ．諸口

問2　当期の有価証券売却損益について、答案用紙の（　　）に「損」または「益」の語句を記入するとともに、金額を答えなさい。

(第148回第2問改)

第3問

20点

次に示したＺ商会株式会社の［資料Ⅰ］、［資料Ⅱ］および［資料Ⅲ］にもとづいて、答案用紙の損益計算書を作成しなさい。なお、会計期間は×25年4月1日から×26年3月31日までの1年である。

［資料Ⅰ］　決算整理前残高試算表（単位：円）

借　方	勘定科目	貸　方
2,433,200	現　金　預　金	
2,022,000	受　取　手　形	
5,089,000	売　掛　金	
1,301,000	繰　越　商　品	
5,600	仮 払 法 人 税 等	
	貸 倒 引 当 金	13,000
748,000	建　物	
95,000	備　品	
	建物減価償却累計額	262,000
	備品減価償却累計額	58,250
606,000	土　地	
140,000	商　標　権	
	支　払　手　形	2,274,000
	買　掛　金	2,300,000
	借　入　金	1,000,000
	未　払　金	66,000
	未　払　費　用	37,000
	退 職 給 付 引 当 金	208,000
	資　本　金	1,716,000
	利　益　準　備　金	298,000
	繰 越 利 益 剰 余 金	3,940,840
	売　上	20,088,000
	受　取　利　息	2,000
18,500,000	仕　入	
1,088,740	給　料	
80,800	旅　費　交　通　費	
23,000	水　道　光　熱　費	
20,000	保　険　料	
31,000	通　信　費	
30,250	減　価　償　却　費	
1,500	災　害　損　失	
20,000	支　払　利　息	
28,000	手　形　売　却　損	
32,263,090		32,263,090

［資料Ⅱ］　未処理事項

1．土地の一部￥84,000（帳簿価額）が売却され、土地の引渡しと同時に受け取った小切手￥150,000が当座預金に預け入れられていた。

2．手形のうち、×26年6月30日満期のもの￥500,000を取引銀行で割り引き、割引料￥2,500を差し引いた金額が当座預金に入金されていた。

［資料Ⅲ］　決算整理事項

1．受取手形および売掛金の期末残高に対して1％の貸倒引当金を差額補充法により設定する。

2．商品の期末帳簿棚卸高は￥1,240,000であり、実地棚卸高（原価）は￥1,210,000であった。なお、商品のうちに、次の価値の下落しているものが含まれていた。

　　商品Ａ　実地棚卸高　数量　48個
　　取得原価　@￥500　正味売却価額　@￥420
　　商品Ｂ　実地棚卸高　数量　60個
　　取得原価　@￥350　正味売却価額　@￥150
　　棚卸減耗損と商品評価損は売上原価の内訳科目として処理する。

3．未払費用の残高は前期末の決算整理により計上されたものであり、期首の再振替仕訳は行われておらず、その内訳は従業員の給料￥35,000および電力料￥2,000であった。また、今期末の未払額は、給料￥50,000および電力料￥2,400であった。

4．当期に通信費として計上した郵便切手のうち期末棚卸高は￥5,100であった。

5．従業員に対する退職給付を見積もった結果、当期の負担に属する金額は￥32,000と計算された。

第2部　本試験演習編

6．銀行との取引残高には、以下が含まれており、利息の未収分と未払分を月割計算で計上する。

　　定期預金　残高¥ 500,000　期間 6 か月　満期日×26年 6 月30日　利率年0.6%

　　　　　　　残高¥ 500,000　期間 1 年　　満期日×26年 7 月31日　利率年0.9%

　　借 入 金　残高¥1,000,000　利払日 6 月30日および12月31日（後払い）　利率年2.4%

7．固定資産の減価償却を次のとおり行う。

　　建物　定額法　耐用年数25年　残存価額ゼロ　　備品　定率法　償却率20%

　①　減価償却費については、固定資産の期首の残高を基礎として、建物については¥2,000、備品については¥750を、 4 月から 2 月までの11か月間に毎月見積計上してきており、これらの金額は決算整理前残高試算表の減価償却費と減価償却累計額に含まれている。

　②　建物の取得原価のうち¥148,000は、×25年10月 1 日に取得したものであり、月次で減価償却は行っていないため、期末に一括して減価償却費を計上（月割償却）する。

8．商標権は×22年 4 月 1 日に取得したものであり、定額法により10年間で減価償却を行っている。

9．税引前当期純利益の40%を、法人税、住民税及び事業税に計上する。

（第137回第 3 問㊵）

問題

第7回

工業簿記

第4問(1)

12点

下記の各取引について仕訳しなさい。ただし、勘定科目は、設問ごとに最も適当と思われるものを選び、答案用紙の（　　）の中に記号で解答すること。

1. 製品用の素材3,000kg（購入価額800円/kg）および補修用材料100kg（購入価額200円/kg）を倉庫に搬入した。なお、購入に際し、本社は、20,000円の買入手数料を支払っている。なお、当工場では工場会計を独立させており、工場側での仕訳を示しなさい。また、工場元帳には、次の勘定が設定されている。
　　ア．材料　イ．賃金・給料　ウ．賃率差異　エ．仕掛品　オ．製造間接費　カ．本社

2. 当月に判明した材料の棚卸減耗について、90,000円を計上した。なお、当工場では工場会計を独立させており、工場側での仕訳を示しなさい。また、工場元帳には、次の勘定が設定されている。
　　ア．材料　イ．賃金・給料　ウ．賃率差異　エ．仕掛品　オ．製造間接費　カ．本社

3. 当月の賃金の消費額を計上する。直接工の作業時間報告書によれば、直接作業時間は740時間、間接作業時間は40時間であった。当工場において適用される直接工の予定賃率は、1時間当たり1,400円である。また、間接工については、前月賃金未払高100,000円、当月賃金支払高350,000円、当月賃金未払高80,000円であった。なお、当工場では工場会計を独立させており、工場側での仕訳を示しなさい。また、工場元帳には、次の勘定が設定されている。
　　ア．材料　イ．賃金・給料　ウ．賃率差異　エ．仕掛品　オ．製造間接費　カ．本社

（第150回・第141回第4問改）

48

第2部　本試験演習編

第4問(2)
16点

問1　当社は製品Xを生産・販売し、実際総合原価計算を採用している。次の［資料］にもとづいて、答案用紙の総合原価計算表の（　　）内に適切な金額を記入しなさい。なお、原価投入額合計を完成品総合原価と月末仕掛品原価に配分する方法として先入先出法を用いること。

［資　料］

［生産データ］

月初仕掛品量	4,000 kg（50％）
当月投入量	59,000
合　計	63,000 kg
差引：正常仕損量	1,000
月末仕掛品量	2,000　（50％）
完成品量	60,000 kg

［原価データ］

月初仕掛品原価	
A 原 料 費	480,000 円
加 工 費	220,000
小　計	700,000 円
当月製造費用	
A 原 料 費	7,080,000 円
B 原 料 費	660,000
加 工 費	9,600,000
小　計	17,340,000 円
合　計	18,040,000 円

(注)（　　）内は加工費の進捗度である。A原料は工程の始点で投入している。B原料は工程の60％の点で投入しており、B原料費はすべて完成品に負担させる。正常仕損は工程の終点で発生し、それらはすべて当月作業分から生じた。正常仕損費はすべて完成品に負担させ、仕損品に処分価額はない。

問2　上記［資料］について、同じデータで仕損品の売却による処分価額を1kg当たり120円としたときの完成品総合原価を計算しなさい。

(第154回第5問改)

第5問

12点

当年度の直接原価計算方式の損益計算書は次のとおりであった。平均変動費率および年間固定費が次年度も当年度と同様であると予測されているとき、下記の問に答えなさい。

直接原価計算方式の損益計算書

（単位：万円）

売　上　高	5,000
変動売上原価	2,800
変動製造マージン	2,200
変動販売費	200
貢　献　利　益	2,000
製造固定費	1,000
固定販売費および一般管理費	800
営　業　利　益	200

問1　損益分岐点の売上高はいくらか。

問2　400万円の営業利益を達成する売上高はいくらか。

問3　現在の売上高が何％落ち込むと損益分岐点の売上高に達するか。

問4　売上高が500万円増加するとき営業利益はいくら増加するか。

問5　損益分岐点の売上高を100万円引き下げるためには固定費をいくら引き下げる必要があるか。

（第141回第5問改）

50

MEMO

第2部　本試験演習編

第8回 問題

制限時間 90分
解答 ▶ 224
答案用紙 ▶ 44

商業簿記

第1問 （20点）

下記の各取引について仕訳しなさい。ただし、勘定科目は、設問ごとに最も適当と思われるものを選び、答案用紙の（　）の中に記号で解答すること。

1. 京都に支店を開設することになり、本店から現金¥8,500,000、商品（原価：¥6,100,000、売価：¥9,700,000）およびトラック（取得価額：¥3,800,000、減価償却累計額：¥760,000）が移管された。支店独立会計制度を導入したときの支店側の仕訳を答えなさい。ただし、当社は商品売買の記帳を「販売のつど売上原価勘定に振り替える方法」、有形固定資産の減価償却に係る記帳を間接法によっている。
　　ア．現金　イ．当座預金　ウ．商品　エ．機械装置　オ．機械装置減価償却累計額　カ．車両
　　キ．車両減価償却累計額　ク．仕入　ケ．支店　コ．本店

2. 決算に際して、長期投資目的で1株当たり¥1,000にて取得していた山陽重工業株式会社の株式10,000株を時価評価（決算時の時価：1株当たり¥1,200）し、全部純資産直入法を適用した。ただし、法定実効税率30%とする税効果会計を適用する。なお、山陽重工業株式会社は当社の子会社にも関連会社にも該当しない。
　　ア．満期保有目的債券　イ．その他有価証券　ウ．有価証券評価損　エ．繰延税金負債
　　オ．その他有価証券評価差額金　カ．有価証券評価益　キ．繰延税金資産　ク．法人税等調整額

3. 8月24日、売買目的の有価証券として、他社が発行する額面総額¥800,000の社債（利率は年0.42%、利払日は3月末と9月末）を額面¥100につき¥99.50の裸相場で買い入れ、代金は直前の利払日の翌日から本日までの期間にかかわる端数利息とともに小切手を振り出して支払った。なお、端数利息の金額については、1年を365日として日割りで計算する。
　　ア．現金　イ．当座預金　ウ．売買目的有価証券　エ．満期保有目的債券　オ．受取配当金
　　カ．有価証券利息　キ．支払手数料　ク．支払利息

4. 過年度に納付した法人税に関して、税務当局から追徴の指摘を受け、追加で¥360,000を支払うようにとの通知が届いたため、負債の計上を行った。
　　ア．当座預金　イ．仮払法人税等　ウ．繰延税金資産　エ．未払法人税等　オ．繰延税金負債
　　カ．法人税、住民税及び事業税　キ．法人税等調整額　ク．追徴法人税等　ケ．還付法人税等

5. ×26年4月1日に¥600,000で取得した備品（耐用年数10年）を、×30年12月31日に¥119,000で売却し、代金は相手先振出の約束手形を受け取った。当社の決算日は3月末日であり、減価償却は200%定率法、記帳を間接法によっている。売却した年度の減価償却費は月割計算で算定すること。
　　ア．車両　イ．備品　ウ．営業外受取手形　エ．車両減価償却累計額　オ．備品減価償却累計額
　　カ．営業外支払手形　キ．固定資産売却益　ク．減価償却費　ケ．固定資産売却損

（第151回第1問改）

第2部　本試験演習編

第2問
20点

　次の［資料］にもとづいて、×2年3月期（×1年4月1日から×2年3月31日まで）の連結精算表（連結貸借対照表と連結損益計算書の部分）を作成しなさい。

［資　料］

1．P社は×0年3月31日にS社の発行済株式総数（5,000株）の80％を200,000千円で取得して支配を獲得し、それ以降S社を連結子会社として連結財務諸表を作成している。×0年3月31日のS社の純資産の部は、次のとおりであった。

　　　　資　本　金　　100,000千円

　　　　資本剰余金　　 20,000千円

　　　　利益剰余金　　 30,000千円

　　S社は支配獲得後に配当を行っておらず、また、のれんは20年にわたり定額法で償却を行っている。

2．P社およびS社間の債権債務残高および取引高は、次のとおりであった。

P社からS社		S社からP社	
売　掛　金	180,000千円	買　掛　金	180,000千円
貸　付　金	60,000千円	借　入　金	60,000千円
未 収 入 金	18,000千円	未　払　金	18,000千円
未 収 収 益	900千円	未 払 費 用	900千円
売　上　高	860,000千円	仕　入　高	860,000千円
受 取 利 息	1,500千円	支 払 利 息	1,500千円

3．当年度末にS社が保有する商品のうちP社から仕入れた商品は140,000千円であった。P社がS社に対して販売する商品の売上総利益率は30％であった。なお、S社の期首の商品残高には、P社から仕入れた商品は含まれていなかった。

4．P社は当年度中に土地（帳簿価額30,000千円）を、S社に対して36,000千円で売却した。

（第148回第3問㈱）

53

第3問
20点

次に示した株式会社武蔵商会の［資料1］から［資料3］にもとづいて、答案用紙の貸借対照表を完成するとともに、区分式損益計算書に表示される、指定された種類の利益の金額を答えなさい。なお、会計期間は×25年4月1日より×26年3月31日までの1年間である。

［資料1］　決算整理前残高試算表（単位：円）

借　　　方	勘　定　科　目	貸　　　方
7,948,000	現　金　預　金	
2,530,000	受　取　手　形	
2,670,000	売　　掛　　金	
	貸　倒　引　当　金	34,000
3,700,000	繰　越　商　品	
1,650,000	仮　払　消　費　税	
200,000	仮　払　法　人　税　等	
11,000,000	建　　　　　　物	
3,750,000	備　　　　　　品	
	支　払　手　形	1,455,000
	買　　掛　　金	1,537,000
	仮　受　消　費　税	2,100,000
	長　期　借　入　金	9,000,000
	退　職　給　付　引　当　金	640,000
	資　　本　　金	10,000,000
	利　益　準　備　金	1,500,000
	繰　越　利　益　剰　余　金	4,361,750
	売　　　　　　上	42,000,000
	固　定　資　産　売　却　益	430,000
33,000,000	仕　　　　　　入	
1,920,000	給　　　　　　料	
369,750	通　　信　　費	
780,000	支　払　地　代	
180,000	支　払　利　息	
360,000	有　価　証　券　売　却　損	
3,000,000	火　災　損　失	
73,057,750		73,057,750

［資料2］決算にあたっての修正事項

1．取立てを依頼していた得意先振出しの約束手形¥400,000が決算日に回収され当社の当座預金口座に入金されていたが、その連絡が届いていなかったのでまだ未処理である。

2．期首に火災に遭ったが、保険を付していたにもかかわらず、当期首における建物と備品の帳簿価額の全額を火災損失に計上していた。決算の直前に保険会社から×26年4月10日に保険金¥1,000,000が当社の当座預金口座に入金されることが決定したとの連絡が入った。火災損失の訂正仕訳を行う。

［資料3］決算整理事項

1．期末商品帳簿棚卸高は¥4,000,000である。その中で商品Aには棚卸減耗損¥150,000、商品Bには商品評価損¥240,000が生じている。いずれも売上原価に算入する。

2．売上債権の期末残高に対して1％の貸倒れを見積り、差額補充法により貸倒引当金を設定する。

3．次の要領にて有形固定資産の減価償却を行う。減価償却の記帳は直接法に拠っているが、貸借対照表は間接控除方式で示すこと。

	減価償却方法	残存価額	耐用年数	前期末までの経過年数
建物	定額法	取得原価の10％	40年	20年
備品	定率法（償却率25％）	同上	8年	1年

第2部　本試験演習編

4．消費税（税抜方式）の処理を行う。

5．退職給付の見積りを行った結果、当期の退職給付費用は¥300,000であった。

6．現金預金には、×25年11月1日に預け入れた1年物の定期預金¥1,000,000（利率年0.3％、利息は満期日に受取り）が含まれている。利息を月割計算にて計上する。

7．長期借入金は、×25年7月1日に期間10年、利率年4％の条件にて借り入れたものであり、利払日は毎年6月末日と12月末日（後払い）となっている。利息を月割計算にて計上する。

8．支払地代は、毎年5月1日に向こう1年分をまとめて支払っている。未経過分を月割計算にて次期に繰り越す。

9．税引前当期純利益の25％にあたる¥500,000を「法人税、住民税及び事業税」に計上する。

（第139回第3問㊹）

問題

第8回

55

工業簿記

第4問(1)

12点

当社は製品Aを量産しており、パーシャル・プランの標準原価計算を採用している。下記の一連の取引について仕訳しなさい。ただし、勘定科目は、設問ごとに最も適当と思われるものを選び、答案用紙の（　　）の中に記号で解答すること。

1．製品Aの1個当たりの標準原価が以下のように求められた。

直接材料費	標 準 単 価	600円/kg	標 準 消 費 量	0.8kg	480円
直接労務費	標 準 賃 率	2,000円/時間	標準直接作業時間	0.6時間	1,200円
製造間接費	標 準 配 賦 率	4,000円/時間	標準直接作業時間	0.6時間	2,400円
					4,080円

　　当月の製品Aの生産量は1,500個であった。よって、完成品原価を仕掛品勘定から製品勘定へ振り替える。

　　ア．材料　イ．賃金　ウ．製造間接費　エ．仕掛品　オ．製品　カ．売上原価

2．当月の製造費用は次のようであった。

　　　直接材料費　　729,600円
　　　直接労務費　1,812,000円
　　　製造間接費　3,890,000円

　　よって、実際原価を各原価要素の勘定から仕掛品勘定へ振り替える。

　　ア．材料　イ．賃金　ウ．製造間接費　エ．仕掛品　オ．製品　カ．売上原価

3．原価差異を直接材料費差異、直接労務費差異、製造間接費差異勘定へ振り替える。

　　ア．材料　イ．賃金　ウ．製造間接費　エ．仕掛品　オ．直接材料費差異　カ．直接労務費差異
　　キ．製造間接費差異

（第142回第4問改）

第4問⑵
16点

当社は製品Aを製造し、製品原価の計算は累加法による工程別総合原価計算を採用している。次の [資料] にもとづいて、第1工程月末仕掛品の原料費と加工費、第2工程月末仕掛品の前工程費と加工費、第2工程完成品総合原価を計算しなさい。なお、原価投入額を完成品総合原価と月末仕掛品原価に配分する方法は、第1工程は平均法、第2工程は先入先出法を用いること。

第1工程の途中で発生する正常仕損品に処分価額はなく、この正常仕損の処理は度外視法による。第2工程の終点で発生する正常仕損品は210,000円の処分価額があり、第2工程の正常仕損費は完成品に負担させること。

[資 料]

	第1工程	第2工程
月 初 仕 掛 品	400 個（50%）	800 個（75%）
当 月 投 入	8,000	7,600
合 計	8,400 個	8,400 個
正 常 仕 損 品	200	200
月 末 仕 掛 品	600 （50%）	1,000 （40%）
完 成 品	7,600 個	7,200 個

＊原料はすべて第1工程の始点で投入し、（　　）内は加工費の進捗度である。

	第1工程	第2工程
月初仕掛品原価		
原 料 費(前工程費)	86,000 円	416,400 円
加 工 費	175,000	241,600
小 計	261,000 円	658,000 円
当月製造費用		
原 料 費(前工程費)	1,800,000 円	（　？　）円
加 工 費	3,380,000	4,608,000
小 計	5,180,000 円	（　？　）円
投 入 額 合 計	5,441,000 円	（　？　）円

＊上記資料の（？）は各自計算すること。

（第149回第5問改）

第5問

12点

当月から製品Aを製造し、そのすべてを完成し販売した当社では、当月の売上高の24,600,000円に対して、総原価の各費目を変動費と固定費に原価分解した結果、次のとおりであった。

(単位：円)

	変 動 費	固 定 費
製 造 原 価		
主 要 材 料 費	1,800,000	
補 助 材 料 費	400,000	
買 入 部 品 費	700,000	
間 接 工 賃 金	1,250,000	960,000
直 接 賃 金	3,500,000	
従業員賞与手当		80,000
減 価 償 却 費		2,950,000
その他の間接経費	190,000	370,000
販 売 費	2,000,000	2,760,000
一 般 管 理 費		6,200,000

(1) 当月の直接材料費総額を計算しなさい。

(2) 当月の製造間接費総額を計算しなさい。

(3) 原価分解の結果を利用し、当月の貢献利益を計算しなさい。

(4) 原価分解の結果を利用し、当月の損益分岐点売上高を計算しなさい。

(5) 当月に営業利益4,800,000円を達成するために必要であった売上高を計算しなさい。

（第132回第5問㊵）

MEMO

第2部 本試験演習編

問題

第8回

第9回 問題

制限時間 90分
解　　答 ▶ 248
答案用紙 ▶ 50

商業簿記

第1問 (20点)
下記の各取引について仕訳しなさい。ただし、勘定科目は、設問ごとに最も適当と思われるものを選び、答案用紙の（　）の中に記号で解答すること。

1. 社内利用目的のソフトウェアの開発を外部に依頼し、3回均等分割支払いの条件で契約総額￥30,000,000の全額を未払計上し、2回分をすでに支払っていた。本日、このソフトウェアの製作が完成し使用を開始したため、ソフトウェアの勘定に振り替えるとともに、最終回（第3回目）の支払いを普通預金から行った。
　ア．ソフトウェア　イ．普通預金　ウ．ソフトウェア仮勘定　エ．建設仮勘定　オ．当座預金
　カ．未払金

2. 帳簿価額￥24,000,000の土地を￥40,000,000で売却し、売買代金の60％は当座預金に入金され、残額は6か月後を支払期日とする手形で受け取った。
　ア．営業外受取手形　イ．土地　ウ．未収入金　エ．受取手形　オ．当座預金　カ．土地売却益

3. 商品￥300,000をクレジット払いの条件で顧客に販売し、信販会社へのクレジット手数料（販売代金の4％）を販売時に認識した。なお、消費税の税率は販売代金に対して10％とし、税抜方式で処理するが、クレジット手数料には消費税は課税されない。
　ア．仮払消費税　イ．クレジット売掛金　ウ．仮受消費税　エ．売上　オ．租税公課
　カ．支払手数料

4. 運送業者から、前月分の運賃の請求書が到着し、その内訳は、商品の顧客への発送に関する運賃（当社負担）が￥3,600,000、商品の購入に関する引取運賃が￥1,200,000であった。支払いは、翌月末払いの条件である。
　ア．未払金　イ．買掛金　ウ．仕入割戻　エ．仕入　オ．発送費　カ．支払手数料

5. 取引先の発行済株式の10％を取得価額￥4,000,000で所有していたが、追加で50％を取得し取引先に対する支配を獲得することになり、代金￥25,000,000を普通預金から支払った。
　ア．現金　イ．普通預金　ウ．その他有価証券　エ．有価証券　オ．子会社株式
　カ．受取配当金

（第144回第1問改）

第2問 (20点)
次の固定資産に関連する取引（×29年4月1日から×30年3月31日までの会計期間）の[資料]にもとづいて、問1～問3に答えなさい。なお、減価償却に係る記帳は直接法によることとし、決算にあたっては英米式決算法にもとづき締め切ること。ただし、勘定記入や仕訳を行うにあたり、勘定科目等は、各問の下から最も適当と思われるものを選び、記号で解答すること。

第2部　本試験演習編

[資料]　固定資産関連取引

取引日	摘　要	内　　　　容
4月1日	前期繰越	建物（取得：×20年4月1日　取得価額：￥36,000,000　残存価額：ゼロ　耐用年数：50年）
同　上	リース取引開始	自動車のリース契約を締結し、ただちに引渡しを受け、使用を開始した。 ・年間リース料：￥480,000（後払い） ・見積現金購入価額：￥2,000,000 ・リース期間：5年 ・減価償却：残存価額ゼロ　定額法 ・リース取引の会計処理：ファイナンス・リース取引に該当し、利子込み法を適用する
6月7日	国庫補助金受入	機械装置の購入に先立ち、国から補助金￥3,000,000が交付され、同額が当社の普通預金口座に振り込まれた。
7月28日	修繕工事完了	建物の修繕工事が完了し、工事代金￥700,000は小切手を工事業者に振り出した。なお、前期末に修繕引当金￥420,000を設定している。
9月1日	機械装置購入	機械装置（残存価額：ゼロ　200%定率法（償却率0.400））￥6,000,000を購入し、ただちに使用を開始した。代金のうち、￥1,200,000は現金で支払い、残額は小切手を振り出して支払った。
9月2日	圧縮記帳処理	上記機械装置に関し、6月7日に受け取った国庫補助金に係る圧縮記帳を直接控除方式にて行った。
12月1日	土地購入	子会社（当社の持株割合75%）から土地（子会社の帳簿価額：￥9,000,000）を￥14,000,000で購入した。代金は後日2回に分けて支払うこととした。
2月1日	土地代金一部支払	上記の土地代金のうち￥7,000,000を子会社に小切手を振り出した。
3月31日	リース料支払	上記のリース取引につき、年間のリース料を普通預金から振り込んだ。
同　上	決算整理手続	決算に際して、固定資産の減価償却を行う。ただし、期中に取得した機械装置については月割計算にて減価償却費を算定すること。

問1　総勘定元帳における建物勘定、機械装置勘定およびリース資産勘定への記入を行いなさい。

　　ア．リース債務　イ．減価償却費　ウ．固定資産圧縮損　エ．次期繰越　オ．諸口

問2　上記機械装置の会計上の耐用年数は5年であるが、税法上は8年（償却率0.250）である。そのため、税効果会計を適用した場合に必要となる仕訳を示しなさい。法人税、住民税及び事業税の実効税率は30%である。

　　ア．繰延税金資産　イ．繰延税金負債　ウ．法人税等調整額

問3　×30年3月期の連結財務諸表を作成するにあたり、親子会社間における土地の売買取引に係る連結修正仕訳を、(1)未実現損益の消去と(2)債権債務の相殺消去に分けて示しなさい。

　　ア．未収入金　イ．土地　ウ．未払金　エ．非支配株主持分　オ．固定資産売却益

　　カ．非支配株主に帰属する当期純利益

（第150回第2問改）

第3問

20点

製品の受注生産および販売を行っている株式会社平成製作所の［資料１］および［資料２］にもとづいて、20×8年４月１日より20×9年３月31日までの１年間を会計期間とする損益計算書（売上原価の内訳表示は省略）を完成させるとともに、20×9年３月31日時点での貸借対照表において表示される、答案用紙に指定された各項目の金額を答えなさい。なお、本問では「法人税、住民税及び事業税」および「税効果会計」を考慮しないこと。

［資料１］　20×9年２月末現在の残高試算表

残　高　試　算　表　　　　　　（単位：千円）

借　　方	勘　定　科　目	貸　　方
408,000	現　金　預　金	
1,380,000	売　　掛　　金	
30.000	製　　　　　品	
49,500	材　　　　　料	
60,000	仕　　掛　　品	
21,600	有　価　証　券	
	貸　倒　引　当　金	7,600
3,000,000	建　　　　　物	
1,152,000	機　械　装　置	
	建物減価償却累計額	1,255,000
	機械装置減価償却累計額	852,000
1,800,000	土　　　　　地	
	買　　掛　　金	1,115,000
	製品保証引当金	29,700
	長　期　借　入　金	400,000
	退職給付引当金	2,205,000
	資　　本　　金	500,000
	利　益　準　備　金	125,000
	繰越利益剰余金	1,075,840
	売　　　　　上	3,740,000
	受取利息・配当金	1,300
	有　価　証　券　利　息	60
2,574,000	売　上　原　価	
628,000	販　　売　　費	
22,000	減　価　償　却　費	
165,000	退　職　給　付　費　用	
16,400	支　払　利　息	
11,306,500		11,306,500

第2部　本試験演習編

[資料2]　20×9年3月中の取引および決算整理に関する事項等

1．3月について、材料仕入高（すべて掛取引）120,000千円、直接材料費90,000千円、間接材料費25,000千円、直接工賃金支払高（当座預金からの振込み、月初および月末の未払分はない。なお直接工の賃金はすべて直接労務費とする）100,000千円、製造間接費予定配賦額110,000千円、製造間接費のうち間接材料費、材料の棚卸減耗損、減価償却費および退職給付費用をのぞく実際発生額（すべて小切手を振り出して支払い済み）41,000千円、当月完成品原価280,000千円、当月売上原価260,000千円、当月売上高（すべて掛取引）350,000千円であった。

　　年度末に生じた原価差異は、下記に示されている事項のみである。原価差異は、いずれも比較的少額であり、正常な原因によるものであった。なお、20×8年4月から20×9年2月までの各月の月次決算で生じた原価差異はそれぞれの月で売上原価に賦課されている。

2．3月中に買掛金の支払いのために小切手185,000千円を振り出した。一方で、売掛金に関しては、300,000千円が回収され当社の当座預金口座に振り込まれた。また、当期中に貸倒れはなかった。

3．3月中に販売費51,500千円を現金で支払っている。なお、本問では販売部門で発生した給料などの費用は販売費勘定で処理している。また、決算時に販売費の未払いまたは前払いの項目はない。

4．決算にあたり実地棚卸を行ったところ、材料実際有高は54,000千円、製品実際有高は49,400千円であった。減耗は、材料・製品とも正常な理由により生じたものであり、材料の棚卸減耗損については製造間接費、製品の棚卸減耗損については売上原価に賦課する。

5．減価償却費は、期首に見積もった年間発生額の12分の1（下記参照）を毎月計上し、3月も同様の処理を行う。また、年度初めの見積もりどおりに発生し、差異は生じなかった。

　　　建物5,000千円（製造用3,000千円、販売・一般管理用2,000千円）

　　　機械装置（すべて製造用）12,000千円

6．売掛金の期末残高に対して1％の貸倒れを見積もり、差額補充法により貸倒引当金を設定する。

7．退職給付引当金は、年度見積額の12分の1を毎月費用計上し、3月も同様の処理を行う。製造活動に携わる従業員にかかわる費用は毎月30,000千円、それ以外の従業員にかかわる費用は毎月15,000千円である。年度末に繰入額を確定したところ、年度見積額に比べ、製造活動に携わる従業員にかかわる費用が600千円多かった。それ以外の従業員にかかわる費用は、年度初めの見積もりどおりであった。

8．過去の経験率等にもとづき28,000千円の製品保証引当金を設定した。決算整理前残高試算表に計上されている製品保証引当金に関する品質保証期間は終了している。なお、製品保証引当金戻入については、製品保証引当金繰入と相殺し、それを超えた額について営業外収益の区分に計上する。

9．有価証券は、A社社債・B社株式とも当期首に発行と同時に購入したものであり、適当な勘定に振り替えたうえで適切に処理する。なお、A社社債の額面総額10,000千円と取得価額との差額の性格が金利の調整と認められるため、償却原価法（定額法）を適用する。また、3月31日にA社社債にかかわる利息が当社の普通預金口座に入金されている。

	保有目的	取得単価	取得価額	決算時の時価	備　　考
A社社債	満期保有	額面¥100につき¥98	9,800千円	額面¥100につき¥97	満期5年、利率年1.2%、利払年2回（9月末、3月末）
B社株式	支　配	1株につき¥118	11,800千円	1株につき¥125	子会社に該当する

（第157回第3問改）

63

工業簿記

第4問(1)

12点

下記の一連の取引について仕訳しなさい。ただし、勘定科目は、設問ごとに最も適当と思われるものを選び、答案用紙の（　　）の中に記号で解答すること。

1．工場での賃金の消費額を計上した。直接工の作業時間の記録によれば、直接作業時間2,760時間、間接作業時間100時間であった。当工場で適用する予定総平均賃率は1,500円である。また、間接工については、前月賃金未払高200,000円、当月賃金支払高1,800,000円、当月賃金未払高150,000円であった。

　　ア．材料　イ．賃金・給料　ウ．仕掛品　エ．製造間接費　オ．製品　カ．売上原価

2．直接作業時間を配賦基準として製造間接費を各製造指図書に予定配賦した。なお、当工場の年間の製造間接費予算は30,240,000円、年間の予定総直接作業時間は33,600時間である。

　　ア．材料　イ．賃金・給料　ウ．仕掛品　エ．製造間接費　オ．製品　カ．売上原価

3．当月に完成した製品を倉庫に搬入した。なお、製品に要した製造直接費は5,500,000円であり、完成品の直接作業時間は2,250時間であった。

　　ア．材料　イ．賃金・給料　ウ．仕掛品　エ．製造間接費　オ．製品　カ．売上原価

（第141回第4問㉑）

第2部　本試験演習編

第4問(2)
16点

　　飲料メーカーであるニッショウビバレッジは、清涼飲料AとBという2種類の製品を製造・販売している。原価計算方法としては、組別総合原価計算を採用している。直接材料費は各製品に直課し、加工費は機械稼働時間にもとづいて各製品に実際配賦している。製品の払出単価の計算は先入先出法とする。次の［資料］にもとづいて、答案用紙の組別総合原価計算表と月次損益計算書（一部）を完成しなさい。

［資　料］

1. 月初・月末在庫量

		A 製 品	B 製 品
月 初 在 庫 量	仕掛品	0本	0本
	製　品	5,000本	2,000本
月 末 在 庫 量	仕掛品	0本	2,000本（30％）
	製　品	3,000本	3,000本

（注）（　　）内は加工費進捗度を示す。直接材料は工程の始点で投入している。

2. 当月の生産・販売データ

完　成　品	A製品	52,000本	B製品	29,000本
販　売　品	A製品	54,000本	B製品	28,000本
販　売　単　価	A製品	120円	B製品	140円

3. 当月の原価データ

当月製造費用
　直接材料費　　　　　答案用紙参照
　加　工　費　　　1,312,800円
月初製品原価　　A製品　220,000円　　B製品　112,000円

4. 当月の機械稼働時間
　A製品　16,250時間　　　B製品　11,100時間

（第153回第5問㊡）

第5問	A社は製品Ｘを量産しており、パーシャル・プランの標準原価計算を採用している。次の [資料] にもとづいて、下記の各問に答えなさい。なお、差異分析では変動予算を用い、能率差異は変動費と固定費からなるものとする。

12点

[資料]

1. 製品Ｘ１個の標準直接作業時間　　２時間
2. 当月正常直接作業時間　　　　　　9,000時間
3. 製造間接費標準配賦率　　　　　　780円/時間
4. 当月生産データ

月初仕掛品　　　800個（進捗度50％）

当月完成品　　4,300個

月末仕掛品　　　400個（進捗度50％）

5. 当月の実際直接作業時間　8,500時間
6. 当月実際製造間接費

変　動　費　　3,110,000円

固　定　費　　3,780,000円　　（注）固定費の発生額は予算と同額であった。

合　　　計　　6,890,000円

問１　固定製造間接費の標準配賦率を計算しなさい。

問２　当月の標準配賦額を計算しなさい。

問３　製造間接費の差異分析を行いなさい。

(第135回第5問改)

MEMO

第2部　本試験演習編

問題

第9回

第10回 問題

制限時間 90分
解答 ▶ 270
答案用紙 ▶ 56

商業簿記

第1問 (20点)　下記の各取引について仕訳しなさい。ただし、勘定科目は、設問ごとに最も適当と思われるものを選び、答案用紙の（　）の中に記号で解答すること。

1．顧客に対するサービス提供が完了したため、契約額¥300,000（支払いは翌月末）を収益に計上した。これにともない、それまでに仕掛品に計上されていた諸費用¥150,000と追加で発生した外注費¥70,000（支払いは翌月25日）との合計額を原価に計上した。
　ア．売掛金　イ．仕掛品　ウ．買掛金　エ．未払金　オ．売上　カ．役務収益　キ．役務原価　ク．給料

2．製造ラインの増設工事が完成し、機械装置に¥2,000,000、構築物に¥400,000を計上した。この工事については、毎月末に支払期日が到来する額面¥110,000の約束手形24枚を振り出して相手先に交付した。なお、約束手形に含まれる利息相当額については資産勘定で処理することとした。
　ア．機械装置　イ．構築物　ウ．長期前払費用　エ．未払金　オ．営業外支払手形　カ．支払利息

3．同業他社の事業の一部を譲り受けることになり、譲渡代金¥4,500,000を普通預金口座から相手先口座に振り込んだ。この取引により譲り受けた資産の評価額は、商品¥800,000、建物¥1,800,000、備品¥600,000であり、引き受けた負債はなかった。
　ア．現金　イ．普通預金　ウ．当座預金　エ．商品　オ．建物　カ．備品　キ．機械装置　ク．のれん

4．商品を¥250,000で顧客に販売し、このうち消費税込みで¥55,000を現金で受取り、残額をクレジット払いの条件とした。信販会社へのクレジット手数料（クレジット販売代金の5％）も販売時に計上した。なお、消費税の税率は10％とし、税抜方式で処理するが、クレジット手数料には消費税は課税されない。
　ア．現金　イ．クレジット売掛金　ウ．仮払消費税　エ．仮受消費税　オ．売上　カ．租税公課　キ．支払手数料　ク．支払利息

5．繰越利益剰余金が¥2,000,000の借方残高となっていたため、株主総会の決議によって、資本準備金¥3,000,000と、利益準備金¥2,500,000を取り崩すこととした。利益準備金の取崩額は、繰越利益剰余金とした。
　ア．未払法人税等　イ．資本準備金　ウ．その他資本剰余金　エ．利益準備金　オ．別途積立金　カ．繰越利益剰余金

（第150回第1問改）

第2部　本試験演習編

MEMO

問題

第10回

第2問

20点

次の輸入関連取引と商品販売取引（×1年1月1日から12月31日までの会計期間）の［資料1］、［資料2］および［注意事項］にもとづいて、(1)答案用紙に示された総勘定元帳の買掛金、商品および機械装置の各勘定の記入を示し、(2)損益に関する勘定のうち、①当期の売上高、②当期の為替差損、および③当期の為替差益の金額を答えなさい。

ただし、摘要欄へ記入する相手勘定科目は、次の中から最も適当と思われるものを選び、記号で解答すること。

　　ア．普通預金　イ．商品　ウ．買掛金　エ．未払金　オ．為替差益
　　カ．売上原価　キ．棚卸減耗損　ク．減価償却費　ケ．為替差損

［資料1］　輸入関連取引

取引日	摘　要	内　　　　　容
1月1日	前 期 繰 越	輸入商品X　数量2,000個　@¥1,000 買掛金（ドル建て）¥3,150,000　前期末の為替相場1ドル¥105
2月28日	買掛金支払	期首の買掛金（ドル建て）を普通預金から全額支払い。 支払時の為替相場1ドル¥110
4月30日	輸　　入	商品X3,000個を@10ドルで、3か月後払いの条件で輸入。 輸入時の為替相場1ドル¥108
7月31日	買掛金支払	4月30日に計上した買掛金（ドル建て）を普通預金から全額支払い。 支払時の為替相場1ドル¥112
11月1日	輸　　入	自社で使用する機械装置Y（購入価額51,000ドル）を、3か月後払いの条件で輸入。 輸入時の為替相場1ドル¥114
11月1日	輸　　入	商品X2,000個を@11ドルで、3か月後払いの条件で輸入。 輸入時の為替相場1ドル¥114
12月31日	決　　算	決算日の為替相場が1ドル¥120となった。
12月31日	決　　算	実地棚卸を行ったところ、商品Xの実地棚卸数量は、950個であった。
12月31日	決　　算	輸入した機械装置の減価償却費を2か月分計上。

［資料2］　商品販売取引

取引日	得意先名	数　　量	販売単価
1月31日	A商会	1,000個	@¥1,800
5月15日	B商会	1,000	@¥2,000
6月30日	C商会	1,000	@¥2,050
11月15日	D商会	1,500	@¥2,200
12月1日	E商会	1,500	@¥2,250

第2部　本試験演習編

[注意事項]
1．当社は、棚卸資産の払出単価の決定方法として移動平均法を採用している。
2．当社は、商品売買の記帳に関して、「販売のつど売上原価に振り替える方法」を採用している。
3．実地棚卸の結果生ずる棚卸減耗損は、独立の項目として表示している。
4．機械装置の減価償却は、耐用年数10年、残存価額ゼロの定額法により行い、記帳方法は、直接法による。
5．決算にあたり、各勘定を英米式決算法にもとづき、締め切る。

(第149回第2問改)

次の［資料Ⅰ］、［資料Ⅱ］および［資料Ⅲ］にもとづいて、答案用紙の損益計算書を完成しなさい。なお、会計期間は2×18年4月1日から2×19年3月31日までの1年間である。

［資料Ⅰ］ 決算整理前残高試算表

決算整理前残高試算表
2×19年3月31日　　　　　　（単位：円）

借　方	勘　定　科　目	貸　方
255,000	現　　　　　　　金	
428,700	当　座　預　金	
360,000	受　取　手　形	
550,000	売　　掛　　金	
	貸　倒　引　当　金	6,000
220,000	繰　越　商　品	
18,000	仮　払　法　人　税　等	
600,000	未　　決　　算	
3,000,000	建　　　　　　　物	
900,000	備　　　　　　　品	
	備品減価償却累計額	324,000
2,000,000	土　　　　　　　地	
240,000	の　　れ　　ん	
694,400	満期保有目的債券	
	支　払　手　形	290,000
	買　　掛　　金	480,000
	長　期　借　入　金	900,000
	退　職　給　付　引　当　金	237,000
	資　　本　　金	6,000,000
	利　益　準　備　金	230,000
	繰　越　利　益　剰　余　金	394,400
	売　　　　　　　上	7,249,000
	有　価　証　券　利　息	10,500
5,880,000	仕　　　　　　　入	
720,000	給　　　　　　　料	
49,800	水　道　光　熱　費	
180,000	租　　税　　公　　課	
25,000	減　価　償　却　費	
16,120,900		16,120,900

第2部　本試験演習編

[資料Ⅱ]　未処理事項

1．売掛金¥10,000が回収不能であると判明したので、貸倒れとして処理する。なお、このうち¥4,000は前期の商品販売取引から生じたものであり、残りの¥6,000は当期の商品販売取引から生じたものである。

2．未決算は火災保険金の請求にかかわるものであるが、保険会社より火災保険金¥500,000の支払いが決定した旨の通知があったので、適切な処理を行う。なお、決算整理前残高試算表に示されている減価償却費¥25,000は、期中に火災により焼失した建物の減価償却費を月割で計上したものである。

3．土地の一部（帳簿価額¥500,000）を売却し、売却代金¥550,000は当座預金としていたが、この取引は未記帳である。

[資料Ⅲ]　決算整理事項

1．売上債権の期末残高に対して2％の貸倒れを見積もる。貸倒引当金は差額補充法によって設定する。

2．商品の期末棚卸高は次のとおりである。棚卸減耗損と商品評価損は売上原価の内訳科目として処理する。

　　　帳簿棚卸高：数量　850個、帳　簿　価　額@¥400
　　　実地棚卸高：数量　844個、正味売却価額@¥395

3．有形固定資産の減価償却は次の要領で行う。
　　建物：建物は当期の8月1日に取得したものであり、耐用年数は40年、残存価額はゼロとして、定額法により月割で減価償却を行う。
　　備品：備品は数年前に取得したものであり、耐用年数10年、残存価額はゼロとして、200％定率法により減価償却を行っている。なお、保証率は0.06552、改定償却率は0.250である。

4．のれんは、2×16年4月1日に他企業を買収した取引から生じたものであり、取得後5年間にわたって効果が見込まれると判断し、定額法で償却している。

5．満期保有目的債券は、2×17年4月1日に他社が発行した社債（額面総額¥700,000、利率年1.5％、償還日は2×22年3月31日）を額面@¥100につき@¥99の価額で取得したものであり、償却原価法（定額法）で評価している。

6．退職給付引当金の当期繰入額は¥81,000である。

7．すでに費用処理した収入印紙の期末未使用高は¥25,000である。

8．長期借入金は、当期の8月1日に借入期間5年、利率年1.2％、利払いは年1回（7月末）の条件で借り入れたものである。決算にあたって、借入利息の未払分を月割計算で計上する。

9．法人税、住民税及び事業税について決算整理を行う。仮払法人税等¥18,000は中間納付にかかわるものである。なお、当期の費用計上額のうち¥8,000は、税法上の課税所得の計算にあたって損金算入が認められない。法人税等の法定実効税率は30％である。

10．上記9．の損金算入が認められない費用計上額¥8,000（将来減算一時差異）について、税効果会計を適用する。

（第154回第3問改）

工業簿記

第4問(1)
12点

下記の一連の取引について仕訳しなさい。ただし、勘定科目は、設問ごとに最も適当と思われるものを選び、答案用紙の（　　）の中に記号で解答すること。

1．当月、製品用の素材8,000kg（購入価額400円/kg）および工場で使用する消耗器具（購入価額30,000円）を購入し、倉庫に搬入した。なお、当工場では工場会計を独立させており、工場側での仕訳を示しなさい。また、工場元帳には、次の勘定が設定されている。
    ア．材料　イ．賃金　ウ．製造間接費　エ．仕掛品　オ．原価差異　カ．製品　キ．本社

2．当月、製造のために6,000kgの素材を出庫した。なお、月初に素材2,000kg（購入価額380円/kg）があり、材料費は月次総平均法で計算している。また、当工場では工場会計を独立させており、工場側での仕訳を示しなさい。また、工場元帳には、次の勘定が設定されている。
    ア．材料　イ．賃金　ウ．製造間接費　エ．仕掛品　オ．原価差異　カ．製品　キ．本社

3．当月、工場での賃金の消費額を計上する。直接工の作業時間の記録によれば、直接工は直接作業のみ3,200時間行った。当工場で適用する予定総平均賃率は1,400円である。また、間接工については、前月賃金未払高120,000円、当月賃金支払高1,500,000円、当月賃金未払高100,000円であった。なお、当工場では工場会計を独立させており、工場側での仕訳を示しなさい。また、工場元帳には、次の勘定が設定されている。
    ア．材料　イ．賃金　ウ．製造間接費　エ．仕掛品　オ．原価差異　カ．製品　キ．本社

(第147回第4問改)

第2部 本試験演習編

第4問(2)

16点

A社は、同一工程で等級製品X、Yを連続生産している。製品原価の計算方法は、1か月の完成品総合原価を製品1枚当たりの重量によって定められた等価係数に完成品量を乗じた積数の比で各等級製品に按分する方法を採用している。次の［資料］にもとづいて、下記の問に答えなさい。なお、原価投入額合計を完成品総合原価と月末仕掛品原価に配分する方法には先入先出法を用い、正常仕損は工程の途中で発生したので、度外視法によること。この仕損品の処分価額はゼロである。

[資 料]

1．生産データ

月初仕掛品	1,000	枚（50%）
当 月 投 入	10,000	
合 計	11,000	枚
正常仕損品	1,000	
月末仕掛品	2,000	（50%）
完 成 品	8,000	枚

(注) 完成品は、Xが6,000枚、Yが2,000枚である。また、材料は工程の始点で投入し、（ ）内は加工費の進捗度である。

2．原価データ

月初仕掛品原価

直 接 材 料 費	700,000	円
加 工 費	900,000	
小 計	1,600,000	円

当月製造費用

直 接 材 料 費	7,200,000	円
加 工 費	13,600,000	
小 計	20,800,000	円
	22,400,000	円

3．製品1枚当たりの重量（単位：g）

X 300

Y 100

問1 積数の比である等価比率の計算表を完成しなさい。

問2 当月の月末仕掛品原価を計算しなさい。

問3 当月の完成品総合原価を計算しなさい。

問4 等級製品Xの完成単位原価を計算しなさい。

問5 等級製品Yの完成単位原価を計算しなさい。

（第151回第5問改）

第5問

12点

当社はパーシャル・プランの標準原価計算を採用している。製品Xの1個当たりの標準原価は以下のように設定されている。

直接材料費	標 準 単 価	800円/kg	標 準 消 費 量	4 kg/個	3,200円
直接労務費	標 準 賃 率	2,200円/時間	標準直接作業時間	0.5時間/個	1,100円
製造間接費	標 準 配 賦 率	3,000円/時間	標準直接作業時間	0.5時間/個	1,500円
					5,800円

　製造間接費は直接作業時間を配賦基準として配賦されている。当月、製品Xを3,700個生産した。月初および月末に仕掛品は存在しなかった。なお、製造間接費には変動予算が設定されている。年間の正常直接作業時間は24,000時間であり、年間変動製造間接費予算は33,600,000円、年間固定製造間接費予算は38,400,000円である。

　当月の実際製造費用が、次のとおりであったとする。

　　直接材料費　　12,185,200円
　　直接労務費　　 4,211,200円
　　製造間接費　　 5,874,000円

　材料の実際消費量は、14,860kg、実際直接作業時間は、1,880時間であった。

問1　当月の完成品標準原価を計算しなさい。

問2　当月の原価差異の総額を計算しなさい。借方差異か貸方差異かを明示すること。

問3　直接材料費差異を計算しなさい。借方差異か貸方差異かを明示すること。

問4　直接材料費差異が消費量差異と価格差異に分析されるとき、価格差異を計算しなさい。借方差異か貸方差異かを明示すること。

問5　直接労務費の作業時間差異を計算しなさい。借方差異か貸方差異かを明示すること。

問6　変動予算にもとづく製造間接費予算差異を計算しなさい。借方差異か貸方差異かを明示すること。

（第143回第5問改）

第2部　本試験演習編

MEMO

問題

第10回

第11回 問題

解　答 ▶ 290
答案用紙 ▶ 62

商業簿記

第1問 (20点)　下記の各取引について仕訳しなさい。ただし、勘定科目は、設問ごとに最も適当と思われるものを選び、答案用紙の（　）の中に記号で解答すること。

1．本社の増設工事（工事代金￥7,000,000は2回分割で銀行振込により支払済み）が完成し、各固定資産勘定等の適切な勘定に振替処理を行った。工事の明細は、建物￥6,000,000、修繕費￥1,000,000であった。さらに、増設工事にともない取り壊した旧建物の一部（取得価額￥1,200,000、減価償却累計額￥1,000,000で間接法で記帳）の除却処理を併せて行った。
　　ア．当座預金　イ．建物　ウ．建設仮勘定　エ．貯蔵品　オ．建物減価償却累計額
　　カ．支払手数料　キ．修繕費　ク．固定資産除却損

2．米国の取引先に対して、製品100,000ドルを3か月後に決済の条件で輸出した。輸出時の為替相場は1ドル￥115であったが、500,000ドルを3か月後に1ドル￥110で売却する為替予約が輸出の1週間前に結ばれていたため、この為替予約により振当処理を行う。
　　ア．現金　イ．普通預金　ウ．当座預金　エ．売掛金　オ．売上　カ．仕入

3．2日前に商品￥200,000をクレジット払いの条件で販売し、信販会社へのクレジット手数料（販売代金の5％）も販売時に計上していたが、この商品が顧客から返品となりこの取引の取消し処理を行った。なお、消費税の税率は10％とし、税抜方式で処理するが、クレジット手数料には消費税は課税されない。
　　ア．クレジット売掛金　イ．仮払消費税　ウ．仮受消費税　エ．売上　オ．支払手数料
　　カ．租税公課

4．リース会社とパソコン10台のリース契約を、リース期間5年、リース料月額￥40,000の条件で結び、パソコンが納品され、同時に第1回のリース料￥40,000を普通預金から支払った。このリース取引は、ファイナンス・リース取引であったため、利子込み法により処理することとした。
　　ア．機械装置　イ．普通預金　ウ．リース資産　エ．リース債務　オ．未払金　カ．修繕費

5．外部に開発を依頼していた社内利用目的のソフトウェア（開発費用￥24,800,000は4回分割で銀行振込により全額支払済み）が完成し使用を開始したため、ソフトウェア勘定に振り替えた。なお、開発費用￥24,800,000の中には、今後の4年間のシステム関係の保守費用￥4,800,000が含まれていた。
　　ア．ソフトウェア　イ．建設仮勘定　ウ．ソフトウェア仮勘定　エ．建物　オ．長期前払費用
　　カ．修繕費

（第147回第1問改）

MEMO

| 第2問 | 有価証券取引に関する［資料1］から［資料4］までにもとづいて、下記の設問に答えなさい。本問では、有価証券の売却原価の算定は移動平均法により、税効果会計は考慮しない。 |

20点

[資料1]　20×1年3月31日現在の投資有価証券の明細

銘　　　柄	所 有 目 的	株数または額面	取 得 原 価	時　　　価
A株式（上　場）	その他有価証券	2,000株	¥4,000,000	¥4,800,000
B株式（上　場）	その他有価証券	3,000株	¥7,500,000	¥9,000,000
C株式（非上場）	その他有価証券	1,000株	¥2,500,000	―
D債券（上　場）	その他有価証券	¥5,000,000	¥5,000,000	¥5,030,000
E債券（非上場）	満期保有目的	¥5,000,000	¥4,900,000	―

（注1）　D債券は20×0年3月31日に取得したものであり、償還日は20×8年3月31日、利率は年0.4%、利払いは3月末と9月末の年2回均等額の支払いである。

（注2）　E債券は20×1年3月31日に取得したものであり、償還日は20×6年3月31日、利率は年0.3%、利払いは3月末と9月末の年2回均等額の支払いである。

[資料2]　20×1年4月1日から20×2年3月31日までの投資有価証券の取引

日　付	取　引　の　内　容
4月1日	その他有価証券について、期首における洗替処理を行う。
5月10日	A株式500株を1株¥2,500で購入し、普通預金から支払う。
7月15日	B株式1,000株を1株¥3,200で購入し、普通預金から支払う。
9月30日	債券の利払いが普通預金に入金された。
10月1日	F債券¥4,000,000（非上場、償還日20×7年9月30日、利率は年0.4%、利払いは3月末と9月末の年2回均等額の支払い）を¥4,060,000（経過利息は発生しないものとする）で購入し、普通預金から支払い、満期保有目的とした。
11月20日	B株式500株を1株¥3,400で売却し、代金は当座預金に入金された。
12月31日	D債券の50%を¥2,600,000（経過利息¥2,500を含む）で売却し、代金は当座預金に入金された。
3月31日	G株式9,000株を¥31,500,000で、普通預金から支払って取得した。株式の所有比率が60%で、子会社に該当するため、いったんその他有価証券に計上後に子会社株式に振替える。
3月31日	債券の利払いが普通預金に入金された。
3月31日	その他有価証券を時価評価するとともに、満期保有目的債券についてそれぞれ償却原価法（定額法による）の会計処理を行う。

第2部　本試験演習編

[資料3]　20×2年3月31日の有価証券の時価は、次の通りであった。

銘　柄	1株当たりまたは額面¥1,000当たりの時価
A 株 式	¥2,600
B 株 式	¥3,500
D 債 券	¥1,050

[資料4]　G社の20×2年3月31日現在の純資産は、資本金¥24,000,000、利益準備金¥6,000,000、繰越利益剰余金¥21,000,000であった。

[設　問]

問1　満期保有目的債券勘定とその他有価証券勘定の記入を完成しなさい。総勘定元帳は英米式によって締め切るものとする。なお、摘要欄へ記入する相手科目は、下から最も適当と思われるものを選び、記号で解答すること。

　　ア．当座預金　イ．普通預金　ウ．子会社株式　エ．その他有価証券評価差額金

　　オ．有価証券利息

問2　当期の有価証券利息と投資有価証券売却損益（答案用紙の（　　）に「損」または「益」を記入する）の金額を答えなさい。

問3　G社を20×2年3月31日から連結することによって発生するのれんは、最長年数で償却する予定であるが、20×2年3月31日の連結貸借対照表に計上される金額はいくらになるか答えなさい。

（第156回第2問改）

第3問

20点

次に示した東京商事株式会社の［資料Ⅰ］、［資料Ⅱ］および［資料Ⅲ］にもとづいて、答案用紙の貸借対照表を完成しなさい。なお、会計期間は2×29年4月1日から2×30年3月31日までの1年間である。

［資料Ⅰ］　決算整理前残高試算表

決算整理前残高試算表

2×30年3月31日　　　　　　（単位：円）

借　　方	勘　定　科　目	貸　　方
150,000	現　　　　　　　金	
780,000	当　座　預　金	
220,000	受　取　手　形	
410,000	売　　掛　　金	
	貸　倒　引　当　金	7,000
30,000	繰　越　商　品	
67,000	仮　払　法　人　税　等	
3,000,000	建　　　　　　　物	
	建物減価償却累計額	800,000
600,000	備　　　　　　　品	
	備品減価償却累計額	216,000
1,200,000	建　設　仮　勘　定	
788,000	満　期　保　有　目　的　債　券	
	支　払　手　形	190,000
	買　　掛　　金	380,000
	長　期　借　入　金	800,000
	退　職　給　付　引　当　金	260,000
	資　　本　　金	3,800,000
	利　益　準　備　金	60,450
	繰　越　利　益　剰　余　金	100,000
	売　　　　　　　上	8,800,000
	有　価　証　券　利　息	4,000
7,700,000	仕　　　　　　　入	
468,000	給　　　　　　　料	
4,450	支　払　利　息	
15,417,450		15,417,450

82

第2部 本試験演習編

[資料Ⅱ] 未処理事項

1．前期に貸倒れ処理していた売掛金の一部￥6,000が当期に回収され、当座預金の口座に振り込まれていたが、この取引は未記帳である。

2．手形￥50,000を取引銀行で割り引き、割引料￥200を差し引いた手取額は当座預金としていたが、この取引は未記帳である。

3．建設仮勘定は建物の建設工事（工事代金総額￥1,800,000）にかかわるものであるが、工事はすでに完了し、当期の3月1日に引渡しを受けていた。なお、工事代金の残額￥600,000については、建物の引渡しの際に小切手を振り出して支払ったが、この取引も未記帳である。

[資料Ⅲ] 決算整理事項

1．受取手形と売掛金の期末残高に対して2％の貸倒れを見積もる。貸倒引当金は差額補充法によって設定する。

2．商品の期末棚卸高は次のとおりである。
　　帳簿棚卸高：数量352個、帳簿価額@￥90
　　実地棚卸高：数量350個、正味売却価額@￥85

3．有形固定資産の減価償却は次の要領で行う。
　　建物：耐用年数は30年、残存価額はゼロとして、定額法を用いて計算する。
　　備品：耐用年数は10年、残存価額はゼロとして、200％定率法を用いて計算する。
　　なお、当期に新たに取得した建物についても、耐用年数は30年、残存価額はゼロとして、定額法を用いて月割で計算する。

4．満期保有目的債券は、当期の4月1日に他社が発行した社債（額面総額￥800,000、利率年0.5％、利払日は9月末と3月末の年2回、償還期間は5年）を発行と同時に取得したものである。額面総額と取得価額の差額は金利の調整を表しているので、償却原価法（定額法）により評価する。

5．退職給付引当金の当期繰入額は￥92,500である。

6．長期借入金は、当期の9月1日に借入期間4年、利率年1.2％、利払いは年1回（8月末）の条件で借り入れたものである。決算にあたって、借入利息の未払分を月割計算で計上する。

7．法人税、住民税及び事業税について決算整理を行い、当期の納税額￥125,000を計上する。なお、仮払法人税等￥67,000は中間納付にかかわるものである。

（第150回第3問㊝）

工業簿記

第4問(1)

12点

下記の各取引について仕訳しなさい。ただし、勘定科目は、設問ごとに最も適当と思われるものを選び、答案用紙の（　　）の中に記号で解答すること。

1．当月、原料500kg（購入代価4,000円/kg）、買入部品6,000枚（購入代価200円/枚）、補助材料150,000円（購入代価）を掛けで購入した。なお、購入に際しては、購入代価の12％を材料副費として予定配賦している。

　　ア．材料　イ．材料副費　ウ．買掛金　エ．材料副費差異　オ．仕掛品　カ．製造間接費

2．工場にかかわる光熱費などの当月の間接経費100,000円を現金で支払った。

　　ア．現金　イ．材料　ウ．賃金　エ．製造間接費　オ．仕掛品　カ．原価差異

3．当月の製造間接費予定配賦額は3,520,000円、当月の実際発生額合計は3,470,000円であった。当月の製造間接費の配賦差異を原価差異勘定に振り替えた。

　　ア．材料　イ．賃金　ウ．製造間接費　エ．仕掛品　オ．原価差異　カ．製品

（第150回・第147回第4問改）

84

第2部　本試験演習編

第4問(2)

16点

A社は、食材を仕入れて製品Xに加工し、直営の店舗で販売する製造小売チェーンを展開している。原価計算方式としては、パーシャル・プランの標準原価計算を採用している。次の［資料］にもとづいて、当月の仕掛品勘定および月次損益計算書を完成しなさい。

［資　料］

1．製品X1個当たりの標準原価

直接材料費	1,500円／kg　×0.2 kg	300 円
加　工　費	400円／時間×0.25時間	100 円
		400 円

2．当月の生産・販売実績

月初仕掛品	1,500 個（60%）	月 初 製 品	600 個
当 月 着 手	5,900	完 成 品	6,000
合　　計	7,400 個	合　　計	6,600 個
月末仕掛品	1,400 （50%）	月 末 製 品	400
完 成 品	6,000 個	販 売 品	6,200 個

材料はすべて工程の始点で投入している。

（　　）内は加工進捗度を示す。

3．当月の原価実績

製 造 費 用

| 直接材料費 | 1,817,000円 |
| 加　工　費 | 594,000円 |

販売費及び一般管理費

販売員給料	2,540,000円
地 代 家 賃	526,000円
水 道 光 熱 費	388,000円
そ　の　他	305,000円

4．その他の条件

（1）製品Xの販売単価は1,200円である。

（2）標準原価差異は月ごとに損益計算に反映させており、その全額を売上原価に賦課する。

（第147回第5問改）

第11回

第5問
12点

　　　　X社は製品Aを製造・販売している。製品Aの販売単価は400円/個であった（当期中は同一の単価が維持された）。当期の全部原価計算による損益計算書は、下記のとおりであった。原価分析によれば、当期の製造原価に含まれる固定費は168,000円、販売費に含まれる固定費は24,000円、一般管理費95,000円はすべて固定費であった。固定費以外はすべて変動費であった。なお、期首と期末に仕掛品と製品の在庫は存在しないものとする。

損　益　計　算　書　（単位：円）

売　上　高	1,120,000
売　上　原　価	812,000
売上総利益	308,000
販売費および一般管理費	203,000
営　業　利　益	105,000

問1　答案用紙の直接原価計算による損益計算書を完成しなさい。

問2　当期の損益分岐点の売上高を計算しなさい。

問3　販売単価、単位当たり変動費、固定費に関する条件に変化がないものとして、営業利益140,000円を達成するために必要であった売上高を計算しなさい。

（第139回第5問㊪）

MEMO

第2部　本試験演習編

問題

第11回

第12回 問題

制限時間 90分
解答 ▶ 310
答案用紙 ▶ 68

商業簿記

第1問 (20点)

下記の各取引について仕訳しなさい。ただし、勘定科目は、設問ごとに最も適当と思われるものを選び、答案用紙の（　）の中に記号で解答すること。

1. ×1年4月1日から、ファイナンス・リース取引に該当する事務機器のリース契約（期間5年間、月額リース料¥60,000を毎月末支払い）を結び、利子込み法により会計処理してきたが、×4年3月31日でこのリース契約を解約して×4年4月以後の未払リース料の残額全額を普通預金から支払い、同時にこのリース物件（×4年3月31日までの減価償却費は計上済）を貸手に無償で返却し除却の処理を行った。
    ア．普通預金　イ．機械装置　ウ．リース資産　エ．リース資産減価償却累計額
    オ．リース債務　カ．国庫補助金受贈益　キ．固定資産除却損　ク．固定資産圧縮損

2. 当座預金口座に、A商会の株式に対する期末配当金¥240,000（源泉所得税20％を控除後）の入金があった旨の通知があった。
    ア．普通預金　イ．当座預金　ウ．仮払法人税等　エ．未払法人税等　オ．受取配当金
    カ．受取利息

3. 従業員の退職時に支払われる退職一時金の給付は内部積立方式により行ってきたが、従業員3名が退職したため退職一時金総額¥27,000,000を支払うこととなり、源泉所得税分¥4,000,000を控除した残額を当座預金から支払った。
    ア．現金　イ．当座預金　ウ．預り金　エ．退職給付引当金　オ．給料手当　カ．退職金

4. 海外の取引先に対して、製品500,000ドルを3か月後に決済の条件で輸出した。輸出時の為替相場は1ドル¥110であったが、1週間前に3か月後に300,000ドルを1ドル¥107で売却する為替予約が結ばれていたため、この為替予約の分については取引高と債権額に振当処理を行う。
    ア．現金　イ．売掛金　ウ．買掛金　エ．売上　オ．仕入　カ．為替差損益

5. 外部に開発を依頼していた社内利用目的のソフトウェア（開発費用¥30,800,000は銀行振込により全額支払済み）が完成し使用を開始したため、ソフトウェア勘定に振り替えた。なお、この開発費用の内容を精査したところ¥30,800,000の中には、ソフトウェアの作り直し対象となった部分の費用¥5,800,000が含まれており、資産性がないものとして除却処理することとした。
    ア．普通預金　イ．ソフトウェア仮勘定　ウ．建設仮勘定　エ．ソフトウェア
    オ．固定資産除却損　カ．固定資産圧縮損

(第154回第1問改)

MEMO

第2部　本試験演習編

問題

第12回

	第2問
20点	

次の［資料1］から［資料3］にもとづいて、連結第2年度（×2年4月1日から×3年3月31日）の連結貸借対照表を作成しなさい。なお、本問では「法人税、住民税及び事業税」、「消費税」および「税効果会計」を考慮しない。

［資料1］　×3年3月31日におけるP社（親会社）およびS社（子会社）の試算表

ただし、P社の試算表は決算整理前残高試算表であるのに対し、S社の試算表は決算整理後残高試算表である点に留意すること。

試　算　表

（単位：千円）

借　　方		勘　定　科　目	貸　　方	
P　社	S　社		P　社	S　社
407,500	48,100	現　金　預　金		
342,000	180,000	売　　掛　　金		
		貸　倒　引　当　金	1,900	1,800
	80,000	未　収　入　金		
276,000	150,400	商　　　　　品		
234,000	100,000	建　　　　　物		
100,000	50,000	備　　　　　品		
319,000	90,000	土　　　　　地		
400,000		子　会　社　株　式		
		建物減価償却累計額	各自推定	30,000
		備品減価償却累計額	各自推定	10,000
		買　　掛　　金	89,000	54,000
		未　　払　　金	100,000	3,000
		退　職　給　付　引　当　金	72,000	19,800
		資　　本　　金	700,000	150,000
		資　本　準　備　金	440,000	150,000
		利　益　準　備　金	160,000	
		繰　越　利　益　剰　余　金	274,700	211,200
		売　　　　　上	1,038,000	546,900
574,000	275,500	売　上　原　価		
320,100	192,700	販売費及び一般管理費		
36,000		支　払　リ　ー　ス　料		
		受　取　配　当　金	15,000	
	10,000	土　地　売　却　損		
3,008,600	1,176,700		3,008,600	1,176,700

90

第2部　本試験演習編

[資料2]　P社の決算整理事項

1．売掛金のうち外貨建てのものが12,000千円（取得時レート：1ユーロ＝120円）ある。当期末の
　レートは1ユーロ＝130円である。

2．期末時点の売掛金（S社に対する7,000千円を除く）に対し、1％の貸倒引当金を差額補充法で
　設定する。

3．有形固定資産の減価償却を、次の条件にもとづき行う。

　　　建物　耐用年数：30年　前期末までの経過年数：10年　残存価額：ゼロ　償却方法：定額法

　　　備品　耐用年数：5年　前期末までの経過年数：1年　残存価額：ゼロ

　　　　　　償却方法：200％定率法

4．当期の退職給付費用は6,800千円である。

5．支払リース料は、オペレーティング・リース取引に対して、3年前から継続して向こう1年分の
　リース料を10月1日に毎年同額ずつ支払ったことによるものである。

[資料3]　P社とS社の連結に際し、必要となる事項

1．P社は、×1年4月1日にS社の発行済株式総数の60％を400,000千円で取得し、これ以降S社を
　連結子会社とし、連結財務諸表を作成している。×1年4月1日時点でのS社の純資産の部は、次
　のとおりであった。

　　　資　本　金　　　　　　　　　　150,000千円

　　　資本剰余金（すべて資本準備金）　150,000千円

　　　利益剰余金（すべて繰越利益剰余金）　130,000千円

2．のれんは、発生年度から10年間にわたり定額法で償却を行っている。

3．S社は、前期は配当を実施していないが、当期は繰越利益剰余金を財源に25,000千円の配当を実
　施した。

4．前期よりP社は商品をS社に販売しており、前期・当期とも原価に30％の利益を加算して単価を
　決定している。当期におけるP社の売上高のうち、S社向けの売上高は91,000千円である。また、
　S社の期首商品のうち3,900千円および期末商品のうち6,500千円はP社から仕入れたものである。

5．S社は保有している土地90,000千円を決算日の直前に80,000千円でP社に売却しており、P社は
　そのまま保有している。未実現損益を全額相殺消去すること。

6．連結会社（P社およびS社）間での当期末の債権債務残高は、次のとおりである。なお、P社・
　S社とも、連結会社間の債権に関して、貸倒引当金を設定していない。

P社のS社に対する債権債務		S社のP社に対する債権債務	
売　掛　金	7,000千円	買　掛　金	7,000千円
未　払　金	80,000千円	未収入金	80,000千円

7．退職給付に関し、連結にあたり追加で計上すべき事項は生じていないため、P社およびS社の個
　別上の数値をそのまま合算する。

（第156回第3問改）

第3問

20点

品川商事株式会社は、東京の本店のほかに、埼玉県に支店を有している。次の［資料］にもとづき、第7期（2×29年4月1日〜2×30年3月31日）の**本店の損益勘定**を完成しなさい。ただし、本問では、「法人税、住民税及び事業税」と税効果会計を考慮しないこととする。

［資　料］

（A）残高試算表（本店・支店）

残 高 試 算 表
2×30年3月31日

借　　　　方	本　　店	支　　店	貸　　　　方	本　　店	支　　店
現　金　預　金	2,858,000	1,240,800	買　　掛　　金	687,000	488,000
売　　掛　　金	1,098,000	865,000	借　　入　　金	1,400,000	—
繰　越　商　品	726,000	495,000	貸 倒 引 当 金	10,300	6,200
備　　　　品	600,000	350,000	備品減価償却累計額	240,000	70,000
の　　れ　　ん	840,000	—	本　　　　店	—	1,745,000
満期保有目的債券	991,000	—	資　　本　　金	4,000,000	—
その他有価証券	725,000	—	利 益 準 備 金	700,000	—
支　　　　店	1,736,000	—	繰越利益剰余金	1,100,000	—
仕　　　　入	3,850,000	1,441,000	売　　　　上	7,700,000	3,300,000
支　払　家　賃	780,000	550,000	受 取 手 数 料	48,700	1,800
給　　　　料	830,000	610,000	有 価 証 券 利 息	12,000	—
広 告 宣 伝 費	819,000	59,200	有価証券売却益	10,000	—
租　税　公　課	19,000	—	受 取 配 当 金	20,000	—
支　払　利　息	56,000	—			
	15,928,000	5,611,000		15,928,000	5,611,000

（B）未処理事項等

(1) 本店の売掛金¥60,000が回収され、本店で開設している当社名義の当座預金口座に入金されていたが、銀行からの連絡が本店に届いていなかった。

(2) 2×30年3月1日、本店は営業用の車両¥2,000,000を購入し、代金の支払いを翌月末とする条件にしていたが、取得の会計処理が行われていなかった。

(3) 本店が支店へ現金¥67,000を送付していたが、支店は誤って¥76,000と記帳していた。

(4) 本店が支店へ商品¥110,000（仕入価額）を移送したにもかかわらず、本店・支店ともその会計処理が行われていなかった。

第2部　本試験演習編

（C）決算整理事項等

(1) 商品の期末棚卸高は次のとおりである。売上原価を仕入勘定で計算する。ただし、棚卸減耗損および商品評価損は、外部報告用の損益計算書では売上原価に含めて表示するものの、総勘定元帳においては、棚卸減耗損および商品評価損を仕入勘定に振り替えず独立の費用として処理する。

① 本　店（上記（B）(4)処理後）

原　　　　価：@¥770　　正味売却価額：@¥750

帳簿棚卸数量：1,000個　　実地棚卸数量：970個

② 支　店（上記（B）(4)処理後）

原　　　　価：@¥550　　正味売却価額：@¥570

帳簿棚卸数量：800個　　実地棚卸数量：785個

(2) 本店・支店とも売上債権残高の1％にあたる貸倒引当金を差額補充法により設定する。

(3) 有形固定資産の減価償却

① 備　　　　　品：本店・支店とも、残存価額ゼロ、耐用年数5年の定額法

② 車両運搬具：総利用可能距離150,000km　当期の利用距離3,000km、残存価額ゼロ

生産高比例法

(4) 満期保有目的債券は、2×28年4月1日に、期間10年の額面¥1,000,000の国債（利払日：毎年3月および9月末日、利率年1.2％）を発行と同時に¥990,000で取得したものである。額面額と取得価額との差額は金利の調整と認められるため、定額法による償却原価法（月割計算）を適用している。

(5) その他有価証券の期末時点の時価は¥784,000である。

(6) 経過勘定項目（本店・支店）

① 本　店：給料の未払分　¥70,000　　　　支払家賃の前払分　¥60,000

② 支　店：給料の未払分　¥50,000　　　　支払家賃の未払分　¥50,000

(7) のれんは、2×26年4月1日に同業他社を買収した際に生じたものである。発生年度から10年間にわたり、毎期均等額ずつ償却している。

(8) 本店が支払った広告宣伝費のうち、支店は¥60,000を負担することとなった。

(9) 支店で算出された損益（各自算定）が本店に報告された。

（第149回第3問改）

問題

第12回

工業簿記

第4問(1)　下記の一連の取引について仕訳しなさい。ただし、勘定科目は、設問ごとに最も適当と思われるものを選び、答案用紙の（　　）の中に記号で解答すること。

12点

1．当月の賃金の消費額を計上する。直接工の作業時間報告書によれば、直接作業時間は740時間、間接作業時間は40時間であった。当工場において適用される直接工の予定賃率は、1時間当たり1,400円である。また、間接工については、前月賃金未払高100,000円、当月賃金支払高350,000円、当月賃金未払高80,000円であった。

　　ア．現金　イ．賃金・給料　ウ．賃率差異　エ．仕掛品　オ．製造間接費
　　カ．製造間接費配賦差異

2．予定賃率にもとづく消費賃金と実際消費賃金との差異を賃率差異勘定に振り替える。なお、直接工については、前月賃金未払高60,000円、当月賃金支払高1,120,000円、当月賃金未払高80,000円であった。

　　ア．現金　イ．賃金・給料　ウ．賃率差異　エ．仕掛品　オ．製造間接費
　　カ．製造間接費配賦差異

3．当月の直接作業時間にもとづき予定配賦率を適用して、製造間接費を各製造指図書に配賦する。なお、当工場の年間の固定製造間接費予算は8,100,000円、年間の変動製造間接費予算は5,400,000円であり、年間の予定総直接作業時間は9,000時間である。

　　ア．現金　イ．賃金・給料　ウ．賃率差異　エ．仕掛品　オ．製造間接費
　　カ．製造間接費配賦差異

（第150回第4問改）

第2部　本試験演習編

第4問(2)
16点

A社の大阪工場では、工程の始点で投入した原料Pを加工して製品Cを生産している。標準原価計算制度を採用し、勘定記入の方法はシングル・プランによる。製品Cの標準原価カードは次のとおりである。

原 料 費	標 準 単 価	140円/㎡	標 準 消 費 量	2 ㎡	280 円
加 工 費	標 準 配 賦 率	60円/時間	標準直接作業時間	4 時間	240 円
製品C1個当たり標準製造原価					520 円

次の［資料］にもとづいて、下記の問に答えなさい。

［資 料］
(1) 原料P 2,800㎡を1㎡当たり150円で掛けにて購入した。当工場では実際の購入単価をもって材料勘定への受入記録を行っている。
(2) 原料Pの実際消費量は2,600㎡であった。原料の消費額については、製品の生産実績にもとづき、月末に一括して仕掛品勘定に振り替え、原価差異を把握する。
(3) 原料Pの月末在庫は200㎡であった。月初在庫はなかった。
(4) 製品Cの生産実績は次のとおりである。

月初仕掛品	200 個	（加工進捗度50%）
当 月 投 入	1,250	
合 計	1,450 個	
月末仕掛品	250	（加工進捗度40%）
当月完成品	1,200 個	

問　答案用紙の各勘定に適切な金額を記入しなさい。なお、材料勘定には、原料Pに関する取引だけが記録されている。

(第146回第4問改)

第12回

第5問

12点

ニッショウ産業は、全国にカフェチェーンを展開している。現在、大門駅前店の11月の利益計画を作成している。10月の利益計画では、売上高は3,500,000円であり、変動費と固定費は次の［資料］のとおりであった。11月の利益計画は、変動費率と固定費額について10月と同じ条件で作成する。下記の問に答えなさい。

［資　料］

変　動　費		固　定　費	
食　材　費	805,000円	正 社 員 給 料	650,000円
アルバイト給料	420,000円	水 道 光 熱 費	515,000円
そ　の　他	70,000円	支 払 家 賃	440,000円
		そ　の　他	285,000円

問1　変動費率を計算しなさい。

問2　損益分岐点売上高を計算しなさい。

問3　目標営業利益630,000円を達成するために必要な売上高を計算しなさい。

問4　11月の売上高は3,750,000円と予想されている。11月の利益計画における貢献利益と営業利益を計算しなさい。

問5　これまで水道光熱費をすべて固定費としてきたが、精査してみると変動費部分もあることがわかった。過去6か月の売上高と水道光熱費の実績データは以下のとおりであった。高低点法により、売上高に対する水道光熱費の変動費率（％）を計算しなさい。

	4月	5月	6月	7月	8月	9月
売　上　高	3,525,000円	3,900,100円	3,345,000円	3,809,000円	4,095,000円	3,742,000円
水道光熱費	512,200円	525,000円	509,000円	521,500円	527,000円	516,600円

（第150回第5問改）

MEMO

第 2 部　本試験演習編

問題

第12回

MEMO

本試験演習編

第2部

解答
解答への道

● この解答例は、当社編集部で作成したものです。

第1回 解答

問　題 ▶ 2

第1問 20点

仕訳一組につき4点

	借　方		貸　方	
	記　号	金　額	記　号	金　額
1	（　ウ　） （　カ　）	196,000 4,000	（　エ　）	200,000
2	（　カ　）	5,300,000	（　ア　）	5,300,000
3	（　オ　）	400,000	（　イ　）	400,000
4	（　ア　）	2,500,000	（　オ　） （　カ　）	2,000,000 500,000
5	（　ウ　）	830,000	（　イ　） （　エ　）	360,000 470,000

第2問 20点

①～⑧は各2点、⑨は4点

①	②	③	④	⑤
オ	ア	キ	ウ	エ

⑥	⑦	⑧	⑨
ク	カ	イ	994,000 千円

100

第3問 20点

●数字…予想配点

精 算 表
×28年3月31日 （単位：円）

勘 定 科 目	残高試算表 借方	残高試算表 貸方	修正記入 借方	修正記入 貸方	損益計算書 借方	損益計算書 貸方	貸借対照表 借方	貸借対照表 貸方
現　　　　金	65,350		50				65,400	
当 座 預 金	450,000			300,000			150,000	
受 取 手 形	280,000						280,000	
売 掛 金	390,000			23,000			367,000	
売買目的有価証券	147,550			4,050			143,500	
繰 越 商 品	69,800		88,150	69,800			86,645 ❷	
				1,505				
建　　　　物	7,500,000		1,500,000				9,000,000	
備　　　　品	670,000						670,000	
建 設 仮 勘 定	1,200,000			1,200,000				
の　れ　ん	196,000			28,000			168,000	
満期保有目的債券	495,200		1,200				496,400	
支 払 手 形		263,000						263,000
買 掛 金		320,000						320,000
退職給付引当金		680,000		175,000				855,000 ❷
貸 倒 引 当 金		28,000	23,000	7,940				12,940 ❷
建物減価償却累計額		1,575,000		228,750				1,803,750
備品減価償却累計額		326,800		68,640				395,440
資 本 金		6,500,000						6,500,000
利 益 準 備 金		540,000						540,000
繰越利益剰余金		383,600						383,600
売　　　　上		6,770,000				6,770,000		
有 価 証 券 利 息		7,500		1,200		8,700 ❷		
仕　　　　入	5,450,000		69,800	88,150	5,431,650 ❷			
給　　　　料	360,000				360,000			
保 険 料	120,000			30,000	90,000			
	17,393,900	17,393,900						
雑　　　　益				50		50		
貸倒引当金繰入			7,940		7,940			
有価証券評価額			4,050		4,050 ❷			
棚 卸 減 耗 損			1,505		1,505			
減 価 償 却 費			297,390		297,390 ❷			
の れ ん 償 却			28,000		28,000 ❷			
退 職 給 付 費 用			175,000		175,000			
前 払 保 険 料			30,000				30,000 ❷	
当 期 純 利 益					383,215			383,215 ❷
			2,226,085	2,226,085	6,778,750	6,778,750	11,456,945	11,456,945

101

第4問(1) 12点

仕訳一組につき4点

	借　　方		貸　　方	
	記　号	金　　額	記　号	金　　額
1	（ ア ）	2,200,000	（ ウ ） （ イ ）	2,000,000 200,000
2	（ ア ）	1,550,000	（ カ ）	1,550,000
3	（ オ ）	1,200,000	（ ウ ）	1,200,000

第4問(2) 16点

●数字…予想配点

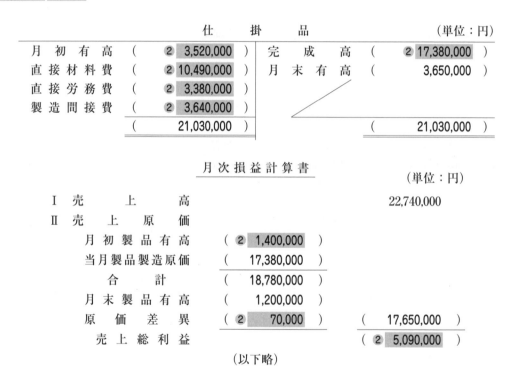

第2部　本試験演習編

第5問　12点

●数字…予想配点

ア	売 上 総 ・ (貢 献) ・ 経 常	2
①	② 1,520,000	
②	② 1,900,000	
イ	(比 例 し て) ・ 反比例して ・ 関 係 な く	2
③	① 228,000	
④	① 3,400,000	
⑤	① 228,000	
⑥	① 396,000	

解答

第1回

103

第1回 解答への道　問　題▶　2

第1問　指定勘定科目を記号で解答しなければ正解になりませんので注意してください。
A：普通、B：やや難しい、C：難問となっています。

1 A　2 A　3 A　4 A　5 A

1．クレジット売掛金

解答

（クレジット売掛金）	196,000	（売　　　上）	200,000
（支 払 手 数 料）	4,000		

　商品の販売時に、顧客からクレジット・カードによる支払いの申し出があった場合には、通常の売掛金と区別するためにクレジット売掛金勘定（資産）の借方に記入します。なお、クレジット払いにともなう信販会社に対する手数料の支払いは、原則として、商品の販売時に支払手数料勘定（費用）の借方に記入します。

2．研究開発費

解答

（研 究 開 発 費）	5,300,000	（当 座 預 金）	5,300,000

　研究および開発に関する費用はすべて当期の費用として、研究開発費勘定（費用）で処理します。なお、研究開発部門で働く従業員への給料および手当や、特定の研究開発のみに使用され、ほかに転用できないような機械装置の取得原価などもすべて研究開発費となります。

3．圧縮記帳

解答

（固定資産圧縮損）	400,000	（備　　　品）	400,000

　圧縮記帳とは、国庫補助金などにより取得した有形固定資産について、その取得原価を一定額だけ減額（圧縮）し、減額（圧縮）後の帳簿価額を貸借対照表価額とする方法です。本問では、補助金相当額400,000円の固定資産圧縮損（費用）を計上するとともに、同額を備品の取得原価1,000,000円から直接減額します（直接減額方式）。

4．株式の発行（設立時）

解答

（普 通 預 金）	2,500,000	（資　本　金）	2,000,000
		（資 本 準 備 金）	500,000

　問題文の指示により、資本金組入額は払込金額の8割（80％）、残りを資本準備金とします。
　資本金：（@1,000円×2,500株）×80％＝2,000,000円
　資本準備金：（@1,000円×2,500株）－2,000,000円＝500,000円

5．消費税（税抜方式）

解答

（仮 受 消 費 税）	830,000	（仮 払 消 費 税）	360,000
		（未 払 消 費 税）	470,000

　決算にあたって、預かった消費税（仮受消費税）から支払った消費税（仮払消費税）を差し引き、納付する消費税額を未払消費税（負債）に計上します。

第2部　本試験演習編

解答への道

第1回

第2問
難易度 **A**

会計理論の用語の穴埋め問題です。簿記2級の会計理論は、普段、仕訳していることが文章で問われているにすぎません。理論問題はパーフェクトを狙いましょう。

各文章の空欄を埋めると、次のようになります。

(1) 法人税等と税効果会計

　　企業の所得に課税される税金には、法人税、住民税のほかに（**事業税**）がある。課税所得は1年間に得られた（①**益金・オ**）から（**損金**）を差し引いて求め、これに税率をかけたものが納税額となる。また、企業会計上の「収益・費用」と法人税法上の「（①**益金・オ**）・（**損金**）」の認識時点の相違により、企業会計上の「資産・負債」の額と法人税法上の「資産・負債」の額に相違が生じた場合に、利益の金額をもとに課税される法人税等の額を適切に期間配分することにより、「法人税等」の金額を「税引前当期純利益」に合理的に対応させるための手続きを（②**税効果・ア**）会計という。

(2) 合併（のれんと負ののれん発生益）

　　合併の対価が合併によって受け入れた資産から負債を差し引いた純資産額を上回る場合、その超過額である（③**のれん・キ**）は、貸借対照表の（④**無形固定資産・ウ**）の区分に記載し、（20）年以内に（**定額**）法その他合理的な方法によって規則的に償却しなければならない。これに対し、合併の対価が合併によって受け入れた純資産額を下回る場合、その不足額は、（**負ののれん発生益**）として損益計算書の（⑤**特別利益・エ**）の区分に記載されることになる。

(3) 有価証券

　　有価証券は、その保有目的にしたがい、（**売買目的有価証券**）、（⑥**満期保有目的の債券・ク**）、（**子会社株式及び関連会社株式**）およびその他有価証券に区分される。（⑥**満期保有目的の債券・ク**）は（⑦**取得原価・カ**）をもって貸借対照表価額とするが、債券金額より低い価額または高い価額で取得した場合、その差額が金利の調整と認められるときは、その差額を償還期まで一定の方法で取得価額に加減する。この方法を（⑧**償却原価・イ**）法という。たとえば、20×1年4月1日に社債1,000,000千円を額面100円につき99.00円にて償還期日20×6年3月31日まで保有する目的で購入したとする。ここで定額法によって（⑧**償却原価・イ**）法を適用したとすると、20×3年3月31日時点での（⑥**満期保有目的の債券・ク**）の貸借対照表価額は（⑨**994,000**）^(※)千円となる。

105

※ 満期保有目的債券の償却原価法（定額法、仕訳の単位：千円）
　毎決算時に次のような仕訳をしています。

（満期保有目的債券）　2,000 *　（有価証券利息）　2,000

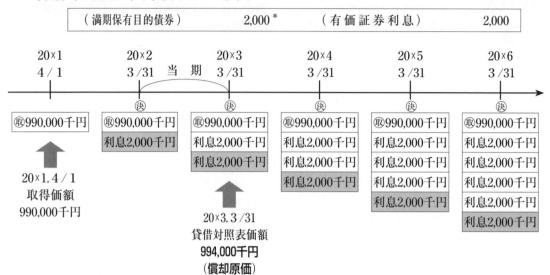

* 債券金額1,000,000千円と取得価額990,000千円との差額を5年間（60か月）で償却します。

$$取得価額：\underbrace{1,000,000千円}_{債券金額} \times \frac{@99.00円}{@100円} = 990,000千円$$

$$1年分の償却額：(\underbrace{1,000,000千円}_{債券金額} - \underbrace{990,000千円}_{取得価額}) \times \frac{12か月}{60か月} = 2,000千円$$

その結果、20×3年3月31日の貸借対照表価額は、

$$\underbrace{990,000千円}_{取得価額} + \underbrace{2,000千円 \times 2年分}_{償却額} = \underbrace{\mathbf{994,000千円}}_{償却原価}$$

となります。

精算表の作成問題です。
未処理事項の仕訳・決算整理仕訳を修正記入欄に直接記入し、損益計算書欄および貸借対照表欄を完成させていきます。決算の問題は、1つ1つの決算整理仕訳をきちんと理解できているかが重要です。

[決算整理事項その他]
(1) 決算時の判明事項
① 現金過不足の整理

（現　　　金）	50	（雑　　益）	50

雑　益：65,400円 － 65,350円 ＝ 50円
　　　　　実際有高　　帳簿残高

② 裏書きした手形が決済されたとき

仕　訳　な　し

過去に裏書き済みの（＝手許にはない）手形が無事決済されたというだけです。手持ちの受取手形が決済された訳ではないので、受取手形勘定を動かさないことに注意が必要です。

③ 売掛金の貸倒れ（未処理）
前期以前に発生した売掛金が貸し倒れた場合は貸倒引当金を取り崩します。

（貸 倒 引 当 金）	23,000	（売　掛　金）	23,000

この処理が(2)の貸倒引当金の設定に影響します。

④ 建物の完成・引渡し（未処理）

（建　　　　物）	1,500,000	（建 設 仮 勘 定）	1,200,000
		（当 座 預 金）	300,000

この処理が(5)の有形固定資産の減価償却に影響します。

(2) 貸倒引当金の設定（差額補充法）

（貸倒引当金繰入）	7,940	（貸 倒 引 当 金）	7,940

貸倒引当金の設定にあたって、(1)③を考慮します。

貸 倒 引 当 金：（280,000円 ＋ 390,000円 － 23,000円）× 2％ ＝ 12,940円
　　　　　　　　　　受取手形　　　売掛金　　　貸倒れ

貸倒引当金繰入：12,940円 －（28,000円 － 23,000円）＝ 7,940円
　　　　　　　　　　貸倒引当金　　試算表欄　　貸倒れ

(3) 売買目的有価証券の評価替え

（有価証券評価損）	4,050	（売買目的有価証券）	4,050

時価法により評価しますので、帳簿価額147,550円を時価143,500円に評価替えします。

	帳簿価額	時　価
A社株式	37,800円	41,500円
B社株式	81,900円	72,200円
C社社債	27,850円	29,800円
	147,550円　＜比較＞　143,500円	

有価証券評価損(益)：143,500円 − 147,550円 = △4,050円〈評価損〉
　　　　　　　　　　　時価合計　　帳簿価額合計

(4) 売上原価の計算と期末商品の評価
　① 売上原価の計算

| （仕　　　　入） | 69,800 | （繰　越　商　品） | 69,800 |
| （繰　越　商　品） | 88,150 | （仕　　　　入） | 88,150 |

　② 棚卸減耗損の計上

| （棚　卸　減　耗　損） | 1,505 | （繰　越　商　品） | 1,505 |

　　期末商品の評価にあたっては、商品の種類ごとに次のようなボックス図を書いて計算します。
　　なお、原価（@215円）より正味売却価額（@221円）が高いため、商品評価損は生じません。

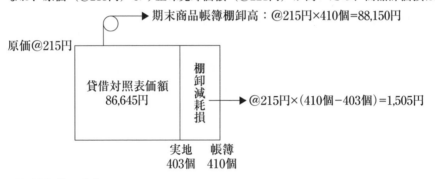

(5) 減価償却費の計上

| （減　価　償　却　費） | 297,390 | （建物減価償却累計額） | 228,750 |
| | | （備品減価償却累計額） | 68,640 |

　① 建物（定額法）
　　既存の建物：7,500,000円 × 0.9 ÷ 30年 = 225,000円　⎫
　　新規の建物：1,500,000円 × 0.9 ÷ 30年 × $\frac{1か月}{12か月}$ = 3,750円　⎬ 228,750円
　② 備品（定率法）
　　（670,000円 − 326,800円）× 20% = 68,640円

(6) のれんの償却

| （の れ ん 償 却） | 28,000 | （の　　れ　　ん） | 28,000 |

　のれんは×24年4月1日に取得したものですから、すでに3年分の償却が行われていることになります。したがって、決算整理前の残高を残り7年で償却します。
　当期償却額：196,000円 ÷（10年 − 3年）= 28,000円

(7) 満期保有目的債券の償却原価法（定額法）

| （満期保有目的債券） | 1,200 | （有　価　証　券　利　息） | 1,200 |

　額面総額500,000円と払込金額との差額を5年間で償却します。
　当期償却額：(500,000円 − 500,000円 × $\frac{@98.80円}{@100円}$) × $\frac{12か月}{60か月}$ = 1,200円
　　　　　　　　　　額面金額　　　　払込金額

　なお、利払日と決算日が一致しているため、利札分の利息（クーポン利息）の処理は必要ありません。

(8) 退職給付費用の計上

| （退職給付費用） | 175,000 | （退職給付引当金） | 175,000 |

(9) 費用の前払い（前払費用の計上）

| （前払保険料） | 30,000 | （保　険　料） | 30,000 |

　毎年、継続して保険料を向こう１年分支払っているため、試算表の保険料は期首に行った再振替仕訳分（４か月）と当期の支払分（12か月）の合計（16か月分）を示しています。このうち、翌期の４か月分を次期に繰り延べます。

前払保険料：$120,000円 \times \dfrac{4か月}{16か月} = 30,000円$

第4問(1) 難易度 A　材料費と本社工場会計の仕訳問題です。勘定連絡図をイメージしながら仕訳を考えましょう。

１．費目別計算（材料の購入）

　材料の購入原価は、購入代価に材料副費（付随費用）を加算して計算します。なお、材料副費は購入代価の10％を予定配賦しています。また仕訳は、素材、買入部品および工場消耗品を合わせて行います。

素　　　材：$\underline{2,000円/kg \times 800kg}$ + $\underline{(2,000円/kg \times 800kg) \times 10\%}$ ＝1,760,000円
　　　　　　　　購入代価　　　　　　　　　　材料副費

買入部品：100円/個×3,000個＋(100円/個×3,000個)×10％＝　330,000円
工場消耗品：100,000円＋100,000円×10％　　　　　　　　＝　110,000円
購入原価：　　　　　　　　　　　　　　　　　　　　　　　2,200,000円

＊　この結果をもとに、材料購入時の仕訳を行います。

```
　　　買　　掛　　金　　　　　　　　　　　　材　　　　料
　　　　　　　　2,000,000 ──┐　　　　　　2,200,000
　　　材　料　副　費　　　　　├──→
　　　　　　　　　200,000 ──┘
```

解答　（材　　　　料）2,200,000　（買　　掛　　金）2,000,000
　　　　　　　　　　　　　　　　　　（材　料　副　費）　200,000

2．本社工場会計（材料の購入）

材料の購入原価は、購入代価に付随費用（引取運賃）を加算して求めます。

購入代価：＠300円×5,000個＝1,500,000円
付随費用：　　　　　　50,000円
購入原価：　　　　　1,550,000円

この結果をもとに、材料購入時の仕訳を行います。

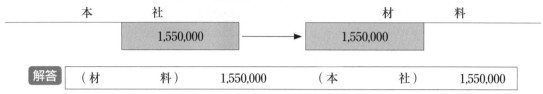

解答　（材　　　　料）　1,550,000　　（本　　　　社）　1,550,000

工場会計が独立していない場合には、貸方科目を買掛金勘定や現金勘定などで処理しますが、工場が独立している場合には、本社と工場間の取引につき、本社に対する債権・債務を本社勘定で処理します。

なお、本社と工場間の取引となるのは、工場側に、仕訳に必要な勘定科目が設定されていないときです。

3．本社工場会計（経費の計上）

減価償却費1,200,000円（間接経費）は製造間接費勘定へ振り替えます。

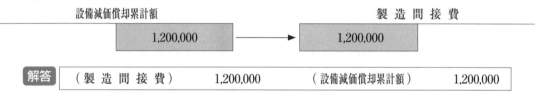

解答　（製　造　間　接　費）　1,200,000　　（設備減価償却累計額）　1,200,000

第２部　本試験演習編

解答への道

第１回

仕掛品勘定と損益計算書の作成問題です。製造原価の分類をした後、勘定連絡図を書いて計算しましょう。

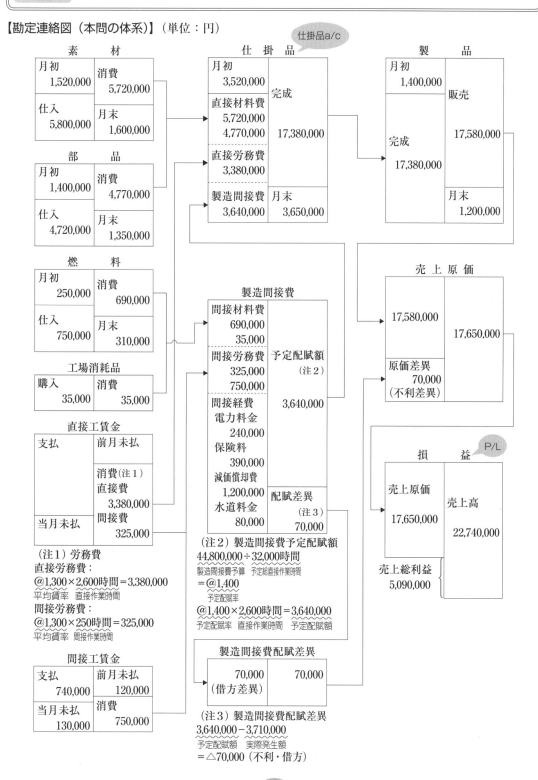

第5問 直接原価計算と全部原価計算の本質的な理解が問われています。ボリュームがあるので、両者の違いを考えて、いかに要領よく計算できるかがポイントです。

1．総原価データの整理

総原価のデータを次のように整理します。

(1) 変動費の合計金額

変動費	
直接材料費	400円/kg
変動加工費	140円/kg
変動販売費	80円/kg
合　計	620円/kg

変動製造原価：540円/kg（直接材料費＋変動加工費）

(2) 固定費の合計金額

固定費	
固定加工費	840,000円
固定販売費及び一般管理費	452,000円
合　計	1,292,000円

…固定製造原価：840,000円

2．直接原価計算（CVP分析）

生産・販売数量をx kgとおいて、直接原価計算方式の損益計算書を作成します。なお、販売価格は1,000円/kgです。また、売上高から変動費を差し引いて**貢献利益（解答ア）**が判明します。

(1) **月間貢献利益の計算**

損益計算書　　（単位：円）

売上高	1,000 x
変動費	620 x
貢献利益	380 x
固定費	1,292,000
営業利益	380 x − 1,292,000

上記、損益計算書の貢献利益380 x に代入します。

① 月間生産・販売量4,000kgの月間貢献利益
380円×4,000kg＝**1,520,000円**（解答①）

② 月間生産・販売量5,000kgの月間貢献利益
380円×5,000kg＝**1,900,000円**（解答②）

したがって、貢献利益は売上高に**比例して（解答イ）**変化します。

(2) 月間営業利益の計算

上記(1)の、損益計算書の営業利益380 x −1,292,000に代入します。

③ 月間生産・販売量4,000kgの月間営業利益
380円×4,000kg−1,292,000円＝**228,000円**（解答③）

(3) 損益分岐点の月間売上高

上記(1)の、損益計算書の営業利益を0とおいて販売数量を求めます。

$$380\chi - 1{,}292{,}000 = 0$$
$$380\chi = 1{,}292{,}000$$
$$\chi = 1{,}292{,}000 \div 380$$
$$\therefore \chi = 3{,}400\text{kg}$$

よって、損益分岐点売上高は、

1,000円×3,400kg＝**3,400,000円**（**解答④**）

3．直接原価計算と全部原価計算の違い
・生産量を5,000kgに増やし、販売量が4,000kgで変わらないときの営業利益

　当月は月末・月初に仕掛品と製品がない（在庫がない）ため、どちらも当月投入分がすべて完成し販売されています。このようなケースでは、直接原価計算によった場合と全部原価計算によった場合の営業利益は同じ金額になります。

　それに対して、今回のように、月末に製品がある（在庫がある）ケースでは異なります。直接原価計算によった場合は、販売量の影響しか受けないため、販売量が同じであればまったく同じ営業利益になります。

　しかし、全部原価計算によった場合は、生産量と販売量の両方の影響を受けるため、「月末製品に含まれる固定加工費」の分だけ営業利益は異なります。この点に着目したのがいわゆる「固定費調整」です。

〈直接原価計算〉

　直接原価計算の営業利益は月間販売量が4,000kgで変わらないので、当月と同額の**228,000円**（**解答⑤**）になります。

〈全部原価計算〉

　固定費調整を示すと、次のようになります。なお、全部原価計算では月間生産量をもとに配賦率を算定しています。

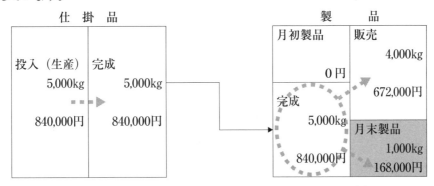

月末製品原価：$\dfrac{840{,}000円}{5{,}000\text{kg}} \times 1{,}000\text{kg} = 168{,}000円$

よって、全部原価計算の営業利益は**396,000円**（**解答⑥**）になります。

第2回 解答

問　題 ▶ 8

第1問 20点

仕訳一組につき4点

	借　方		貸　方	
	記　　号	金　　額	記　　号	金　　額
1	（ ウ ）	5,000,000	（ ア ） （ エ ）	4,995,000 5,000
2	（ エ ） （ ウ ） （ カ ）	720,000 50,000 30,000	（ イ ）	800,000
3	（ ウ ） （ オ ）	900,000 600,000	（ イ ） （ エ ）	900,000 600,000
4	（ カ ）	3,400,000	（ イ ） （ エ ） （ オ ）	2,700,000 200,000 500,000
5	（ カ ）	800,000	（ エ ）	800,000

第2部　本試験演習編

第2問 20点　　　　　　　　　　　　　　　　●数字…予想配点

株 主 資 本 等 変 動 計 算 書
自×29年4月1日　至×30年3月31日　　　　　（単位：千円）

	資 本 金	資 本 準 備 金	その他資本剰余金	資本剰余金合計
当 期 首 残 高	20,000	（　　1,600）	（　　　500）	（　　2,100）
当 期 変 動 額				
剰余金の配当		（　　　25）	❷（　△275）	（　△250）
別途積立金の積立て				
新 株 の 発 行	（　250）	（　　250）		❷（　250）
吸 収 合 併	（　3,000）		（　1,400）	（　1,400）
当 期 純 利 益				
当期変動額合計	（　3,250）	❷（　275）	（　1,125）	（　1,400）
当 期 末 残 高	❷（　23,250）	（　1,875）	（　1,625）	（　3,500）

（下段へ続く）

（上段から続く）

	利益準備金	別途積立金	繰越利益剰余金	利益剰余金合　計	株主資本合　計
当 期 首 残 高	400	（　　220）	（　1,200）	（　1,820）	❷（23,920）
当 期 変 動 額					
剰余金の配当	（　75）		❷（△825）	（△750）	（△1,000）
別途積立金の積立て		（　80）	（　△80）	—	—
新 株 の 発 行					（　500）
吸 収 合 併					（　4,400）
当 期 純 利 益			（　980）	（　980）	（　980）
当期変動額合計	❷（　75）	（　80）	（　75）	❷（　230）	（　4,880）
当 期 末 残 高	（　475）	❷（　300）	（　1,275）	（　2,050）	❷（28,800）

115

第3問 20点　　　　　　　　　　　　　　　　　　　　　●数字…予想配点

損 益 計 算 書
（自×27年4月1日　至×28年3月31日）

（単位：円）

Ⅰ 売　　　上　　　高			(49,017,000 ❷)
Ⅱ 売　上　原　価			
1 期首商品棚卸高	(3,800,000)		
2 当期商品仕入高	(32,651,000)		
合　　　　計	(36,451,000)		
3 期末商品棚卸高	(4,200,000)		
差　　　　引	(32,251,000)		
4 棚　卸　減　耗　損	(180,000 ❷)		
5 商　品　評　価　損	(190,000)	(32,621,000)	
売　上　総　利　益		(16,396,000 ❶)	
Ⅲ 販売費及び一般管理費			
1 給　　　　　　　料	9,608,300		
2 水　道　光　熱　費	256,500		
3 保　　険　　料	(360,000 ❷)		
4 退　職　給　付　費　用	(490,000)		
5 減　価　償　却　費	(463,500 ❷)		
6 貸　倒　損　失	(30,000)		
7 貸倒引当金繰入	(35,700 ❷)	(11,244,000)	
営　業　利　益		(5,152,000 ❶)	
Ⅳ 営　業　外　収　益			
1 受　取　利　息	(100,000)		
2 有価証券評価益	(50,000 ❷)	(150,000)	
Ⅴ 営　業　外　費　用			
1 支　払　利　息	288,000		
2 貸倒引当金繰入	(150,000 ❷)		
3 有価証券売却損	964,000	(1,402,000)	
経　常　利　益		(3,900,000 ❶)	
Ⅵ 特　別　利　益			
1 固定資産売却益		(800,000)	
Ⅶ 特　別　損　失			
1 災　害　損　失		(700,000 ❷)	
税引前当期純利益		(4,000,000)	
法人税、住民税及び事業税		(1,000,000)	
当　期　純　利　益		(3,000,000 ❶)	

第4問(1) 12点

仕訳一組につき4点

	借　　　方		貸　　　方	
	記　号	金　　額	記　号	金　　額
1	（ ウ ） （ エ ）	2,184,000 3,146,000	（ イ ）	5,330,000
2	（ ウ ）	7,488,000	（ エ ）	7,488,000
3	（ オ ） （ カ ）	28,000 104,000	（ エ ）	132,000

第4問(2) 16点

●数字…予想配点

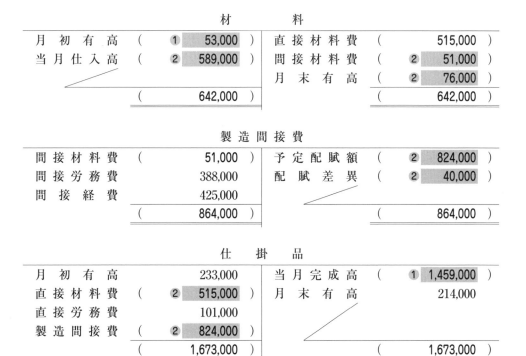

第5問 12点   ●数字…予想配点

(注) 実際の本試験では、①⑦については、記号のみを解答してください。

　直接原価計算による損益計算書では、売上高から変動費を控除して（①**イ（貢献利益）**②）を計算し、さらに固定費を控除して営業利益を計算する。第1期の①は（②　1,100,000　❶）円、営業利益は（③　220,000　❶）円である。一方、全部原価計算によると、第1期の売上総利益は（④　700,000　❶）円、営業利益は直接原価計算と同じである。

　第2期の営業利益は、直接原価計算によると（⑤　110,000　❶）円、全部原価計算によると（⑥　260,000　❶）円である。この営業利益の差は、全部原価計算において期末棚卸資産に含まれる（⑦**オ（固定製造間接費）**②）の分である。

　仮に、第2期の製品生産量を3,000個とすると、期末製品在庫量は（⑧　1,200　❶）個に増える。このときの営業利益は、直接原価計算によると（⑨　110,000　❶）円、全部原価計算によると（⑩　350,000　❶）円になる。

118

第2回 解答への道　問　題▶　8

解答への道

第2回

第1問 指定勘定科目を記号で解答しなければ正解になりませんので注意してください。
A：普通、B：やや難しい、C：難問となっています。

1 **A** **2** **A** **3** **A** **4** **A** **5** **A**

1．仕入割引

解答	（買　　掛　　金）	5,000,000	（現　　　　　金）	4,995,000
			（仕　入　割　引）	5,000

　買掛金を割引有効期限内に決済したため、実際の支払額は5,000円安く済んでいます。これは、利息相当額が免除されたものと考えて、受取利息と同じ性質の仕入割引勘定（収益）で処理します。

　　仕入割引：5,000,000円×0.1％＝5,000円

2．有形固定資産の除却

解答	（備品減価償却累計額）	720,000	（備　　　　　品）	800,000
	（貯　　蔵　　品）	50,000		
	（固定資産除却損）	30,000		

　固定資産の勘定（取得原価）と減価償却累計額を減少させ、帳簿価額を取り消します。除却した固定資産の処分価額は貯蔵品勘定で処理し、差額を固定資産除却損（費用）とします。

3．株主資本の計数の変動

解答	（その他資本剰余金）	900,000	（資　本　準　備　金）	900,000
	（繰越利益剰余金）	600,000	（利　益　準　備　金）	600,000

　株主資本の計数の変動とは、株主資本を構成する「資本金」「準備金」および「剰余金」の中で、ある科目から別の科目へ振り替える（①ある科目の残高を減らして②別の科目の残高を増やす）ことにより、株主資本の内訳を変更することをいいます。なお、「剰余金」を「準備金」に組み入れる場合、元手を源泉とするその他資本剰余金なら資本準備金へ、もうけを源泉とする繰越利益剰余金なら利益準備金に組み入れます。

（その他資本剰余金）	900,000	（資　本　準　備　金）	900,000
①その他資本剰余金を減らして		②資本準備金を増やす	

（繰越利益剰余金）	600,000	（利　益　準　備　金）	600,000
①繰越利益剰余金を減らして		②利益準備金を増やす	

4．利益剰余金の配当・処分

解答	（繰越利益剰余金）	3,400,000	（未　払　配　当　金）	2,700,000
			（利　益　準　備　金）	200,000
			（別　途　積　立　金）	500,000

　株主総会における繰越利益剰余金の配当と処分では、利益準備金の計算が重要です。

　利益準備金は、毎決算期に利益の処分として支出する金額（株主配当金）の10分の1を、配当処

119

分時の資本準備金と利益準備金の合計額が資本金の4分の1に達するまで積み立てます。

① (@900円×3,000株)×$\frac{1}{10}$＝270,000円
　　　株主配当金

② 積立限度額：80,000,000円×$\frac{1}{4}$ －(12,000,000円＋7,800,000円)＝200,000円
　　　　　　　　　資本金　　　　　　　資本準備金と利益準備金

③ ①と②のいずれか小さい方　∴200,000円

5．外貨建取引（為替予約）

商品の販売後に為替予約をした取引です。

(1) 掛けで商品を販売したとき ← すでにこの処理を行っていることが前提

| （売　掛　金） | 46,000,000* | （売　　　上） | 46,000,000 |

* 外貨建売掛金：115円/ドル×400,000ドル＝46,000,000円
　　　　　　　　直物為替相場

(2) 為替予約をしたとき ← 本　問

外貨建金銭債権を為替予約にもとづく先物為替相場（予約レート）による円換算額に換算替えします。また、それにともなって生じた差額は為替差損益とします。

解答　（為 替 差 損 益）　800,000　（売　掛　金）　800,000*

* 為替差損益：113円/ドル×400,000ドル－46,000,000円＝△800,000円
　　　　　　　先物為替相場　　　　　　　　　　　　　売掛金の減少額

純資産に関する一連の取引をもとに「株主資本等変動計算書」を作成する問題です。
株主資本等変動計算書は、株主資本（純資産）の金額に着目して仕訳します。ただし、問題文は「円」単位であるのに対し、答案用紙は「千円」単位なので、答案用紙に合わせて千円単位で計算するとよいでしょう。

（仕訳の単位：千円）

1．当期首残高

前期末の貸借対照表における各純資産項目の残高を記入します。

2．×29年6月28日：剰余金の配当および処分

(1) その他資本剰余金の配当と資本準備金の積み立て

その他資本剰余金を財源に配当を行います。なお、その他資本剰余金を財源に配当した場合は、会社法が規定する積立可能額に達するまで、配当金の10分の1に相当する金額を「資本準備金」として積み立てます。

剰余金の配当：⊖ ⇔ | （その他資本剰余金）　275 | （未 払 配 当 金）　250 |
　　　　　　　　　　|　　　　　　　　　　　　　　 | （資 本 準 備 金）　 25 | ⇒ 剰余金の配当：⊕

配当金：@5円×50,000株＝250千円

資本準備金：250千円×$\frac{1}{10}$＝25千円

⊕は純資産の増加
⊖は純資産の減少

第2部　本試験演習編

解答への道

(2)　繰越利益剰余金の配当と利益準備金の積み立て

繰越利益剰余金を財源に配当を行います。なお、繰越利益剰余金を財源に配当した場合は、会社法が規定する積立可能額に達するまで、配当金の10分の1に相当する金額を「利益準備金」として積み立てます。

剰余金の配当：⊖ ⇦

（繰越利益剰余金）	825	（未 払 配 当 金）	750
		（利 益 準 備 金）	75

⇨ 剰余金の配当：⊕

配当金：@15円×50,000株＝750千円

利益準備金：750千円×$\frac{1}{10}$＝75千円

● ワンポイントアドバイス ●

ここで、準備金の積立額の上限について確認してみましょう。

資本金20,000千円×$\frac{1}{4}$－（資本準備金1,600千円＋利益準備金400千円）＝3,000千円

上限金額5,000千円

したがって、資本準備金として25千円、利益準備金75千円を積み立てても上限金額の5,000千円には達しません。

また、仮に上限金額に達するような場合は、「配当した金額の割合」で按分し、資本準備金と利益準備金の積立額を求めることとなります。

(3)　別途積立金の積み立て

繰越利益剰余金を処分し、別途積立金を積み立てます。

別途積立金の積立て：⊖ ⇦

（繰越利益剰余金）	80	（別 途 積 立 金）	80

⇨ 別途積立金の積立て：⊕

3．×29年9月1日：増資（新株の発行）

会社法が規定する最低額にもとづき、2分の1を資本金、残りを資本準備金とします。

（当 座 預 金）	500	（資　　本　　金）	250
		（資 本 準 備 金）	250

⇨ 新株の発行：⊕
⇨ 新株の発行：⊕

資本金：@500円×1,000株×$\frac{1}{2}$＝250千円

資本準備金：（@500円×1,000株）－250千円＝250千円

500千円　　　　　　資本金組入額

4．×30年2月1日：吸収合併

合併にあたり新株を発行した場合には、純資産（株主資本）が増加します。

（諸　　資　　産）	9,000	（諸　　負　　債）	5,000
（の　　れ　　ん）	400	（資　　本　　金）	3,000
		（その他資本剰余金）	1,400

⇨ 吸収合併：⊕
⇨ 吸収合併：⊕

増加純資産（株主資本）：@550円×8,000株＝4,400千円

その他資本剰余金：4,400千円－3,000千円＝1,400千円

資本金組入額

第2回

121

5．×30年3月31日：決算（当期純利益の振り替え）
   決算にあたり、損益勘定で計算した当期純利益を繰越利益剰余金勘定へ振り替えます。

   | （損　　　　　益） | 980 | （繰越利益剰余金） | 980 | ⇨ 当期純利益：⊕ |

以上の仕訳を参考に、株主資本等変動計算書を完成させます。

損益計算書の作成問題です。決算整理前残高試算表（前T/B）に決算整理仕訳を直接書き込み、損益計算書項目（収益・費用）だけの残高に着目して解答すると速く解けます。

1．未処理事項等［資料2］
(1) 固定資産の取得（訂正仕訳）

固定資産の取得原価は、その資産を手に入れて使用できるまでにかかった金額をいいます。使用できる状態にするための内装工事費は、本来、取得原価に算入されるべき金額です。それを修繕費として計上していたので、訂正のための仕訳を行います。

なお、土地2,000,000円と中古の建物3,000,000円の取得に関する取引は処理済みであるため、決算整理前残高試算表の金額に含まれていることに注意してください。

| （建　　　　　物） | 600,000 | （修　繕　費） | 600,000 |

(2) 商品の売上計上（検収基準）

| （売　　掛　　金） | 70,000 | （売　　　　　上） | 70,000 |

＊ 売上：48,947,000円 ＋ 70,000円 ＝ 49,017,000円
　　　　決算整理前残高　　　　　　　決算整理後残高

(3) 売上債権の貸倒れ

売上債権が貸し倒れた場合、前期以前に販売した分の債権については貸倒引当金が設定されているため、これを優先的に取り崩します。それに対し、当期に販売した分の債権には貸倒引当金が設定されていないため、全額を貸倒損失勘定で処理します。

| （貸　倒　損　失） | 30,000 | （売　　掛　　金） | 50,000 |
| （貸　倒　引　当　金） | 20,000 | | |

2．決算整理事項［資料3］
(1) 売上原価の計算と期末商品の評価
① 売上原価の計算（仕入勘定で計算すると仮定）

| （仕　　　　　入） | 3,800,000 | （繰　越　商　品） | 3,800,000 |
| （繰　越　商　品） | 4,200,000 | （仕　　　　　入） | 4,200,000 |

② 棚卸減耗損の計上

| （棚　卸　減　耗　損） | 180,000 | （繰　越　商　品） | 180,000 |

③ 商品評価損の計上

（商品評価損）	190,000	（繰越商品）	190,000

④ 棚卸減耗損と商品評価損の仕入勘定への振り替え

棚卸減耗損と商品評価損を売上原価に算入するために仕入勘定へ振り替えます。

（仕　　　入）	180,000	（棚卸減耗損）	180,000
（仕　　　入）	190,000	（商品評価損）	190,000

(2) 売上債権に対する貸倒引当金の設定（差額補充法）

（貸倒引当金繰入）	35,700	（貸倒引当金）	35,700

貸倒引当金の設定にあたって、**[資料２]** ２．と３．を考慮します。

売上債権の貸倒見積額等の計算

	貸倒見積額	試算表	繰入額

クレジット売掛金：1,800,000円×0.5％＝9,000円

受取手形：3,087,000円×1％＝30,870円

売　掛　金：(5,163,000円＋70,000円－50,000円)×1％＝51,830円

$$\Big\} -(76,000円-20,000円)=35,700円$$

＊　なお、売上債権（営業債権）に対する貸倒引当金繰入は、損益計算書上「Ⅲ　販売費及び一般管理費」の区分に表示します。

(3) 減価償却費の計上

（減価償却費）	463,500	（建物減価償却累計額）	103,500
		（車両運搬具減価償却累計額）	360,000

① 建物（定額法）

既存の建物：(7,000,000円－3,000,000円)×0.9÷40年＝90,000円
（新規分）

新規の建物：(3,000,000円＋600,000円)×0.9÷40年× $\dfrac{2か月}{12か月}$ ＝13,500円
（前記１.(1)）

$\Big\}$ 103,500円

② 車両（生産高比例法）

2,000,000円×0.9× $\dfrac{40,000km}{200,000km}$ ＝360,000円

(4) 有価証券の評価

① 売買目的有価証券の評価

（売買目的有価証券）	50,000	（有価証券評価益）	50,000

有価証券評価損益：600,000円－550,000円＝50,000円（評価益）
　　　　　　　　　（時　価）　（決算整理前残高）

② その他有価証券の評価

本問は損益計算書の作成であるため、以下の仕訳は解答にあたって影響しません。

（その他有価証券）	30,000	（その他有価証券評価差額金）	30,000

(5) 退職給付引当金の設定

（退職給付費用）	490,000	（退職給付引当金）	490,000

(6) 費用の前払い（前払費用の計上）

（ 前 払 費 用 ）	60,000	（ 保 険 料 ）	60,000

　　毎年、継続して保険料を先に支払っているため、試算表の保険料は期首に行った再振替仕訳分（2か月）と当期の支払分（12か月）の合計（14か月分）を示しています。このうち、翌期の2か月分を次期に繰り延べます。

$$前払費用：420,000円 \times \frac{2か月}{14か月} = 60,000円$$

$$＊\quad 保険料：\underset{決算整理前残高}{420,000円} - 60,000円 = \underset{決算整理後残高}{360,000円}$$

(7) 収益の未収と貸付金に対する貸倒引当金の設定

① 未収収益の計上

（ 未 収 収 益 ）	100,000	（ 受 取 利 息 ）	100,000

$$未収収益：5,000,000円 \times 年利率4.8\% \times \frac{5か月}{12か月} = 100,000円$$

② 貸付金に対する貸倒引当金の設定

（ 貸倒引当金繰入 ）	150,000	（ 貸 倒 引 当 金 ）	150,000

　　貸倒引当金繰入：5,000,000円 × 3％ = 150,000円

　　貸付金は当期（×27年11月1日）に期間1年で貸し付けたものであるため、決算整理前残高試算表の貸倒引当金は、全額、前記2．(2)の売上債権のものであることがわかります。したがって、見積額の全額を貸倒引当金として設定します。

　　＊　なお、貸付金（営業外債権）に対する貸倒引当金繰入は、損益計算書上「Ⅳ　営業外費用」の区分に表示します。

(8) 法人税、住民税及び事業税の計上

（法人税,住民税及び事業税）	1,000,000	（ 仮 払 法 人 税 等 ）	400,000
		（ 未 払 法 人 税 等 ）	600,000

　　税引前当期純利益は、損益計算書の金額がすべて判明すれば計算できますが、本問では、法人税、住民税及び事業税が1,000,000円と与えられていますので、これをヒントに次のようにも推定できます。

$$税引前当期純利益：\underset{法人税等}{1,000,000円} \div 25\% = 4,000,000円$$

第4問(1) 難易度 A　労務費と製造間接費の仕訳問題です。勘定連絡図から仕訳を考えていきます。

1．労務費の計算
(1) 直接工の計算

労務費は予定総平均賃率@1,400円を用いて計算し、賃金勘定から直接労務費は仕掛品勘定へ、間接労務費は製造間接費勘定へ振り替えます。

① 直接労務費

@1,400円 × 1,560時間 = 2,184,000円
　　　　　　直接作業時間

② 間接労務費

@1,400円 ×(120時間 + 20時間)= 196,000円
　　　　　　間接作業時間　手待時間

(2) 間接工の計算

間接労務費は賃金勘定から製造間接費勘定へ振り替えます。

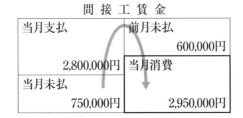

当月消費額：2,800,000円 － 600,000円 + 750,000円 = 2,950,000円
　　　　　　　当月支払　　前月未払　　当月未払

(3) まとめ

直接労務費：**2,184,000円**
　　　　　　直接工

間接労務費：196,000円 + 2,950,000円 = **3,146,000円**
　　　　　　直接工　　　間接工

この結果をもとに、賃金消費時の仕訳を行います。

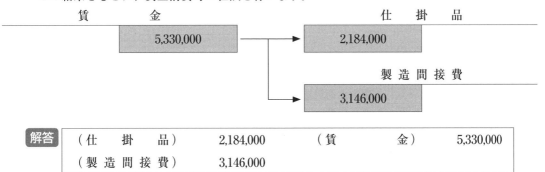

解答
| (仕　掛　品) | 2,184,000 | (賃　　　金) | 5,330,000 |
| (製造間接費) | 3,146,000 | | |

2．製造間接費の予定配賦

(1) 予定配賦率の算定

$$\frac{年間製造間接費予算92,160,000円}{年間予定総直接作業時間19,200時間} = @4,800円$$

(2) 製造指図書別の予定配賦額

製造間接費は直接作業時間を配賦基準に予定配賦しているため、実際直接作業時間1,560時間は「直接工の直接作業時間」を使用して計算します。

@4,800円 × 1,560時間（直接作業時間） = **7,488,000円**

この結果をもとに、予定配賦の仕訳を行います。

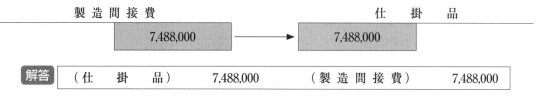

解答　（仕　掛　品）　7,488,000　　（製　造　間　接　費）　7,488,000

3．製造間接費配賦差異の計上（原価差異の分析）

(1) 製造間接費配賦差異の計算

7,488,000円（予定配賦額） − 7,620,000円（実際発生額） = △132,000円〔借方差異〕

(2) 製造間接費配賦差異の分析

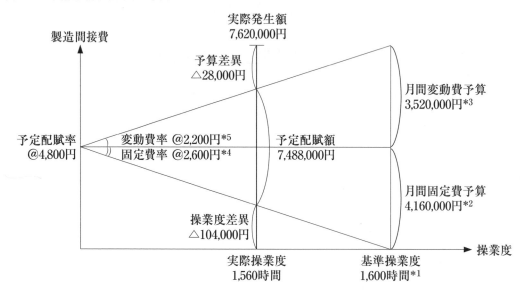

* 1　月間基準操業度：年間基準操業度19,200時間 ÷ 12か月 = 1,600時間
* 2　年間固定費予算：年間製造間接費92,160,000円 − 年間変動費予算42,240,000円 = 49,920,000円
　　　月間固定費予算：年間固定費予算49,920,000円 ÷ 12か月 = 4,160,000円
* 3　月間変動費予算：年間変動費予算42,240,000円 ÷ 12か月 = 3,520,000円
* 4　固定費率：月間固定費予算4,160,000円 ÷ 月間基準操業度1,600時間 = @2,600円
* 5　変動費率：月間変動費予算3,520,000円 ÷ 月間基準操業度1,600時間 = @2,200円

予 算 差 異

(@2,200円×1,560時間＋4,160,000円)－7,620,000円＝△28,000円〔借方差異〕
　変動費率　　実際操業度　　固定費予算　　　実際発生額

操 業 度 差 異

@2,600円×(1,560時間－1,600時間)＝△104,000円〔借方差異〕
　固定費率　　実際操業度　基準操業度

この結果をもとに、原価差異を計上する仕訳を行います。

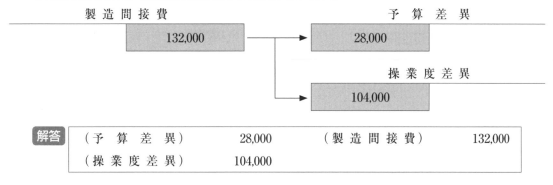

解答	（予　算　差　異）	28,000	（製　造　間　接　費）	132,000
	（操　業　度　差　異）	104,000		

第4問(2)　費目別計算と製造間接費の予定配賦の問題です。原料Xと消耗品Yがあるため、計算は材料の種類ごとに行いますが、勘定記入上は1つにまとめて記入するところや製造間接費の配賦がポイントになります。
難易度 A

【勘定連絡図（本問の体系）】

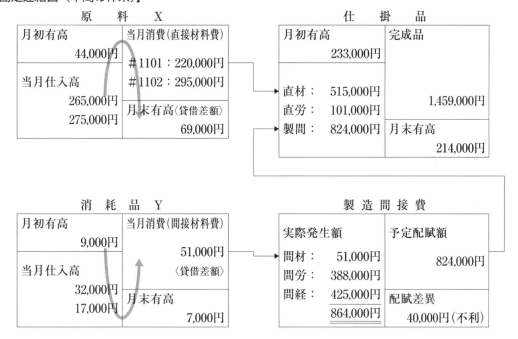

1．材料勘定の記入

原料Ｘと消耗品Ｙをまとめて記入します。

月 初 有 高：44,000円＋9,000円＝**53,000円**
　　　　　　　　原料Ｘ　　消耗品Ｙ

当月仕入高：265,000円＋275,000円＋32,000円＋17,000円＝**589,000円**
　　　　　　　　　原料Ｘ　　　　　　消耗品Ｙ

直接材料費：220,000円（＃1101）＋295,000円（＃1102）＝**515,000円**
　　　　　　　　　　　　　　原料Ｘ

間接材料費：9,000円＋32,000円＋17,000円－7,000円＝**51,000円**
　　　　　　　　　　　　消耗品Ｙ

月 末 有 高：69,000円＋7,000円＝**76,000円**
　　　　　　　　原料Ｘ　　消耗品Ｙ

2．製造間接費勘定

製造間接費を 原料Ｘの消費高 を基準に予定配賦します。

① 予定配賦率の算定

予定配賦率：$\dfrac{製造間接費年間予算額9,600,000円}{原料Ｘ年間予定消費高6,000,000円}$＝@1.6円

● 🖋ワンポイントアドバイス ●

　　製造間接費の配賦とは、ある一定の基準によって製造間接費を各製造指図書に割り当てる（負担させる）手続きをいいます。この製造間接費の配賦基準は、企業ごとに最適な基準を自由に選択できます。

　　簿記検定２級では、直接工の直接作業時間や機械稼働時間が配賦基準になっていることが多いですが、本問は 各製品の直接材料費の金額割合に応じて配賦 します（ 直接材料費基準 ）。したがって、「製造間接費が直接材料費１円あたり1.6円ずつ比例して掛かる」と考えて（仮定して）計算をしていくことになります。「配賦」には必ず基準が必要となります。いろいろな配賦基準があることを知っておきましょう。

② 予定配賦額の計算

予定配賦率に原料Ｘの 実際 消費高515,000円を掛けて、予定配賦額を計算します。

@1.6円×515,000円＝**824,000円**
予定配賦率　実際消費高

● 🖋ワンポイントアドバイス ●

　　予定配賦額の「予定」というのは、予定配賦率を用いることから「予定」と表現されているだけに過ぎません。予定配賦額は予定配賦率に**実際配賦基準量**（本問であれば原料Ｘの**実際消費高**）を掛けて計算します。予定配賦額は、年間予算額を単純に12か月で割った金額ではありません。予定配賦額は「予定」という言葉に反して、会計年度期首など、予算（計画）段階ですでに金額が判明しているわけではないことに注意してください。

③ 配賦差異の把握

予定配賦額と実際発生額との差額から配賦差異を計算します。

824,000円－864,000円＝△**40,000円 （不利差異）**
予定配賦額　実際発生額

第5問　難易度 B

全部原価計算と直接原価計算の比較問題です。**固定製造間接費（固定製造原価）**の取り扱いが両者で異なります。全部原価計算では製品の原価としますが、直接原価計算では当期の費用（期間原価）とします。この処理の違いが利益に影響を与えることを理解しているかが問われています。

変動製造原価は次のように計算します。

@300円（直接材料費） + @160円（直接労務費） + @90円（変動製造間接費） = @550円

1．第1期の直接原価計算の勘定連絡図

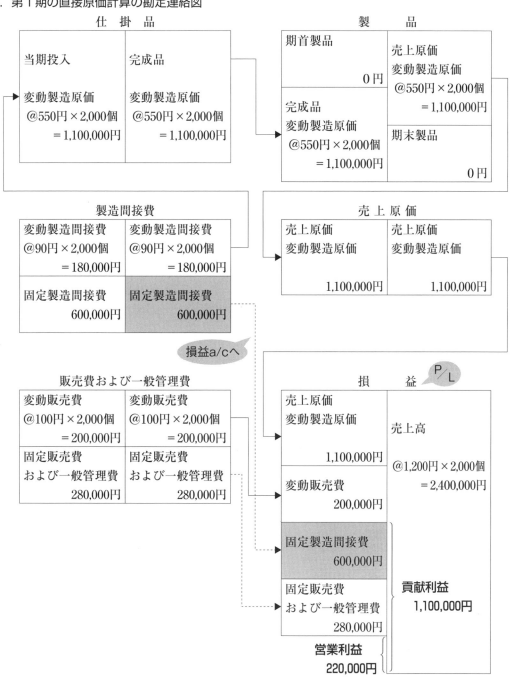

2．第1期の全部原価計算の勘定連絡図

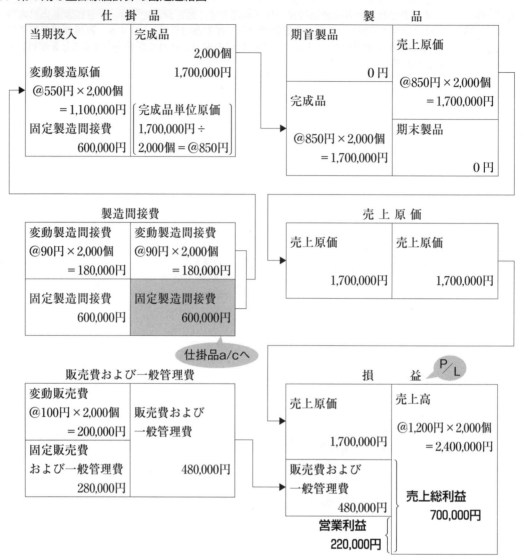

●ワンポイントアドバイス●

　第1期は期首・期末に仕掛品と製品がない（在庫がない）ため、当期投入分がすべて完成し販売されています。このような場合、直接原価計算によった場合と全部原価計算によった場合の営業利益は同じになります。

3．第2期の直接原価計算の勘定連絡図

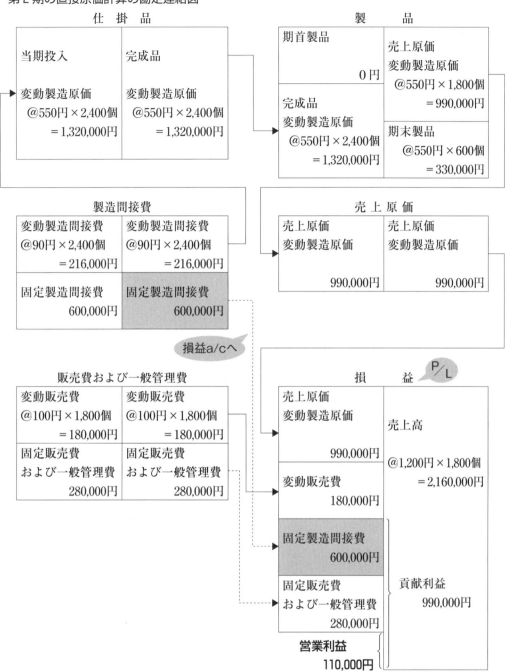

4．第2期の全部原価計算の勘定連絡図

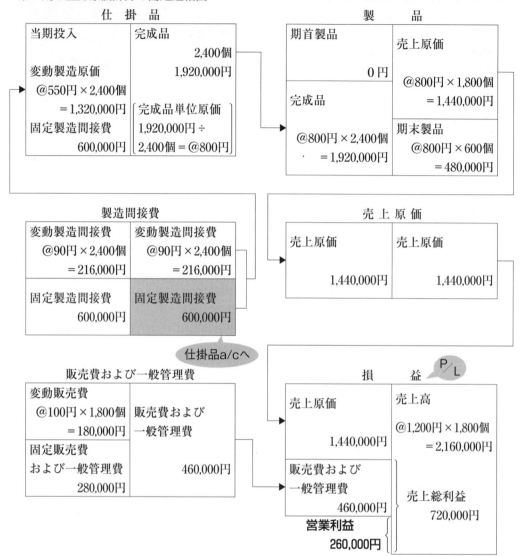

> **ワンポイントアドバイス**
>
> 　第2期は期末に製品が600個あります（在庫があります）。このような場合、期末製品（期末棚卸資産）に含まれる固定製造間接費の分だけ、直接原価計算によった場合と全部原価計算によった場合の営業利益は異なります。

5．第2期の「製品生産量を3,000個とする場合」の直接原価計算の勘定連絡図

仮に、第2期の製品生産量を3,000個とすると、期末製品在庫量は1,200個に増えます。

3,000個 － 1,800個 ＝ **1,200個**
完成品　　売上原価

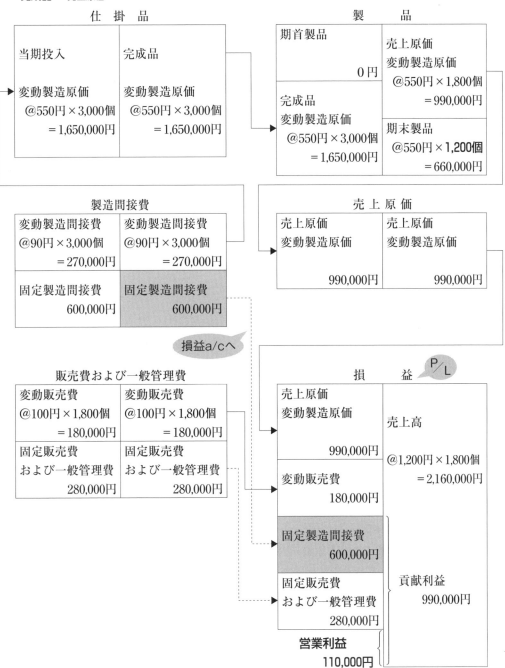

6．第2期の「製品生産量を3,000個とする場合」の全部原価計算の勘定連絡図

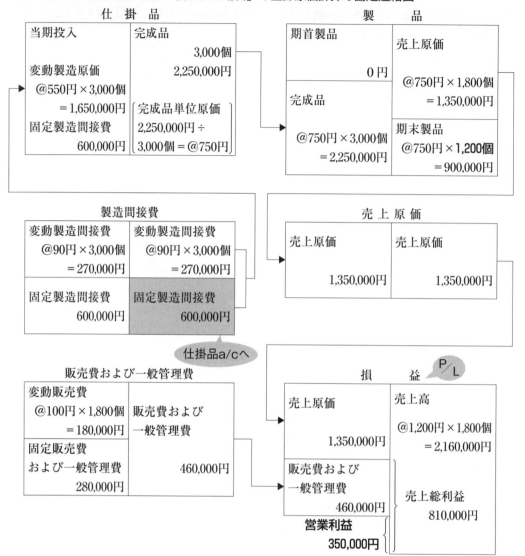

- ワンポイントアドバイス -

　第2期において期末製品在庫量が1,200個増えた場合、増えた期末製品に含まれる固定製造間接費の分だけ、直接原価計算によった場合と全部原価計算によった場合の営業利益の差はさらに大きくなります。

MEMO

第3回 解答

問題 ▶ 14

第1問 20点

仕訳一組につき4点

	借　方		貸　方	
	記　　号	金　　額	記　　号	金　　額
1	（　ア　） （　カ　）	297,200 2,800	（　イ　）	300,000
2	（　ウ　） （　オ　）	988,000 800	（　ア　）	988,800
3	（　イ　） （　ウ　） （　カ　）	180,000 600,000 120,000	（　ア　）	900,000
4	（　オ　） （　ア　）	22,400,000 22,400,000	（　キ　） （　ク　） （　ウ　）	11,200,000 11,200,000 22,400,000
5	（　ウ　）	260,000	（　エ　）	260,000

第2部　本試験演習編

第2問 20点

●数字…予想配点

(注) 実際の本試験では、記号のみを解答してください。

問1

(1)

借　　方		貸　　方	
記　号	金　額	記　号	金　額
(イ)諸　　資　　産	40,000,000	(ウ)諸　　負　　債	10,000,000
(ア)の　　れ　　ん	5,000,000	(エ)資　　本　　金	17,500,000
		(オ)資　本　準　備　金	17,500,000

❸

(2)

総　勘　定　元　帳（抄）

の　　れ　　ん　　　　　　　　　　　　35

日　付	摘　　要	仕丁	借　　方	日　付	摘　　要	仕丁	貸　　方
×8 4 1	前　期　繰　越	✓	4,200,000	×9 3 31	(キ)のれん償却	20	1,200,000 ❷
❷ 1	(コ)諸　　口	1	5,000,000	31	(ケ)次期繰越	✓	8,000,000 ❷
			9,200,000				9,200,000

問2

		借　　方		貸　　方	
		記　号	金　額	記　号	金　額
(1)		(イ)子　会　社　株　式	32,000,000	(ア)当　座　預　金	32,000,000	❸
(2)		(サ)仕　訳　な　し				❷
(3)	①	(エ)資　　本　　金	25,000,000	(イ)子　会　社　株　式	32,000,000	
		(オ)資　本　準　備　金	8,000,000	(キ)非　支　配　株　主　持　分	7,600,000	❷
		(カ)繰　越　利　益　剰　余　金	5,000,000			
		(ウ)の　　れ　　ん	1,600,000			
	②	(ク)の　れ　ん　償　却	160,000	(ウ)の　　れ　　ん	160,000	❷
	③	(ケ)非支配株主に帰属する当期純利益	180,000	(キ)非　支　配　株　主　持　分	180,000	❷

137

第3問 20点　　　　　　　　　　　　　　　　　　　●数字…予想配点

貸 借 対 照 表

株式会社鹿児島商会　　　　20×9年3月31日　　　　　　（単位：円）

資 産 の 部

I 流 動 資 産			
現 金 及 び 預 金		(	6,272,000)
売 掛 金	(9,220,000)		
貸 倒 引 当 金	(92,200)	(	9,127,800 ②)
商 品		(	8,500,000 ②)
未 収 入 金		(	1,540,000)
流 動 資 産 合 計		(	25,439,800)
II 固 定 資 産			
建 物	15,000,000		
減 価 償 却 累 計 額	(5,500,000)	(	9,500,000 ②)
備 品	7,200,000		
減 価 償 却 累 計 額	(1,200,000)	(	6,000,000)
投 資 有 価 証 券		(	7,700,000 ②)
長 期 貸 付 金	3,000,000		
貸 倒 引 当 金	(450,000)	(	2,550,000 ②)
固 定 資 産 合 計		(	25,750,000)
資 産 合 計		(	51,189,800)

負 債 の 部

I 流 動 負 債		
買 掛 金		7,736,000
未 払 法 人 税 等	(	1,334,000 ②)
未 払 消 費 税	(	1,520,000 ②)
流 動 負 債 合 計	(	10,590,000)
II 固 定 負 債		
繰 延 税 金 負 債	(	12,500 ②)
固 定 負 債 合 計	(	12,500)
負 債 合 計	(	10,602,500)

純 資 産 の 部

I 株 主 資 本		
資 本 金		30,000,000
繰 越 利 益 剰 余 金	(	9,987,300 ②)
株 主 資 本 合 計	(	39,987,300)
II 評 価 ・ 換 算 差 額 等		
その他有価証券評価差額金	(	600,000 ②)
評価・換算差額等合計	(	600,000)
純 資 産 合 計	(	40,587,300)
負 債 純 資 産 合 計	(	51,189,800)

第4問(1) 12点

仕訳一組につき4点

	借　方		貸　方	
	記　号	金　額	記　号	金　額
1	（ イ ）	266,000	（ カ ）	266,000
2	（ ウ ）	227,500	（ イ ）	227,500
3	（ エ ）	21,500	（ イ ）	21,500

第4問(2) 16点

●数字…予想配点

問1

仕　掛　品　　　　　　　　　（単位：円）

6/1	月初有高	(① 144,000)	6/30	製　品	(② 4,488,000)
30	直接材料費	(2,110,000)	〃	月末有高	(① 144,500)
〃	直接労務費	(① 1,397,500)			
〃	製造間接費	(① 981,000)			
		(4,632,500)			(4,632,500)

月　次　損　益　計　算　書　　　　　　（単位：円）

売　上　高			9,320,000
売上原価			
月初製品有高		560,000	
当月製品製造原価	(	4,488,000)	
合　　計	(	5,048,000)	
月末製品有高	(	2,130,000 ②)	
差　　引	(	2,918,000)	
原 価 差 異	(	139,000 ②)	(3,057,000)
売上総利益			(6,263,000)
販売費および一般管理費			1,870,000
営業利益			(4,393,000 ②)

問2　予算差異 ＝　② 40,000 円　（ 借方差異 ・ 貸方差異 ）

いずれかを○で囲むこと

　　　操業度差異 ＝　② 99,000 円　（ 借方差異 ・ 貸方差異 ）

いずれかを○で囲むこと

第5問 12点　　　　　　　　　　　　　　　　　　　　　　●数字…予想配点

直接原価計算による損益計算書　　　　（単位：円）

	前　々　期	前　　期
売　　上　　高	（ ① 1,600,000 ）	（ ① 1,600,000 ）
変　　動　　費	（ ① 770,000 ）	（ ① 765,000 ）
貢　献　利　益	（ ① 830,000 ）	（ ① 835,000 ）
固　　定　　費	（ ① 640,000 ）	（ ① 640,000 ）
営　業　利　益	（ ② 190,000 ）	（ ② 195,000 ）

140

第3回 解答への道　問題▶14

第1問

指定勘定科目を記号で解答しなければ正解になりませんので注意してください。
A：普通、B：やや難しい、C：難問となっています。

1 Ａ **2** Ａ **3** Ａ **4** Ａ **5** Ａ

1．電子記録債権の譲渡

解答				
（当 座 預 金）	297,200	（電子記録債権）	300,000
（電子記録債権売却損）	2,800		

　電子記録債権を割り引くために当該債権の譲渡記録を行った場合は、電子記録債権（資産）を減少させるとともに、割引料については電子記録債権売却損（費用）とします。結果として、手形の割引きと同様の処理になります。

2．有価証券の購入

解答				
（満期保有目的債券）	988,000	（当 座 預 金）	988,800
（有 価 証 券 利 息）	800		

　満期保有目的で社債などの債券を購入したときは、購入にともなう売買手数料（付随費用）を含め満期保有目的債券に取得原価で記入します。また、端数利息（前利払日の翌日から売買日当日までの売主に支払う利息）を支払った場合、有価証券利息（収益）の借方に記入します。なお、端数利息は日割計算します。

(1)　社債の購入

（満期保有目的債券）*	988,000	（当 座 預 金）	988,000

　　*　取得原価：$1,000,000円 \times \dfrac{@98.80円}{@100円} = 988,000円$

(2)　端数利息の支払い

（有 価 証 券 利 息）*	800	（当 座 預 金）	800

　前利払日の翌日から売買日当日までの期間（4月1日から6月19日までの80日間）に対する利息を日割計算します。

　　*　端数利息：$1,000,000円 \times 年0.365\% \times \dfrac{80日}{365日} = 800円$

3．固定資産の改良と修繕

解答				
（建　　　　物）	180,000	（当 座 預 金）	900,000
（修 繕 引 当 金）	600,000		
（修　繕　費）	120,000		

　固定資産の改良のための支出（資本的支出）については、当該資産の価値が増加するため、固定資産の取得原価に加算します。また、定期的な修繕のための支出（収益的支出）について、修繕引当金が設定されている場合には修繕引当金を優先的に取り崩し、超過する額を修繕費（費用）とします。

　　改良（資本的支出）：$900,000円 \times 20\% = 180,000円$

141

4．新株の発行（増資時）

解答
（株式申込証拠金）	22,400,000	（資　本　　金）	11,200,000
		（資 本 準 備 金）	11,200,000
（当　座　預　金）	22,400,000	（別　段　預　金）	22,400,000

　会社設立後、新たに株式を発行して資金を調達することを増資といいます。払込期日において株式申込証拠金を資本金・資本準備金に振り替えるとともに、別段預金を当座預金へ振り替えます。なお、株式を発行したときは、原則として払込金額の全額を資本金としますが、資本金の組入額について「会社法が規定する最低額」という指示がある場合は、払込金額の2分の1を資本金とし、残額を資本準備金とします。

(1) 株式申込証拠金を受け取ったとき ← すでにこの処理を行っていることが前提

（別　段　預　金）	22,400,000	（株式申込証拠金）	22,400,000*

　　＊　@28,000円×800株＝22,400,000円

(2) 払込期日になったとき ← 本問

（株式申込証拠金）	22,400,000	（資　本　　金）	11,200,000*1
		（資 本 準 備 金）	11,200,000*2
（当　座　預　金）	22,400,000	（別　段　預　金）	22,400,000

　　＊1　資　本　金：@28,000円×800株×$\frac{1}{2}$＝11,200,000円

　　＊2　資本準備金：@28,000円×800株－11,200,000円＝11,200,000円

5．リース取引（リース取引開始時）

解答
（リ ー ス 資 産）	260,000	（リ ー ス 債 務）	260,000

　ファイナンス・リース取引と判定された場合には、通常の売買取引と同様の会計処理を行います。なお、利子抜き法によって会計処理する場合は、調達した資産の見積現金購入価額を取得原価として「リース資産」を計上するとともに、同額の「リース債務」を計上します。

「合併」と「連結会計」という企業結合の論点から、さらに個別会計と連結会計の比較へ発展する総合的な理解が問われています。ただし、内容自体はシンプルなので解けなかった方は今後のためにもぜひ復習をしてください。

問1　合併

1．合併の取引仕訳

（諸　資　産）	40,000,000	（諸　負　債）	10,000,000
（の　れ　ん）	5,000,000	（資　本　金）	17,500,000
		（資 本 準 備 金）	17,500,000

第2部　本試験演習編

資　本　金：@175円×100,000株＝17,500,000円

資本準備金：(@350円×100,000株)−17,500,000円＝17,500,000円

の　れ　ん：(@350円×100,000株)−(40,000,000円−10,000,000円)＝5,000,000円
　　　　　　　　　　　　　　　　取得原価　　　　　　　　関東商事の純資産

2．のれん勘定の記帳

(1) ×8年4月1日（上記1．の仕訳）

（諸　　資　　産）	40,000,000	（諸　　負　　債）	10,000,000
（の　　れ　　ん）	5,000,000	（資　　本　　金）	17,500,000
		（資　本　準　備　金）	17,500,000

(2) ×9年3月31日

（の　れ　ん　償　却）	1,200,000	（の　　れ　　ん）	1,200,000

のれん償却（定額法）：{4,200,000円÷(10年−4年)}＋(5,000,000円÷10年)＝1,200,000円
　　　　　　　　　　　　×4年4月1日買収分　　　　　　×8年4月1日合併分

上記の仕訳をのれん勘定に転記した後、摘要欄に「次期繰越」と記入して締め切ります（繰越記入）。

問2　子会社株式の取得と連結会計

1．子会社株式の取得

(1) 取得時

（子　会　社　株　式）	32,000,000	（当　座　預　金）	32,000,000

取得原価：@2,000円×16,000株＝32,000,000円
　　　　　　　　　　　　取得株式数

(2) 期末評価

仕　訳　な　し

子会社株式は売却することを予定していないため、時価による評価替えは行わずに「取得原価」を貸借対照表価額とします。

2．連結会計（連結財務諸表の作成）

(1) 投資と資本の相殺消去

（資　　本　　金）	25,000,000	（子　会　社　株　式）	32,000,000
（資　本　準　備　金）	8,000,000	（非　支　配　株　主　持　分）	7,600,000
（繰　越　利　益　剰　余　金）	5,000,000		
（の　　れ　　ん）	1,600,000		

親会社株主持分割合：16,000株÷20,000株×100＝80％
　　　　　　　　　　取得株式数　発行済株式総数

非支配株主持分割合：100％−80％＝20％
　　　　　　　　　　　　　親会社株主
　　　　　　　　　　　　　持分割合

非支配株主持分：(25,000,000円＋8,000,000円＋5,000,000円)×20％＝7,600,000円
　　　　　　　　　　　　　　子会社の純資産　　　　　　　　　非支配株主
　　　　　　　　　　　　　　　　　　　　　　　　　　　　　　持分割合

143

の　れ　ん：32,000,000円 − (25,000,000円 + 8,000,000円 + 5,000,000円) × 80% = 1,600,000円

　　　　　　　　取得原価　　　　　　　子会社の純資産　　　　　　親会社株主
　　　　　　　　　　　　　　　　　　　　　　　　　　　　　　　　　持分割合

⑵　のれんの償却

（の れ ん 償 却）	160,000	（の　　れ　　ん）	160,000

　子会社の取得にあたり発生したのれん（連結上の無形固定資産）を指示により支配獲得後10年間で償却します。

　　のれん償却（定額法）：1,600,000円 ÷ 10年 = 160,000円

⑶　非支配株主に帰属する当期純損益の振り替え

非支配株主に帰属する当 期 純 利 益	180,000	（非支配株主持分）	180,000

　子会社当期純利益（利益剰余金の増加高）のうち、非支配株主に帰属する部分は、連結損益計算書上非支配株主に帰属する当期純利益（連結上の費用）を計上し、当期純利益から控除するとともに、非支配株主持分（連結上の純資産）を増加させます。

　　非支配株主に帰属する当期純利益：900,000円 × 20% = 180,000円

　　　　　　　　　　　　　　　　　　子会社の　　非支配株主
　　　　　　　　　　　　　　　　　　当期純利益　持分割合

第2部 本試験演習編

第3問 貸借対照表のみが解答要求であることから、貸借対照表項目（資産・負債・純資産）だけ仕訳して解答することが、効率の良い解き方になります。

難易度 **A**

1．決算にあたっての修正事項

(1) 保険金の確定

（未 収 入 金）	1,540,000	（火 災 未 決 算）	3,600,000
（火 災 損 失）	2,060,000＊		

＊ 3,600,000円 － 1,540,000円 ＝ 2,060,000円
　　　　　　　　　保険金

(2) 売掛金の入金

（現 金 預 金）	740,000	（売 掛 金）	740,000

現金及び預金：5,532,000円 ＋ 740,000円 ＝ **6,272,000円**
　　　　　　　前T/B

売　掛　金：9,960,000円 － 740,000円 ＝ **9,220,000円**
　　　　　　前T/B

2．決算整理事項等

(1) 売上原価の計算と期末商品の評価

（仕　　　　入）	8,400,000	（繰 越 商 品）	8,400,000
（繰 越 商 品）	8,900,000	（仕　　　　入）	8,900,000
（商 品 評 価 損）	170,000	（繰 越 商 品）	400,000＊
（棚 卸 減 耗 損）	230,000		
（仕　　　　入）	400,000＊	（商 品 評 価 損）	170,000
		（棚 卸 減 耗 損）	230,000

＊　170,000円 ＋ 230,000円 ＝ 400,000円

商　品：8,900,000円 － 400,000円 ＝ **8,500,000円**
　　　　期末商品
　　　　帳簿棚卸高

(2) 貸倒引当金の設定（一括評価）

（貸倒引当金繰入）	80,200＊	（貸 倒 引 当 金）	80,200

＊　$9,220,000円 \times \dfrac{10}{1,000} = $ **92,200円**
　　売掛金　　　　　B/S貸倒引当金
　　　　　　　　　　（売掛金）

92,200円 － 12,000円 ＝ 80,200円
　　　　　前T/B
　　　　　貸倒引当金

(3) 減価償却費の計上

① 建　物

（減 価 償 却 費）	500,000 *	（建物減価償却累計額）	500,000

＊　15,000,000円÷30年＝500,000円

減価償却累計額（建物）：5,000,000円＋500,000円＝**5,500,000円**

前T/B

② 備　品

（減 価 償 却 費）	1,200,000 *1	（備品減価償却累計額）	1,200,000
（繰 延 税 金 資 産）	75,000 *2	（法人税等調整額）	75,000

＊1　7,200,000円÷6年＝**1,200,000円**

＊2　7,200,000円÷8年＝900,000円

税務上の
法定耐用年数

1,200,000円－900,000円＝**300,000円**

損金算入限度
超過額

300,000円×25％＝75,000円

法定実効税率

(4) 未払消費税の計上

（仮 受 消 費 税）	9,100,000	（仮 払 消 費 税）	7,580,000
		（未 払 消 費 税）	1,520,000*

＊　9,100,000円－7,580,000円＝**1,520,000円**

納税額

(5) 貸倒引当金の設定（個別評価）

（貸倒引当金繰入）	450,000 *1	（貸 倒 引 当 金）	450,000
（繰 延 税 金 資 産）	112,500 *2	（法人税等調整額）	112,500

＊1　3,000,000円×15％＝**450,000円**

長期貸付金　　　　B/S貸倒引当金
（長期貸付金）

＊2　450,000円×25％＝112,500円

法定実効税率

第2部　本試験演習編

(6)　その他有価証券の評価

①　再振替仕訳（未処理）

（その他有価証券）	100,000 *2	（繰延税金資産）	25,000 *1
		（その他有価証券評価差額金）	75,000 *1

＊1　前T/Bより

＊2　25,000円＋75,000円＝100,000円

②　時価評価

その他有価証券の時価評価による評価差額が貸方差額のときは、実効税率を乗じた金額を「繰延税金負債」として計上し、残額を「その他有価証券評価差額金」の増加として取り扱います。

（その他有価証券）	800,000 *1	（繰延税金負債）	200,000 *2
		（その他有価証券評価差額金）	600,000 *3

＊1　$\underset{\text{前T/Bその他有価証券}}{6,800,000円}+\underset{\text{再振替仕訳}}{100,000円}=\underset{\text{取得原価}}{6,900,000円}$

　　$\underset{\substack{\text{B/S投資有価証券}\\\text{（当期末時価）}}}{7,700,000円}-6,900,000円=\underset{\text{評価差額}}{800,000円}$

＊2　$800,000円\times\underset{\text{法定実効税率}}{25\%}=200,000円$

＊3　$800,000円-200,000円=\underset{\substack{\text{B/Sその他有価証券}\\\text{評価差額金}}}{600,000円}$

(7)　法人税、住民税及び事業税の計上

（法人税、住民税及び事業税）	2,054,000	（仮払法人税等）	720,000
		（未払法人税等）	1,334,000 *

＊　2,054,000円－720,000円＝**1,334,000円**

(8)　税効果会計（繰延税金資産と繰延税金負債の相殺）

繰延税金資産と繰延税金負債は、相殺したうえで、固定項目として表示します。

（繰延税金負債）	187,500	（繰延税金資産）	187,500 *

＊　$\underset{\text{備品分}}{75,000円}+\underset{\text{貸倒引当金分}}{112,500円}=187,500円$

繰延税金負債：$200,000円-187,500円=\underset{\text{その他有価証券分}}{12,500円}$

(9)　繰越利益剰余金の計算

繰越利益剰余金は、貸借対照表の貸借差額により計算します。

繰越利益剰余金：$\underset{\text{資産合計}}{51,189,800円}-(\underset{\text{負債合計}}{10,602,500円}+\underset{\substack{\text{繰越利益剰余金を}\\\text{除く純資産合計}}}{30,600,000円})=9,987,300円$

147

材料費の一連の取引の仕訳を問う問題です。勘定連絡図から仕訳を考えます。

1. 原料の購入

　　購入原価の計算：@380円×700kg＝**266,000円**

　この結果をもとに、購入時の仕訳を行います。

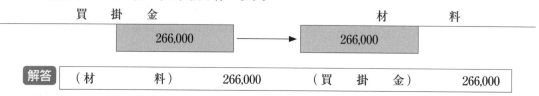

| 解答 | （材　　　料） | 266,000 | （買　掛　金） | 266,000 |

2. 原料の消費

　原料費は予定消費価格@350円を用いて計算し、直接材料費は材料勘定から仕掛品勘定へ振り替えます。なお、原料を外注先に無償支給していますが、通常の出庫票を用いていますので、普通に材料を消費したのと同様に仕訳します。なお、#101のための出庫ですから、直接材料費として処理します。

　　予定消費額：@350円×650kg＝**227,500円**

　この結果をもとに、消費時の仕訳を行います。

| 解答 | （仕　掛　品） | 227,500 | （材　　　料） | 227,500 |

3. 原価差異の計上

　① 実際消費額の計算（先入先出法）

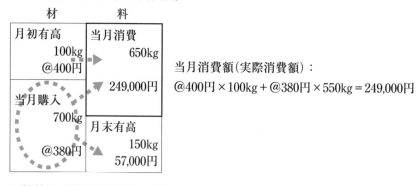

　　当月消費額（実際消費額）：
　　@400円×100kg＋@380円×550kg＝249,000円

　② 原価差異（材料消費価格差異）の計上

　　予定消費額と実際消費額の差額で、原価差異（材料消費価格差異）を把握します。

　　227,500円－249,000円 ＝△21,500円（借方差異）
　　　予定消費額　　実際消費額

この結果をもとに、原価差異計上時の仕訳を行います。

材 料				仕 掛 品	
月初有高 40,000	予定消費額 227,500	→	227,500		
当月購入 266,000	原価差異 21,500		原 価 差 異	
	月末有高 57,000	→	21,500（借方）		

解答 （原　価　差　異）　21,500　　（材　　　料）　21,500

単純個別原価計算の問題です。原価計算表と勘定連絡図を作成した後、固定予算を前提に製造間接費の差異分析をします。

1．原価計算表（総括表）の作成

(1) 5月分の計算

原価計算表（総括表）　　　（単位：円）

	＃11	＃12	合　計
直 接 材 料 費	302,000	50,000	352,000
直 接 労 務 費	150,000	40,000	190,000
製 造 間 接 費	108,000	54,000	162,000
合　　　　計	560,000	144,000	704,000
備　　　　考	完成・未引渡	仕掛中	

〈製造間接費の計算〉

① 予定配賦率の算定

製造間接費は、直接工の直接作業時間を基準に予定配賦します。したがって、年間製造間接費予算を直接工の年間正常直接作業時間で割って、予定配賦率を計算します。

予定配賦率：$\dfrac{年間製造間接費予算\ 12,960,000円}{年間正常直接作業時間\ 14,400時間} = 900円/時間$

② 予定配賦額の計算

予定配賦率に直接工の実際直接作業時間（5月分）を掛けて、予定配賦額を計算します。

＃11：900円/時間 × 120時間 ＝ 108,000円
　　　　予定配賦率　　実際直接作業時間

＃12：　　〃　　　× 60時間 ＝ 54,000円

なお、5月末の月末仕掛品（＃12）の144,000円が6月の月初仕掛品、5月末の月末製品（＃11）の560,000円が6月の月初製品となります。

⑵　6月分の計算

原価計算表（総括表）　　　　　　　　（単位：円）

	＃12	＃13	＃13-2	＃14	＃15	合　　計
月　初　有　高	144,000	—	—	—	—	144,000
直　接　材　料　費	300,000	820,000	70,000	840,000	80,000	2,110,000
直　接　労　務　費	160,000	350,000	100,000	750,000	37,500	1,397,500
製　造　間　接　費	90,000	252,000	72,000	540,000	27,000	981,000
小　　　　計	694,000	1,422,000	242,000	2,130,000	144,500	4,632,500
仕　損　費	—	242,000	△242,000	—	—	0
合　　　　計	694,000	1,664,000	0	2,130,000	144,500	4,632,500
備　　　考	完成・引渡	完成・引渡	＃13へ賦課	完成・未引渡	仕掛中	

〈製造間接費の計算〉

①　予定配賦率の算定

予定配賦率（900円/時間）を使って計算します。

②　予定配賦額の計算

予定配賦率に直接工の実際直接作業時間（6月分）を掛けて、予定配賦額を計算します。

＃12：　900円/時間×　100時間＝　90,000円
　　　　　予定配賦率　　　実際直接作業時間

＃13：　　　〃　　×　280時間＝252,000円

＃13-2：　　〃　　×　80時間＝　72,000円

＃14：　　　〃　　×　600時間＝540,000円

＃15：　　　〃　　×　30時間＝　27,000円

　　　　　　　　　　　1,090時間　981,000円

150

2．6月の勘定連絡図（問題の構造）

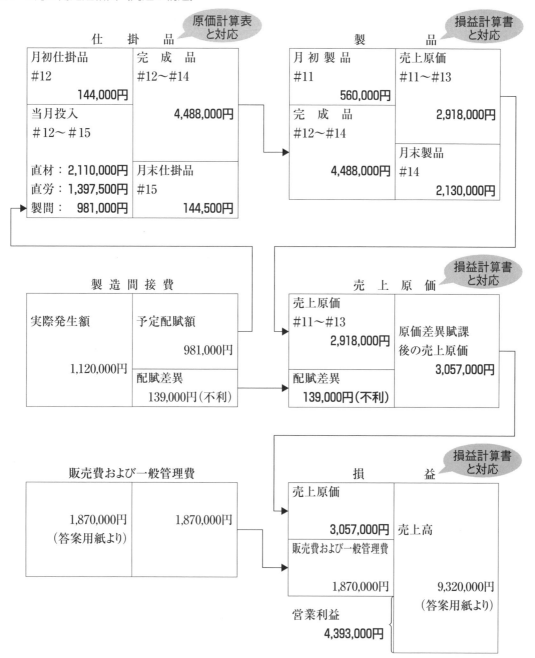

3．製造間接費配賦差異の分析

製造間接費配賦差異：981,000円 － 1,120,000円 ＝ △139,000円（不利差異・借方差異）
　　　　　　　　　　　予定配賦額　　実際発生額

年間のデータを12か月で割って、月間データに直して分析します。

製造間接費予算が変動費と固定費に分かれていないため、「固定予算」によって予算差異と操業度差異に分析します。

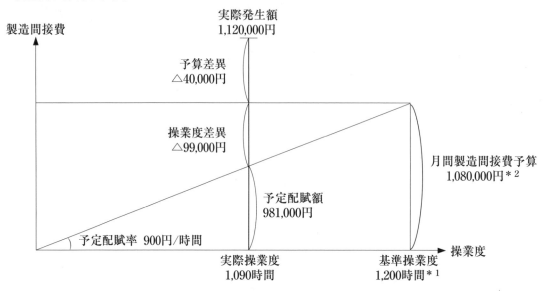

＊1　月間基準操業度：年間正常直接作業時間14,400時間÷12か月＝1,200時間
＊2　月間製造間接費予算：年間製造間接費予算12,960,000円÷12か月＝1,080,000円

予 算 差 異：1,080,000円 － 1,120,000円 ＝ △40,000円（不利差異・借方差異）
　　　　　　　製造間接費予算　実際発生額

操業度差異：900円/時間 ×（1,090時間 － 1,200時間）＝ △99,000円（不利差異・借方差異）
　　　　　　予定配賦率　　実際操業度　基準操業度

第2部　本試験演習編

> **第5問**
> 難易度 **A**
>
> 直接原価計算のP/L作成問題です。全部原価計算との違いは固定製造間接費（固定製造原価）の取り扱いが異なるだけです。全部原価計算では製品の原価（製品原価）としますが、直接原価計算では当期の費用（期間原価）とします。

1．各金額の推定

(1)　前々期

①　製品P1個あたりの固定加工費

固定加工費は360,000円であり、**実際生産量1,000個**をもとに実際配賦していることから、全部原価計算における製品P1個あたりの固定加工費を次のように求めることができます。

$$\frac{実際固定加工費360,000円}{前々期の実際生産量1,000個} = 360円/個$$

②　製品P1個あたりの直接材料費

製品P1個あたりの全部製造原価の合計から変動加工費と固定加工費を差し引くことで求めることができます。

1,020円/個 － 80円/個 － 360円/個 ＝ 580円/個
　合　計　　　変動加工費　固定加工費

③　固定販売費および一般管理費

「全部原価計算による損益計算書」の販売費および一般管理費から変動販売費を差し引くことで求めることができます。

390,000円 － 110円/個×1,000個 ＝ 280,000円
全部P/L　　　　　変動販売費

(2)　前　期

①　製品P1個あたりの固定加工費

固定加工費は360,000円であり、**実際生産量1,200個**をもとに実際配賦していることから、全部原価計算における製品P1個あたりの固定加工費を次のように求めることができます。

$$\frac{実際固定加工費360,000円}{前期の実際生産量1,200個} = 300円/個$$

②　製品P1個あたりの変動加工費

製品P1個あたりの全部製造原価の合計から直接材料費と固定加工費を差し引くことで求めることができます。

955円/個 － 570円/個 － 300円/個 ＝ 85円/個
　合　計　　直接材料費　固定加工費

③　固定販売費および一般管理費

「全部原価計算による損益計算書」の販売費および一般管理費から変動販売費を差し引くことで求めることができます。

390,000円 － 110円/個×1,000個 ＝ 280,000円
全部P/L　　　　　変動販売費

153

2．直接原価計算の勘定連絡図（前々期）

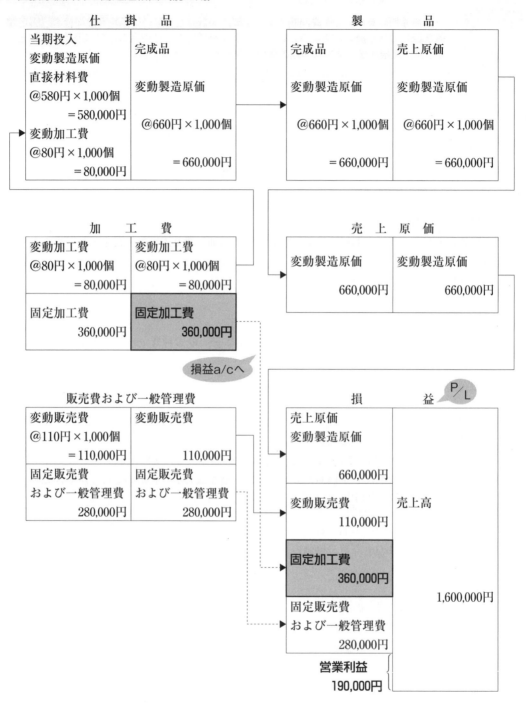

> **ワンポイントアドバイス**
> 前々期は期首・期末に仕掛品と製品がない（在庫がない）ため、当期投入分がすべて完成し販売されています。このような場合、直接原価計算によった場合と全部原価計算によった場合の営業利益は同じになります。

3．直接原価計算の勘定連絡図（前期）

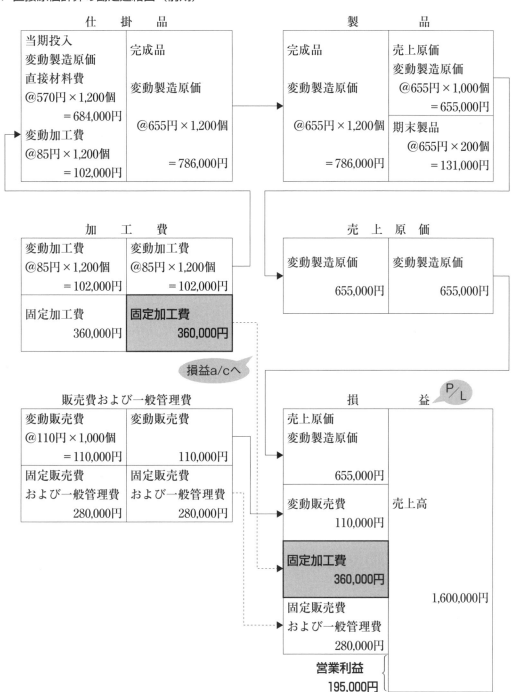

● ワンポイントアドバイス ●

前期は期末に製品がある（在庫がある）ため、当期投入分のすべてが完成し販売されているわけではありません。このような場合、直接原価計算によった場合と全部原価計算によった場合の営業利益は、次の式に示す「期末製品に含まれる固定製造原価の分だけ」異なります。

固定加工費300円/個×期末製品200個＝60,000円

第4回 解答

問題 ▶ 22

第1問 20点

仕訳一組につき4点

	借　方		貸　方	
	記　号	金　額	記　号	金　額
1	（　ウ　） （　エ　）	14,580,000 420,000	（　オ　）	15,000,000
2	（　ア　）	87,000,000	（　ウ　） （　エ　） （　カ　） （　キ　）	34,000,000 30,000,000 20,000,000 3,000,000
3	（　イ　） （　エ　）	59,700,000 42,000	（　ア　）	59,742,000
4	（　ア　）	245,000	（　カ　） （　オ　）	200,000 45,000
5	（　ウ　）	613,000	（　カ　）	613,000

156

第2部　本試験演習編

第2問 20点

●数字…予想配点

問1

当座預金勘定調整表
（3月31日現在）　　　　　　　　（単位：円）

当座預金帳簿残高			(3,070,000 ②)
（加算）	[(1)]	(200,000)	
	[(1)]	(150,000)	(350,000 ②)
（減算）	[(2)]	(500,000)	
	[(3)]	(14,000)	
	[(4)]	(120,000)	(634,000 ②)
当座預金銀行残高			(2,786,000 ②)

注　[　　]には［資料Ⅰ］の番号(1)から(4)、(　　)には金額を記入すること。

問2

(注) 実際の本試験では、記号のみを解答してください。

［資料Ⅰ］に関する仕訳

番号	借　方		貸　方		
	記　号	金　額	記　号	金　額	
(2)	（キ）不 渡 手 形	500,000	（イ）当 座 預 金	500,000	②
(3)	（ケ）通 信 費	14,000	（イ）当 座 預 金	14,000	②
(4)	（ア）現 金	120,000	（イ）当 座 預 金	120,000	②

［資料Ⅱ］に関する仕訳

番号	借　方		貸　方		
	記　号	金　額	記　号	金　額	
(1)	（ア）現 金	95,000	（コ）為 替 差 損 益	95,000	②
(2)	（オ）仮 払 金	100,000	（ア）現 金	100,000	②
(4)	（ア）現 金 （カ）仮 払 法 人 税 等	8,000 2,000	（ク）受 取 配 当 金	10,000	②

第4回

157

第3問 20点

●数字…予想配点

精算表

勘定科目	残高試算表 借方	残高試算表 貸方	修正記入 借方	修正記入 貸方	損益計算書 借方	損益計算書 貸方	貸借対照表 借方	貸借対照表 貸方
現 金 預 金	416,250		20,000				586,250 ②	
			150,000					
受 取 手 形	70,000			20,000			50,000	
売 掛 金	234,000						234,000	
売買目的有価証券	149,500		2,000				151,500	
繰 越 商 品	82,000		95,500	82,000			91,550 ②	
				710				
				3,240				
建 物	3,000,000		1,000,000				4,000,000	
備 品	600,000						600,000	
建 設 仮 勘 定	800,000			800,000				
満期保有目的債券	49,400		200				49,600	
の れ ん	6,000			1,200			4,800	
未 決 算	200,000			200,000				
支 払 手 形		40,000						40,000
買 掛 金		157,000						157,000
前 受 金		30,000	30,000					
借 入 金		300,000						300,000
貸 倒 引 当 金		3,700		1,980				5,680
建物減価償却累計額		900,000		100,000				1,000,000
備品減価償却累計額		292,800		61,440				354,240
資 本 金		3,400,000						3,400,000
利 益 準 備 金		82,000						82,000
繰 越 利 益 剰 余 金		143,500						143,500
売 上		2,808,000		30,000		2,838,000		
有 価 証 券 利 息		1,000		200		1,200 ②		
仕 入	1,926,000		82,000	95,500	1,912,500 ②			
給 料	600,000				600,000			
支 払 保 険 料	15,000			2,000	13,000			
支 払 利 息	9,850		650		10,500			
	8,158,000	8,158,000						
火 災 損 失			50,000		50,000			
貸 倒 引 当 金 繰 入			1,980		1,980 ②			
有 価 証 券 評 価 益				2,000		2,000 ②		
棚 卸 減 耗 損			710		710			
商 品 評 価 損			3,240		3,240			
未 払 金				200,000				200,000 ②
減 価 償 却 費			161,440		161,440 ②			
の れ ん 償 却			1,200		1,200 ②			
前 払 保 険 料			2,000				2,000	
未 払 利 息				650				650
当 期 純 利 益					86,630			86,630 ②
			1,600,920	1,600,920	2,841,200	2,841,200	5,769,700	5,769,700

158

第2部　本試験演習編

第4問(1)　12点　　　　　　　　　　　　　　　　仕訳一組につき4点

	借　方		貸　方	
	記　号	金　額	記　号	金　額
1	（ **イ** ） （ **オ** ）	162,000 135,000	（ **ウ** ）	297,000
2	（ **エ** ）	1,000	（ **ウ** ）	1,000
3	（ **イ** ）	19,500	（ **ア** ）	19,500

第4問(2)　16点　　　　　　　　　　　　　　　　●数字…予想配点

問1

補　助　部　門　費　配　賦　表　　　　　　（単位：円）

費　　目	合　　計	製　造　部　門		補　助　部　門		
		切　削　部	組　立　部	修　繕　部	動　力　部	工場事務部
部　門　費	2,200,000	300,000	120,000	350,000	630,000	800,000
工場事務部費		❷ 200,000	❷ 600,000			
動　力　部　費		❷ 420,000	❷ 210,000			
修　繕　部　費		❷ 200,000	❷ 150,000			
製　造　部　門　費	2,200,000	1,120,000	1,080,000			

問2

製　造　間　接　費—仕　掛　　　　　（単位：円）

月 初 有 高	103,000	完　　成　　高	（　❷ 2,175,000　）
当月実際配賦額	（　2,200,000　）	月　末　有　高	（　❷ 128,000　）
	（　2,303,000　）		（　2,303,000　）

第5問　12点　　　　　　　　　　　　　　　　●数字…予想配点

全部原価計算による損益計算書	（単位：円）		直接原価計算による損益計算書	（単位：円）
売　　上　　高	（❶ 7,142,400 ）		売　　上　　高	（ ❶ 7,142,400 ）
売　上　原　価	（❶ 5,022,000 ）		変 動 売 上 原 価	（ ❶ 2,790,000 ）
配　賦　差　異	（❶ 168,000 ）		変 動 製 造 マ ー ジ ン	（ ❶ 4,352,400 ）
売 上 総 利 益	（❶ 1,952,400 ）		変　動　販　売　費	（ ❶ 558,000 ）
販　　売　　費	（❶ 838,000 ）		貢　献　利　益	（ ❶ 3,794,400 ）
一 般 管 理 費	（❶ 720,000 ）		固　　定　　費	（ ❶ 3,400,000 ）
営　業　利　益	394,400		営　業　利　益	（ 394,400 ）

159

第4回 解答への道　　問　題▶22

> **第1問**　指定勘定科目を記号で解答しなければ正解になりませんので注意してください。
> A：普通、B：やや難しい、C：難問となっています。
>
> **1** Ａ　**2** Ａ　**3** Ａ　**4** Ａ　**5** Ａ

1. 有形固定資産の割賦購入

解答	（備　　　　品）	14,580,000	（営業外支払手形）	15,000,000
	（前 払 利 息）	420,000		

　　有形固定資産を割賦（分割払い）により購入した場合には、一括払いにより購入した場合と比べて支払額が高くなることがあります。この差額は利息の性質をもっているため、原則として固定資産の取得原価には含めず、前払利息（資産）または支払利息（費用）として処理します。本問では問題文の指示に従い「前払利息」とします。また、商品以外の物品を購入するために振り出した手形は、営業外支払手形（負債）として処理します。

　　　　備品の取得原価：@145,800円/台×100台＝14,580,000円

　　　　約束手形の振出：額面1,250,000円/枚×12枚＝15,000,000円

　　　　前 払 利 息：15,000,000円－14,580,000円＝420,000円
　　　　　　　　　　　　手形額面総額　　現金購入価額

2. 合　併

解答	（諸　資　産）	87,000,000	（諸　　負　　債）	34,000,000
			（資　　本　　金）	30,000,000
			（資 本 準 備 金）	20,000,000
			（負ののれん発生益）	3,000,000

　　吸収合併をした場合は、諸資産と諸負債を「時価（公正な価値）」で受け入れ、その対価として交付した株式の「時価（発行価額）」について純資産（資本）の科目を増加させます。そのさい、資本金、資本準備金およびその他資本剰余金のいずれにするかは、必ず問題文に指示があります。なお、受け入れた純資産額より高い価額で株式を交付した場合は、その差額を「のれん」として無形固定資産に計上しますが、本問のように低い価額で交付した場合は、「負ののれん発生益」として、全額を発生した期間の特別利益として計上します。

　　　　交付した株式の時価：@5,000円×10,000株＝50,000,000円

　　　　配分された純額：87,000,000円－34,000,000円＝53,000,000円
　　　　　　　　　　　　諸資産の時価　　諸負債の時価

　　　　負ののれん発生益：50,000,000円－53,000,000円＝△3,000,000円

第2部　本試験演習編

解答への道

３．有価証券の購入

解答	（満期保有目的債券）	59,700,000	（当 座 預 金）	59,742,000
	（有 価 証 券 利 息）	42,000		

　満期保有目的で社債などの債券を購入したときは、購入にともなう売買手数料（付随費用）を含めた金額を取得原価とし、満期保有目的債券勘定の借方に記入します。また、端数利息（前利払日の翌日から売買日当日までに売主に支払う利息）を支払った場合は、有価証券利息勘定（収益の勘定）の借方に記入します。なお、端数利息は日割計算します。

　　社債の取得原価：$60,000,000円 \times \dfrac{@99.50円}{@100円} = 59,700,000円$

　　端数利息：$60,000,000円 \times 年0.365\% \times \dfrac{70日^{*}}{365日} = 42,000円$　　＊　7月1日から9月8日までの70日間

４．サービス業（仕掛品の計上）

解答	（仕 　 掛 　 品）	245,000	（給 　 　 　 料）	200,000
			（旅 費 交 通 費）	45,000

　サービス業において、役務（サービス）の提供前に費やされた費用は、役務の提供が完了したときに計上する役務収益（売上げ）に対応させるため、いったん、その費用を仕掛品勘定（資産）へ振り替えておきます。

５．本支店会計

解答	（支 　 　 　 店）	613,000	（損 　 　 　 益）	613,000

　本支店会計を採用している場合、本店側・支店側それぞれで独自の利益（損失）を計算した後、支店の純損益を支店側から本店側に振り替え、本店側の帳簿上で会社全体の当期純損益を確定します。なお、本店側の処理には、損益勘定を用いる方法と総合損益勘定を別途用いる方法がありますが、本問では勘定科目の指定から、損益勘定を用いて処理します。

(1)　支店側

（損 　 　 　 益）	613,000	（本 　 　 　 店）	613,000

(2)　本店側

（支 　 　 　 店）	613,000	（損 　 　 　 益）	613,000

第4回

161

第2問　当座預金（銀行）勘定調整表の作成と、現金および当座預金に関する仕訳を解答要求とする問題です。
難易度 A

問1　当座預金（銀行）勘定調整表の作成

両者区分調整法による当座預金勘定調整表を示すと、以下のようになります。

　　　　　　　　　　　　　当座預金勘定調整表
スタート　　　　　　　　　　　　　　　　　　　　　　　　　　　　　　ゴール！

当座預金帳簿残高　　　　3,070,000円　　当座預金銀行残高　　　　2,786,000円
（減　算）　　　　　　　　　　　　　　（減　算）
(2)　企業側誤記入　　⊖　△　500,000円　(1)　未取付小切手　⊕　△　200,000円
(3)　連絡未通知　　　⊖　△　 14,000円　(1)　未取付小切手　⊕　△　150,000円
(4)　企業側誤記入　　⊖　△　120,000円
　　　　　　　　　　　　2,436,000円　　　　　　　　　　　　　　2,436,000円

本問の解答要求は、「企業残高基準法」による当座預金勘定調整表なので、当座預金帳簿残高をスタートとし、当座預金銀行残高をゴールとする形式です。したがって、上に示した矢印の流れで作成することになります。加減算に注意しながら記入していきましょう。

問2　決算整理仕訳

1．[資料Ⅰ] に関する仕訳

(1)　未取付小切手

　　銀行側の調整項目なので、仕訳は不要です。

(2)　企業側誤記入（不渡手形の計上）

　　[資料Ⅰ] の当座預金出納帳における3月31日の行において、2通分の受取手形の取立額が預入欄に記入されていることから、不渡りとなった500,000円分について、以下の誤った仕訳が行われていることがわかります。

①　誤った仕訳

| （当　座　預　金） | 500,000 | （受　取　手　形） | 500,000 |

②　正しい仕訳

| （不　渡　手　形） | 500,000 | （受　取　手　形） | 500,000 |

③　訂正仕訳

| （不　渡　手　形） | 500,000 | （当　座　預　金） | 500,000 |

(3)　連絡未通知（未処理）

| （通　　信　　費） | 14,000 | （当　座　預　金） | 14,000 |

(4)　企業側誤記入（小切手入金の会計処理の取り消し）

| （現　　　　　金） | 120,000 | （当　座　預　金） | 120,000 |

2．［資料Ⅱ］に関する仕訳

(1) 米国ドル紙幣の換算替え（決算整理）

| （現　　　金） | 95,000* | （為 替 差 損 益） | 95,000 |

* 100ドル×50枚＋50ドル×90枚＝9,500ドル
  @110円×9,500ドル－950,000円＝95,000円
  　3/31の　　　　　　　　　　　　現金の増加額
  　為替レート

(2) 仮払金の計上（未処理）

| （仮　払　金） | 100,000 | （現　　　金） | 100,000 |

(3) 小切手入金の会計処理の取り消し（誤処理）

［資料Ⅰ］の(4)で処理済みなので、仕訳は不要です。

| （現　　　金） | 120,000 | （当 座 預 金） | 120,000 |

(4) 配当金領収証の受け取り（未処理）

配当金の受領に係る源泉所得税は、法人税等の前払いを意味するため、「仮払法人税等」で処理します。

| （現　　　金） | 8,000 | （受 取 配 当 金） | 10,000*1 |
| （仮 払 法 人 税 等） | 2,000*2 | | |

*1　8,000円÷（100％－20％）＝10,000円
　　　　　　税率　　源泉所得税控除前

*2　10,000円×20％＝2,000円
　　　　　　源泉所得税

精算表の作成問題です。未処理事項の仕訳・決算整理仕訳を修正記入欄に記入し、損益計算書欄および貸借対照表欄を完成させていきます。決算の問題は、一つ一つの決算整理仕訳をきちんと理解できているかです。

［資料］決算整理その他の事項

(1) 当座預金の修正

① 連絡未通知

| （現 金 預 金） | 20,000 | （受 取 手 形） | 20,000 |

② 時間外預入

時間外預入は銀行側の調整項目なので仕訳は不要です。

③ 連絡未通知

| （現 金 預 金） | 150,000 | （未 決 算） | 200,000 |
| （火 災 損 失） | 50,000 | | |

(2) 貸倒引当金の設定（差額補充法）

| （貸倒引当金繰入） | 1,980 | （貸倒引当金） | 1,980 |

貸倒引当金の設定にあたって、(1)①を考慮します。

貸倒引当金：$(70{,}000円 - 20{,}000円 + 234{,}000円) \times 2\% = 5{,}680円$
　　　　　　　受取手形　　(1)①　　売掛金

貸倒引当金繰入：$5{,}680円 - 3{,}700円 = 1{,}980円$
　　　　　　　　貸倒引当金　試算表欄

(3) 有価証券の評価替え

① 売買目的有価証券（時価法）

| （売買目的有価証券） | 2,000 | （有価証券評価益） | 2,000 |

時価法により評価するので、帳簿価額149,500円を時価151,500円に評価替えします。

	帳簿価額	時　価
甲社株式	85,500円	83,000円
乙社株式	64,000円	68,500円
	149,500円 ＜比較＞	151,500円

有価証券評価損(益)：$151{,}500円 - 149{,}500円 = +2{,}000円〈評価益〉$
　　　　　　　　　　　時価合計　　帳簿価額合計

② 満期保有目的債券の償却原価法（定額法）

| （満期保有目的債券） | 200 | （有価証券利息） | 200 |

額面総額50,000円と払込金額との差額を5年間で償却します。なお、満期保有目的債券の場合、短期的な時価は問題とならないことにも注意してください。

当期償却額：$\left(50{,}000円 - 50{,}000円 \times \dfrac{@98円}{@100円}\right) \times \dfrac{12か月}{60か月} = 200円$
　　　　　　　額面金額　　　　　払込金額

(4) 売上原価の計算と期末商品の評価

① 売上原価の計算

| （仕　　　　入） | 82,000 | （繰　越　商　品） | 82,000 |
| （繰　越　商　品） | 95,500 | （仕　　　　入） | 95,500 |

② 棚卸減耗損の計上

| （棚　卸　減　耗　損） | 710 | （繰　越　商　品） | 710 |

③ 商品評価損の計上

| （商　品　評　価　損） | 3,240 | （繰　越　商　品） | 3,240 |

期末商品の評価にあたっては、商品の種類ごとに次のようなボックス図を書いて計算します。

〈A商品〉

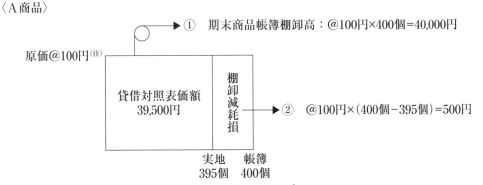

（注） 原価よりも時価が高い場合でも、商品評価益は計上されません。また、正味売却価額がここでは「時価」に相当します。

〈B商品〉

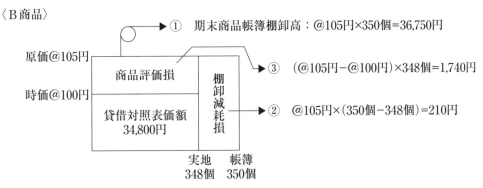

〈C商品〉

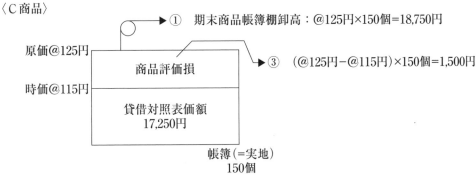

〈まとめ〉

① 期末商品帳簿棚卸高：40,000円 + 36,750円 + 18,750円 = 95,500円
　　　　　　　　　　　　　　A商品　　　B商品　　　C商品

② 棚卸減耗損：500円 + 210円 = 710円
　　　　　　　A商品　B商品

③ 商品評価損：1,740円 + 1,500円 = 3,240円
　　　　　　　B商品　　C商品

④ 貸借対照表価額：39,500円 + 34,800円 + 17,250円 = 91,550円
　　　　　　　　　　A商品　　　B商品　　　C商品

(5) 建設仮勘定の振り替え

（建　　　　物）	1,000,000	（建 設 仮 勘 定）	800,000
		（未　　払　　金）	200,000

(6) 減価償却費の計上

（減 価 償 却 費）	161,440	（建物減価償却累計額）	100,000
		（備品減価償却累計額）	61,440

① 建物（定額法）

既存の建物：3,000,000円 × 0.9 ÷ 30年 = 90,000円

新規の建物：1,000,000円 × 0.9 ÷ 30年 × $\dfrac{4 か月}{12 か月}$ = 10,000円　⎫⎬⎭ 100,000円

　　　　　　　　上記(5)

② 備品（定率法）

（600,000円 − 292,800円）× 20% = 61,440円

(7) のれんの償却

（の れ ん 償 却）	1,200	（の　　れ　　ん）	1,200

のれんは×18年4月1日に取得したものなので、すでに5年分の償却が行われていることがわかります。したがって、決算整理前の残高を残り5年で償却します。

当期償却額：6,000円 ÷ （10年 − 5年）= 1,200円

(8) 商品の売上げ（未処理）

（前　　受　　金）	30,000	（売　　　　上）	30,000

(9) 費用の前払い（前払保険料の計上）

（前 払 保 険 料）	2,000	（支 払 保 険 料）	2,000

前払保険料：3,000円 × $\dfrac{8 か月}{12 か月}$ = 2,000円

(10) 費用の未払い（未払利息の計上）

（支 払 利 息）	650	（未 払 利 息）	650

第2部 本試験演習編

第4問(1) 難易度 A

労務費と経費の一連の取引の仕訳を問う問題です。勘定連絡図から仕訳を考えます。

1．賃金の消費

直接工の賃金は予定消費賃率@900円を用いて計算し、直接労務費は賃金勘定から仕掛品勘定へ、間接労務費は製造間接費勘定へ振り替えます。

① 直接労務費
@900円 × 180時間（直接作業時間）= 162,000円

② 間接労務費
@900円 × 150時間（間接作業時間）= 135,000円

予定消費額 297,000円

この結果をもとに、直接工の賃金消費時の仕訳を行います。

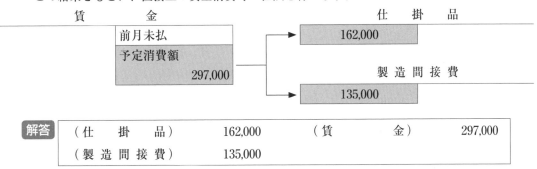

解答　（仕　掛　品）　162,000　（賃　　　金）　297,000
　　　（製　造　間　接　費）　135,000

2．原価差異の計上

① 実際消費額の計算

当月消費額（実際消費額）：
305,000円 − 112,000円 + 105,000円 = 298,000円
（当月支払）（前月未払）（当月未払）

② 原価差異（賃率差異）の計上

297,000円 − 298,000円 = △1,000円（借方差異）
（予定消費額）（実際消費額）

この結果をもとに、原価差異計上時の仕訳を行います。

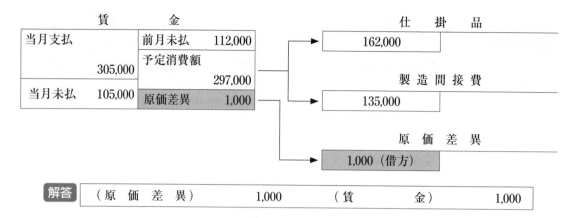

| 解答 | （原　価　差　異） | 1,000 | （賃　　　　金） | 1,000 |

3．外注加工賃の計上

外注加工賃は直接経費として仕掛品勘定へ振り替えます。

外注加工賃19,500円を計上する仕訳を行います。

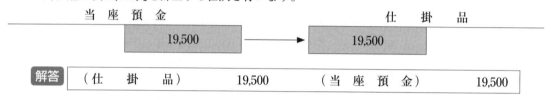

| 解答 | （仕　　掛　　品） | 19,500 | （当　座　預　金） | 19,500 |

第2部　本試験演習編

第4問(2) 難易度 A

個別原価計算を前提に、製造間接費について、まず補助部門費配賦表を作成し、製造部門ごとの実際配賦率を算定します。次に、製造間接費の部門別実際配賦を行い、仕掛品勘定の記入まで解答する問題です。

解答への道

1．実際補助部門費配賦表の作成と実際配賦率の算定

(1)　実際補助部門費配賦表の作成

補助部門費を「直接配賦法」により、各製造部門へ配賦していきます（第二次集計）。

補助部門費配賦表　　　　　　　　　　（単位：円）

費　　　目	合　　　計	製　造　部　門		補　助　部　門		
		切　削　部	組　立　部	修　繕　部	動　力　部	工場事務部
部　　門　　費	2,200,000	300,000	120,000	350,000	630,000	800,000
工 場 事 務 部 費		200,000	600,000			
動　力　部　費		420,000	210,000			
修　繕　部　費		200,000	150,000			
製　造　部　門　費	2,200,000	1,120,000	1,080,000			

〈工場事務部費の配賦〉

工場事務部門費800,000円を、「従業員数」を基準に各製造部門に配賦していきます。

切削部への配賦額：$\dfrac{800,000円}{10人+30人} \times 10人 = $ **200,000円**

組立部への配賦額：　〃　　$\times 30人 = $ **600,000円**

〈動力部費の配賦〉

動力部門費630,000円を、「動力消費量」を基準に各製造部門に配賦していきます。

切削部への配賦額：$\dfrac{630,000円}{600kwh+300kwh} \times 600kwh = $ **420,000円**

組立部への配賦額：　〃　　$\times 300kwh = $ **210,000円**

〈修繕部費の配賦〉

修繕部門費350,000円を、「修繕回数」を基準に各製造部門に配賦していきます。

切削部への配賦額：$\dfrac{350,000円}{20回+15回} \times 20回 = $ **200,000円**

組立部への配賦額：　〃　　$\times 15回 = $ **150,000円**

以上より、

切削部門費：300,000円＋200,000円＋420,000円＋200,000円＝**1,120,000円**

組立部門費：120,000円＋600,000円＋210,000円＋150,000円＝**1,080,000円**

(2)　製造部門費の実際配賦率の算定

①　切削部門費の実際配賦率

切削部門費は「切削作業時間」を基準に実際配賦します。

$\dfrac{実際切削部門費1,120,000円}{当月の総切削作業時間4,000時間} = $ **280円/時間**

②　組立部門費の実際配賦率

組立部門費は「組立作業時間」を基準に実際配賦します。

$\dfrac{実際組立部門費1,080,000円}{当月の総組立作業時間7,500時間} = $ **144円/時間**

169

2．原価計算表（総括表）と製造部門費実際配賦額の計算

原価計算表（総括表）　　　　（単位：円）

	完成品	月末仕掛品	合　計
(1)月初仕掛品原価	103,000	—	103,000
(2)切削部門費	1,064,000	56,000	1,120,000
(3)組立部門費	1,008,000	72,000	1,080,000
合　　計	2,175,000	128,000	2,303,000

(1) 月初仕掛品原価

　答案用紙の月初有高103,000円であり、これはすべて完成品原価になります。

(2) 切削部門費の実際配賦額の計算

　280円/時間 × 3,800時間 = 1,064,000円 （完成品への配賦額）
　実際配賦率　　完成品の作業

　　〃　× (4,000時間 − 3,800時間) = 56,000円 （月末仕掛品への配賦額）
　　　　　　　月末仕掛品の作業

(3) 組立部門費の実際配賦額の計算

　144円/時間 × 7,000時間 = 1,008,000円 （完成品への配賦額）
　実際配賦率　　完成品の作業

　　〃　× (7,500時間 − 7,000時間) = 72,000円 （月末仕掛品への配賦額）
　　　　　　　月末仕掛品の作業

以上より、

完成品原価：103,000円 + 1,064,000円 + 1,008,000円 = **2,175,000円**

月末仕掛品原価：56,000円 + 72,000円 = **128,000円**

3．勘定連絡図（本問の体系）

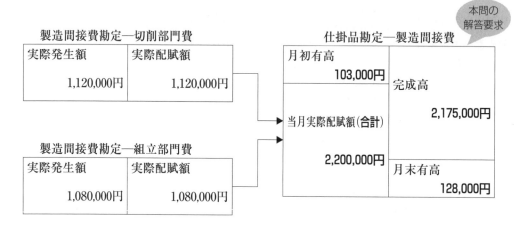

　答案用紙に「製造間接費―仕掛」とありますが、ここでは製造間接費勘定ではなく、「仕掛品勘定」のうち、製造間接費の金額だけを抜粋していることに注意してください。

第2部 本試験演習編

解答への道

第5問 難易度 **A**

全部原価計算と直接原価計算の比較問題です。**固定加工費（固定製造原価）** の取り扱いが異なるだけです。全部原価計算では加工費を予定配賦して製品の原価としますが、直接原価計算では実際発生額をそのまま当期の費用（期間原価）とします。ココが違うだけです。答案用紙に印刷されている全部原価計算の営業利益394,400円はヒントになりますね。

1．加工費の予定配賦率の算定

製品生産量を基準に予定配賦しているため、加工費予算を予定生産量で割って予定配賦率を計算します。

(1) 変動費の予定配賦率

$$\frac{加工費予算\quad 1,800,000円}{予定生産量\quad 1,200個} = @1,500円$$

(2) 固定費の予定配賦率

$$\frac{加工費予算\quad 2,400,000円}{予定生産量\quad 1,200個} = @2,000円$$

2．全部原価計算の勘定連絡図【本問の構造】

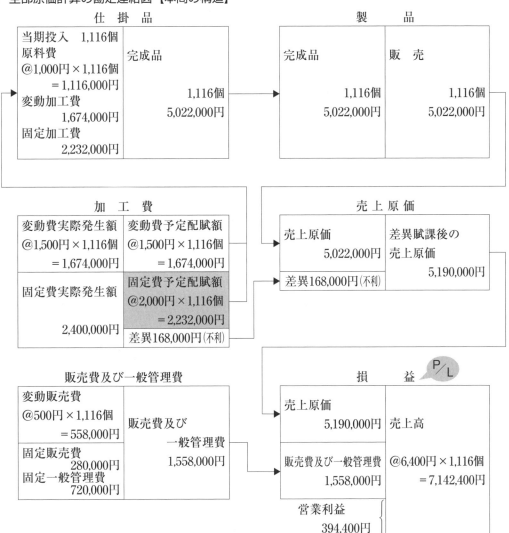

3．直接原価計算の勘定連絡図【本問の構造】

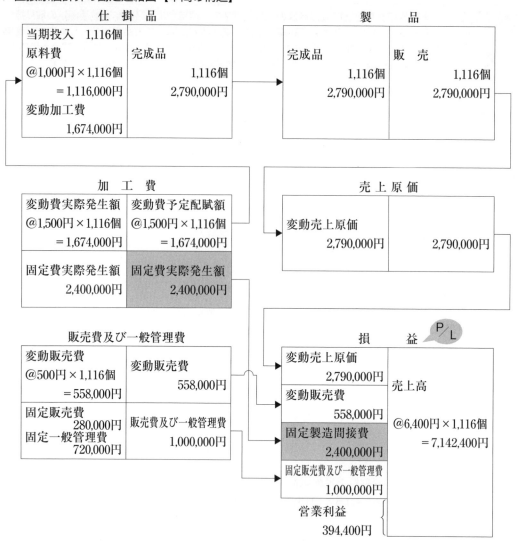

> **ワンポイントアドバイス**
>
> 　期首・期末に仕掛品と製品がない（在庫がない）ため、当期投入分がすべて完成し販売されています。このような場合、直接原価計算によった場合と全部原価計算によった場合の営業利益は同じになります。

MEMO

第5回 解答

問題 ▶ 30

第1問 20点

仕訳一組につき4点

	借　方		貸　方	
	記　号	金　額	記　号	金　額
1	（　ア　）	989,620	（　ウ　） （　カ　） （　オ　）	988,000 1,000 620
2	（　カ　） （　コ　）	1,440,000 60,000	（　ケ　）	1,500,000
3	（　ウ　） （　ケ　）	36,000 185,000	（　カ　） （　ウ　）	36,000 185,000
4	（　ケ　）	80,000	（　オ　）	80,000
5	（　イ　） （　ク　）	100,000,000 300,000	（　ウ　） （　エ　） （　ア　）	50,000,000 50,000,000 300,000

174

第2問 20点　　　　　　　　　　　　　　　　　　●数字…予想配点

株 主 資 本 等 変 動 計 算 書
自×27年4月1日　至×28年3月31日　　　　　（単位：千円）

	資　本　金	株　主　資　本		
		資　本　剰　余　金		
		資本準備金	その他資本剰余金	資本剰余金合計
当 期 首 残 高	20,000	1,500	800	2,300
当 期 変 動 額				
剰余金の配当		（　50）	（△550）	（　△500）
別途積立金の積立て				
新 株 の 発 行	（　700）	（　700）		（　700）
当 期 純 利 益				
株主資本以外の項目の当期変動額（純額）				
当期変動額合計	（　700）	（　750）	（　△550）	（　200）
当 期 末 残 高	（20,700）	（2,250）	（　250）	（2,500）

（下段へ続く）

（上段より続く）

	株　　主　　資　　本					評価・換算差額等		純資産合計
	利　益　剰　余　金				株主資本合計	その他有価証券評価差額金	評価・換算差額等合計	
	利益準備金	その他利益剰余金		利益剰余金合計				
		別途積立金	繰越利益剰余金					
当 期 首 残 高	500	100	2,600	3,200	25,500	80	80	25,580
当 期 変 動 額								
剰余金の配当	（150）		（△1,650）	（△1,500）	（△2,000）			（△2,000）
別途積立金の積立て		（120）	（△120）	—	—			
新 株 の 発 行					（1,400）			（1,400）
当 期 純 利 益			（930）	（930）	（930）			（930）
株主資本以外の項目の当期変動額（純額）						（180）	（180）	（180）
当期変動額合計	（150）	（120）	（△840）	（△570）	（330）	（180）	（180）	（510）
当 期 末 残 高	（650）	（220）	（1,760）	（2,630）	（25,830）	（260）	（260）	（26,090）

第3問 20点　　　　　　　　　　　　　　　　　　　　　　　●数字…予想配点

損 益 計 算 書

自×23年4月1日　至×24年3月31日　　　（単位：円）

Ⅰ　売　　　上　　　高			5,805,000	
Ⅱ　売　　上　　原　　価				
1　期 首 商 品 棚 卸 高	（　380,000　）			
2　当 期 商 品 仕 入 高	（　4,470,500　）			
合　　　　　　計	（　4,850,500　）			
3　期 末 商 品 棚 卸 高	（　324,000　）			
差　　　　　　引	（　4,526,500 ❷　）			
4　棚　卸　減　耗　損	（　18,000　）			
5　商　品　評　価　損	（　6,800　）	（　4,551,300 ❷）	
売　上　総　利　益		（　1,253,700　）		
Ⅲ　販売費及び一般管理費				
1　給　　料　　手　　当	（　300,000　）			
2　退 職 給 付 引 当 金 繰 入	（　80,000 ❷　）			
3　貸 倒 引 当 金 繰 入	（　11,800 ❷　）			
4　減　価　償　却　費	（　121,250 ❷　）			
5　消　　耗　　品　　費	（　260,000　）			
6　研　究　開　発　費	（　380,000 ❷　）			
7　の　れ　ん　償　却	（　40,000 ❷　）	（　1,193,050　）	
営　業　利　益		（　60,650　）		
Ⅳ　営　業　外　収　益				
1　受　　取　　家　　賃	（　87,500　）			
2　有　価　証　券　利　息	（　11,500 ❷　）	（　99,000　）	
Ⅴ　営　業　外　費　用				
1　支　　払　　利　　息	（　16,000 ❷　）	（　16,000　）	
税 引 前 当 期 純 利 益		（　143,650　）		
法人税、住民税及び事業税		（　72,000　）		
当　期　純　利　益		（　71,650 ❷）		

176

第2部　本試験演習編

第4問(1)　12点

仕訳一組につき4点

	借　方		貸　方	
	記　　号	金　　額	記　　号	金　　額
1	（　ア　）	853,200	（　ウ　） （　イ　）	790,000 63,200
2	（　エ　）	16,800	（　イ　）	16,800
3	（　オ　） （　カ　）	700,000 35,000	（　ア　）	735,000

第4問(2)　16点

●数字…予想配点

問1　修　繕　部　費　　　②　4,000　　円/時間

問2　第一製造部費　　　③　6,000　　円/時間

　　　第二製造部費　　　③　2,000　　円/時間

問3　第一製造部費　　　②　4,140,000　　円

　　　第二製造部費　　　②　3,440,000　　円

問4　修繕部費配賦差異　　②　6,200　　円　（ 借方差異 ・ 貸方差異 ）
　　　　　　　　　　　　　　　　　　いずれかを〇で囲むこと

問5　第一製造部費配賦差異　②　25,000　　円　（ 借方差異 ・ 貸方差異 ）
　　　　　　　　　　　　　　　　　　いずれかを〇で囲むこと

第5回

177

第5問 12点　　　　　　　　　　　　　　　　　　　　　　●数字…予想配点

仕　掛　品

期 首 有 高		585,000	当 期 完 成 高	(① 6,165,000)
直 接 材 料 費	(① 3,945,000)		期 末 有 高	(① 640,000)
直 接 労 務 費	(① 1,625,000)			
変動製造間接費	(① 650,000)			
	(	6,805,000)		(6,805,000)

直接原価計算による損益計算書

（単位：円）

Ⅰ 売　　　上　　　高		10,070,000
Ⅱ 変 動 売 上 原 価		
1 期 首 製 品 棚 卸 高	710,000	
2 当期製品変動製造原価	(6,165,000)	
合　　　　計	(6,875,000)	
3 期 末 製 品 棚 卸 高	(625,000 ①)	
差　　　引	(6,250,000)	
4 原 価 差 異	(40,000 ①)	(6,290,000 ①)
変 動 製 造 マ ー ジ ン		(3,780,000)
Ⅲ 変 動 販 売 費		(655,000)
貢 献 利 益		(3,125,000 ①)
Ⅳ 固　　　定　　　費		
1 製 造 固 定 費	(1,374,000 ①)	
2 固定販売費・一般管理費	(881,000 ①)	(2,255,000)
営 業 利 益		(870,000 ①)

第5回 解答への道

問　題 ▶ 30

第1問　指定勘定科目を記号で解答しなければ正解になりませんので注意してください。
A：普通、B：やや難しい、C：難問となっています。

1 **A**　2 **A**　3 **A**　4 **A**　5 **A**

1．売買目的有価証券の売却と端数利息の受け取り

解答	（現　　　　　金）	989,620	（売買目的有価証券）	988,000
			（有価証券売却益）	1,000
			（有価証券利息）	620

(1)　売買目的有価証券の売却

売買目的で保有している社債などの有価証券を売却したときは、売却価額と帳簿価額との差額を有価証券売却損益とします。

（現　　　　　金）	989,000 *1	（売買目的有価証券）	988,000 *2
		（有価証券売却益）	1,000 *3

* 1　$1,000,000円 × \dfrac{@98.90円}{@100円} = \underset{\text{売却価額}}{989,000円}$

* 2　$1,000,000円 × \dfrac{@98.80円}{@100円} = \underset{\text{帳簿価額}}{988,000円}$

* 3　$989,000円 - 988,000円 = \underset{\text{売却益}}{1,000円}$

(2)　端数利息の受け取り

社債などの債券の売却により、端数利息を受け取ったときは、有価証券利息勘定で処理します。なお、端数利息は、前利払日の翌日から売買日当日までの期間（10月1日から12月1日までの62日間）の利息として、日割りで計算します。

（現　　　　　金）	620	（有価証券利息）	620*

*　$1,000,000円 × 年0.365\% × \dfrac{62日}{365日} = \underset{\text{端数利息}}{620円}$

(1)と(2)をまとめると、解答の仕訳になります。

2．有形固定資産の割賦購入

解答	（備　　　　　品）	1,440,000	（営業外支払手形）	1,500,000
	（支　払　利　息）	60,000		

有形固定資産などを分割払いで購入（割賦購入）する場合の支払総額は、一般的に、現金購入価額よりも多くなります。この差額は利息としての性質を有しているため、原則として、固定資産の取得原価には含めずに、前払利息（資産）または支払利息（費用）として、区別して処理します。本問では、指定勘定科目に前払利息勘定がないことから、「支払利息」とします。

また、商品以外の物品を購入して約束手形を振り出したときは、営業外支払手形（負債）で処理します。

3．商品保証引当金の設定

解答	（商品保証引当金）	36,000	（商品保証引当金戻入）	36,000
	（商品保証引当金繰入）	185,000	（商品保証引当金）	185,000

　洗替法により引当金を設定する旨の指示があるため、商品保証引当金戻入（収益）を計上し、引当金の残高を全額取り崩したうえで、当期末における引当金の設定額を全額繰り入れます。

　商品保証引当金繰入：18,500,000円 × 1 ％ ＝ 185,000円
　　　　　　　　　　　　　当期の売上高　　　当期末の設定額

4．外貨建取引（為替予約）

解答	（為 替 差 損 益）	80,000	（買　　掛　　金）	80,000

⑴　商品を輸入したとき

　本問では、取引発生後に為替予約を付しているので、輸入時に、以下の仕訳を行っていることが前提となります。

（仕　　　　　入）	4,320,000	（買　　掛　　金）	4,320,000*

　＊　40,000ドル × 108円／ドル ＝ 4,320,000円
　　　外貨建買掛金　取引発生時の
　　　　　　　　　　直物為替相場

⑵　為替予約をしたとき　← 本問

　予約時には、外貨建金銭債権債務（本問では、外貨建買掛金40,000ドル）を為替予約にもとづく先物為替相場（予約レート）による円換算額に換算替えします。また、それにともなって生じた差額は為替差損益とします。

（為 替 差 損 益）	80,000	（買　　掛　　金）	80,000*

　＊　110円／ドル × 40,000ドル － 4,320,000円 ＝ 80,000円
　　　先物為替相場　　　　　　　　　　買掛金の増加額

5．株式の発行（設立時）

解答	（当 座 預 金）	100,000,000	（資　　本　　金）	50,000,000
			（資 本 準 備 金）	50,000,000
	（創　　立　　費）	300,000	（現　　　　　金）	300,000

　会社法が認める資本金計上額の最低限度額は払込金額の2分の1です。なお、払込金額のうち、資本金として計上しなかった残額は資本準備金とします。

　また、会社設立に要した諸費用は「創立費」勘定で処理します。

　資　本　金：@40,000円 × 2,500株 × $\frac{1}{2}$ ＝ 50,000,000円
　　　　　　　　払込金額

　資本準備金：@40,000円 × 2,500株 － 50,000,000円 ＝ 50,000,000円
　　　　　　　　払込金額　　　　　　資本金計上額

第2部　本試験演習編

> **第2問**
> **難易度 A**
>
> 純資産に関する一連の取引をもとに「株主資本等変動計算書」を作成する問題です。
> 株主資本等変動計算書は、株主資本（純資産）の金額に着目して計算します。ただし、本問の問題文は「円」単位であるのに対し、答案用紙は「千円」単位なので、どちらかに合わせて計算しなければならないことに注意が必要です。

（以下仕訳の単位：千円）

1. ×27年6月26日：剰余金の配当および処分

(1) その他資本剰余金の配当と資本準備金の積み立て

　その他資本剰余金を財源として配当を行います。その他資本剰余金の減少額は配当金の500千円だけではないことに注意してください。なお、その他資本剰余金を財源として配当した場合は、会社法が規定する積立可能額に達するまで、配当金の10分の1に相当する金額を「資本準備金」として積み立てます。

剰余金の配当：⊖ ⇦	（その他資本剰余金）　550	（未 払 配 当 金）　500
		（資 本 準 備 金）　50	⇨ 剰余金の配当：⊕

　　資本準備金：$500千円 \times \dfrac{1}{10} = 50千円$

(2) 繰越利益剰余金の配当と利益準備金の積み立て

　繰越利益剰余金を財源として配当を行います。繰越利益剰余金の減少額は配当金の1,500千円だけではないことに注意してください。なお、繰越利益剰余金を財源として配当した場合は、会社法が規定する積立可能額に達するまで、配当金の10分の1に相当する金額を「利益準備金」として積み立てます。

剰余金の配当：⊖ ⇦	（繰越利益剰余金）　1,650	（未 払 配 当 金）　1,500
		（利 益 準 備 金）　150	⇨ 剰余金の配当：⊕

　　利益準備金：$1,500千円 \times \dfrac{1}{10} = 150千円$

> ● ワンポイントアドバイス ●
>
> 　ここで、準備金の積立額の上限について確認してみましょう。
>
> 　　$資本金20,000千円 \times \dfrac{1}{4} - （資本準備金1,500千円 + 利益準備金500千円）= 3,000千円$
> 　　　上限金額5,000千円
>
> 　したがって、資本準備金として50千円、利益準備金として150千円を積み立てても上限金額の5,000千円には達しません。
>
> 　仮に、上限金額に達するような場合は、その上限金額を「配当した金額の割合」で按分し、資本準備金と利益準備金の積立額を求めることとなります。

(3) 株主資本の計数の変動（別途積立金の積み立て）

　　繰越利益剰余金を処分し、別途積立金を積み立てます。

別途積立金の積立て：⊖ ⇦ （繰越利益剰余金）　120　（別 途 積 立 金）　120 ⇨ 別途積立金の積立て：⊕

２．×27年９月１日：増資（新株の発行）

　　会社法が規定する最低額にもとづき、２分の１を資本金、残りを資本準備金とします。

（当 座 預 金）　1,400　（資　　本　　金）　700 ⇨ **新株の発行：⊕**
　　　　　　　　　　　　　（資 本 準 備 金）　700 ⇨ **新株の発行：⊕**

　　資　本　金：$1,400千円 \times \dfrac{1}{2} = 700千円$

　　資本準備金：$1,400千円 - 700千円 = 700千円$

３．×28年３月31日：決算時の処理

(1) その他有価証券の評価（全部純資産直入法）

　　① 再振替仕訳（洗替法）

株主資本以外の項目：⊖ ⇦ （その他有価証券評価差額金）　80　（その他有価証券）　80
の当期変動額

　　その他有価証券の取得原価：$\underset{\text{前期末時価}}{1,350千円} - 80千円 = 1,270千円$

　　② その他有価証券の評価替え

（その他有価証券）　260　（その他有価証券評価差額金）　260 ⇨ 株主資本以外の項目：⊕
　　　　　　　　　　　　　　　　　　　　　　　　　　　　　　　　　の当期変動額

　　評価差額：$\underset{\text{当期末時価}}{1,530千円} - \underset{\text{取得原価}}{1,270千円} = 260千円$

　　その他有価証券評価差額金（純額）：$△80千円 + 260千円 = 180千円$

(2) 当期純利益の振り替え

　　決算にあたり、損益勘定で計算した当期純利益を繰越利益剰余金勘定へ振り替えます。

（損　　　　　益）　930　（繰越利益剰余金）　930 ⇨ **当 期 純 利 益：⊕**

⊕は純資産の増加
⊖は純資産の減少

以上の仕訳を参考に、株主資本等変動計算書を完成させます。

第2部 本試験演習編

第3問 損益計算書の作成問題です。決算整理前の勘定残高の与え方は変わっていますが、いつもどおり決算整理仕訳を決算整理前の残高（前T/B上の残高と同じ）に加算・減算し、損益計算書項目だけに着目して解答するのが速く解くコツです。

難易度 **A**

解答への道

ここでは、損益計算書項目だけではなく、貸借対照表項目を含めた、すべての未処理事項の仕訳と決算整理仕訳を示します。

1．未処理事項［資料Ⅱ］

(1) 売掛金の貸倒れ

| （貸倒引当金） | 10,000 | （売　掛　金） | 10,000 |

(2) 有価証券利息の計上

| （当　座　預　金） | 5,000 | （有価証券利息） | 5,000 |

(3) 研究開発費の計上

| （研　究　開　発　費） | 80,000 | （消　耗　品　費） | 80,000 |

研究開発費：300,000円 + 80,000円 = 380,000円
　　　　　　　決算整理前残高

(4) 退職給付引当金の取り崩し

| （退職給付引当金） | 20,000 | （給　料　手　当） | 20,000 |

2．決算整理事項［資料Ⅲ］

(1) 貸倒引当金の設定（差額補充法）

| （貸倒引当金繰入） | 11,800 | （貸倒引当金） | 11,800 |

貸倒引当金の設定にあたって、1．(1)を考慮します。

貸倒引当金：(650,000円 − 10,000円) × 2％ = 12,800円
　　　　　　　　売掛金　　　1．(1)

貸倒引当金繰入：12,800円 − (11,000円 − 10,000円) = 11,800円
　　　　　　　　　　　　　　　　　　　1．(1)

(2) 売上原価の計算と期末商品の評価

① 売上原価の計算

| （仕　　　入） | 380,000 | （繰　越　商　品） | 380,000 |
| （繰　越　商　品） | 324,000 | （仕　　　入） | 324,000 |

② 棚卸減耗損の計上

| （棚　卸　減　耗　損） | 18,000 | （繰　越　商　品） | 18,000 |

③ 商品評価損の計上

| （商　品　評　価　損） | 6,800 | （繰　越　商　品） | 6,800 |

次のような期末商品のボックス図を書いて計算します。

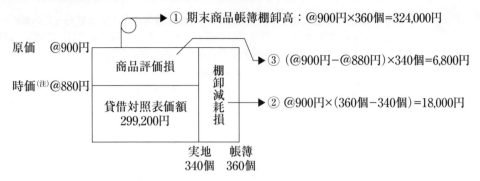

(注) ここでは、正味売却価額が「時価」に相当します。

④ 棚卸減耗損と商品評価損の仕入勘定への振り替え

| （仕 入） | 18,000 | （棚 卸 減 耗 損） | 18,000 |
| （仕 入） | 6,800 | （商 品 評 価 損） | 6,800 |

棚卸減耗損と商品評価損を売上原価に算入するために仕入勘定へ振り替えます。

(3) 減価償却費の計上

| （減 価 償 却 費） | 121,250 | （建物減価償却累計額） | 40,000 |
| | | （備品減価償却累計額） | 81,250 |

① 建物（定額法）：1,200,000円÷30年＝40,000円
② 備品（定率法）
　新規の備品：100,000円×0.25＝25,000円
　既存の備品：{(400,000円－100,000円)－75,000円}×0.25＝56,250円 }81,250円
　　　　　　　　　　　　　　　新規分

(4) 満期保有目的債券（償却原価法）

| （満期保有目的債券） | 1,500 | （有 価 証 券 利 息） | 1,500 |

当期償却額：(500,000円－500,000円×@98.50円/@100円)×12か月/60か月＝1,500円
　　　　　　　額面総額　　　　払込金額

有価証券利息：5,000円＋5,000円＋1,500円＝11,500円
　　　　　　　決算整理前残高　1.(2)

(5) のれんの償却

| （の れ ん 償 却） | 40,000 | （の　　れ　　ん） | 40,000 |

のれんは×19年4月1日に取得したものであるため、前期末までにすでに4年分の償却が行われていることがわかります。したがって、決算整理前の残高を残り6年で償却します。

当期償却額：240,000円÷(10年－4年)＝40,000円

(6) 退職給付引当金の設定

| （退職給付引当金繰入） | 80,000 | （退職給付引当金） | 80,000 |

(7) 費用の未払い（未払利息の計上）

|（支 払 利 息）|16,000|（未 払 利 息）|16,000|

未払利息：800,000円 × 3% × $\dfrac{8か月}{12か月}$ = 16,000円

(8) 収益の前受け（前受家賃の計上）

|（受 取 家 賃）|62,500|（前 受 家 賃）|62,500|

(9) 法人税、住民税及び事業税の計上

|（法人税,住民税及び事業税）|72,000|（仮 払 法 人 税 等）|50,000|
|||（未 払 法 人 税 等）|22,000|

法人税、住民税及び事業税：50,000円 + 22,000円 = 72,000円
　　　　　　　　　　　　　　仮払分　　未払分

材料費の仕訳問題です。材料副費の処理がポイントです。

1．材料の購入原価の計算

解答　|（材　　　料）|853,200|（買　掛　金）|790,000|
　　　|||（材 料 副 費）|63,200|

材料副費を予定配賦した場合、材料副費勘定の貸方から予定配賦額を振り替えます。

1,500円/kg × 500kg + 40,000円 + 63,200円 = **853,200円**
　　　素　材　　　　工場消耗品　材料副費

2．材料副費差異の計算

解答　|（材 料 副 費 差 異）|16,800|（材 料 副 費）|16,800|

材料副費勘定で予定配賦額と実際発生額を比較し、その差額を材料副費差異勘定へ振り替えます。

63,200円 − 80,000円 = △**16,800円（不利）**
予定配賦額　実際発生額

3．材料の消費額の計算

解答　|（仕　掛　品）|700,000|（材　　　料）|735,000|
　　　|（製 造 間 接 費）|35,000|||

材料勘定から直接材料費は仕掛品勘定へ、間接材料費は製造間接費勘定へ振り替えます。

直接材料費：700,000円
　　　　　　素材

間接材料費：35,000円
　　　　　　工場消耗品

第4問(2) 部門別個別原価計算（予定配賦）の一連の手続きを問う問題です。補助部門費を予定配賦しているところに注意が必要です。

1．製造部門別の製造間接費予定配賦率の算定
 (1) 年間予算部門別配賦表の作成
  年間予算データをもとに、補助部門費を各製造部門へ配賦していきます。

予算部門別配賦表　　　　　　　　　（単位：円）

費　　目	合　　計	製　造　部　門		補助部門
		第一製造部	第二製造部	修　繕　部
部　門　費	88,000,000	45,600,000	36,800,000	5,600,000
修　繕　部　費	5,600,000	2,400,000	3,200,000	
製　造　部　門　費	88,000,000	48,000,000	40,000,000	

〈修繕部費の配賦〉
修繕部費5,600,000円を、「年間予定修繕時間」を基準に各製造部門に配賦していきます。

$$修繕部費の予定配賦率：\frac{年間修繕部費予算5,600,000円}{年間予定修繕時間600時間＋800時間}＝4,000円/時間$$

第一製造部への配賦額：4,000円/時間×600時間＝2,400,000円
第二製造部への配賦額：　　〃　　×800時間＝3,200,000円

以上より、
第一製造部費：45,600,000円＋2,400,000円＝48,000,000円
第二製造部費：36,800,000円＋3,200,000円＝40,000,000円

 (2) 製造部門別の製造間接費予定配賦率の算定
  製造部門費（製造部門ごとの製造間接費）は、機械稼働時間を基準に予定配賦します。したがって、年間製造部門費予算を年間予定機械稼働時間（年間基準操業度）で割って、製造部門別の予定配賦率を計算します。

$$第一製造部費の予定配賦率：\frac{年間製造部費予算48,000,000円}{年間予定機械稼働時間8,000時間}＝6,000円/時間$$

$$第二製造部費の予定配賦率：\frac{年間製造部費予算40,000,000円}{年間予定機械稼働時間20,000時間}＝2,000円/時間$$

2．製造部門別の製造間接費予定配賦額の計算
 (1) 第一製造部費の予定配賦額
  予定配賦率に**実際機械稼働時間**を掛けて、予定配賦額を計算します。
  予定配賦額：6,000円/時間×690時間＝4,140,000円
  　　　　　　　予定配賦率　　実際機械稼働時間

 (2) 第二製造部費の予定配賦額
  予定配賦率に**実際機械稼働時間**を掛けて、予定配賦額を計算します。
  予定配賦額：2,000円/時間×1,720時間＝3,440,000円
  　　　　　　　予定配賦率　　実際機械稼働時間

３．製造部門別の実際発生額の集計

　当月の実際データをもとに、補助部門費を各製造部門へ予定配賦します。なお、「部門費」の行は、第１次集計の結果を示す必要があるため、実際発生額を記入します。

実際部門別配賦表　　　　　　　　　　　（単位：円）

費　　目	合　　計		製　造　部　門				補　助　部　門	
			第一製造部		第二製造部		修　繕　部	
部　門　費	（実際）	7,697,200	（実際）	3,957,000	（実際）	3,238,000	（実際）	502,200
修　繕　部　費	（予定）	496,000	（予定）	208,000	（予定）	288,000		
製　造　部　門　費	（実際）	7,691,000	（実際）	4,165,000	（実際）	3,526,000		

〈修繕部費の予定配賦〉

　修繕部費の**予定配賦率4,000円/時間**に**実際**修繕時間を掛けて、予定配賦額を計算します。

　　第一製造部への配賦額：4,000円/時間×52時間＝208,000円
　　　　　　　　　　　　　　予定配賦率　　実際修繕時間

　　第二製造部への配賦額：　　〃　　　×72時間＝288,000円

　以上より、

　　第一製造部費：3,957,000円＋208,000円＝4,165,000円

　　第二製造部費：3,238,000円＋288,000円＝3,526,000円

４．修繕部費配賦差異の計算

　予定配賦額と実際発生額との差額で配賦差異を把握します。

　　配賦差異：496,000円－502,200円＝△6,200円（不利差異・借方差異）
　　　　　　　予定配賦額　　実際発生額

５．製造部門費配賦差異の計算

　予定配賦額と実際発生額との差額で配賦差異を把握します。

　　第一製造部費の配賦差異：4,140,000円－4,165,000円＝△25,000円（不利差異・借方差異）
　　　　　　　　　　　　　　予定配賦額　　実際発生額

　　第二製造部費の配賦差異：3,440,000円－3,526,000円＝△86,000円（不利差異・借方差異）
　　　　　　　　　　　　　　予定配賦額　　実際発生額

【参　考】本問の勘定体系（勘定連絡図）

• ワンポイントアドバイス •

受入部門における実際発生額

　ここで注意していただきたいことは、補助部門費を製造部門に対して予定配賦する場合も、補助部門からの配賦を受け入れた後の製造部門費（＝借方に集計された金額）は「**実際発生額**」として取り扱われるということです。

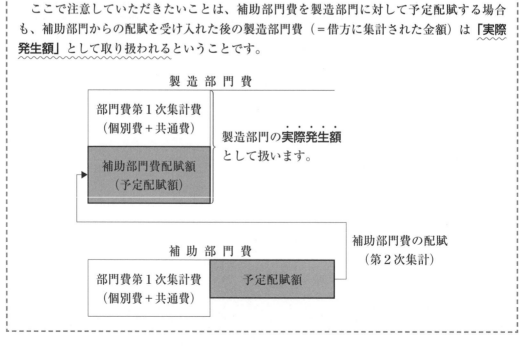

第2部 本試験演習編

解答への道

第5問
難易度 B

直接原価計算を前提に仕掛品勘定と損益計算書を作成させる問題です。直接原価計算では、原価を変動費と固定費に分類し、変動製造原価のみを製品原価とし、固定製造間接費は期間原価とします。
勘定連絡図を書いて整理するとわかりやすいです。

【勘定連絡図（本問の体系）】

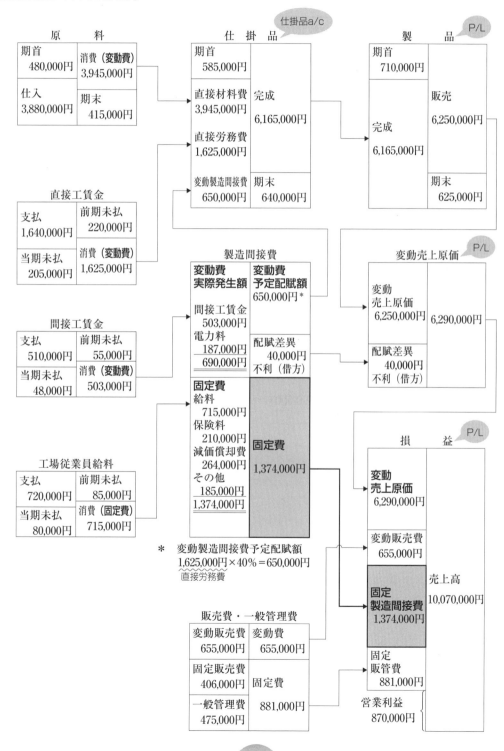

第5回

第6回 解答

問　題▶ 38

第1問 20点

仕訳一組につき4点

	借　　方		貸　　方	
	記　号	金　額	記　号	金　額
1	（　オ　）	802,000	（　ア　）	802,000
2	（　エ　）	1,800,000	（　ア　） （　ク　）	1,764,000 36,000
3	（　ウ　）	3,000	（　ケ　）	3,000
4	（　オ　） （　ケ　） （　エ　）	11,520,000 560,000 11,920,000	（　ウ　）	24,000,000
5	（　オ　） （　ア　）	30,000,000 30,000,000	（　カ　） （　キ　） （　ウ　）	15,000,000 15,000,000 30,000,000

190

第2部　本試験演習編

第2問 20点

●数字…予想配点

問1

（注）実際の本試験では、記号のみを解答してください。

売　掛　金

月	日	摘　　要	借　方	月	日	摘　　要	貸　方
4	1	前　期　繰　越	1,700,000	4	12	（ア）当 座 預 金	2,700,000 ②
②	8	（キ）売　　　　上	2,700,000		22	（イ）電子記録債権	800,000 ②
	18	（キ）売　　　　上	2,646,000		30	次　月　繰　越	3,546,000
			② 7,046,000				7,046,000

商　　品

月	日	摘　　要	借　方	月	日	摘　　要	貸　方
4	1	前　期　繰　越	1,500,000	4	5	（エ）買　掛　金	155,000
	4	（コ）諸　　　口	620,000		8	（ケ）売 上 原 価	1,350,000 ②
②	10	（ウ）受 取 手 形	640,000		18	（ケ）売 上 原 価	1,321,000
	15	（エ）買　掛　金	990,000		30	次　月　繰　越	924,000 ②
			② 3,750,000				3,750,000

問2

4　月　の　売　上　高	￥	② 5,346,000
4　月　の　売　上　原　価	￥	② 2,671,000

191

第3問 20点

●数字…予想配点

精算表

(単位：円)

勘定科目	試算表 借方	試算表 貸方	修正記入 借方	修正記入 貸方	損益計算書 借方	損益計算書 貸方	貸借対照表 借方	貸借対照表 貸方
現　　　　　金	29,000						29,000	
当　座　預　金	162,300			3,000			159,300	
受　取　手　形	106,000						106,000	
売　　掛　　金	200,000			30,000			170,000	
繰　越　商　品	308,000		272,200	308,000			249,500 ②	
				9,500				
				13,200				
仮　　払　　金	30,000			30,000				
建　　　　　物	750,000		120,000				870,000	
備　　　　　品	530,000						530,000	
建　設　仮　勘　定	240,000			160,000			80,000	
満期保有目的債券	595,000		1,000				596,000	
支　払　手　形		27,000						27,000
買　　掛　　金		100,000		1,000				101,000 ②
退職給付引当金		180,000	30,000	50,000				200,000 ②
貸　倒　引　当　金		2,500		260				2,760
建物減価償却累計額		237,500		28,000				265,500 ②
備品減価償却累計額		190,800		67,840				258,640
資　　本　　金		1,392,000						1,392,000
繰越利益剰余金		437,500						437,500
売　　　　　上		2,980,000				2,980,000		
有　価　証　券　利　息		3,000		1,000		4,000 ②		
仕　　　　　入	2,070,000			2,070,000				
給　　　　　料	400,000				400,000			
水　道　光　熱　費	100,000		3,000		103,000 ②			
保　　険　　料	30,000			8,000	22,000			
	5,550,300	5,550,300						
売　上　原　価			2,070,000	272,200	2,105,800 ②			
			308,000					
商　品　評　価　損			9,500		9,500			
棚　卸　減　耗　損			13,200		13,200			
貸倒引当金繰入額			260		260 ②			
貸　倒　損　失			30,000		30,000			
減　価　償　却　費			95,840		95,840			
退　職　給　付　費　用			50,000		50,000			
修　　繕　　費			40,000		40,000			
前　払　保　険　料			8,000				8,000 ②	
為　替　差　損　益			1,000		1,000			
当　期　純　利　益					113,400			113,400 ②
			3,052,000	3,052,000	2,984,000	2,984,000	2,797,800	2,797,800

第2部　本試験演習編

第4問(1) 12点

仕訳一組につき4点

	借　方		貸　方	
	記　号	金　額	記　号	金　額
1	（ イ ） （ ウ ）	1,087,200 36,000	（ ア ）	1,123,200
2	（ イ ）	3,261,600	（ ウ ）	3,261,600
3	（ カ ）	122,400	（ ウ ） （ オ ）	66,400 56,000

第4問(2) 16点

●数字…予想配点

月末仕掛品のA原料費 ＝ ❹ 1,120,000 円

月末仕掛品のB原料費 ＝ ❸ 280,000 円

月末仕掛品の加工費 ＝ ❸ 840,000 円

完 成 品 総 合 原 価 ＝ ❸ 17,620,000 円

完 成 品 単 位 原 価 ＝ ❸ 4,405 円/kg

193

第5問 12点

問1　❷ 2,400,000 円

問2　❷ 2,640,000 円

問3

(1) 価格差異　92,600 円（ 有利 ・ 不利 ）❷

※（　）内の「有利」または「不利」を○で囲むこと。以下同じ。

数量差異　52,000 円（ 有利 ・ 不利 ）❷

(2) 予算差異　14,000 円（ 有利 ・ 不利 ）❷

能率差異　30,000 円（ 有利 ・ 不利 ）❶

操業度差異　22,000 円（ 有利 ・ 不利 ）❶

第6回 解答への道　問題▶38

第1問

指定勘定科目を記号で解答しなければ正解になりませんので注意してください。
A：普通、B：やや難しい、C：難問となっています。

1 A　2 A　3 A　4 A　5 A

1．手形の不渡り

解答　（不 渡 手 形）　802,000　（当 座 預 金）　802,000

　かねて割引きまたは裏書きしていた約束手形が不渡りとなり、償還請求を受けたときは、手形の所持人（本問では取引銀行）に対して、手形の額面金額とともに、満期日以後の延滞利息や償還請求にともなう費用を支払うこととなります（手形の遡求といいます）。その後、その全額を本来の支払人である約束手形の振出人に請求することとなるため、「不渡手形」として記録しておきます。

2．仕入割戻し

解答　（買 　掛 　金）　1,800,000　（当 座 預 金）　1,764,000
　　　　　　　　　　　　　　　　　　（仕 　　　　入）　36,000

　仕入先との特約により、一定の期間内に一定の数量（または金額）以上の商品を取引したときに、代金の返戻（リベート）を受けることを「仕入割戻し」といいます。買掛金の支払免除や現金の払い戻しにより行われます。よって、商品原価の修正が必要となるため、返戻額を仕入勘定の貸方に記入します。なお、仕入割引と混同しないように注意しましょう。

3．税効果会計（将来減算一時差異の発生）

解答　（繰 延 税 金 資 産）　3,000　（法人税等調整額）　3,000

　会計上の費用が損金不算入となったことによる将来減算一時差異の発生は、法人税等の「前払い」が発生したことを意味するため、差異の金額に実効税率を乗じた金額を「法人税等調整額」として法人税等から控除し、これを「繰延税金資産」として計上し、繰延べ処理を行います。

4．未決算勘定

解答
（建物減価償却累計額）　11,520,000　（建 　　　物）　24,000,000
（減 価 償 却 費）　560,000
（未 　決 　算）　11,920,000

　保険が掛けられている建物が火災により焼失したときは、保険金額が確定するまで、火災時の帳簿価額を「未決算」として計上します。

(1) 減価償却費の計上

　期首から火災時までの減価償却費を月割計上します。

（減 価 償 却 費）　560,000 *　（建物減価償却累計額）　560,000

＊　$24,000,000円 \div 25年 \times \dfrac{7か月〈4/1 \sim 10/31〉}{12か月〈4/1 \sim 3/31〉} = 560,000円$

(2) 未決算の計上

減価償却を間接法で記帳している旨の指示があることから、「建物」だけでなく、「建物減価償却累計額」も減らします。なお、両者の差額が建物の火災時の帳簿価額となります。

（建物減価償却累計額）	12,080,000 *1	（ 建　　　　物 ）	24,000,000
（ 未　　決　　算 ）	11,920,000 *2		

＊1　火災時の減価償却累計額：11,520,000円＋560,000円＝12,080,000円

＊2　火災時の帳簿価額：24,000,000円－12,080,000円＝11,920,000円〈未決算〉

なお、(1)と(2)の仕訳の「建物減価償却累計額」を相殺すると、解答の仕訳になります。

5．新株の発行（増資時）

解答	（株式申込証拠金）	30,000,000	（ 資　　本　　金 ）	15,000,000
			（ 資 本 準 備 金 ）	15,000,000
	（ 当 座 預 金 ）	30,000,000	（ 別 段 預 金 ）	30,000,000

会社設立後、新たに株式を発行して資金を調達することを増資といいます。払込期日において株式申込証拠金を資本金・資本準備金に振り替えるとともに、別段預金を当座預金へ振り替えます。なお、株式を発行したときは、原則として払込金額の全額を資本金としますが、資本金の組入額について「会社法が規定する最低額」という指示がある場合は、払込金額の2分の1を資本金とし、残額を資本準備金とします。

(1) 株式申込証拠金を受け取ったとき　← すでにこの処理を行っていることが前提

（ 別 段 預 金 ）	30,000,000	（株式申込証拠金）	30,000,000*

＊　@50,000円×600株＝30,000,000円

(2) 払込期日になったとき　← 本　問

（株式申込証拠金）	30,000,000	（ 資　　本　　金 ）	15,000,000*
		（ 資 本 準 備 金 ）	15,000,000
（ 当 座 預 金 ）	30,000,000	（ 別 段 預 金 ）	30,000,000

＊　資本金組入額：@50,000円×600株×$\frac{1}{2}$＝15,000,000円

第2部　本試験演習編

第**2**問	商品売買（売上原価対立法）の一連の取引です。勘定記入の問題は、取引を一つずつ丁寧に仕訳して解くとよいでしょう。
難易度 **A**	商業簿記は"仕訳をして解けない問題はない！"と覚えておきましょう。

解答への道

1．商品の原価ボックス（先入先出法）

まずは、以下のような原価ボックスを作成し、商品の原価データを整理します。

原価ボックス

期首棚卸高				売上原価			
4月1日	@3,000円×	500個=	1,500,000円	4月8日	@3,000円×	450個=	1,350,000円
当月仕入高				18日	@3,000円× 50個 @3,100円× 150個 @3,200円× 200個 @3,300円× 20個		1,321,000円
4日	@3,100円×	200個=	620,000円				
5日	@3,100円×△	50個=	△155,000円				
10日	@3,200円×	200個=	640,000円	月末帳簿棚卸高			
15日	@3,300円×	300個=	990,000円	30日	@3,300円×	280個=	924,000円
	合計	650個					

月末帳簿棚卸数量：（500個＋650個）－870個＝280個
　　　　　　　　　借方数量合計　　販売数量合計

4月の売上原価：1,350,000円＋1,321,000円＝**2,671,000円**（問2の解答）
　　　　　　　　　4/8分　　　 4/18分

2．仕　訳

(1)　4月4日（仕入れ）

（商　　　　品）	620,000 *1	（前　払　金）	150,000
		（買　掛　金）	470,000 *2

＊1　原価ボックス参照

＊2　貸借差額

(2)　4月5日（仕入戻し）

（買　掛　金）	155,000	（商　　　　品）	155,000 *

＊　原価ボックス参照

(3)　4月8日（売上げ）

（売　掛　金）	2,700,000 *1	（売　　　　上）	2,700,000
（売　上　原　価）	1,350,000	（商　　　　品）	1,350,000 *2

＊1　@6,000円×450個＝2,700,000円

＊2　原価ボックス参照

(4)　4月10日（仕入れ）

（商　　　　品）	640,000 *	（受　取　手　形）	640,000

＊　原価ボックス参照

(5) 4月12日（売掛金の決済）

| （当 座 預 金） | 2,700,000 | （売 掛 金） | 2,700,000 |

(6) 4月15日（仕入れ）

| （商　　　品） | 990,000＊ | （買 掛 金） | 990,000 |

＊　原価ボックス参照

(7) 4月18日（売上げ）

（売 掛 金）	2,646,000＊1	（売　　　上）	2,646,000
（売 上 原 価）	1,321,000	（商　　　品）	1,321,000＊2
（発 送 費）	8,000	（当 座 預 金）	8,000

＊1　@6,300円×420個＝2,646,000円
＊2　原価ボックス参照

(8) 4月22日（売掛金の決済と電子記録債権の発生記録）

| （電 子 記 録 債 権） | 800,000 | （売 掛 金） | 800,000 |

(9) 4月30日（商品の評価）

　　実地棚卸数量が帳簿棚卸数量に一致しているため、棚卸減耗は発生していません。また、正味売却価額@5,500円が月末商品の仕入単価@3,300円を上回っているため、商品評価損も発生していません。よって、「仕訳なし」となります。

3．勘定記入（問1の解答）

　　2．で示した(1)から(9)までの仕訳にもとづいて、答案用紙の売掛金勘定および商品勘定への記入を完成させます。なお、摘要欄には相手勘定科目を記入すること、相手勘定科目が複数の場合には「諸口」と記入することや、次月繰越額を勘定の貸借差額で計算することなど、勘定記入の基礎知識については、3級で学習済みなので、ここでは説明を割愛します。

4．売上高の計算（問2の解答）

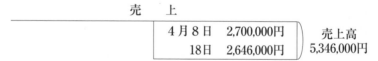

第3問　難易度　A

　　精算表の作成問題です。
　　未処理事項の仕訳・決算整理仕訳を修正記入欄に直接記入し、損益計算書欄および貸借対照表欄を完成させていきます。決算の問題は、1つ1つの決算整理仕訳をきちんと理解できているかが重要です。

1．未処理事項
(1) 売掛金の貸倒れ

| （貸 倒 損 失） | 30,000 | （売 掛 金） | 30,000 |

　　当期の販売から生じた売掛金が貸し倒れた場合は、当期の費用として貸倒損失勘定で処理をします。なお、この処理が［資料Ⅱ］(2)の貸倒引当金の設定に影響します。

(2) 建物の増改築工事の完了と修繕費の計上

（建 物）	120,000	（建 設 仮 勘 定）	160,000
（修 繕 費）	40,000		

　建物の増改築工事による増加部分は資本的支出（改良）として建物勘定で処理をします。また、収益的支出（修繕）は修繕費とします。なお、この処理が［資料Ⅱ］(3)の固定資産の減価償却に影響します。

　　資本的支出（改良）：160,000円 － 40,000円 ＝ 120,000円
　　　　　　　　　　　　　　　　　　修繕費

(3) 電力料の引き落とし

（水 道 光 熱 費）	3,000	（当 座 預 金）	3,000

(4) 退職給付引当金の取り崩し

（退職給付引当金）	30,000	（仮 払 金）	30,000

　なお、この処理が［資料Ⅱ］(6)の退職給付費用に影響します。

2．決算整理事項

(1) 売上原価の計算と期末商品の評価

① 売上原価の計算（売上原価勘定で計算する方法）

（売 上 原 価）	2,070,000	（仕 入）	2,070,000
（売 上 原 価）	308,000	（繰 越 商 品）	308,000
（繰 越 商 品）	272,200	（売 上 原 価）	272,200

　期末商品帳簿棚卸高：100,000円 ＋ 172,200円 ＝ 272,200円
　　　　　　　　　　　　商品A　　商品B

② 商品評価損と棚卸減耗損の計上

（商 品 評 価 損）	9,500	（繰 越 商 品）	9,500
（棚 卸 減 耗 損）	13,200	（繰 越 商 品）	13,200

　棚卸減耗損：5,000円 ＋ 8,200円 ＝ 13,200円
　　　　　　　　商品A　　商品B

　なお、期末商品の評価にあたっては、商品の種類ごとに次のようなボックス図を書いて計算します。なお、商品Bは原価より正味売却価額が高いため、商品評価損は生じません。

〈商品A〉

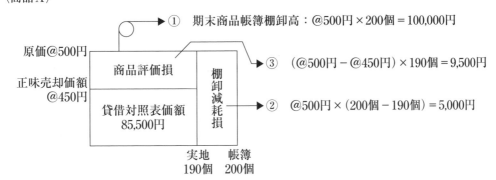

〈商品B〉

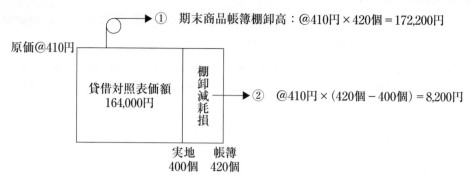

(2) 貸倒引当金の設定（差額補充法）

| （貸倒引当金繰入額） | 260 | （貸倒引当金） | 260 |

貸倒引当金の設定にあたって、**[資料Ⅰ]** (1)を考慮します。

貸倒引当金：(106,000円 + 200,000円 − 30,000円) × 1 % = 2,760円
　　　　　　受取手形　　売掛金　　　資料Ⅰ(1)

貸倒引当金繰入額：2,760円 − 2,500円 = 260円
　　　　　　　　　　設定額　　試算表欄

(3) 減価償却費の計上

| （減価償却費） | 95,840 | （建物減価償却累計額） | 28,000 |
| | | （備品減価償却累計額） | 67,840 |

① 建物（定額法）

減価償却費の計算にあたって、**[資料Ⅰ]** (2)を考慮します。

既存の建物：750,000円 ÷ 30年 = 25,000円

新規の建物：120,000円 ÷ (30年 − 10年) × $\frac{6か月}{12か月}$ = 3,000円 ｝28,000円
　　　　　　資料Ⅰ(2)

当期の増改築工事による増加部分（資本的支出）は、当初の耐用年数30年からすでに経過した10年を差し引いた、残り20年で減価償却をします。また、「すでに決算日の6か月前から使用が開始されている。」というのは、当期に6か月間使用しているということです。したがって、月割計算します。

② 備品（定率法）

(530,000円 − 190,800円) × 20% = 67,840円

(4) 満期保有目的債券の償却原価法（定額法）

| （満期保有目的債券） | 1,000 | （有価証券利息） | 1,000 |

額面総額600,000円と取得価額595,000円との差額を5年間（60か月）で償却します。

当期償却額：(600,000円 − 595,000円) × $\frac{12か月}{60か月}$ = 1,000円
　　　　　　　額面金額　　取得価額

なお、利払日と決算日が同じため、利札分の利息（クーポン利息）の処理は必要ありません。

第2部 本試験演習編

(5) 外貨建資産および負債の換算替え

決算にあたり、外貨建ての資産および負債のうち貨幣項目である買掛金について、決算時の為替相場による円換算額に換算替えを行います。

（為 替 差 損 益）　1,000　　（買　掛　金）　1,000

為替差損益：(110円/ドル − 115円/ドル) × 200ドル = △1,000円（為替差損）
　　　　　　　仕入時の為替相場　決算時の為替相場

(6) 退職給付費用の計上

（退 職 給 付 費 用）　50,000　　（退職給付引当金）　50,000

退職給付引当金の設定にあたって、[資料Ⅰ](4)を考慮します。

退職給付費用：200,000円 −（180,000円 − 30,000円）= 50,000円
　　　　　　　　要設定額　　　試算表　　資料Ⅰ(4)

(7) 費用の前払い（前払費用の計上）

（前 払 保 険 料）　8,000　　（保　険　料）　8,000

前払保険料：$12,000円 \times \dfrac{8か月}{12か月} = 8,000円$

(8) 当期純損益の計算

当期純損益：2,984,000円 − 2,870,600円 = 113,400円（純利益）
　　　　　　　収益合計　　費用合計

第4問(1) 労務費と製造間接費の仕訳問題です。製造間接費を直接工の直接作業時間を基準に配賦しているところがポイントです。

難易度 A

1．労務費の計算（直接工の賃金計算）

解答　（仕　掛　品）　1,087,200　　（賃　金・給　料）　1,123,200
　　　　（製 造 間 接 費）　　 36,000

賃金・給料勘定から直接労務費は仕掛品勘定へ、間接労務費は製造間接費勘定へ振り替えます。予定賃率に実際作業時間を掛けて計算します。

直接労務費：1,200円/時間 × 906時間 = 1,087,200円
　　　　　　　予定賃率　　直接作業時間

間接労務費：1,200円/時間 ×（20時間 + 10時間）= 36,000円
　　　　　　　予定賃率　　間接作業時間　手待時間

2．製造間接費の予定配賦

解答　（仕　掛　品）　3,261,600　　（製 造 間 接 費）　3,261,600

製造間接費勘定から仕掛品勘定へ振り替えます。

① 予定配賦率の算定

製造間接費は、直接工の「直接作業時間」を基準に予定配賦します。したがって、年間の製造間接費予算を直接工の年間の予定総直接作業時間で割って、予定配賦率を計算します。

予定配賦率：$\dfrac{年間製造間接費予算40,608,000円}{年間予定総直接作業時間11,280時間} = 3,600円/時間$

② 予定配賦額の計算

予定配賦率に直接工の実際直接作業時間を掛けて、予定配賦額を計算します。

予定配賦額：3,600円/時間 × 906時間 ＝ 3,261,600円
　　　　　　　予定配賦率　　実際直接作業時間

3．製造間接費配賦差異の分析

解答	（操　業　度　差　異）	122,400	（製　造　間　接　費）	66,400
			（予　算　差　異）	56,000

製造間接費配賦差異の分析後、製造間接費勘定から予算差異勘定・操業度差異勘定へ振り替えます。なお、製造間接費の予算が変動費と固定費に分かれていないため、固定予算によって予算差異と操業度差異に分析します。

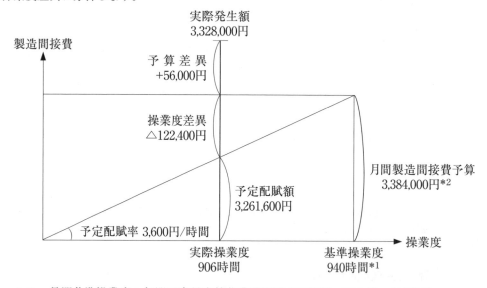

＊1　月間基準操業度：年間予定総直接作業時間11,280時間÷12か月＝940時間
＊2　月間製造間接費予算：年間製造間接費予算40,608,000円÷12か月＝3,384,000円

総　差　異：

　3,261,600円 － 3,328,000円 ＝ △66,400円（不利）
　　予定配賦額　　実際発生額

予　算　差　異：

　3,384,000円 － 3,328,000円 ＝ ＋56,000円（有利）
　　製造間接費予算　　実際発生額

操　業　度　差　異：

　@3,600円/時間 × (906時間 － 940時間) ＝ △122,400円（不利）
　　予定配賦率　　実際操業度　基準操業度

第2部　本試験演習編

解答への道

第4問⑵
難易度 A

単純総合原価計算の問題です。B原料を平均的に投入していることと仕損品評価額の控除の計算がポイントです。

「平均法」により計算します。

数量で按分

仕掛品―A原料費

月初 400kg 560,000円	完成 4,000kg
	5,880,000円
投入 4,600kg	仕損 200kg
	月末 800kg
6,440,000円	1,120,000円

加工換算量で按分

仕掛品―B原料費

月初 200kg 130,000円	完成 4,000kg
	2,940,000円
投入 4,400kg	仕損 200kg
	月末 400kg
3,090,000円	280,000円

加工換算量で按分

仕掛品―加工費

月初 200kg 400,000円	完成 4,000kg
	8,820,000円
投入 4,400kg	仕損 200kg
	月末 400kg
9,260,000円	840,000円

(1)　A原料費の計算（始点投入）

月末仕掛品原価：$\dfrac{560,000円 + 6,440,000円}{(4,000kg + 200kg) + 800kg} \times 800kg =$ **1,120,000円**

完成品総合原価：560,000円 + 6,440,000円 − 1,120,000円 = 5,880,000円

(2)　B原料費の計算（平均的投入）

B原料は工程を通じて平均的に投入されているため、加工費と同様に計算します。

月末仕掛品原価：$\dfrac{130,000円 + 3,090,000円}{(4,000kg + 200kg) + 400kg} \times 400kg =$ **280,000円**

完成品総合原価：130,000円 + 3,090,000円 − 280,000円 = 2,940,000円

(3)　加工費の計算

月末仕掛品原価：$\dfrac{400,000円 + 9,260,000円}{(4,000kg + 200kg) + 400kg} \times 400kg =$ **840,000円**

完成品総合原価：400,000円 + 9,260,000円 − 840,000円 = 8,820,000円

(4)　まとめ

月末仕掛品原価：1,120,000円 + 280,000円 + 840,000円 = 2,240,000円
　　　　　　　　　A原料費　　B原料費　　加工費

仕損が「完成品のみ負担」の場合、仕損品評価額は完成品総合原価からマイナスします。

完成品総合原価：5,880,000円 + 2,940,000円 + 8,820,000円 − 20,000円 = **17,620,000円**
　　　　　　　　　A原料費　　　B原料費　　　加工費　　仕損品評価額

完成品単位原価：17,620,000円 ÷ 4,000kg = **4,405円/kg**

第6回

第5問 難易度 **A**　標準原価計算の手続きを問う問題です。標準原価計算のプロセスを意識しながら問題を解いていくことが重要です。標準原価計算では「実際生産量」に対する標準原価と実際原価を比較することで原価差異の分析を行います。解答要求だけに着目し、必要最低限の計算のみ行い、最短距離での解答を目指しましょう。

1．原価標準の設定（製品1個当たりの標準原価）

（1）製品X

原　料　費：標準単価	6円/g	×	標　準　消　費　量	100 g	=	600円
加　工　費：標準配賦率	1,500円/時間	×	標準直接作業時間	0.4時間	=	600円
						1,200円

（2）製品Y

原　料　費：標準単価	8円/g	×	標　準　消　費　量	150 g	=	1,200円
加　工　費：標準配賦率	1,500円/時間	×	標準直接作業時間	0.6時間	=	900円
						2,100円

2．製品Xの予算生産量にもとづく標準原価（予算原価）【問1】

月次予算の資料をもとに、「**予算生産量**」にもとづく標準原価（予算原価）を計算します。

予算生産量（製品X）の標準原価：1,200円/個×2,000個＝**2,400,000円**
　　　　　　　　　　　　　　　　　　原価標準　　予算生産量

3．製品Xの実際生産量にもとづく標準原価【問2】

月次実績の資料をもとに、「**実際生産量**」にもとづく標準原価を計算します。

実際生産量（製品X）の標準原価：1,200円/個×2,200個＝**2,640,000円**
　　　　　　　　　　　　　　　　　　原価標準　　実際生産量

4．製品Yの原価差異の計算・分析【問3】

標準原価計算では実際生産量（当月投入量）に対する標準原価と実際原価を比較することにより、原価差異の分析を行い、当月の消費能率などを把握します。

（1）原料費差異の分析

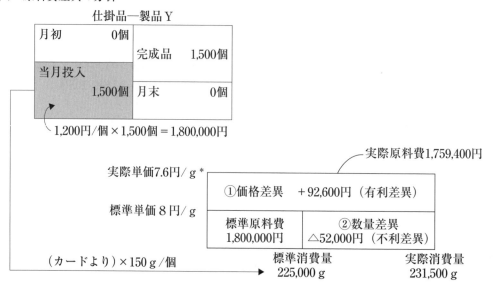

* 実際単価：1,759,400円 ÷ 231,500 g ＝ 7.6円/g
　　　　　　　　実際原料費　　実際消費量

① 価格差異：(8円/g － 7.6円/g) × 231,500 g ＝ ＋92,600円（有利差異）
　　　　　　　 標準単価　　実際単価　　　　実際消費量

② 数量差異：8円/g × (225,000 g － 231,500 g) ＝ △52,000円（不利差異）
　　　　　　 標準単価　　標準消費量　　実際消費量

(2) 加工費差異の分析

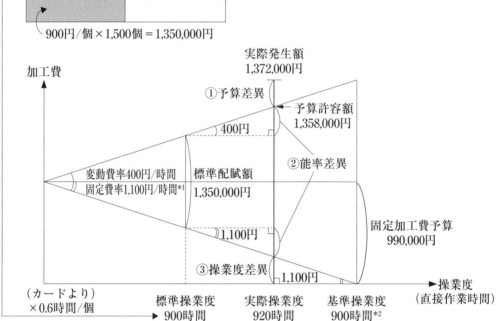

＊1　固定費率：1,500円/時間 － 400円/時間 ＝ 1,100円/時間
　　　　　　　　標準配賦率　　　変動費率

＊2　基準操業度：990,000円 ÷ 1,100円/時間 ＝ 900時間
　　　　　　　　　固定加工費　　固定費率

① 予算差異：(400円/時間 × 920時間 ＋ 990,000円) － 1,372,000円 ＝ △14,000円（不利差異）
　　　　　　　　　　　　予算許容額　　　　　　　　　　　実際発生額

② 能率差異：1,500円/時間 × (900時間 － 920時間) ＝ △30,000円（不利差異）
　　　　　　 標準配賦率　　標準操業度　実際操業度

③ 操業度差異：1,100円/時間 × (920時間 － 900時間) ＝ ＋22,000円（有利差異）
　　　　　　　 固定費率　　　実際操業度　基準操業度

第7回 解答

問題 ▶ 44

第1問 20点

仕訳一組につき4点

	借 方		貸 方	
	記　号	金　額	記　号	金　額
1	（　コ　）	870,000	（　イ　） （　ア　）	570,000 300,000
2	（　カ　） （　ク　）	320,000 280,000	（　ウ　）	600,000
3	（　エ　） （　コ　）	3,600,000 1,800,000	（　イ　） （　エ　）	3,600,000 1,800,000
4	（　ク　）	800,000	（　ア　）	800,000
5	（　ク　） （　ケ　）	18,000,000 21,000,000	（　ケ　） （　イ　） （　カ　）	18,000,000 20,000,000 1,000,000

第2部　本試験演習編

第2問　20点

●数字…予想配点

問1

（注）実際の本試験では、記号のみを解答してください。

売買目的有価証券

日 付		摘　要	借　方	日 付		摘　要	貸　方
29	2　1	（ア）当座預金	294,000	29	10　1	（ア）当座預金	98,000
	12　31	有価証券評価益	1,600		12　31	（ク）次期繰越	197,600
			295,600				295,600

満期保有目的債券

日 付		摘　要	借　方	日 付		摘　要	貸　方
29	4　1	（ア）当座預金	591,000	29	12　31	（ク）次期繰越	592,350
	12　31	（オ）有価証券利息	1,350				
			592,350				592,350

有価証券利息

日 付		摘　要	借　方	日 付		摘　要	貸　方
29	2　1	（ア）当座預金	100	29	6　30	（ア）当座預金	600
	12　31	（カ）損　　益	5,050		10　1	（ア）当座預金	100
					12　31	当座預金	400
					〃	未収有価証券利息	2,700
					〃	（ウ）満期保有目的債券	1,350
			5,150				5,150

問2

有価証券売却（　　益　　）　¥	600

207

第3問 20点　　　　　　　　　　　　　　　　　　　●数字…予想配点

損 益 計 算 書
（自×25年4月1日　至×26年3月31日）

（単位：円）

Ⅰ	売　　上　　高		（　20,088,000　）
Ⅱ	売　上　原　価		
	1　期首商品棚卸高	（　1,301,000　）	
	2　当期商品仕入高	（　18,500,000　）	
	合　　　計	（　19,801,000　）	
	3　期末商品棚卸高	（　1,240,000　）	
	差　　　引	（　18,561,000　）	
	4　棚卸減耗損	（　30,000　）	
	5　商品評価損	（　15,840　）	（　18,606,840 ❷　）
	売上総利益		（　1,481,160　）
Ⅲ	販売費及び一般管理費		
	1　給　　　料	（　1,103,740　）	
	2　旅費交通費	（　80,800　）	
	3　水道光熱費	（　23,400 ❷　）	
	4　保　険　料	20,000	
	5　通　信　費	（　25,900 ❷　）	
	6　減価償却費	（　35,960 ❷　）	
	7　商標権償却	（　20,000 ❷　）	
	8　貸倒引当金繰入	（　53,110 ❷　）	
	9　退職給付費用	（　32,000　）	（　1,394,910　）
	営業利益		（　86,250　）
Ⅳ	営業外収益		
	1　受取利息		（　5,750 ❷　）
Ⅴ	営業外費用		
	1　支払利息	（　26,000　）	
	2　手形売却損	（　30,500 ❷　）	（　56,500　）
	経常利益		（　35,500　）
Ⅵ	特別利益		
	1　固定資産売却益		（　66,000 ❷　）
Ⅶ	特別損失		
	1　災害損失		1,500
	税引前当期純利益		（　100,000　）
	法人税、住民税及び事業税		（　40,000 ❷　）
	当期純利益		（　60,000　）

208

第2部　本試験演習編

第4問(1)　12点

仕訳一組につき4点

	借　　方		貸　　方	
	記　　号	金　　額	記　　号	金　　額
1	（　ア　）	2,440,000	（　カ　）	2,440,000
2	（　オ　）	90,000	（　ア　）	90,000
3	（　エ　） （　オ　）	1,036,000 386,000	（　イ　）	1,422,000

第4問(2)　16点

●数字…予想配点

問1

総　合　原　価　計　算　表　　　　　　（単位：円）

	A 原 料 費	B 原 料 費	加 工 費	合　　　計
月初仕掛品原価	480,000	0	220,000	700,000
当月製造費用	7,080,000	660,000	9,600,000	17,340,000
合　　　計	7,560,000	660,000	9,820,000	18,040,000
差引：月末仕掛品原価	(❷　240,000)	(　　　0)	(❷　160,000)	(❷　400,000)
完成品総合原価	(❷ 7,320,000)	(❷　660,000)	(❷ 9,660,000)	(❷ 17,640,000)

問2

完成品総合原価 ＝ 　❷ 17,520,000 　円

209

第5問 12点

●数字…予想配点

問1　③　4,500　万円

問2　③　5,500　万円

問3　②　10　%

問4　②　200　万円

問5　②　40　万円

第7回　解答への道　問題▶44

第1問　指定勘定科目を記号で解答しなければ正解になりませんので注意してください。
A：普通、B：やや難しい、C：難問となっています。

1 A　**2** A　**3** A　**4** A　**5** A

1．研究開発費

解答	（研究開発費）	870,000	（当座預金）	570,000
			（普通預金）	300,000

　研究および開発に関する支出額はすべて当期の費用として、研究開発費勘定で処理します。なお、特定の研究開発のみに使用され、ほかに転用できないような備品や、実験用の薬剤、研究開発部門で働く研究員への業務委託費用などもすべて「研究開発費」となります。

2．貸倒引当金

解答	（貸倒引当金）	320,000	（売　掛　金）	600,000
	（貸倒損失）	280,000		

　前期以前に発生した売掛金が貸し倒れたときは、前期末にあらかじめ費用（貸倒引当金繰入）を計上しているため貸倒引当金を取り崩せますが、残高が不足している場合には超過額を貸倒損失とします。また、当期に発生した売掛金が貸し倒れたときは、当期の費用として貸倒損失を計上します。

(1)　前期販売分

（貸倒引当金）	320,000	（売　掛　金）	400,000
（貸倒損失）	80,000		

(2)　当期販売分

（貸倒損失）	200,000＊	（売　掛　金）	200,000

　　＊　当期分：600,000円－400,000円＝200,000円
　　　　　　　　　　　　　前期分

　(1)と(2)を合わせた仕訳が解答になります。

3．備品の購入と圧縮記帳

解答	（備　　品）	3,600,000	（当座預金）	3,600,000
	（固定資産圧縮損）	1,800,000	（備　　品）	1,800,000

　圧縮記帳とは、国庫補助金などにより取得した有形固定資産について、その取得原価を一定額だけ減額（圧縮）し、減額（圧縮）後の帳簿価額を貸借対照表価額とする方法です。本問では、補助金相当額1,800,000円の固定資産圧縮損（費用）を計上するとともに、同額を備品の取得原価から直接減額します（直接控除方式）。

　「備品勘定は圧縮記帳した事実を示すように記入すること」というのは仕訳から取引が判断できるようにすることという指示なので、備品の購入と圧縮記帳を分けて仕訳しなければなりません。したがって、備品勘定を相殺した解答は認められません。

211

① 国庫補助金を受け取ったとき ← すでにこの処理を行っていることが前提

（ ○ ○ ）	1,800,000	（国庫補助金受贈益）	1,800,000

② 備品を購入したとき ← 本 問

（ 備 品 ）	3,600,000 *	（ 当 座 預 金 ）	3,600,000

＊ 取得原価：＠144,000円×25台＝3,600,000円

③ 圧縮記帳をしたとき ← 本 問

（ 固定資産圧縮損 ）	1,800,000	（ 備 品 ）	1,800,000

②と③を合わせた仕訳が解答になります。

なお、圧縮記帳後の帳簿価額は次のようになります。

$$\underset{\text{取得原価}}{3,600,000円} - \underset{\text{圧縮額}}{1,800,000円} = \underset{\text{圧縮後の簿価}}{1,800,000円}$$

４．電子記録債権の譲渡

解答

（ 買 掛 金 ）	800,000	（ 電 子 記 録 債 権 ）	800,000

買掛金を支払うために電子記録債権の譲渡記録を行った場合は、電子記録債権（資産）を減少させます。これは、結果として「約束手形の裏書き」と同様の処理になります。

５．別途積立金の取り崩しと剰余金の配当と処分

解答

（ 別 途 積 立 金 ）	18,000,000	（ 繰 越 利 益 剰 余 金 ）	18,000,000
（ 繰 越 利 益 剰 余 金 ）	21,000,000	（ 未 払 配 当 金 ）	20,000,000
		（ 利 益 準 備 金 ）	1,000,000

まず、別途積立金を繰越利益剰余金に振り替えます。

（ 別 途 積 立 金 ）	18,000,000	（ 繰 越 利 益 剰 余 金 ）	18,000,000

次に、繰越利益剰余金の配当と処分を行いますが、利益準備金の計算が重要です。

利益準備金は、毎決算期に利益の処分として支出する金額（株主配当金）の10分の1を、配当・処分時の資本準備金と利益準備金の合計額が資本金の4分の1に達するまで積み立てます。

① $\underset{\text{株主配当金}}{(@100円 \times 200,000株)} \times \frac{1}{10} = 2,000,000円$

② 積立限度額：$\underset{\text{資本金}}{200,000,000円} \times \frac{1}{4} - (\underset{\text{資本準備金}}{40,000,000円} + \underset{\text{利益準備金}}{9,000,000円}) = 1,000,000円$

①と②のいずれか小さい方 ∴1,000,000円

（ 繰 越 利 益 剰 余 金 ）	21,000,000	（ 未 払 配 当 金 ）	20,000,000
		（ 利 益 準 備 金 ）	1,000,000

なお、「別途積立金の取り崩し」と「繰越利益剰余金の配当と処分」は、別々の取引ですから、繰越利益剰余金を相殺した仕訳は認められません。別々の取引はそれぞれ分けて仕訳すると覚えておきましょう。

第2部 本試験演習編

解答への道

第7回

第2問 難易度 A

有価証券の一連の取引を勘定記入（標準式）で問う問題です。1つ1つの取引を仕訳して、転記するだけです。利息は「**月割計算**」となる点に注意してください。

×29年度における有価証券の取引を以下のように、日付順に仕訳し、売買目的有価証券勘定、満期保有目的債券勘定および有価証券利息勘定に転記していきます。

1．2月1日：売買目的有価証券（国債）の取得

（売買目的有価証券）	294,000	（当 座 預 金）	294,100
（有 価 証 券 利 息）	100		

取得原価：$300,000円 × \dfrac{@98.00円}{@100円} = 294,000円$

有価証券利息（端数利息）：$300,000円 × 年0.4\% × \dfrac{1か月}{12か月} = 100円$

2．4月1日：満期保有目的債券（社債）の取得

（満期保有目的債券）	591,000	（当 座 預 金）	591,000

取得原価：$600,000円 × \dfrac{@98.50円}{@100円} = 591,000円$

3．6月30日：売買目的有価証券（国債）の利払日

（当 座 預 金）	600	（有 価 証 券 利 息）	600

有価証券利息：$300,000円 × 年0.4\% × \dfrac{6か月}{12か月} = 600円$

4．10月1日：売買目的有価証券（国債）の一部売却

（当 座 預 金）	98,700	（売買目的有価証券）	98,000
		（有価証券売却益）	600
		（有 価 証 券 利 息）	100

帳簿価額：$100,000円 × \dfrac{@98.00円}{@100円} = 98,000円$

有価証券売却損(益)：$100,000円 × \dfrac{@98.60円 - @98.00円}{@100円} = +600円（売却益）$【問2の解答要求】

有価証券利息(端数利息)：$100,000円 × 年0.4\% × \dfrac{3か月}{12か月} = 100円$

ここで、保有する売買目的有価証券（国債）の額面総額が**200,000円**（＝300,000円－売却分100,000円）になっていることに注意してください。

5．12月31日：売買目的有価証券（国債）の利払日

（当 座 預 金）	400	（有 価 証 券 利 息）	400

有価証券利息：$200,000円 × 年0.4\% × \dfrac{6か月}{12か月} = 400円$

6．12月31日：決算整理

(1) 売買目的有価証券（国債）

時価へ評価替えします。

（売買目的有価証券）	1,600	（有価証券評価益）	1,600

有価証券評価損（益）：$200,000円 \times \dfrac{@98.80円 - @98.00円}{@100円} = +1,600円$ （評価益）

(2) 満期保有目的債券（社債）

① 未収有価証券利息の計上

利払日 ≠ 決算日の場合、当期に経過した未収分（4月1日～12月31日）の有価証券利息を計上します。

（未収有価証券利息）	2,700	（有価証券利息）	2,700

未収有価証券利息：$600,000円 \times 年0.6\% \times \dfrac{9か月}{12か月} = 2,700円$

② 償却原価法（定額法）

当期に経過した分（4月1日～12月31日）について償却原価法を適用します。

（満期保有目的債券）	1,350	（有価証券利息）	1,350

償却原価法（定額法）：$600,000円 \times \dfrac{@100円 - @98.50円}{@100円} \times \dfrac{9か月}{60か月^*} = 1,350円$

＊ ×29年4月1日～×34年3月31日

7．12月31日：決算振替と帳簿の締め切り

有価証券利息勘定の残高を損益勘定へ振り替えた後、有価証券利息勘定を締め切ります。

（有価証券利息）	5,050	（損　　益）	5,050

有価証券利息勘定の残高：△100円 ＋ 600円 ＋ 100円 ＋ 400円 ＋ 2,700円 ＋ 1,350円 ＝ **5,050円**
　　　　　　　　　　　　　　2/1　　6/30　　10/1　　12/31　　決算整理　　決算整理

売買目的有価証券勘定と満期保有目的債券勘定は、摘要欄に「次期繰越」と記入（繰越記入）をし、締め切ります。

売買目的有価証券勘定の次期繰越額：294,000円 － 98,000円 ＋ 1,600円 ＝ **197,600円**
　　　　　　　　　　　　　　　　　　2/1　　　10/1　　決算整理

満期保有目的債券勘定の次期繰越額：591,000円 ＋ 1,350円 ＝ **592,350円**
　　　　　　　　　　　　　　　　　4/1　　決算整理

第2部 本試験演習編

解答への道

第7回

損益計算書の作成問題です。損益計算書項目（収益・費用）だけ仕訳して解答するのが速く解くコツです。

1．未処理事項［資料Ⅱ］
 (1) 固定資産の売却

（現 金 預 金）	150,000	（土　　　　地）	84,000
		（固定資産売却益）	66,000

 (2) 手形の割引き

（現 金 預 金）	497,500	（受 取 手 形）	500,000
（手 形 売 却 損）	2,500		

 ＊ 手形売却損：28,000円 + 2,500円 = 30,500円
　　　　　　　　決算整理前残高　　決算整理後残高

2．決算整理事項［資料Ⅲ］
 (1) 貸倒引当金の設定（差額補充法）

（貸倒引当金繰入）	53,110	（貸 倒 引 当 金）	53,110

　貸倒引当金の設定にあたって、［資料Ⅱ］2．を考慮します。

　貸 倒 引 当 金：(2,022,000円 − 500,000円 + 5,089,000円) × 1 % = 66,110円
　　　　　　　　　　受取手形　　　未処理　　　売掛金

　貸倒引当金繰入：66,110円 − 13,000円 = 53,110円

 (2) 売上原価の計算と期末商品の評価
　① 売上原価の計算

（仕　　　　入）	1,301,000	（繰 越 商 品）	1,301,000
（繰 越 商 品）	1,240,000	（仕　　　　入）	1,240,000

　　商品の期末帳簿棚卸高は1,240,000円になります。
　② 棚卸減耗損の計上

（棚 卸 減 耗 損）	30,000	（繰 越 商 品）	30,000

　　商品の期末帳簿棚卸高1,240,000円と実地棚卸高（原価）1,210,000円との差額から、棚卸減耗損が30,000円であることがわかります。

　　棚卸減耗損：1,240,000円 − 1,210,000円 = 30,000円
　③ 商品評価損の計上

（商 品 評 価 損）	15,840	（繰 越 商 品）	15,840

　　期末商品のうち、一部の商品だけに商品評価損が発生していることに注意してください。

　　商品A：(@500円 − @420円) × 48個 = 3,840円 ⎤
　　商品B：(@350円 − @150円) × 60個 = 12,000円 ⎦ 15,840円

215

④ 棚卸減耗損と商品評価損の仕入勘定への振り替え

（仕 入）	30,000	（棚 卸 減 耗 損）	30,000
（仕 入）	15,840	（商 品 評 価 損）	15,840

棚卸減耗損と商品評価損を売上原価に算入するために仕入勘定へ振り替えます。

(3) 再振替仕訳（未処理）と費用の未払い

① 再振替仕訳（未処理）

（未 払 費 用）	37,000	（給 料）	35,000
		（水 道 光 熱 費）	2,000

再振替仕訳が未処理であることから、この処理を行います。

② 費用の未払い（未払費用の計上）

（給 料）	50,000	（未 払 費 用）	52,400
（水 道 光 熱 費）	2,400		

＊ 給 料：1,088,740円 － 35,000円 ＋ 50,000円 ＝ 1,103,740円
　　　　　　決算整理前残高　　　　　　　　　決算整理後残高

＊ 水道光熱費：23,000円 － 2,000円 ＋ 2,400円 ＝ 23,400円
　　　　　　　　決算整理前残高　　　　　　　決算整理後残高

(4) 貯蔵品への振り替え

（貯 蔵 品）	5,100	（通 信 費）	5,100

郵便切手の期末未使用分を貯蔵品勘定で次期に繰り越します。

＊ 通信費：31,000円 － 5,100円 ＝ 25,900円
　　　　　　決算整理前残高　　決算整理後残高

(5) 退職給付引当金の設定

（退 職 給 付 費 用）	32,000	（退 職 給 付 引 当 金）	32,000

(6) 受取利息・支払利息の未収と未払い

① 定期預金（期間6か月）の受取利息の未収

（未 収 収 益）	750	（受 取 利 息）	750

定期預金は期間6か月で満期日は×26年6月30日ですから、×26年1月に定期預金の口座を開設したことがわかります。したがって、決算日までの3か月分の受取利息を計上します。

未収収益：$500,000円 \times 年0.6\% \times \dfrac{3か月}{12か月} = 750円$

② 定期預金（期間1年）の受取利息の未収

（未 収 収 益）	3,000	（受 取 利 息）	3,000

定期預金は期間1年で満期日は×26年7月31日ですから、×25年8月に定期預金の口座を開設したことがわかります。したがって、決算日までの8か月分の受取利息を計上します。

未収収益：$500,000円 \times 年0.9\% \times \dfrac{8か月}{12か月} = 3,000円$

＊ 受取利息：2,000円 ＋ 750円 ＋ 3,000円 ＝ 5,750円
　　　　　　　決算整理前残高　　　　　　　　決算整理後残高

③ 借入金の支払利息の未払い

（支 払 利 息）	6,000	（未 払 費 用）	6,000

前利払日の翌日から決算日までの3か月分の利息を計上します。

未払費用：$1,000,000円 \times 年2.4\% \times \dfrac{3か月}{12か月} = 6,000円$

＊ 支払利息：$\underset{決算整理前残高}{20,000円} + 6,000円 = \underset{決算整理後残高}{26,000円}$

(7) 減価償却費の計上

（減 価 償 却 費）	5,710	（建物減価償却累計額）	4,960
		（備品減価償却累計額）	750

① 既存分の減価償却

既存分の建物と備品については、月次で減価償却を行っており、決算整理前残高試算表には11か月分の減価償却費が計上されています（過去の分は適正に処理されています）。そこで、決算日においては、×26年3月分の減価償却のみを行います。

建物：2,000円

備品： 750円

② 新規分の減価償却

×25年10月に取得をした分は月次の減価償却は行っていません。したがって、決算日においては、一括して当期分の減価償却費を計上（月割償却）します。

建物：$148,000円 \div 25年 \times \dfrac{6か月}{12か月} = 2,960円$

＊ 減価償却費：$\underset{決算整理前残高}{30,250円} + 4,960円 + 750円 = \underset{決算整理後残高}{35,960円}$

(8) 商標権の償却

（商 標 権 償 却）	20,000	（商 標 権）	20,000

商標権は×22年4月1日に取得したものであるため、前期末までにすでに3年分の償却が行われていることがわかります。したがって、決算整理前の残高を当期を含め残り7年で償却します。

当期償却額：$140,000円 \div (10年 - 3年) = 20,000円$

(9) 法人税、住民税及び事業税の計上

（法人税、住民税及び事業税）	40,000	（仮 払 法 人 税 等）	5,600
		（未 払 法 人 税 等）	34,400

答案用紙の損益計算書に収益・費用の諸勘定の残高を記入し、税引前当期純利益まで計算した後、最後に「法人税等」を計算します。

法人税等：$\underset{税引前当期純利益}{100,000円} \times 40\% = 40,000円$

本社工場会計の問題では、工場側で使用できる勘定科目に留意して、勘定連絡図から仕訳を考えていきます。

1．材料の購入

材料の購入原価は、購入代価に付随費用（材料副費）を加算して求めます。なお、素材と補修用材料をあわせて行います。

購入代価：@800円×3,000kg＋@200円×100kg＝2,420,000円
付随費用：　　　　　　　　　　　　　　　20,000円
購入原価：　　　　　　　　　　　　　　2,440,000円

＊　この結果をもとに、材料購入時の仕訳を行います。

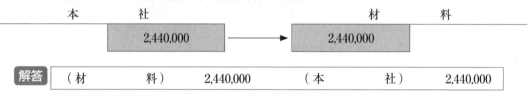

解答　（材　　　料）　2,440,000　　（本　　　社）　2,440,000

工場会計が独立していない場合には、貸方科目を現金勘定などで処理しますが、独立している場合には、本社と工場間の取引につき、本社に対する債権・債務を本社勘定で処理します。なお、本社と工場間の取引となるのは、工場側に仕訳に必要な勘定科目が設定されていないときです。

2．経費の計上

材料の棚卸減耗損90,000円は、間接経費として製造間接費勘定へ振り替えます。

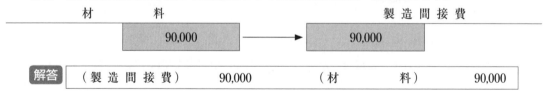

解答　（製 造 間 接 費）　90,000　　（材　　　料）　90,000

3．労務費の計算

(1) 直接工の計算

直接工賃金は予定賃率1,400円/時間を用いて計算し、賃金・給料勘定から直接労務費は仕掛品勘定へ、間接労務費は製造間接費勘定へ振り替えます。

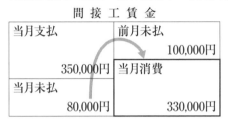

① 直接労務費
1,400円/時間×740時間＝1,036,000円（直接作業時間）

② 間接労務費
1,400円/時間×40時間＝56,000円（間接作業時間）

予定消費額 1,092,000円

(2) 間接工の計算

間接労務費は賃金・給料勘定から製造間接費勘定へ振り替えます。

間 接 工 賃 金

当月支払 350,000円	前月未払 100,000円
当月未払 80,000円	当月消費 330,000円

当月消費額：350,000円－100,000円＋80,000円＝330,000円
（当月支払）（前月未払）（当月未払）

(3) まとめ

直接労務費：**1,036,000円**
　　　　　　（直接工）

間接労務費：56,000円＋330,000円＝**386,000円**
　　　　　　（直接工）　（間接工）

＊　この結果をもとに、賃金・給料消費時の仕訳を行います。

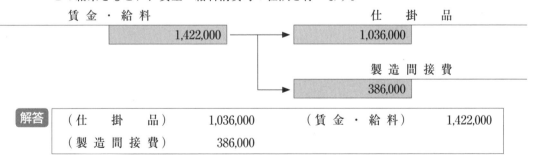

解答	（仕　掛　品）	1,036,000	（賃　金・給　料）	1,422,000
	（製 造 間 接 費）	386,000		

単純総合原価計算の問題です。問1は正常仕損品に評価額がないケース、問2は評価額があるケースです。問1の下書きを上手に活用して、問2を解くと大幅な時間短縮になります。

問1

「先入先出法」により計算します。なお、正常仕損費は問題文の指示にしたがい「完成品にのみ負担」させます。

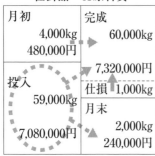

(1) A原料費の計算（始点投入）

月末仕掛品原価：$\dfrac{7,080,000円}{(60,000kg - 4,000kg + 1,000kg) + 2,000kg} \times 2,000kg = $ **240,000円**

完成品総合原価：480,000円 + 7,080,000円 − 240,000円 = **7,320,000円**

(2) B原料費の計算（途中点投入）

問題文の指示により、B原料660,000円はすべて完成品の原価とします。

月末仕掛品原価：**0円**

完成品総合原価：**660,000円**

(3) 加工費の計算

月末仕掛品原価：$\dfrac{9,600,000円}{(60,000kg - 2,000kg + 1,000kg) + 1,000kg} \times 1,000kg = $ **160,000円**

完成品総合原価：220,000円 + 9,600,000円 − 160,000円 = **9,660,000円**

(4) まとめ

月末仕掛品原価：240,000円 + 0円 + 160,000円 = **400,000円**
　　　　　　　　　A原料費　B原料費　加工費

完成品総合原価：7,320,000円 + 660,000円 + 9,660,000円 = **17,640,000円**
　　　　　　　　　A原料費　　B原料費　　加工費

問2

仕損品評価額は「完成品のみ負担」の場合、問1の完成品総合原価17,640,000円からマイナスします。

正常仕損品評価額：120円/kg × 1,000kg = **120,000円**
　　　　　　　　　　評価額　　正常仕損量

完成品総合原価：17,640,000円 − 120,000円 = **17,520,000円**
　　　　　　　　　問1より　　仕損品評価額

CVP分析の応用問題です。問題文はシンプルですが、その分考えさせられる問題です。問3以降は何が問われているのかを把握しづらいですが、冷静に対処してほしいです。

損益分岐点における売上高をS万円とおいて直接原価計算による損益計算書を作成します。

CVP分析で対象とする利益は、通常、「**営業利益（本業のもうけ）**」です。したがって、営業利益に影響を与えるすべての項目（売上高、製造原価、販売費・一般管理費）を対象に分析します。

また、ここでは販売単価および販売数量がわからないため、「販売数量をX個とおいて計算する方法」では算出できないことに気をつけてください。

問1　損益分岐点売上高

損　益　計　算　書　　（単位：万円）

売　　上　　高	S
変　　動　　費	0.6 S　←（2,800万円＋200万円）÷5,000万円
貢　献　利　益	0.4 S　　　　変動売上原価　変動販売費　売上高
固　　定　　費	1,800　←1,000万円＋800万円
営　業　利　益	**0.4S－1,800**　製造固定費　固定販管費

上記、損益計算書の営業利益を0とおいて損益分岐点売上高を求めます。

$0.4\,S - 1{,}800\text{万円} = 0$

$\qquad 0.4\,S = 1{,}800\text{万円}$

$\qquad\quad S = 1{,}800\text{万円} \div 0.4$

$\qquad \therefore S = \mathbf{4{,}500\text{万円}}$

（注）答えが出たら方程式に代入して、式が成立するか検算しましょう。

問2　目標営業利益を達成する売上高

問1で作成した損益計算書をもとにして、営業利益を400万円にする売上高を算定します。

$0.4\,S - 1{,}800\text{万円} = 400\text{万円}$

$\qquad 0.4\,S = 400\text{万円} + 1{,}800\text{万円}$

$\qquad\quad S = 2{,}200\text{万円} \div 0.4$

$\qquad \therefore S = \mathbf{5{,}500\text{万円}}$

問3　安全余裕率

「現在の売上高が何％落ち込むと損益分岐点の売上高に達するか」というのは、安全余裕率は何％かが問われています。なお、安全余裕率は予想売上高が損益分岐点売上高から、どのくらい離れているかを示す比率をいいます。

$\text{安全余裕率（\%）：} \dfrac{\text{予想売上高} - \text{損益分岐点売上高}}{\text{予想売上高}} \times 100$

$\qquad\qquad\quad = \dfrac{5{,}000\text{万円} - 4{,}500\text{万円}}{5{,}000\text{万円}} \times 100$

$\qquad\qquad\quad = \mathbf{10\%}$

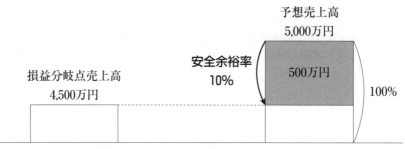

（注）安全余裕率を計算するためには、あらかじめ損益分岐点売上高を計算しておかなければなりません。

問4　感度分析（その①）

「売上高が500万円増加するとき」とは、売上高が10％（＝500万円÷5,000万円）増加したときの営業利益の変化が問われています。売上高が10％増加すれば変動費は10％増加しますが、固定費は変わらないので、次のように直接原価計算の損益計算書を作成することができます。

```
　　　　損　益　計　算　書　　（単位：万円）
売　　上　　高　　　　5,500　←　5,000万円×110％（1.1）
                                    売上高
変　　動　　費　　　　3,300　←　(2,800万円＋200万円)×110％（1.1）
　貢　献　利　益　　　2,200　　　変動売上原価　変動販売費
固　　定　　費　　　　1,800　←　1,000万円＋800万円
営　　業　　利　益　　　400　　　製造固定費　固定販管費
```

本問では、「営業利益はいくら増加するか」が問われていることに注意してください。当期の営業利益は200万円、予想営業利益は400万円なので、200万円増加することがわかります。

増加する営業利益：400万円－200万円＝**200万円**
　　　　　　　　　予想営業利益　当期営業利益

問5　感度分析（その②）

「損益分岐点の売上高を100万円引き下げるためには固定費をいくら引き下げる必要があるか」とは、損益分岐点売上高が4,400万円（＝4,500万円－100万円）になったときに営業利益がゼロになる固定費の金額が問われています。問1で作成した損益計算書をもとにして算定します。

また、問4と問5は独立した設問であることにも注意してください。

営業利益：0.4×4,400万円－固定費＝0
　　　　　　　　∴固定費＝1,760万円

本問では、「固定費をいくら引き下げる必要があるか」が問われていることに注意してください。当期の固定費は1,800万円、予想固定費は1,760万円なので、40万円引き下げなければならないことがわかります。

引き下げる固定費：1,800万円－1,760万円＝**40万円**
　　　　　　　　　当期固定費　予想固定費

MEMO

第8回 解答

問題 ▶ 52

第1問 20点

仕訳一組につき4点

	借 方		貸 方	
	記 号	金 額	記 号	金 額
1	（ ア ） （ ウ ） （ カ ）	8,500,000 6,100,000 3,800,000	（ キ ） （ コ ）	760,000 17,640,000
2	（ イ ）	2,000,000	（ エ ） （ オ ）	600,000 1,400,000
3	（ ウ ） （ カ ）	796,000 1,344	（ イ ）	797,344
4	（ ク ）	360,000	（ エ ）	360,000
5	（ ウ ） （ ク ） （ オ ） （ ケ ）	119,000 36,864 354,240 89,896	（ イ ）	600,000

224

第2問 20点

●数字…予想配点

(単位：千円)

科　目	個別財務諸表		修正・消去		連結財務諸表
	P　社	S　社	借　方	貸　方	
貸借対照表					
現　金　預　金	180,000	65,000			245,000
売　　掛　　金	480,000	220,000		180,000	520,000
商　　　　　品	370,000	165,000		42,000	② 493,000
未　収　入　金	80,000	13,000		18,000	75,000
貸　　付　　金	150,000			60,000	90,000
未　収　収　益	12,000			900	11,100
土　　　　　地	165,000	36,000		6,000	② 195,000
建　　　　　物	50,000				50,000
建物減価償却累計額	△24,000				△24,000
②（の　れ　ん）			80,000	4,000	72,000
				4,000	
S　社　株　式	200,000			200,000	—
資　産　合　計	1,663,000	499,000	80,000	514,900	1,727,100
買　　掛　　金	181,000	205,000	180,000		② 206,000
借　　入　　金	125,000	70,000	60,000		135,000
未　　払　　金	120,000	42,000	18,000		② 144,000
未　払　費　用	88,000	2,000	900		89,100
資　　本　　金	226,000	100,000	100,000		226,000
資　本　剰　余　金	123,000	20,000	20,000		123,000
利　益　剰　余　金	800,000	60,000	30,000		① 768,000
			4,000		
			1,200		
			918,300	861,500	
非　支　配　株　主　持　分				30,000	① 36,000
				1,200	
				4,800	
負　債　純　資　産　合　計	1,663,000	499,000	1,332,400	897,500	1,727,100
損　益　計　算　書					
売　　上　　高	1,560,000	1,080,000	860,000		1,780,000
売　　上　　原　　価	1,014,000	767,000	42,000	860,000	② 963,000
販売費及び一般管理費	465,000	288,000			753,000
②（の　れ　ん）償却			4,000		4,000
受　取　利　息	5,200	800	1,500		4,500
支　払　利　息	4,000	1,800		1,500	② 4,300
土　地　売　却　益	6,000		6,000		—
当　期　純　利　益	88,200	24,000	913,500	861,500	60,200
非支配株主に帰属する当期純利益			4,800		4,800
親会社株主に帰属する当期純利益	88,200	24,000	918,300	861,500	② 55,400

(注)「のれん」と「のれん償却」は、科目と金額の両方正解で2点。

第3問 20点　　　　　　　　　　　　　　　　　　　　　　　　●数字…予想配点

貸 借 対 照 表
×26年3月31日
（単位：円）

資　産　の　部			負　債　の　部		
I　流　動　資　産			I　流　動　負　債		
現　金　預　金	① (8,348,000)		支　払　手　形	1,455,000	
受　取　手　形	(2,130,000)		買　　掛　　金	1,537,000	
①貸　倒　引　当　金	(21,300)	(2,108,700)	未　払　消　費　税	(450,000)	②
売　　掛　　金	(2,670,000)		未　払　法　人　税　等	(300,000)	①
貸　倒　引　当　金	(26,700)	(2,643,300)	未　払　費　用	(90,000)	①
商　　　　　品	② (3,610,000)		流　動　負　債　合　計	(3,832,000)	
未　収　入　金	① (1,000,000)		II　固　定　負　債		
前　払　費　用	① (60,000)		長　期　借　入　金	9,000,000	
未　収　収　益	(1,250)		退　職　給　付　引　当　金	(940,000)	①
流　動　資　産　合　計	(17,771,250)		固　定　負　債　合　計	(9,940,000)	
II　固　定　資　産			負　債　の　部　合　計	(13,772,000)	
建　　　　　物	(20,000,000)		純　資　産　の　部		
①減価償却累計額	(9,450,000)	(10,550,000)	資　　本　　金	10,000,000	
備　　　　　品	(5,000,000)		利　益　準　備　金	1,500,000	
①減価償却累計額	(2,187,500)	(2,812,500)	繰　越　利　益　剰　余　金	(5,861,750)	①
固　定　資　産　合　計	(13,362,500)		純　資　産　の　部　合　計	(17,361,750)	
資　産　の　部　合　計	(31,133,750)		負債・純資産合計	(31,133,750)	

区分式損益計算書に表示される利益

①	売 上 総 利 益	¥	②	8,910,000
②	営 業 利 益	¥	①	4,198,750
③	経 常 利 益	¥	①	3,570,000
④	当 期 純 利 益	¥	②	1,500,000

第2部　本試験演習編

第4問(1)　12点

仕訳一組につき4点

	_____借_____方_____		_____貸_____方_____	
	記　号	金　　額	記　号	金　　額
1	（　オ　）	6,120,000	（　エ　）	6,120,000
2	（　エ　）	6,431,600	（　ア　） （　イ　） （　ウ　）	729,600 1,812,000 3,890,000
3	（　オ　） （　カ　） （　キ　）	9,600 12,000 290,000	（　エ　）	311,600

第4問(2)　16点

●数字…予想配点

第1工程月末仕掛品の原料費＝　❸　138,000　円

第1工程月末仕掛品の加工費＝　❸　135,000　円

第2工程月末仕掛品の前工程費＝　❸　680,000　円

第2工程月末仕掛品の加工費＝　❸　256,000　円

第2工程完成品総合原価＝　❹　9,288,000　円

227

第5問 12点

●数字…予想配点

(1) 当月の直接材料費総額 = ③ 2,500,000 円

(2) 当月の製造間接費総額 = ③ 6,200,000 円

(3) 当月の貢献利益 = ② 14,760,000 円

(4) 当月の損益分岐点売上高 = ② 22,200,000 円

(5) 当月の必要売上高 = ② 30,200,000 円

第8回 解答への道

問題 ▶ 52

解答への道

第1問 指定勘定科目を記号で解答しなければ正解になりませんので注意してください。
A：普通、B：やや難しい、C：難問となっています。

1 A **2** A **3** A **4** A **5** A

第8回

1．本支店会計（支店の開設）

解答					
（現　　　　金）	8,500,000	（車両減価償却累計額）	760,000
（商　　　　品）	6,100,000	（本　　　　店）	17,640,000
（車　　　　両）	3,800,000		

　支店では、開設にあたり、本店から移管された各資産を計上する仕訳を行います。なお、問題文に商品売買を「販売のつど売上原価勘定に振り替える方法（売上原価対立法）」で記帳している旨の指示があることから、移管された商品は、商品勘定に原価で計上することになります。繰越商品勘定や仕入勘定で処理しないように注意してください。また、有形固定資産の減価償却を間接法で記帳している旨の指示があることから、移管されたトラックについては、車両勘定に取得価額で計上するとともに、車両減価償却累計額を引き継ぐことになります。

　本支店会計（支店独立会計制度）を採用している場合、支店の本店に対する債権債務は、本店勘定を設けて記録することから、仕訳の貸借差額を本店勘定で処理します。

2．その他有価証券（時価評価と税効果会計の適用）

解答				
（その他有価証券）	2,000,000	（繰延税金負債）	600,000
		（その他有価証券評価差額金）	1,400,000

　決算にあたり、会計上はその他有価証券を時価で評価するのに対し、税務上は原価で評価します。よって、時価評価による評価差額が一時差異となるため、税効果会計を適用します。ただし、会計上、時価評価による評価差額を純資産直入するため、税引前当期純利益と課税所得との間には差額が生じないことから、「法人税等調整額」を使用せずに仕訳を行う点に注意しましょう。なお、その他有価証券の時価評価による評価差額が貸方差額のときは、実効税率を乗じた金額を「繰延税金負債」として計上し、残額を「その他有価証券評価差額金」の増加として取り扱います。

　評価差額：（@1,200円 − @1,000円）× 10,000株 = 2,000,000円〈貸方差額〉

　繰延税金負債：2,000,000円 × 30% = 600,000円
　　　　　　　　　　　　　　法定実効税率

　その他有価証券評価差額金：2,000,000円 − 600,000円 = 1,400,000円

3．売買目的有価証券の購入

解答				
（売買目的有価証券）	796,000	（当　座　預　金）	797,344
（有価証券利息）	1,344		

　売買目的で社債などの債券を購入したときは、購入にともなう売買手数料（付随費用）を含め売買目的有価証券勘定の借方に取得原価で記入します。また、端数利息（前利払日の翌日から売買日当日までの売主が保有していた期間にかかる利息）を支払った場合、有価証券利息勘定（収益の勘定）の借方に記入します。なお、端数利息は日割計算します。

229

(1) 社債の購入

（売買目的有価証券）	796,000	（当　座　預　金）	796,000

取得原価：$800,000円 \times \dfrac{@99.50円}{@100円} = 796,000円$

(2) 端数利息の支払い

（有価証券利息）	1,344	（当　座　預　金）	1,344

前利払日の翌日から売買日当日までの期間（4月1日から8月24日までの146日間）に対する利息を計算します。

端数利息：$800,000円 \times 年0.42\% \times \dfrac{146日}{365日} = 1,344円$

4．法人税の追徴

解答	（追徴法人税等）	360,000	（未払法人税等）	360,000

前期以前の法人税等について不足額の追徴を受けたときは、その金額を追徴法人税等勘定で処理し、当期の「法人税、住民税及び事業税」とは区別します。また、同額の未払法人税等（負債）を計上します。

5．固定資産の売却

解答	（営業外受取手形）	119,000	（備　　　　　品）	600,000
	（減 価 償 却 費）	36,864		
	（備品減価償却累計額）	354,240		
	（固定資産売却損）	89,896		

固定資産を売却したときは、その帳簿価額と売却価額との差額を「固定資産売却損」または「固定資産売却益」とします。次のように仕訳を2つに分けると理解しやすくなります。

(1) 売却年度の減価償却費の計上

売却年度の期首から売却時までの減価償却費が未計上なので、まずは、その計上を行います。

① 定率法償却率の計算

定額法償却率：$1 \div 10年 = 0.1$

定率法償却率：$0.1 \times 200\% = 0.2$

② 売却年度の期首減価償却累計額の計算

×26年度減価償却費：$\underset{\text{取得原価}}{\underline{600,000円}} \times 0.2 = 120,000円$

×27年度減価償却費：$(600,000円 - 120,000円) \times 0.2 = 96,000円$

×28年度減価償却費：$(600,000円 - 120,000円 - 96,000円) \times 0.2 = 76,800円$

×29年度減価償却費：$(600,000円 - 120,000円 - 96,000円 - 76,800円) \times 0.2 = 61,440円$

期首減価償却累計額：$120,000円 + 96,000円 + 76,800円 + 61,440円 = 354,240円$

③ 売却年度の減価償却費の計算

減価償却費：$(600,000円 - 354,240円) \times 0.2 \times \dfrac{9か月〈4/1 \sim 12/31〉}{12か月〈4/1 \sim 3/31〉} = 36,864円$

④ 仕　訳

（減 価 償 却 費）	36,864	（備品減価償却累計額）	36,864

(2) 固定資産の売却

減価償却を間接法で記帳している旨の指示があることから、「備品」だけでなく、「備品減価償却累計額」も減らします。なお、両者の差額が備品の売却時点の帳簿価額となります。また、商品以外の物品を売却し、その代金を手形で受け取ったときは、その金額を営業外受取手形勘定で処理します。

（備品減価償却累計額）	391,104	（備　　品）	600,000
（営業外受取手形）	119,000		
（固定資産売却損）	89,896		

売却時点の減価償却累計額：354,240円＋36,864円＝391,104円
売却時点の帳簿価額：600,000円－391,104円＝208,896円
固定資産売却損(益)：119,000円－208,896円＝△89,896円
　　　　　　　　　　　売却価額　　　　　　売却損

なお、(1)と(2)の仕訳の「備品減価償却累計額」を相殺すると、模範解答となります。

第2問
難易度 B

連結精算表（連結P/Lと連結B/Sのみ）の作成問題です。連結2期目の資本連結および成果連結が問われています。資本連結に関しては、開始仕訳において子会社の増加剰余金（1期目の当期純利益）を推定するところが難しいです。成果連結に関しては比較的平易な問題です。

本問は、連結第2年度における連結会計の手続き（支配獲得日後2期目の連結）を問う問題となっています。

I　タイムテーブル〈S社の純資産の推移〉（単位：千円）

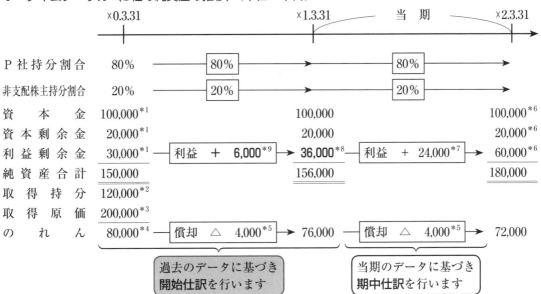

＊1　問題資料1より
＊2　150,000千円×80％＝120,000千円
　　　純資産合計　P社持分割合　取得持分
＊3　問題資料1またはP社B/SのS社株式より

＊4　$\underset{\text{S社株式の取得原価}}{\underline{200{,}000\text{千円}}} - \underset{\text{取得持分}}{\underline{120{,}000\text{千円}}} = \underset{\text{のれん}}{\underline{80{,}000\text{千円}}}$

＊5　$\underset{\text{のれん}}{\underline{80{,}000\text{千円}}} \div 20\text{年} = \underset{\text{のれん償却額}}{\underline{4{,}000\text{千円}}}$

◆ワンポイントアドバイス◆

　　支配獲得日後1期目の増加利益剰余金（1期目の当期純利益）は次のように推定できます。

＊6　S社B/Sの当期末残高より

＊7　S社P/Lの当期純利益より

＊8　$\underset{\text{利益剰余金期末残高}}{\underline{60{,}000\text{千円}}} - \underset{\text{当期純利益}}{\underline{24{,}000\text{千円}}} = \underset{\text{利益剰余金期首残高}}{\underline{36{,}000\text{千円}}}$

＊9　$\underset{\text{利益剰余金期首残高}}{\underline{36{,}000\text{千円}}} - \underset{\text{支配獲得日の利益剰余金}}{\underline{30{,}000\text{千円}}} = \underset{\substack{\text{増加利益剰余金}\\\text{（1期目の当期純利益）}}}{\underline{6{,}000\text{千円}}}$

Ⅱ　連結修正仕訳（仕訳の単位：千円）

1．開始仕訳

(1)　支配獲得日（X0年3月31日）の連結修正仕訳～投資と資本の相殺消去

　　開始仕訳における純資産項目は、当期の連結株主資本等変動計算書（S/S）の当期首残高に影響を与えることになるため、科目に「当期首残高」をつけて仕訳を行いますが、本問では、連結S/Sの作成が要求されていません。したがって効率よく解答するためには、あえて純資産の科目に「当期首残高」や「当期変動額」などつけずに、B/Sの科目で連結修正仕訳を行うことが実践的な解き方といえます。解答時間の短縮にもつながるので、試してみましょう。

（資　本　金）	100,000	（S　社　株　式）	200,000
（資 本 剰 余 金）	20,000	子会社株式	
（利 益 剰 余 金）	30,000	（非支配株主持分）	30,000
（の　　れ　　ん）	80,000		

のれん：$100{,}000\text{千円} + 20{,}000\text{千円} + 30{,}000\text{千円} = \underset{\substack{\text{X0年3/31の}\\\text{S社純資産合計}}}{\underline{150{,}000\text{千円}}}$

$\underset{\text{P社持分割合}}{\underline{150{,}000\text{千円} \times 80\%}} = \underset{\text{取得持分}}{\underline{120{,}000\text{千円}}}$

$\underset{\text{S社株式の取得原価}}{\underline{200{,}000\text{千円}}} - 120{,}000\text{千円} = 80{,}000\text{千円}$

非支配株主持分：$150{,}000\text{千円} \times \underset{\substack{\text{非支配株主}\\\text{持分割合}}}{\underline{20\%}} = 30{,}000\text{千円}$

(2)　X0年度（X0年4月1日～X1年3月31日）の連結修正仕訳

　　開始仕訳における損益計算書項目は、当期の連結S/Sの「利益剰余金（当期首残高）」に影響を与えることになるため、科目を置き換えて仕訳を行います。

① のれんの償却

（利 益 剰 余 金）	4,000	（の れ ん）	4,000

のれん償却

のれん償却：80,000千円÷20年＝4,000千円

② 子会社当期純利益の非支配株主持分への振り替え

（利 益 剰 余 金）	1,200	（非 支 配 株 主 持 分）	1,200

非支配株主に帰属する当期純利益

非支配株主に帰属する当期純利益：6,000千円×20％＝1,200千円

X0年度S社当期純利益

(3) 開始仕訳のまとめ（(1)＋(2)）

（資 本 金）	100,000	（S 社 株 式）	200,000
（資 本 剰 余 金）	20,000	（非 支 配 株 主 持 分）	31,200
（利 益 剰 余 金）	35,200		
（の れ ん）	76,000		

2．期中仕訳：X1年度（X1年4月1日〜X2年3月31日）の連結修正仕訳

(1) のれんの償却

（の れ ん 償 却）	4,000	（の れ ん）	4,000

のれん償却：80,000千円÷20年＝4,000千円

(2) 子会社当期純利益の非支配株主持分への振り替え

（非支配株主に帰属する当期純利益）	4,800	（非 支 配 株 主 持 分）	4,800

非支配株主に帰属する当期純利益：24,000千円×20％＝4,800千円

X1年度S社当期純利益

(3) 売掛金と買掛金の相殺消去

（買 掛 金）	180,000	（売 掛 金）	180,000
S社B／S		P社B／S	

(4) 貸付金と借入金の相殺消去

（借 入 金）	60,000	（貸 付 金）	60,000
S社B／S		P社B／S	

(5) 未収入金と未払金の相殺消去

（未 払 金）	18,000	（未 収 入 金）	18,000
S社B／S		P社B／S	

(6) 未収収益と未払費用の相殺消去

（未 払 費 用）	900	（未 収 収 益）	900
S社B／S		P社B／S	

(7) 売上高と売上原価の相殺消去

（売 上 高）	860,000	（売 上 原 価）	860,000
P社P／L		S社P／L当期商品仕入高	

(8) 受取利息と支払利息の相殺消去

（受　取　利　息）	1,500	（支　払　利　息）	1,500
P社P/L		S社P/L	

(9) 期末商品に含まれる未実現利益の消去（ダウン・ストリーム）

　問題資料には、「利益付加率」ではなく、「売上総利益率」が与えられています。読みまちがえないように注意しましょう。

（売　上　原　価）	42,000	（商　　　　　品）	42,000

期末商品に含まれる未実現利益：140,000千円×30％＝42,000千円
　　　　　　　　　　　　　　　　S社期末商品のうち　売上総
　　　　　　　　　　　　　　　　P社からの仕入分　利益率

(10) 土地に含まれる未実現利益の消去（ダウン・ストリーム）

（土　地　売　却　益）	6,000	（土　　　　　地）	6,000

土地に含まれる未実現利益：36,000千円－30,000千円＝6,000千円
　　　　　　　　　　　　　　売却価額　　P社の帳簿価額

● ワンポイントアドバイス ●

連結貸借対照表の利益剰余金の計算

　連結B/Sの利益剰余金の金額は、連結B/Sの貸借差額で計算するのが簡単です。また、前記の仕訳をもとに下記のように計算することもできますので、検算として使うことができます。

① 　P社とS社の個別B/S上の利益剰余金を合算する。
② 　連結修正仕訳のうち、利益剰余金の「当期末残高」に影響を与える科目を、①の金額に加減算する。

　なお、②に該当する科目としては、利益剰余金の「当期首残高」のほか、「剰余金の配当」があります。また、損益計算書項目も「親会社株主に帰属する当期純利益」を通じて「利益剰余金」の「当期末残高」に影響を与えるので、集計の対象に含める必要があります。具体的には、以下のようになります。

```
①  ┌    800,000千円  ← P社個別B/S利益剰余金
    └     60,000千円  ← S社個別B/S利益剰余金
    ┌ △  35,200千円  ← 開始仕訳
    │ △   4,000千円  ← のれん償却
    │ △   4,800千円  ← 子会社当期純利益の非支配株主持分への振り替え
    │ △ 860,000千円  ┐
②  ┤ ＋ 860,000千円  ┘ 売上高と売上原価の相殺消去（省略可）
    │ △   1,500千円  ┐
    │ ＋   1,500千円  ┘ 受取利息と支払利息の相殺消去（省略可）
    │ △  42,000千円  ← 期末商品に含まれる未実現利益の消去
    └ △   6,000千円  ← 土地に含まれる未実現利益の消去
         768,000千円
```

第2部　本試験演習編

第3問
難易度 B

基本的には貸借対照表の作成問題ですが、区分式損益計算書に表示される利益がすべて問われているため、結局は貸借対照表と損益計算書の両方を作らなければなりません。ボリュームがとても多い問題です。

解答への道

第8回

1．未処理事項等［資料2］

(1) 手形代金の回収

（現　金　預　金）	400,000	（受　取　手　形）	400,000

現金預金：7,948,000円 + 400,000円 = 8,348,000円
　　　　　前T/B

受取手形：2,530,000円 − 400,000円 = 2,130,000円
　　　　　前T/B

(2) 訂正仕訳

（未　収　入　金）	1,000,000	（火　災　損　失）	1,000,000

　本来は固定資産の帳簿価額をいったん未決算勘定で処理します。その後、確定した保険金額を未収入金勘定で処理し、未決算勘定と保険金額との差額を火災損失とします。

　本問では全額を火災損失として処理してしまったことから、保険でまかなわれる1,000,000円について、火災損失を修正する必要があります。

2．決算整理事項［資料3］

(1) 売上原価の計算と期末商品の評価

① 売上原価の計算

（仕　　　　　入）	3,700,000	（繰　越　商　品）	3,700,000
（繰　越　商　品）	4,000,000	（仕　　　　　入）	4,000,000

② 棚卸減耗損の計上

（棚　卸　減　耗　損）	150,000	（繰　越　商　品）	150,000

③ 商品評価損の計上

（商　品　評　価　損）	240,000	（繰　越　商　品）	240,000

④ 売上原価への振り替え

（仕　　　　　入）	390,000	（棚　卸　減　耗　損）	150,000
		（商　品　評　価　損）	240,000

商品：4,000,000円 − 150,000円 − 240,000円 = 3,610,000円
　　　期末商品帳簿棚卸高

(2) 貸倒引当金の設定（差額補充法）

（貸　倒　引　当　金　繰　入）	14,000 *	（貸　倒　引　当　金）	14,000

＊　貸倒引当金（設定額）：(2,130,000円 + 2,670,000円) × 1 % = 48,000円
　　　　　　　　　　　　　　　受取手形　　　売掛金

貸倒引当金繰入：48,000円 − 34,000円 = 14,000円

235

(3) 減価償却費の計上

① 取得原価の推定

有形固定資産（建物と備品）は直接法で記帳していますので、決算整理前残高試算表の固定資産の金額は帳簿価額を表しています。まずは、与えられた資料から取得原価を推定します。

「取得原価－減価償却累計額＝帳簿価額」ですから、取得原価を χ とおいて方程式を立てます。

(a) 建物の取得原価

$$\underset{\text{取得原価}}{\chi} - \underset{\text{減価償却累計額}}{(\chi \times 0.9 \times \frac{20年}{40年})} = \underset{\text{前T/B}}{11{,}000{,}000}$$

$$\chi - 0.45\chi = 11{,}000{,}000$$
$$0.55\chi = 11{,}000{,}000$$
$$\chi = 11{,}000{,}000 \div 0.55$$
$$\therefore \chi = 20{,}000{,}000円$$

(b) 備品の取得原価

$$\underset{\text{取得原価}}{\chi} - \underset{\text{減価償却累計額}}{(\chi \times 0.25)} = \underset{\text{前T/B}}{3{,}750{,}000}$$

$$\chi - 0.25\chi = 3{,}750{,}000$$
$$0.75\chi = 3{,}750{,}000$$
$$\chi = 3{,}750{,}000 \div 0.75$$
$$\therefore \chi = 5{,}000{,}000円$$

② 減価償却費の計上（直接法で記帳）

（減価償却費）	1,387,500	（建　　物）	450,000*1
		（備　　品）	937,500*2

＊1　20,000,000円×0.9÷40年＝450,000円

＊2　3,750,000円×0.25＝937,500円

建物減価償却累計額：$(20{,}000{,}000円 \times 0.9 \times \frac{20年}{40年}) + 450{,}000円 = 9{,}450{,}000円$

備品減価償却累計額：$(5{,}000{,}000円 \times 0.25) + 937{,}500円 = 2{,}187{,}500円$

(4) 消費税（税抜方式）

決算整理前残高試算表に仮払消費税勘定と仮受消費税勘定があることから、これを精算し、未払消費税とします。

（仮受消費税）	2,100,000	（仮払消費税）	1,650,000
		（未払消費税）	450,000

(5) 退職給付引当金の設定

（退職給付費用）	300,000	（退職給付引当金）	300,000

(6) 収益の未収（未収収益の計上）

（未収収益）	1,250*	（受取利息）	1,250

＊　$1{,}000{,}000円 \times 年0.3\% \times \frac{5か月}{12か月} = 1{,}250円$

(7) 費用の未払い（未払利息の計上）

（ 支 払 利 息 ）	90,000	（ 未 払 費 用 ）	90,000*

* $9,000,000円 \times 年4\% \times \dfrac{3か月}{12か月} = 90,000円$

(8) 費用の前払い（前払費用の計上）

　　毎年、継続して地代を先に支払っているため、決算整理前残高試算表の支払地代は、期首に行った再振替仕訳分（1か月）と当期の支払い分（12か月）の合計（13か月分）を示しています。このうち、1か月分の次期の前払い分として処理します。

（ 前 払 費 用 ）	60,000*	（ 支 払 地 代 ）	60,000

* 前払費用：$780,000円 \times \dfrac{1か月}{13か月} = 60,000円$

(9) 法人税、住民税及び事業税の計上

（ 法人税、住民税及び事業税 ）	500,000	（ 仮 払 法 人 税 等 ）	200,000
		（ 未 払 法 人 税 等 ）	300,000

237

3．損益計算書の作成

下書用紙に損益計算書を作成し、区分式損益計算書に表示される利益を算出します。

損 益 計 算 書

自×25年4月1日　至×26年3月31日　　　　　　　（単位：円）

Ⅰ　売　　上　　高		42,000,000
Ⅱ　売　上　原　価		
1　期首商品棚卸高	3,700,000	
2　当期商品仕入高	33,000,000	
合　　　計	36,700,000	
3　期末商品棚卸高	4,000,000	
差　　　引	32,700,000	
4　棚　卸　減　耗　損	150,000	
5　商　品　評　価　損	240,000	33,090,000
売　上　総　利　益		8,910,000
Ⅲ　販売費及び一般管理費		
1　給　　　　　料	1,920,000	
2　通　　信　　費	369,750	
3　支　払　地　代	720,000	
4　貸倒引当金繰入	14,000	
5　減　価　償　却　費	1,387,500	
6　退　職　給　付　費　用	300,000	4,711,250
営　業　利　益		4,198,750
Ⅳ　営　業　外　収　益		
1　受　取　利　息		1,250
Ⅴ　営　業　外　費　用		
1　支　払　利　息	270,000	
2　有価証券売却損	360,000	630,000
経　常　利　益		3,570,000
Ⅵ　特　別　利　益		
1　固定資産売却益		430,000
Ⅶ　特　別　損　失		
1　火　災　損　失		2,000,000
税引前当期純利益		2,000,000
法人税、住民税及び事業税		500,000
当　期　純　利　益		1,500,000

ワンポイントアドバイス

法人税、住民税及び事業税が500,000円と与えられているため、次のように当期純利益を逆算することもできます。

税引前当期純利益×25％ ＝ 500,000円
　　　　　　　　　　　　法人税、住民税及び事業税

税引前当期純利益 ＝ 500,000円 ÷ 25％ ＝ 2,000,000円

したがって、当期純利益は次のように計算できます。

当期純利益：2,000,000円 ×（100％ − 25％）＝ 1,500,000円
　　　　　　税引前当期純利益

本問のように、本試験では解答のヒントが示されていることもあります。

標準原価計算の仕訳問題です。勘定記入方法がパーシャル・プランであることに注意しましょう。

【勘定連絡図（本問の体系）】

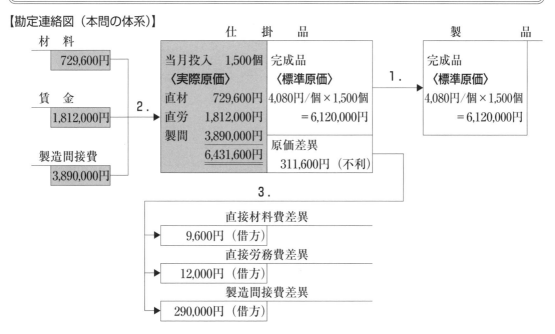

直接材料費差異：480円/個×1,500個 − 729,600円 ＝ △9,600円（不利差異・借方差異）
　　　　　　　　　標準原価　　　　実際原価

直接労務費差異：1,200円/個×1,500個 − 1,812,000円 ＝ △12,000円（不利差異・借方差異）
　　　　　　　　　標準原価　　　　実際原価

製造間接費差異：2,400円/個×1,500個 − 3,890,000円 ＝ △290,000円（不利差異・借方差異）
　　　　　　　　　標準原価　　　　実際原価

1. 完成品原価の振替

解答

（製 品）	6,120,000	（仕 掛 品）	6,120,000

2. 実際原価の振替

解答

（仕 掛 品）	6,431,600	（材 料）	729,600
		（賃 金）	1,812,000
		（製 造 間 接 費）	3,890,000

3. 原価差異の振替

解答

（直接材料費差異）	9,600	（仕 掛 品）	311,600
（直接労務費差異）	12,000		
（製造間接費差異）	290,000		

第2部 本試験演習編

解答への道

工程別総合原価計算の問題です。工程の数だけ単純総合原価計算を繰り返します。正常仕損費の計算がポイントになります。

1．第1工程の計算（平均法）

正常仕損が工程の途中で発生した場合は、「完成品と月末仕掛品の両者に負担」させます。

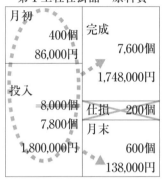

(1) 原料費の計算（始点投入）

月末仕掛品原価：$\dfrac{86,000円 + 1,800,000円}{7,600個 + 600個} \times 600個 = $ **138,000円**

完成品総合原価：86,000円 + 1,800,000円 − 138,000円 = 1,748,000円

(2) 加工費の計算

月末仕掛品原価：$\dfrac{175,000円 + 3,380,000円}{7,600個 + 300個} \times 300個 = $ **135,000円**

完成品総合原価：175,000円 + 3,380,000円 − 135,000円 = 3,420,000円

(3) まとめ

月末仕掛品原価：138,000円 + 135,000円 = 273,000円

完成品総合原価：1,748,000円 + 3,420,000円 = 5,168,000円

完成品単位原価：5,168,000円 ÷ 7,600個 = 680円/個

２．第２工程の計算（先入先出法）

　　正常仕損が工程の終点で発生した場合は「完成品のみ負担」とします。なお、完成品のみ負担の場合、正常仕損品の評価額は、完成品原価を計算したあとに控除します。

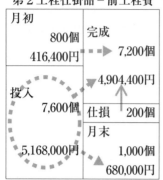
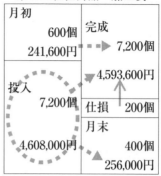

(1) 前工程費の計算（始点投入）

月末仕掛品原価：$\dfrac{5,168,000円}{(7,200個-800個)+200個+1,000個} \times 1,000個 = \textbf{680,000円}$

完成品総合原価：416,400円＋5,168,000円－680,000円＝4,904,400円

(2) 加工費の計算

月末仕掛品原価：$\dfrac{4,608,000円}{(7,200個-600個)+200個+400個} \times 400個 = \textbf{256,000円}$

完成品総合原価：241,600円＋4,608,000円－256,000円＝4,593,600円

(3) まとめ

月末仕掛品原価：680,000円＋256,000円＝936,000円

完成品総合原価：4,904,400円＋4,593,600円－210,000円＝**9,288,000円**
　　　　　　　　　　　　　　　　　　　　　　　正常仕損品評価額

完成品単位原価：9,288,000円÷7,200個＝1,290円／個

3．勘定連絡図【本問の体系】

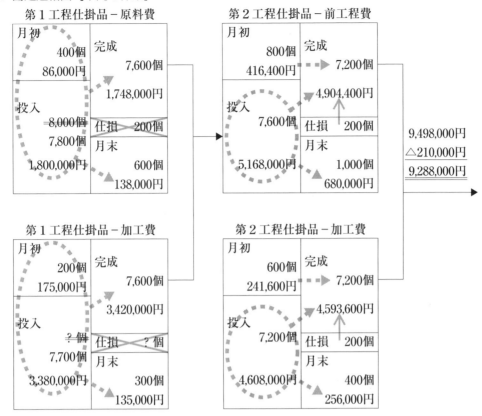

第5問 難易度 B　全部原価計算を前提にした原価の集計を問い、その後、直接原価計算を前提に当月の貢献利益を計算し、CVP分析まで行う問題です。変動費と固定費に分解された総原価を全部原価計算と直接原価計算の違いに気を付けて集計できたかが"カギ"になります。このような問題では一つの計算ミスが大きな失点につながるので注意してください。

1．全部原価計算【解答要求(1)および(2)】

　全部原価計算とは製品の原価を変動費（変動製造原価）と固定費（固定製造原価）の両方で計算する方法です。したがって、製造原価を集計する際には、変動費と固定費の両方で計算します。

　なお、販売費および一般管理費は製造原価ではないので、集計しない点にも注意してください。

(1) 当月の直接材料費総額

　次の網掛け部（　　部）の合計**2,500,000円**が直接材料費になります【解答(1)】。

（単位：円）

	変　動　費	固　定　費
製　造　原　価		
主　要　材　料　費	1,800,000	
補　助　材　料　費	400,000	
買　入　部　品　費	700,000	
間　接　工　賃　金	1,250,000	960,000
直　接　賃　金	3,500,000	
従業員賞与手当		80,000
減　価　償　却　費		2,950,000
その他の間接経費	190,000	370,000
販　　売　　費	2,000,000	2,760,000
一　般　管　理　費		6,200,000

(2) 当月の製造間接費総額

　次の網掛け部（　　部）の合計**6,200,000円**が製造間接費になります【解答(2)】。

（単位：円）

	変　動　費	固　定　費
製　造　原　価		
主　要　材　料　費	1,800,000	
補　助　材　料　費	400,000	
買　入　部　品　費	700,000	
間　接　工　賃　金	1,250,000	960,000
直　接　賃　金	3,500,000	
従業員賞与手当		80,000
減　価　償　却　費		2,950,000
その他の間接経費	190,000	370,000
販　　売　　費	2,000,000	2,760,000
一　般　管　理　費		6,200,000

２．直接原価計算【解答要求(3)～(5)】

(1) 直接原価計算による損益計算書

直接原価計算とは製品の原価を変動費（変動製造原価）だけで計算する方法です。したがって、製品原価を計算するときは、変動費だけで計算します。

なお、販売費および一般管理費は製造原価ではないので、集計しない点にも注意してください。

本問では、すべてを完成し販売しているため、以下の点線部（ 部）の合計7,840,000円がそのまま変動売上原価になります。また、太枠部（ 部）の合計4,360,000円は固定製造原価（固定製造間接費）になります。

（単位：円）

	変　動　費	固　定　費
製　造　原　価		
主 要 材 料 費	1,800,000	
補 助 材 料 費	400,000	
買 入 部 品 費	700,000	
間 接 工 賃 金	1,250,000	960,000
直 接 賃 金	3,500,000	
従 業 員 賞 与 手 当		80,000
減 価 償 却 費		2,950,000
その他の間接経費	190,000	370,000
販　　売　　費	2,000,000	2,760,000
一 般 管 理 費		6,200,000

よって、直接原価計算による損益計算書は以下のとおりです。

損　益　計　算　書（単位：円）

売　　上　　高	24,600,000
変 動 売 上 原 価	7,840,000
変 動 製 造 マ ー ジ ン	16,760,000
変 動 販 売 費	2,000,000
貢　献　利　益	**14,760,000**【解答(3)】
固 定 製 造 原 価	4,360,000
固定販売費および一般管理費	8,960,000 ←2,760,000円＋6,200,000円
営　業　利　益	1,440,000　　固定販売費　一般管理費

245

参考

　ここでは製品Ａをすべて完成し販売しているため（月初や月末に仕掛品、製品の在庫はない）、前述のように簡単に計算することができますが、参考までに勘定連絡図を示しておくと次のようになります。

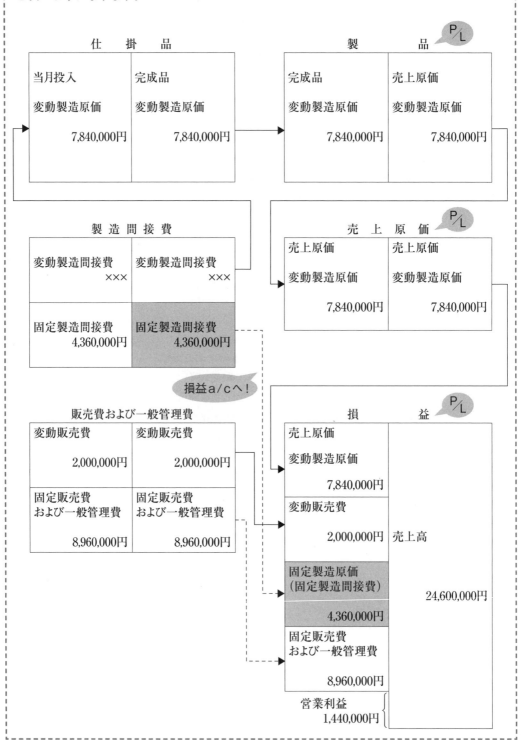

第2部　本試験演習編

(2)　ＣＶＰ分析

　ＣＶＰ分析では総原価（製造原価および販売費・一般管理費）を分析の対象とすることから、製造原価および販売費・一般管理費は合算して変動費と固定費とに分けます。製造原価だけではないので気をつけてください。

①　損益分岐点売上高

　損益分岐点における売上高をＳ円とおいて直接原価計算による損益計算書を作成し、損益分岐点（営業利益が０となる点）の売上高を求めます。

　なお、ここでは販売単価および販売数量がわからないため、「販売数量をx個とおいて計算する方法」では算出できないことにも留意してください。

損　益　計　算　書　　（単位：円）

売　　上　　高	S
変　　動　　費	0.4S ←（7,840,000円＋2,000,000円）÷24,600,000円
	変動売上原価　　変動販売費　　　売上高
貢　献　利　益	0.6S
固　　定　　費	13,320,000 ←4,360,000円＋8,960,000円
営　業　利　益	**0.6S－13,320,000**　固定製造原価　固定販管費

　上記、損益計算書の営業利益を０とおいて売上高を求めます。

$$0.6S - 13,320,000 = 0$$
$$0.6S = 13,320,000$$
$$S = 13,320,000 \div 0.6$$
$$\therefore S = 22,200,000円　【解答(4)】$$

②　目標営業利益達成売上高

　①で作成した損益計算書をもとにして、営業利益を4,800,000円にするために必要な売上高を算定します。

$$0.6S - 13,320,000 = 4,800,000$$
$$0.6S = 4,800,000 + 13,320,000$$
$$0.6S = 18,120,000$$
$$S = 18,120,000 \div 0.6$$
$$\therefore S = 30,200,000円　【解答(5)】$$

第**9**回 解答

問　題 ▶ **60**

第1問 20点

仕訳一組につき4点

	借　方		貸　方	
	記　　号	金　　額	記　　号	金　　額
1	（ ア ） （ カ ）	30,000,000 10,000,000	（ ウ ） （ イ ）	30,000,000 10,000,000
2	（ オ ） （ ア ）	24,000,000 16,000,000	（ イ ） （ カ ）	24,000,000 16,000,000
3	（ イ ） （ カ ）	318,000 12,000	（ エ ） （ ウ ）	300,000 30,000
4	（ オ ） （ エ ）	3,600,000 1,200,000	（ ア ） （ イ ）	3,600,000 1,200,000
5	（ オ ）	29,000,000	（ ウ ） （ イ ）	4,000,000 25,000,000

248

第2部　本試験演習編

第2問 20点

●数字…予想配点

（注）実際の本試験では、記号のみを解答してください。

問1

総　勘　定　元　帳

建　　物

年	月	日	摘　　要	借　方	年	月	日	摘　　要	貸　方
29	4	1	前 期 繰 越	② 29,520,000	30	3	31	（イ）減価償却費	720,000 ②
						3	31	（エ）次 期 繰 越	28,800,000
				29,520,000					29,520,000

機　械　装　置

年	月	日	摘　　要	借　方	年	月	日	摘　　要	貸　方
② 29	9	1	（オ）諸　　　　口	6,000,000	29	9	2	（ウ）固定資産圧縮損	3,000,000 ②
					30	3	31	（イ）減価償却費	700,000
						3	31	（エ）次 期 繰 越	2,300,000 ②
				6,000,000					6,000,000

リ　ー　ス　資　産

年	月	日	摘　　要	借　方	年	月	日	摘　　要	貸　方
② 29	4	1	（ア）リース債務	2,400,000	30	3	31	（イ）減価償却費	480,000 ②
						3	31	（エ）次 期 繰 越	1,920,000
				2,400,000					2,400,000

問2

借　　方		貸　　方	
記　号	金　額	記　号	金　額
（ア）繰 延 税 金 資 産	78,750	（ウ）法 人 税 等 調 整 額	78,750 ②

問3　（1）　未実現損益の消去

借　　方		貸　　方	
記　号	金　額	記　号	金　額
（オ）固 定 資 産 売 却 益	5,000,000	（イ）土　　　　　　地	5,000,000
（エ）非 支 配 株 主 持 分	1,250,000	（カ）非 支 配 株 主 に 帰 属 する 当 期 純 利 益	1,250,000 ②

（2）　債権債務の相殺消去

借　　方		貸　　方	
記　号	金　額	記　号	金　額
（ウ）未　　払　　金	7,000,000	（ア）未　収　入　金	7,000,000 ②

249

第3問 20点

●数字…予想配点

損 益 計 算 書
（自20×8年4月1日　至20×9年3月31日）

（単位：千円）

Ⅰ　売　　　　上　　　　高		（　4,090,000 ② ）
Ⅱ　売　　上　　原　　価		（　2,836,700　）
売　上　総　利　益		（　1,253,300　）
Ⅲ　販売費及び一般管理費		
1　販　　　売　　　費	（　679,500 ② ）	
2　減　価　償　却　費	（　24,000 ② ）	
3　退　職　給　付　費　用	（　180,000 ② ）	
4　貸　倒　引　当　金　繰　入	（　6,700 ② ）	（　890,200　）
営　　業　　利　　益		（　363,100　）
Ⅳ　営　業　外　収　益		
1　受　取　利　息・配　当　金	1,300	
2　有　価　証　券　利　息	（　160　）	
3　製品保証引当金戻入	（　1,700 ② ）	（　3,160　）
Ⅴ　営　業　外　費　用		
1　支　　払　　利　　息	16,400	
当　期　純　利　益		（　349,860 ② ）

　　貸借対照表に表示される項目

（単位：千円）

①　仕　　掛　　品	80,000 ②
②　投資有価証券	9,840 ②
③　買　　掛　　金	1,050,000 ②

第2部　本試験演習編

第4問(1) 12点　　　　　　　　　　　　　　　　　仕訳一組につき4点

	借　　方		貸　　方	
	記　　号	金　　額	記　　号	金　　額
1	（　ウ　） （　エ　）	4,140,000 1,900,000	（　イ　）	6,040,000
2	（　ウ　）	2,484,000	（　エ　）	2,484,000
3	（　オ　）	7,525,000	（　ウ　）	7,525,000

第4問(2) 16点　　　　　　　　　　　　　　　　●数字…予想配点

組 別 総 合 原 価 計 算 表　　　　　　　　（単位：円）

	A　製　品		B　製　品	
	直接材料費	加 工 費	直接材料費	加 工 費
月初仕掛品原価	—	—	—	—
当月製造費用	1,404,000	❷ 780,000	1,085,000	❷ 532,800
合　　　計	1,404,000	780,000	1,085,000	532,800
月末仕掛品原価	—	—	❷ 70,000	❷ 10,800
完成品総合原価	1,404,000	780,000	❷ 1,015,000	❷ 522,000

月 次 損 益 計 算 書(一部)　　　　　（単位：円）

売　　　　上　　　　高		（　10,400,000　）
売　　上　　原　　価		
月 初 製 品 棚 卸 高	（　332,000　）	
当 月 製 品 製 造 原 価	（　3,721,000　）	
小　　　計	（　4,053,000　）	
月 末 製 品 棚 卸 高	（　❷ 285,000　）	（　3,768,000　）
売　上　総　利　益		（　❷ 6,632,000　）

解答

第9回

251

第5問 12点 ●数字…予想配点

問1 固定製造間接費の標準配賦率 ＝ ❷ 420 円/時間

問2 当月の標準配賦額 ＝ ❷ 6,396,000 円

問3 製造間接費総差異 ＝ ❷ 494,000 円（有利・(不利) 差異）

予 算 差 異 ＝ ❷ 50,000 円（有利・(不利) 差異）

能 率 差 異 ＝ ❷ 234,000 円（有利・(不利) 差異）

操 業 度 差 異 ＝ ❷ 210,000 円（有利・(不利) 差異）

(注)（ ）内の「有利」または「不利」を○で囲むこと。

第9回 解答への道

問　題 ▶ 60

解答への道

第1問

指定勘定科目を記号で解答しなければ正解になりませんので注意してください。
Ａ：普通、Ｂ：やや難しい、Ｃ：難問となっています。

| 1 | B | 2 | A | 3 | A | 4 | A | 5 | B |

1．ソフトウェアの取得

解答

（ソフトウェア）	30,000,000	（ソフトウェア仮勘定）	30,000,000
（未　払　金）	10,000,000	（普　通　預　金）	10,000,000

ソフトウェアの取得に関する仕訳ですが、時系列で考えてみましょう。

まず、過去に行っている仕訳から考えます。

① ソフトウェアの契約総額30,000,000円の全額を未払計上

（ソフトウェア仮勘定）	30,000,000	（未　払　金）	30,000,000

　自社利用のソフトウェアに関して、制作途中のソフトウェアの製作費は、償却が行われるソフトウェアとは区別し、無形固定資産の仮勘定として計上します。

② 未払金の支払い（1回目）

（未　払　金）	10,000,000	（普通預金など）	10,000,000

③ 未払金の支払い（2回目）

（未　払　金）	10,000,000	（普通預金など）	10,000,000

ここまでは過去に行っている仕訳です。次に本問の取引について考えます。

(1) ソフトウェア仮勘定のソフトウェア（資産）への振り替え

　ソフトウェアが完成したため、製作中を表す「ソフトウェア仮勘定」から「ソフトウェア」へ振り替えます。

（ソフトウェア）	30,000,000	（ソフトウェア仮勘定）	30,000,000

(2) 未払金の支払い（3回目）

　最終回の未払金の精算をします。

（未　払　金）	10,000,000	（普　通　預　金）	10,000,000

　なお、(1)と(2)を合わせた仕訳が本問の解答になります。

2．土地の売却と営業外受取手形

解答

（当　座　預　金）	24,000,000	（土　　　　地）	24,000,000
（営業外受取手形）	16,000,000	（土　地　売　却　益）	16,000,000

　土地を売却した場合は帳簿価額（簿価）と売価を比較して、売却損（益）を計算します。なお、商品以外の資産を売却したさいに受け取った約束手形は、本業（営業）である商品売買以外で発生した債権であるため、通常の受取手形勘定とは区別して「営業外受取手形」勘定で処理します。

253

3．クレジット売掛金と消費税

解答					
（クレジット売掛金）	318,000	（売 上）	300,000
（支払手数料）	12,000	（仮受消費税）	30,000

　商品をクレジット払いで販売したときの処理ですが、「商品の販売」と「消費税の受け取り」を分けて考えてみましょう。

⑴　クレジットカードでの販売

（クレジット売掛金）	288,000	（売 上）	300,000
（支払手数料）	12,000		

　支払手数料：300,000円×4％＝12,000円

　実務ではクレジット手数料に消費税が課税されることはないため、本問のような指示がない場合であっても「仮払消費税」を計算することはありません。

⑵　消費税の受け取り

　「税抜方式」の場合、顧客から受け取った消費税は「仮受消費税」勘定で処理します。

（クレジット売掛金）	30,000	（仮受消費税）	30,000

　消費税：300,000円×10％＝30,000円

　なお、⑴と⑵を合わせた仕訳が本問の解答になります。

4．売上諸掛りと仕入諸掛り

解答					
（発 送 費）	3,600,000	（未 払 金）	3,600,000
（仕 入）	1,200,000	（買 掛 金）	1,200,000

　商品を発送したさいの送料など（売上諸掛り）は「発送費」勘定で、商品を仕入れたときの引取運賃などは商品の取得原価に算入するため「仕入」勘定で処理をします。

補足

買掛金勘定と未払金勘定の違い

　すでに3級で学習済みの内容ですが、どのように使い分けるのかもう一度考えてみましょう。

　両方とも「代金を後で支払うことにした場合の債務（義務）」を表す勘定科目ですが、原則として次のように使い分けます。

〈仕入関係の取引（営業取引）かそれ以外の取引かという違い〉

　本業（営業）活動である仕入関係の取引から生じる債務は「買掛金」、それ以外の取引から生じる債務は「未払金」とします。

　仕入勘定（商品勘定）に対応する場合　→　**「買掛金」** 勘定

　それ以外の勘定科目に対応する場合　→　**「未払金」** 勘定

　この取引のように、同じ取引先から商品と商品以外のものを購入したり、同じ運送業者から商品の引取運賃と発送費用の請求を受けた場合などには、これらの勘定科目を使い分けなければならないことに注意してください。

5．子会社株式の取得

解答

（子会社株式）	29,000,000	（その他有価証券）	4,000,000
		（普通預金）	25,000,000

取得した企業の株式が発行済株式の半数（50％）を超えたときは、当社の子会社になるため、「子会社株式」勘定（資産）で処理をします。この仕訳も過去の仕訳から考えてみましょう。

発行済株式の10％を取得したときに以下の仕訳を行っています。なお、この有価証券には所有目的の指示はないため、「その他有価証券」勘定で処理をしています。

（その他有価証券）	4,000,000	（普通預金など）	4,000,000

本問では、子会社株式の取得にあたって、2つの処理をします。

(1) 勘定科目の振り替え

（子会社株式）	4,000,000	（その他有価証券）	4,000,000

(2) 株式の追加取得

（子会社株式）	25,000,000	（普通預金）	25,000,000

なお、(1)と(2)を合わせた仕訳が本問の解答になります。

有形固定資産の取引を前提に個別会計上の手続き、さらには連結会計へと発展していく総合問題です。難しそうに見えますが、仕訳を積み上げていけば戦うことはできます。真の簿記力が試される問題です。

1．一連の取引（個別会計）【問1】

有形固定資産の記帳方法が「**直接法**」であることに注意してください。なお、建物勘定、機械装置勘定およびリース資産勘定へ記入する取引は太枠で示しています。

(1) ×29年4月1日：建物勘定の前期繰越額

仕 訳 な し

期首減価償却累計額：$36,000,000円 \times \dfrac{9年}{50年} = 6,480,000円$ 〈×20.4.1～×29.3.31〉

期首帳簿価額：36,000,000円 － 6,480,000円 ＝ 29,520,000円

(注) 税法上、建物について認められている減価償却方法は、定額法のみです。本問では、会計上と税法上とで処理が異なる旨の指示がないため、会計上でも定額法を採用しているものとして、解答することとなります。

(2) ×29年4月1日：リース取引開始時

（リース資産）	2,400,000	（リース債務）	2,400,000

ファイナンス・リース取引を「利子込み法」によった場合は、リース料総額をもってリース資産・リース負債に計上します。

リース料総額：480,000円 × 5年 ＝ 2,400,000円
　　　　　　　年間リース料

(3) ×29年6月7日：国庫補助金の受け入れ

（普通預金）	3,000,000	（国庫補助金受贈益）	3,000,000

国から補助金を受け取ったときは国庫補助金受贈益（収益）を計上します。

(4) ×29年7月28日：修繕工事の完了

（修繕引当金）	420,000	（当座預金）	700,000
（修繕費）	280,000		

(5) ×29年9月1日：機械装置の購入

（機械装置）	6,000,000	（現金）	1,200,000
		（当座預金）	4,800,000

(6) ×29年9月2日：圧縮記帳

（固定資産圧縮損）	3,000,000	（機械装置）	3,000,000

圧縮記帳とは、国庫補助金などにより取得した有形固定資産について、その取得原価を一定額だけ減額（圧縮）し、減額（圧縮）後の帳簿価額を貸借対照表価額とする方法です。ここでは補助金相当額3,000,000円の固定資産圧縮損（費用）を計上するとともに、同額を機械装置の取得原価6,000,000円から直接減額します（直接控除方式）。

(7) ×29年12月1日：子会社からの土地の購入

（土地）	14,000,000	（未払金）	14,000,000

親会社と子会社の取引は、個別会計上は通常どおり仕訳します。

(8) ×30年2月1日：子会社から購入した土地代金の一部支払い

（未払金）	7,000,000	（当座預金）	7,000,000

親会社と子会社の取引は、個別会計上は通常どおり仕訳します。

(9) ×30年3月31日：リース料の支払い

（リース債務）	480,000	（普通預金）	480,000

利子込み法では「支払利息」を使用することはありません。

(10) ×30年3月31日：決算整理手続（減価償却費の計上）
① 建物（定額法）

（減価償却費）	720,000 *	（建物）	720,000

＊　36,000,000円÷50年＝720,000円

② リース資産（定額法）

（減価償却費）	480,000 *	（リース資産）	480,000

＊　2,400,000円÷5年＝480,000円
　　　　　　　　リース期間

③ 機械装置（200％定率法）

（減 価 償 却 費）	700,000 *	（機 械 装 置）	700,000

直接減額方式により圧縮記帳を行った場合には、圧縮後の帳簿価額（取得原価－圧縮額）を取得原価とみなして減価償却費を計算します。また、期中に取得した機械装置の減価償却が問われているため、減価償却費を月割計算する点に注意が必要です。

＊　圧縮後の帳簿価額：$\underset{取得原価}{6,000,000円} - \underset{圧縮額}{3,000,000円} = 3,000,000円$

減価償却費：$3,000,000円 \times 0.400 \times \dfrac{7か月}{12か月} = 700,000円〈×29.9.1～×30.3.31〉$

（注）土地は減価償却をしないことにも注意してください。

2．税効果会計の適用（将来減算一時差異の発生）【問2】

税効果会計は、法人税等（法人税、住民税及び事業税）を税引前当期純利益に対応するように調整することです。

会計上の費用の損金不算入による将来減算一時差異の発生は、法人税等の「前払い」が発生したことを意味します。そこで、差異の金額に実効税率を乗じた金額を法人税等調整額として法人税等から控除し、繰延税金資産として計上することで、繰延処理を行います。なお、会計上の減価償却費のうち、損金不算入となるのは償却限度超過額だけなので、税務上の減価償却費との差額部分のみが将来減算一時差異となることに注意しましょう。

（繰 延 税 金 資 産）	78,750 *	（法 人 税 等 調 整 額）	78,750

＊　$3,000,000円 \times 0.400 \times \dfrac{7か月}{12か月} = 700,000円〈会計上の減価償却費〉$

　$3,000,000円 \times 0.250 \times \dfrac{7か月}{12か月} = 437,500円〈税務上の減価償却費〉$

　$700,000円 - 437,500円 = 262,500円〈償却限度超過額（差異発生額）〉$

　$\underset{差異発生額}{262,500円} \times \underset{実効税率}{30\%} = 78,750円$

3．連結会計（成果連結）【問3】

(1) アップ・ストリームの場合の土地に含まれる未実現利益の消去

（固 定 資 産 売 却 益）	5,000,000	（土　　　　地）	5,000,000
（非 支 配 株 主 持 分）	1,250,000	（非支配株主に帰属する当 期 純 利 益）	1,250,000

子会社が親会社に土地を売却し、親会社がその土地を期末に保有している場合には、連結グループ外部に売却したことにはなりません。したがって、個別損益計算書を合算しただけでは、子会社が計上している固定資産売却益がそのまま連結損益計算書にも計上されてしまうため、連結会計上、これを未実現利益として消去します。また、親会社が計上している土地には、子会社が加算した未実現利益が含まれているにもかかわらず、個別貸借対照表を合算しただけでは、そのままの金額で連結貸借対照表にも計上されてしまいます。そのため、連結会計上、土地から未実現利益を控除する必要があります。なお、ここでは子会社が親会社に土地を売却していることから、「アップ・ストリーム」のケースに該当します。よって、さらに「子会社当期純利益の非支配株主持分への振り替え」の貸借逆仕訳が必要となります。

固定資産売却益：14,000,000円 − 9,000,000円 = 5,000,000円

　　　　　　　　売却価額　　子会社の帳簿価額　未実現利益

非支配株主に帰属する当期純利益：5,000,000円 × (100% − 75%) = 1,250,000円

　　　　　　　　　　　　　　　　　　　　非支配株主持分割合

(2) 債権・債務の相殺消去

（未　払　金）	7,000,000	（未　収　入　金）	7,000,000

　　親子会社間の債権・債務は、連結グループ内部の債権・債務であり、外部に対するものではないため、連結貸借対照表には計上できません。しかし、個別貸借対照表を合算しただけでは、親子会社間の債権・債務がそのまま連結貸借対照表にも計上されてしまうため、連結会計上、相殺消去する必要があります。ただし、個別会計上すでに決済されたものは、そもそも個別貸借対照表に載っていないため、対象とならないので注意してください。

　　債権・債務の残高：14,000,000円 − 7,000,000円 = 7,000,000円

第3問
難易度 B

製造業会計を前提とした、損益計算書作成と貸借対照表の項目（一部の金額）が問われています。損益計算書の「売上原価」以外のところで、いかに点数を積み上げられるかが重要です。

　3月の月中取引の仕訳および決算整理仕訳は、以下のようになります（仕訳の単位：千円）。

1. 製造原価の計算

(1) 材料の仕入

（材　　　　料）	120,000	（買　掛　金）	120,000

(2) 材料の消費

① 直接材料費

（仕　掛　品）	90,000	（材　　　　料）	90,000

② 間接材料費

（製　造　間　接　費）	25,000	（材　　　　料）	25,000

(3) 直接工賃金の支払い

（賃　　　　金）	100,000	（現　金　預　金）	100,000

(4) 直接工賃金の消費（直接労務費）

（仕　掛　品）	100,000	（賃　　　　金）	100,000

(5) 製造間接費の予定配賦

（仕　掛　品）	110,000	（製　造　間　接　費）	110,000

(6) 実際発生額の計上（他の資料より判明するものを除く）

（製　造　間　接　費）	41,000	（現　金　預　金）	41,000

(7) 製品の完成

（製　　　　品）	280,000	（仕　掛　品）	280,000

　　∴ B/S仕掛品：60,000千円 + 90,000千円 + 100,000千円 + 110,000千円 − 280,000千円

　　　　　　　　2月末T/B　直接材料費　直接労務費　製造間接費　完成品原価

　　　　　= 80,000千円

第2部　本試験演習編

解答への道

(8)　製品の販売

| （売　　掛　　金） | 350,000 | （売　　　　上） | 350,000 |
| （売　上　原　価） | 260,000 | （製　　　　品） | 260,000 |

∴　P/L売上高：3,740,000千円 + 350,000千円 = **4,090,000千円**
　　　　　　　　2月末T/B　　　　3月分

2．買掛金の支払いと売掛金の回収

(1)　買掛金の支払い

| （買　　掛　　金） | 185,000 | （現　金　預　金） | 185,000 |

∴　B/S買掛金：1,115,000千円 + 120,000千円 − 185,000千円 = **1,050,000千円**
　　　　　　　　2月末T/B　　　　3月分　　　　　　3月分

(2)　売掛金の回収

| （現　金　預　金） | 300,000 | （売　　掛　　金） | 300,000 |

∴　B/S売掛金：1,380,000千円 + 350,000千円 − 300,000千円 = 1,430,000千円
　　　　　　　　2月末T/B　　　　3月分　　　　　　3月分

3．販売費の支払い

| （販　　売　　費） | 51,500 | （現　金　預　金） | 51,500 |

∴　P/L販売費：628,000千円 + 51,500千円 = **679,500千円**
　　　　　　　　2月末T/B　　　　3月分

4．材料と製品の実地棚卸

(1)　材料の棚卸減耗

①　材料の棚卸減耗損の計算と計上

| （棚　卸　減　耗　損） | 500 * | （材　　　　料） | 500 |

＊　90,000千円 + 25,000千円 = 115,000千円
　　直接材料費　　間接材料費　　3月消費分

　　49,500千円 + 120,000千円 − 115,000千円 = 54,500千円
　　2月末T/B　　3月仕入分　　　3月消費分　　材料帳簿有高

　　54,500千円 − 54,000千円 = 500千円
　　材料帳簿有高　材料実際有高

②　製造間接費への振り替え

材料から生じた棚卸減耗損は、間接経費に該当するため、製造間接費の実際発生額に含めます。

| （製　造　間　接　費） | 500 | （棚　卸　減　耗　損） | 500 |

(2)　製品の実地棚卸

①　製品の棚卸減耗損の計算と計上

| （棚　卸　減　耗　損） | 600 * | （製　　　　品） | 600 |

＊　30,000千円 + 280,000千円 − 260,000千円 = 50,000千円
　　2月末T/B　　3月完成分　　　3月販売分　　製品帳簿有高

　　50,000千円 − 49,400千円 = 600千円
　　製品帳簿有高　製品実際有高

② 売上原価への賦課

製品から生じた棚卸減耗損は、問題文の指示に従い、売上原価に賦課します。

（ 売 上 原 価 ）	600	（ 棚 卸 減 耗 損 ）	600

5．固定資産の減価償却

(1) 減価償却費（月割額）の計上

（ 減 価 償 却 費 ）	17,000	（ 建物減価償却累計額 ）	5,000*
		（ 機械装置減価償却累計額 ）	12,000

* 3,000千円＋2,000千円＝5,000千円
　製造活動用　販売・一般管理
　　　　　　　　活動用

(2) 製造間接費への振り替え

減価償却費のうち、製造活動用建物分と製造用機械装置分は、間接経費に該当するため、製造間接費の実際発生額に含めます。なお、販売・一般管理活動用建物分は、損益計算書の「販売費及び一般管理費」の区分に計上します。

（ 製 造 間 接 費 ）	15,000*	（ 減 価 償 却 費 ）	15,000

* 3,000千円＋12,000千円＝15,000千円
　製造活動用建物分　製造用機械装置分

∴ P/L減価償却費：22,000千円＋2,000千円＝**24,000千円**
　　　　　　　　　2月末T/B　販売・一般管理
　　　　　　　　　　　　　　　活動用建物分

6．貸倒引当金

売上債権（営業債権）に対する貸倒引当金繰入は「販売費及び一般管理費」の区分に計上します。

（ 貸倒引当金繰入 ）	6,700*	（ 貸 倒 引 当 金 ）	6,700
販売費及び一般管理費			

* 1,430,000千円×1％＝14,300千円
　B/S売掛金　　　引当金設定額

14,300千円－7,600千円＝6,700千円
　　　　　2月末T/B
　　　　　貸倒引当金

7．退職給付引当金

(1) 退職給付費用（月割額）の計上

（ 退 職 給 付 費 用 ）	45,000*	（ 退 職 給 付 引 当 金 ）	45,000

* 30,000千円＋15,000千円＝45,000千円
　製造活動に携　その他の従業員分
　わる従業員分

(2) 見積額を超過した分の計上

（ 退 職 給 付 費 用 ）	600	（ 退 職 給 付 引 当 金 ）	600

(3) 製造間接費への振り替え

退職給付費用のうち、製造活動に携わる従業員分は間接労務費に該当するため、製造間接費の実際発生額に含めます。なお、その他の従業員分は損益計算書の「販売費及び一般管理費」の区分に計上します。

第2部　本試験演習編

（製　造　間　接　費）	30,600*	（退職給付費用）	30,600

* 　$\underset{\text{月割額}}{30,000千円} + \underset{\substack{\text{見積額を}\\\text{超過した分}}}{600千円} = 30,600千円$

∴　P/L退職給付費用：$\underset{\text{2月末T/B}}{165,000千円} + \underset{\text{その他の従業員分}}{15,000千円} = \mathbf{180,000千円}$

8．製品保証引当金（洗替法）

　問題文の指示から「洗替法」と判断できます。なお、損益計算書上は、製品保証引当金戻入と製品保証引当金繰入を相殺した純額を表示します。

（製品保証引当金）	29,700	（製品保証引当金戻入）	29,700
（製品保証引当金繰入）	28,000	（製品保証引当金）	28,000
（製品保証引当金戻入）	29,700	（製品保証引当金繰入）	28,000
		（製品保証引当金戻入）	1,700

∴　P/L製品保証引当金戻入：$\underset{\text{戻入額}}{29,700千円} - \underset{\text{繰入額}}{28,000千円} = 1,700千円$

9．有価証券

(1)　満期保有目的債券（投資有価証券）への振り替え

（投 資 有 価 証 券）	9,800	（有　価　証　券）	9,800

(2)　子会社株式（関係会社株式）への振り替え

（関 係 会 社 株 式）	11,800	（有　価　証　券）	11,800

(3)　満期保有目的債券（投資有価証券）の評価

　償却原価法（定額法）により評価します。なお、売却予定ではないので時価は考慮しません。

（投 資 有 価 証 券）	40*	（有 価 証 券 利 息）	40

* 　$(\underset{\text{債券金額}}{10,000千円} - \underset{\text{取得価額}}{9,800千円}) \times \dfrac{12か月}{60か月} = 40千円$

∴　B/S投資有価証券：$\underset{\text{2月末T/B}}{9,800千円} + \underset{\text{償却額}}{40千円} = \mathbf{9,840千円}$

(4)　クーポン利息の未処理

（普　通　預　金）	60	（有 価 証 券 利 息）	60*

* 　$\underset{\text{債券金額}}{10,000千円} \times 1.2\% \times \dfrac{6か月}{12か月} = 60千円$

∴　P/L有価証券利息：$\underset{\text{2月末T/B}}{60千円} + \underset{\text{償却額}}{40千円} + \underset{\text{未処理}}{60千円} = \mathbf{160千円}$

(5)　子会社株式（関係会社株式）の評価

　子会社株式は売却予定ではないので時価は考慮しません。したがって、取得原価のまま評価します。

仕　訳　な　し

261

10. 原価差異

(1) 製造間接費配賦差異の計算と計上

| （原　価　差　異） | 2,100 * | （製　造　間　接　費） | 2,100 |

* 25,000千円 ＋ 41,000千円 ＋ 500千円 ＋ 15,000千円 ＋ 30,600千円 ＝ 112,100千円
　　間接材料費　　その他の　　材料棚卸　　減価償却費　　退職給付費用　　実際発生額
　　　　　　　　製造間接費　　減耗損

110,000千円 － 112,100千円 ＝ △2,100千円
予定配賦額　　実際発生額　　不利差異・借方差異

(2) 売上原価への賦課

| （売　上　原　価） | 2,100 | （原　価　差　異） | 2,100 |

∴ P/L売上原価：2,574,000千円 ＋ 260,000千円 ＋ 600千円 ＋ 2,100千円 ＝ **2,836,700千円**
　　　　　　　　2月末T/B　　　3月分　　　製品棚卸　　原価差異
　　　　　　　　　　　　　　　　　　　　減耗損

11. 勘定連絡図（単位：千円）

仕訳と同時進行で、勘定連絡図を作成すると、次のようになります。

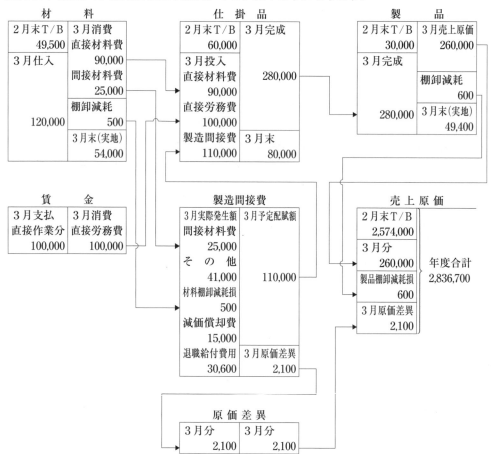

第4問(1) 難易度 A

労務費と製造間接費の仕訳問題です。勘定連絡図から仕訳を考えていきます。

1．労務費の計算

(1) 直接工の計算

労務費は予定総平均賃率@1,500円を用いて計算し、賃金・給料勘定から直接労務費は仕掛品勘定へ、間接労務費は製造間接費勘定へ振り替えます。

① 直接労務費

@1,500円×2,760時間（直接作業時間）＝4,140,000円

② 間接労務費

@1,500円×100時間（間接作業時間）＝150,000円

(2) 間接工の計算

間接労務費は賃金・給料勘定から製造間接費勘定へ振り替えます。

当月消費額：1,800,000円－200,000円＋150,000円＝1,750,000円
　　　　　　　（当月支払）　（前月未払）　（当月未払）

(3) まとめ

直接労務費：**4,140,000円**
　　　　　　（直接工）

間接労務費：150,000円＋1,750,000円＝**1,900,000円**
　　　　　　（直接工）　　（間接工）

＊　この結果をもとに、賃金消費時の仕訳を行います。

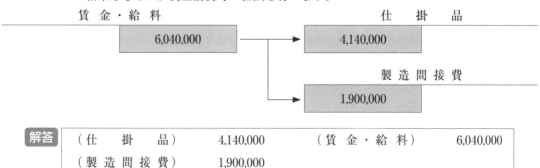

解答	（仕　掛　品）	4,140,000	（賃　金・給　料）	6,040,000
	（製 造 間 接 費）	1,900,000		

2．製造間接費の予定配賦
 (1) 予定配賦率の算定
   $\dfrac{年間製造間接費予算30,240,000円}{年間予定総直接作業時間33,600時間} = @900円$
 (2) 製造指図書別の予定配賦額
   製造間接費は直接作業時間を配賦基準に予定配賦しているため、実際直接作業時間2,760時間は「直接工の直接作業時間」を使用して計算します。
   @900円×2,760時間 = **2,484,000円**
   　　　　直接作業時間

  ＊ この結果をもとに、予定配賦の仕訳を行います。

製　造　間　接　費		仕　　掛　　品
	2,484,000 →	2,484,000

  解答　（仕　　掛　　品）　2,484,000　（製　造　間　接　費）　2,484,000

3．完成品原価の振り替え
 完成品原価を仕掛品勘定から製品勘定へ振り替えます。
 完成品原価：製造直接費5,500,000円 + 製造間接費@900円×2,250時間 = **7,525,000円**
 　　　　　　　　　　　　　　　　　　　　　　　　　　　直接作業時間

  ＊ この結果をもとに、完成品原価を振り替える仕訳を行います。

仕　　掛　　品		製　　　　　品
	7,525,000 →	7,525,000

  解答　（製　　　　　品）　7,525,000　（仕　　掛　　品）　7,525,000

第4問(2)　難易度 A　組別総合原価計算の問題です。まず、加工費を各組製品に機械稼働時間を基準に実際配賦します。次に、各組製品ごとに月末仕掛品原価および完成品総合原価を単純総合原価計算と同様に計算します。資料を整理し、計算の方向性を決めてから取り掛かることができたかがポイントになります。

1．加工費実際配賦額の計算
 加工費を当月の組製品ごとの「機械稼働時間」を基準に実際配賦します。
  実際配賦率：$\dfrac{加工費実際発生額\ \ 1,312,800円}{実際機械稼働時間\ \ 16,250時間 + 11,100時間} = 48円/時間$
 実際配賦率に実際機械稼働時間を掛けて、当月の組製品ごとの加工費の実際配賦額を計算します。
  A製品への実際配賦額：48円/時間×16,250時間 = **780,000円**
  B製品への実際配賦額：48円/時間×11,100時間 = **532,800円**

2．A製品の計算

(1) 完成品総合原価および月末仕掛品原価の計算（**仕掛品勘定**の計算）

A仕掛品―直接材料費		A仕掛品―加工費	
投入	完成	投入	完成
52,000本	52,000本	52,000本	52,000本
1,404,000円	1,404,000円	780,000円	780,000円

① 直接材料費の計算
　月初仕掛品と月末仕掛品がないため、当月投入額がそのまま完成品原価1,404,000円になります。

② 加工費の計算
　月初仕掛品と月末仕掛品がないため、当月投入額がそのまま完成品原価780,000円になります。

③ まとめ
　完成品総合原価：1,404,000円 + 780,000円 = 2,184,000円

(2) 売上原価の計算（**製品勘定**の計算：先入先出法）

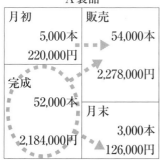

月末製品原価：$\dfrac{2,184,000円}{52,000本} \times 3,000本 = 126,000円$

売上原価：220,000円 + 2,184,000円 − 126,000円 = 2,278,000円

3．B製品の計算

(1) 完成品総合原価および月末仕掛品原価の計算（**仕掛品勘定**の計算）

　　　　　　　　　　　　　　　　　　　　　　　　　加工換算量で按分

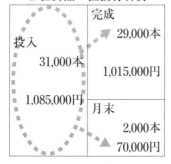
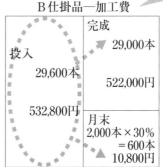

① 直接材料費の計算

月末仕掛品原価：$\dfrac{1,085,000円}{29,000本+2,000本}\times 2,000本=$ **70,000円**

完成品総合原価：1,085,000円 − 70,000円 = **1,015,000円**

② 加工費の計算

月末仕掛品原価：$\dfrac{532,800円}{29,000本+600本}\times 600本=$ **10,800円**

完成品総合原価：532,800円 − 10,800円 = **522,000円**

③ まとめ

月末仕掛品原価：70,000円 + 10,800円 = **80,800円**

完成品総合原価：1,015,000円 + 522,000円 = **1,537,000円**

(2) 売上原価の計算（**製品勘定**の計算：先入先出法）

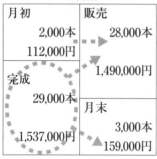

月末製品原価：$\dfrac{1,537,000円}{29,000本}\times 3,000本 = 159,000円$

売上原価：112,000円 + 1,537,000円 − 159,000円 = 1,490,000円

4．勘定連絡図【本問の体系】

　勘定連絡図のうち、仕掛品勘定の計算をもとに組別総合原価計算表を、製品勘定や損益勘定をもとに損益計算書を作成します。なお、損益計算書の売上原価にはA製品とB製品を合算した金額を記入することに気をつけてください。

売上高：120円/本 × 54,000本 + 140円/本 × 28,000本 = **10,400,000円**
　　　　　　　A製品　　　　　　　　B製品

月初製品棚卸高：220,000円 + 112,000円 = **332,000円**
　　　　　　　　A製品　　　B製品

当月製品製造原価：2,184,000円 + 1,537,000円 = **3,721,000円**
　　　　　　　　　A製品　　　　B製品

月末製品棚卸高：126,000円 + 159,000円 = **285,000円**
　　　　　　　　A製品　　　B製品

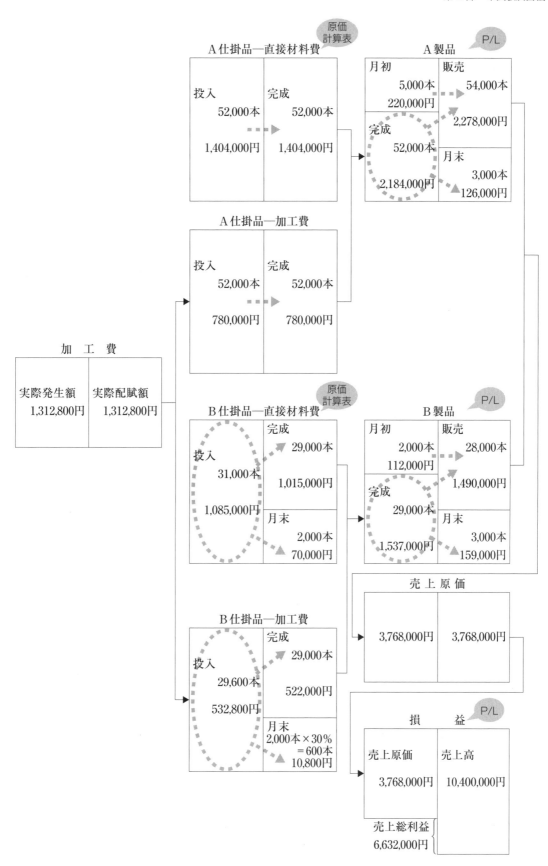

標準原価計算における製造間接費差異の分析です。「固定費の発生額は予算と同額であった」という文言がキーポイントです。工業簿記では問題を最後まで読まないと解けないことが多いです。必ず問題の構造を把握してから解き始めてください。

1．原価標準の算定（1個あたりの製造間接費・標準原価の計算）
 (1) 標準原価カードの作成

	（標準配賦率）		（標準直接作業時間）		
製造間接費	780円/時間	×	2時間*/個	=	1,560円/個

 ＊ 問題資料に「製品X1個の標準直接作業時間」や「当月正常直接作業時間」が与えられているため、製造間接費は直接工の「直接作業時間」を基準に計算（配賦）します。

 (2) 固定製造間接費の標準配賦率の算定
  問題資料の中に、「固定製造間接費予算」が与えられていないことに戸惑いますが、資料の最後に固定費の発生額は予算と同額であったと書いてあります。したがって、当月実際製造間接費（固定費）3,780,000円がそのまま「固定製造間接費予算」でもあったことになります。

  固定製造間接費の標準配賦率（固定費率）：$\dfrac{月次固定製造間接費予算3,780,000円}{当月正常直接作業時間9,000時間}$ ＝420円/時間

  （注） 資料はすべて月次（1ヵ月あたり）の資料で与えられています。当月正常直接作業時間9,000時間が月間基準操業度になります。

 (3) 変動製造間接費の標準配賦率の算定
  製造間接費標準配賦率が780円/時間ですから、固定製造間接費の標準配賦率（固定費率）との差額から、変動製造間接費の標準配賦率（変動費率）を計算できます。

  変動製造間接費の標準配賦率（変動費率）：780円/時間 － 420円/時間 ＝ 360円/時間
                    標準配賦率   固定費率

2．当月の標準原価の計算、実際原価の集計および原価差異の把握
 標準原価計算では、「当月の生産実績（当月投入）」に対する標準原価と実際原価を比較することで、原価差異を把握します。問3では、製造間接費の分析だけが問われていますので、実は「当月の生産実績（当月投入）」だけに注目をすれば迅速に計算することができます。

仕掛品—製造間接費

月初 800個×50％＝400個	完成
当月投入	4,300個
（差引） 4,100個	月末 400個×50％＝200個
実際 6,890,000円	△494,000円（不利）

当月の標準原価：1,560円/個 × 4,100個 ＝ 6,396,000円〈当月の標準配賦額〉
当月の実際原価：6,890,000円
製造間接費差異：6,396,000円 － 6,890,000円 ＝ △494,000円（不利）
        標準原価   実際原価

3．製造間接費差異の分析（公式法変動予算）

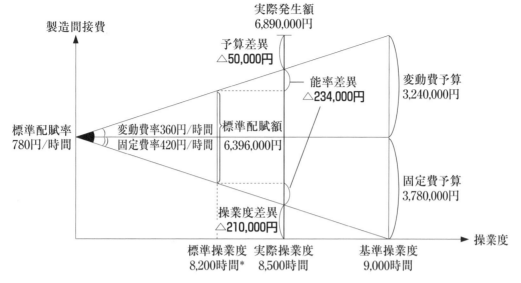

* 標準操業度： 2時間/個×4,100個＝8,200時間

製造間接費総差異

(780円/時間×8,200時間)－6,890,000円＝△**494,000**円（不利）

予　算　差　異

(360円/時間×8,500時間＋3,780,000円)－6,890,000円＝△**50,000**円（不利）

能　率　差　異（変動費と固定費からなるものとする）

780円/時間×(8,200時間－8,500時間)＝△**234,000**円（不利）

操　業　度　差　異

420円/時間×(8,500時間－9,000時間)＝△**210,000**円（不利）

● ワンポイントアドバイス ●

検算のため、原価差異の分析後、各々の差異を足せば総差異494,000円（不利）になることを確認しましょう！

第10回 解答

問題 ▶ 68

第1問 20点

仕訳一組につき4点

	借　方		貸　方	
	記　号	金　額	記　号	金　額
1	（ ア ） （ キ ）	300,000 220,000	（ カ ） （ イ ） （ ウ ）	300,000 150,000 70,000
2	（ ア ） （ イ ） （ ウ ）	2,000,000 400,000 240,000	（ オ ）	2,640,000
3	（ エ ） （ オ ） （ カ ） （ ク ）	800,000 1,800,000 600,000 1,300,000	（ イ ）	4,500,000
4	（ ア ） （ イ ） （ キ ）	55,000 210,000 10,000	（ オ ） （ エ ）	250,000 25,000
5	（ イ ） （ エ ）	3,000,000 2,500,000	（ ウ ） （ カ ）	3,000,000 2,500,000

270

第2部　本試験演習編

第2問　20点

●数字…予想配点

（注）実際の本試験では、記号のみを解答してください。

（1）

総　勘　定　元　帳
買　掛　金

年	月	日	摘　要	借　方	年	月	日	摘　要	貸　方
×1	2	28	普　通　預　金	3,150,000	×1	1	1	前　期　繰　越	3,150,000
	7	31	（ア）普　通　預　金	3,240,000		4	30	（イ）商　　　品	3,240,000 ❷
	12	31	次　期　繰　越	2,640,000		11	1	（イ）商　　　品	2,508,000 ❷
						12	31	（ケ）為　替　差　損	132,000
				9,030,000					9,030,000

商　　品

年	月	日	摘　要	借　方	年	月	日	摘　要	貸　方
×1	1	1	前　期　繰　越	2,000,000	×1	1	31	売　上　原　価	1,000,000
	4	30	（ウ）買　掛　金	3,240,000		5	15	（カ）売　上　原　価	1,060,000 ❷
❷	11	1	（ウ）買　掛　金	2,508,000		6	30	（カ）売　上　原　価	1,060,000
						11	15	（カ）売　上　原　価	1,735,500
						12	1	（カ）売　上　原　価	1,735,500
						12	31	（キ）棚卸減耗損	57,850 ❷
						12	31	次　期　繰　越	1,099,150 ❷
				7,748,000					7,748,000

機　械　装　置

年	月	日	摘　要	借　方	年	月	日	摘　要	貸　方
❷ ×1	11	1	（エ）未　払　金	5,814,000	×1	12	31	（ク）減価償却費	96,900 ❷
						12	31	次　期　繰　越	5,717,100
				5,814,000					5,814,000

（2）　損益の金額

① 当期の売上高 　 ¥ 　 ❷ 12,525,000

② 当期の為替差損 　 ¥ 　 ❷ 708,000

③ 当期の為替差益 　 ¥ 　 0

271

第3問 20点 　　　　　　　　　　　　　　　　　　　　●数字…予想配点

損 益 計 算 書

自2×18年4月1日　至2×19年3月31日

（単位：円）

Ⅰ	売　　上　　高		7,249,000	
Ⅱ	売　上　原　価			
1	商 品 期 首 棚 卸 高	（　220,000　）		
2	当 期 商 品 仕 入 高	（　5,880,000　）		
	合　　　計	（　6,100,000　）		
3	商 品 期 末 棚 卸 高	（　340,000　）		
	差　　引	（　5,760,000　）		
4	棚 卸 減 耗 損	（　2,400 ❷　）		
5	商 品 評 価 損	（　4,220 ❷　）	（　5,766,620　）	
	売 上 総 利 益		（　1,482,380　）	
Ⅲ	販売費及び一般管理費			
1	給　　　料	720,000		
2	水 道 光 熱 費	49,800		
3	退 職 給 付 費 用	（　81,000　）		
4	租 税 公 課	（　155,000　）		
5	減 価 償 却 費	（　190,200 ❷　）		
6	貸 倒 引 当 金 繰 入	（　16,000 ❷　）		
7	貸 倒 損 失	（　6,000　）		
8	の れ ん 償 却	（　80,000 ❷　）	（　1,298,000　）	
	営 業 利 益		（　184,380　）	
Ⅳ	営 業 外 収 益			
1	有 価 証 券 利 息		（　11,900 ❷　）	
Ⅴ	営 業 外 費 用			
1	支 払 利 息		（　7,200 ❷　）	
	経 常 利 益		（　189,080　）	
Ⅵ	特 別 利 益			
1	固 定 資 産 売 却 益		（　50,000 ❷　）	
Ⅶ	特 別 損 失			
1	火 災 損 失		（　100,000 ❷　）	
	税引前当期純利益		（　139,080　）	
	法人税、住民税及び事業税	（　44,124　）		
	法 人 税 等 調 整 額	（△　2,400　）	（　41,724　）	
	当 期 純 利 益		（　97,356 ❷　）	

272

第2部　本試験演習編

第4問(1) 12点　　　　　　　　　　　　　　　　　　　仕訳一組につき4点

	借　　方		貸　　方	
	記　　号	金　　額	記　　号	金　　額
1	（　ア　）	3,230,000	（　キ　）	3,230,000
2	（　エ　）	2,376,000	（　ア　）	2,376,000
3	（　エ　） （　ウ　）	4,480,000 1,480,000	（　イ　）	5,960,000

第4問(2) 16点　　　　　　　　　　　　　　　　　●数字…予想配点

問1

等 価 比 率 計 算 表

等級製品	重　量	等価係数	完成品量	積　　数	等価比率
X	300g	3	6,000枚	18,000枚	② 90 %
Y	100g	1	2,000枚	2,000枚	② 10 %
					100 %

問2　当月の月末仕掛品原価 ＝ 　③ 3,200,000　 円

問3　当月の完成品総合原価 ＝ 　③ 19,200,000　 円

問4　等級製品Xの完成品単位原価 ＝ 　③ 2,880　 円/枚

問5　等級製品Yの完成品単位原価 ＝ 　③ 960　 円/枚

273

第5問 12点

●数字…予想配点

問1 ② 21,460,000 円

問2 ② 810,400 円 ((借方差異) ・ 貸方差異)
いずれかを○で囲むこと

問3 ② 345,200 円 ((借方差異) ・ 貸方差異)
いずれかを○で囲むこと

問4 ② 297,200 円 ((借方差異) ・ 貸方差異)
いずれかを○で囲むこと

問5 ② 66,000 円 ((借方差異) ・ 貸方差異)
いずれかを○で囲むこと

問6 ② 42,000 円 ((借方差異) ・ 貸方差異)
いずれかを○で囲むこと

第10回 解答への道　　問題 ▶ 68

解答への道

第1問　指定勘定科目を記号で解答しなければ正解になりませんので注意してください。
A：普通、B：やや難しい、C：難問となっています。

1 A　**2** A　**3** A　**4** B　**5** A

1．サービス業（役務収益・役務原価の計上）

解答	（売 掛 金）	300,000	（役 務 収 益）	300,000
	（役 務 原 価）	220,000	（仕 掛 品）	150,000
			（買 掛 金）	70,000

　サービス業では、サービスの提供が完了したときに役務収益（売上）を計上するとともに、サービスの提供前に発生した費用を仕掛品としている場合には、役務収益に対応させるため役務原価（売上原価）へ振り替えます。

(1) サービス提供前に費用が発生したとき ← すでにこの処理を行っていることが前提

（仕 掛 品）	150,000	（買 掛 金 な ど）	150,000

(2) サービス提供が完了したとき ← 本　問

（売 掛 金）	300,000	（役 務 収 益）	300,000
（役 務 原 価）	220,000	（仕 掛 品）	150,000
		（買 掛 金）^(注)	70,000

　　（注）役務原価（または仕入）に対応する場合 →「**買掛金**」勘定
　　　　　上記以外に対応する場合 →「**未払金**」勘定

2．有形固定資産の割賦購入

解答	（機 械 装 置）	2,000,000	（営業外支払手形）	2,640,000
	（構 築 物）	400,000		
	（長 期 前 払 費 用）	240,000		

　有形固定資産を割賦（分割払い）により購入した場合には、一括払いにより購入した場合と比べて支払額が高くなることがあります。この差額は利息の性質をもっているため、原則として固定資産の取得原価には含めず、区別して前払費用（資産）または支払利息（費用）としますが、本問では指示にしたがい資産勘定で処理することから「長期前払費用」とします。

　また、商品以外の物品を購入するために振り出した手形は、営業外支払手形(負債)として処理します。

3．事業譲渡

解答	（商 品）	800,000	（普 通 預 金）	4,500,000
	（建 物）	1,800,000		
	（備 品）	600,000		
	（の れ ん）	1,300,000		

　他企業から事業の全部または一部を譲り受けた場合は、諸資産と諸負債を「時価（公正な価値）」

275

で受け入れ（本問では資産のみ）、その対価を現金等で支払います。このさい、受け入れた時価純資産額より高い価額で取得した場合は、差額を「のれん」として無形固定資産に計上します。

のれん：$\underbrace{4,500,000円}_{取得価額} - (\underbrace{800,000円 + 1,800,000円 + 600,000円}_{受入純資産額}) = 1,300,000円$

4．クレジット売掛金と消費税

解答					
（現　　　金）	55,000		（売　　　上）		250,000
（クレジット売掛金）	210,000		（仮　受　消　費　税）		25,000
（支　払　手　数　料）	10,000				

　商品をクレジット払いで販売したときの処理ですが、「商品の販売」と「消費税の受け取り」を分けて考えてみましょう。

(1) 現金とクレジットカードでの販売

（現　　　金）	50,000 *1		（売　　　上）		250,000
（クレジット売掛金）	190,000				
（支　払　手　数　料）	10,000 *2				

　＊1　$\underbrace{55,000円}_{税込価額} \div (100\% + 10\%) = \underbrace{50,000円}_{税抜価額}$

　＊2　$(250,000円 - 50,000円) \times 5\% = 10,000円$

(2) 消費税の受け取り

　税抜方式の場合、顧客から受け取った消費税は仮受消費税勘定で処理します。

（現　　　金）	5,000 *4		（仮　受　消　費　税）		25,000 *3
（クレジット売掛金）	20,000				

　＊3　$250,000円 \times 10\% = 25,000円$

　＊4　$\underbrace{55,000円}_{税込価額} - \underbrace{50,000円}_{税抜価額} = 5,000円$

　なお、(1)と(2)を合わせたものが本問の解答になります。

5．株主資本の計数の変動

解答					
（資　本　準　備　金）	3,000,000		（その他資本剰余金）		3,000,000
（利　益　準　備　金）	2,500,000		（繰越利益剰余金）		2,500,000

　株主資本の計数の変動とは、株主資本を構成する「資本金」「準備金」および「剰余金」の中で、ある科目から別の科目へ振り替える（①ある科目の残高を減らして、②別の科目の残高を増やす）ことにより、株主資本の内訳を変更することをいいます。なお、準備金を減らして剰余金を増やす場合、元手を源泉とする資本準備金なら「その他資本剰余金」へ、もうけを源泉とする利益準備金なら「繰越利益剰余金」に組み入れます。

（資　本　準　備　金）	3,000,000		（その他資本剰余金）		3,000,000
①			②		

（利　益　準　備　金）	2,500,000		（繰越利益剰余金）		2,500,000
①			②		

第2部 本試験演習編

解答への道

外貨建取引を含めた商品売買（売上原価対立法で記帳）や有形固定資産との複合問題です。ボリュームも多く、難易度は高いです。本問のような問題は、取引の資料を日付順に拾っていき、一つ一つ仕訳を書いて解き進めていくしかありません。商業簿記は、難問であっても、時間をかけて丁寧に対処すれば、解答にたどり着くことができるのです。

売上原価対立法（＝「販売のつど売上原価に振り替える方法」）によると、商品を仕入れたときに商品勘定の借方に原価で記入し、販売のつど売上原価を売上原価勘定の借方に振り替えるとともに、売価を売上勘定の貸方に記入します。したがって、商品勘定、売上原価勘定および売上勘定の決算整理前残高は、いずれも正しい金額を示すことになるため、決算整理仕訳は不要となります。

また、本問の輸入に関連する取引は、外貨建取引に該当するため、原則としてその取引発生時の為替相場による円換算額で記録をします。なお、決算時には、外貨建ての資産および負債のうち貨幣項目について、決算時の為替相場による円換算額に換算替えを行います。

1．一連の取引の仕訳（❶～❶は商品有高帳に対応しています）
 (1) 1月1日：前期繰越
  買掛金勘定と商品勘定に開始記入をします。
  買掛金勘定（前期繰越）：3,150,000円
  　　　　　　　　　3,150,000円÷105円/ドル＝30,000ドル
  商品勘定（前期繰越）：@1,000円×2,000個＝2,000,000円❶
  　　　　　　　　　　　平均原価

 (2) 1月31日：商品の販売

| （○　　　　○） | 1,800,000 | （売　　　　　上） | 1,800,000*1 |
| （売　上　原　価） | 1,000,000*2 | （商　　　　　品） | 1,000,000❶ |

　*1　@1,800円×1,000個＝1,800,000円
　　　　売価
　*2　@1,000円×1,000個＝1,000,000円
　　　　平均原価

 (3) 2月28日：買掛金支払

| （買　　掛　　金） | 3,150,000 | （普　通　預　金） | 3,300,000*1 |
| （為　替　差　損） | 150,000*2 | | |

　*1　110円/ドル×30,000ドル＝3,300,000円
　*2　貸借差額

 (4) 4月30日：商品の輸入

| （商　　　　　品） | 3,240,000 ❶ | （買　　掛　　金） | 3,240,000* |

　*　108円/ドル×30,000ドル＝3,240,000円
　　　　　　　　　10ドル/個×3,000個
　仕入原価（単価）：108円/ドル×10ドル/個＝@1,080円
　　　　　　　　または
　　　　　　　　3,240,000円÷3,000個＝@1,080円

(5)　5月15日：商品の販売

（○　　　　○）	2,000,000	（売　　　　上）	2,000,000 *1
（売　上　原　価）	1,060,000 *2	（商　　　　品）	1,060,000 ❹

＊1　@2,000円×1,000個＝2,000,000円
　　　　売価

＊2　@1,060円×1,000個＝1,060,000円
　　　　平均原価

(6)　6月30日：商品の販売

（○　　　　○）	2,050,000	（売　　　　上）	2,050,000 *1
（売　上　原　価）	1,060,000 *2	（商　　　　品）	1,060,000 ❺

＊1　@2,050円×1,000個＝2,050,000円
　　　　売価

＊2　@1,060円×1,000個＝1,060,000円
　　　　平均原価

(7)　7月31日：買掛金支払

（買　　掛　　金）	3,240,000	（普　通　預　金）	3,360,000 *1
（為　替　差　損）	120,000 *2		

＊1　112円／ドル×30,000ドル＝3,360,000円
＊2　貸借差額

(8)　11月1日：機械装置の輸入

（機　械　装　置）	5,814,000	（未　　払　　金）	5,814,000 *

＊　114円／ドル×51,000ドル＝5,814,000円

(9)　11月1日：商品の輸入

（商　　　　品）	2,508,000 ❻	（買　　掛　　金）	2,508,000 *

＊　114円／ドル×22,000ドル＝2,508,000円
　　　　　　　11ドル/個×2,000個

　　　仕入原価（単価）：114円／ドル×11ドル/個＝@1,254円
　　　　　　　　　　　　または
　　　　　　　2,508,000円÷2,000個＝@1,254円

(10)　11月15日：商品の販売

（○　　　　○）	3,300,000	（売　　　　上）	3,300,000 *1
（売　上　原　価）	1,735,500 *2	（商　　　　品）	1,735,500 ❼

＊1　@2,200円×1,500個＝3,300,000円
　　　　売価

＊2　@1,157円×1,500個＝1,735,500円
　　　　平均原価

第2部 本試験演習編

(11) 12月1日：商品の販売

（ ○ ○ ）	3,375,000	（ 売 上 ）	3,375,000 *1
（ 売 上 原 価 ）	1,735,500 *2	（ 商 品 ）	1,735,500 ❶

* 1 　@2,250円 × 1,500個 = 3,375,000円
　　　　売価

* 2 　@1,157円 × 1,500個 = 1,735,500円
　　　　平均原価

(12) 12月31日：決算整理

① 買掛金の換算替え

買掛金は貨幣項目であるため、決算時の為替相場による円換算額に換算替えを行います。

（ 為 替 差 損 ）	132,000	（ 買 掛 金 ）	132,000 *

* 　120円／ドル × 22,000ドル − 2,508,000円 = 132,000円
　　　　　　　　　　　　　　　　　　　　買掛金増加額

② 未払金の換算替え

未払金は貨幣項目であるため、決算時の為替相場による円換算額に換算替えを行います。

（ 為 替 差 損 ）	306,000	（ 未 払 金 ）	306,000 *

* 　120円／ドル × 51,000ドル − 5,814,000円 = 306,000円
　　　　　　　　　　　　　　　　　　　　未払金増加額

③ 売上原価の計算

売上原価対立法により記帳した場合、期末時点において、売上原価勘定の残高が当期の売上原価を示し、商品勘定の残高が期末商品帳簿棚卸高を示すため、決算整理は不要となります。

④ 期末商品の評価

（ 棚 卸 減 耗 損 ）	57,850 *	（ 商 品 ）	57,850 ❶

* 　期末商品の評価にあたって、次のようなボックス図を書いて計算します。

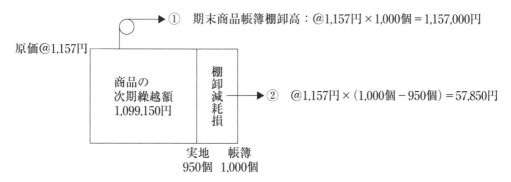

⑤ 固定資産の減価償却（直接法）

（ 減 価 償 却 費 ）	96,900 *	（ 機 械 装 置 ）	96,900

* 　$5,814,000円 \div 10年 \times \dfrac{2か月}{12か月} = 96,900円$

2．商品有高帳の記入（移動平均法）

次のような商品有高帳をあらかじめ書いておき、そのつど、平均原価を計算します。

商　品　有　高　帳

移動平均法　　　　　　　　　　　　　　輸　入　商　品　X

×1年		摘　要	受　入　高			払　出　高			残　高		
			数量	単価	金額	数量	単価	金額	数量	単価	金額
1	1	前期繰越	ⓐ 2,000	1,000	2,000,000				2,000	1,000	2,000,000
	31	売　上				ⓑ 1,000	1,000	1,000,000	1,000	1,000	1,000,000
4	30	仕　入	ⓒ 3,000	1,080	3,240,000				4,000	1,060*1	4,240,000
5	15	売　上				ⓓ 1,000	1,060	1,060,000	3,000	1,060	3,180,000
6	30	売　上				ⓔ 1,000	1,060	1,060,000	2,000	1,060	2,120,000
11	1	仕　入	ⓕ 2,000	1,254	2,508,000				4,000	1,157*2	4,628,000
	15	売　上				ⓖ 1,500	1,157	1,735,500	2,500	1,157	2,892,500
12	1	売　上				ⓗ 1,500	1,157	1,735,500	1,000	1,157	1,157,000
	31	棚卸減耗				ⓘ 50	1,157	57,850	950	1,157	1,099,150

＊1　$\dfrac{1,000,000円 + 3,240,000円}{1,000個 + 3,000個} = @1,060円$

＊2　$\dfrac{2,120,000円 + 2,508,000円}{2,000個 + 2,000個} = @1,157円$

━━● ワンポイントアドバイス ●━━━━━━━━━━━━━━━━━━━━━━

　　解説では「一連の取引の仕訳」を行ったあとに「商品有高帳の記入」を示していますが、実際には、取引の仕訳を行うつど、商品有高帳の記入も行います。

3．損益の金額

(1)　当期の売上高

$\underset{1月31日}{1,800,000円} + \underset{5月15日}{2,000,000円} + \underset{6月30日}{2,050,000円} + \underset{11月15日}{3,300,000円} + \underset{12月1日}{3,375,000円} = \textbf{12,525,000円}$

(2)　当期の為替差損

$\underset{2月28日}{150,000円} + \underset{7月31日}{120,000円} + \underset{12月31日}{132,000円} + \underset{12月31日}{306,000円} = \textbf{708,000円}$

(3)　当期の為替差益

該当する取引がないため、**0円**

第3問 損益計算書の作成問題です。損益計算書項目（収益・費用）だけ仕訳して解答すると速く解けます。

1．未処理事項

(1) 売掛金の貸倒れ

前期以前に販売した売掛金が貸し倒れた場合は貸倒引当金を優先的に取り崩します。また、当期に販売した売掛金が貸し倒れた場合は、当期の費用として貸倒損失勘定で処理をします。なお、この処理は［資料Ⅲ］1．の貸倒引当金の設定に影響します。

| （貸倒引当金） | 4,000 | （売　掛　金） | 10,000 |
| （貸倒損失） | 6,000 | | |

(2) 未決算の精算

| （未　収　入　金） | 500,000 | （未　決　算） | 600,000 |
| （火　災　損　失） | 100,000 | | |

火災損失：500,000円 － 600,000円 ＝ △100,000円（特別損失）
　　　　　　保険金　　　未決算

補足

問題文の「決算整理前残高試算表に示されている減価償却費¥25,000は、期中に火災により焼失した建物の減価償却費を月割で計上したものである。」とは、次の処理がすでに行われていることを示唆しています。

（減価償却費）	25,000	（建物減価償却累計額）	25,000
（建物減価償却累計額）	×××	（建　　　物）	×××
	焼失日までの減価償却額		取得原価
（未　決　算）	600,000		

したがって、期中の処理は適正に行われているため、決算でとくに何も考慮する必要はありません。

(3) 土地（固定資産）の売却

| （当　座　預　金） | 550,000 | （土　　　地） | 500,000 |
| | | （固定資産売却益） | 50,000 |

固定資産売却益：550,000円 － 500,000円 ＝ 50,000円（特別利益）
　　　　　　　　売却代金　　帳簿価額

2．決算整理事項

(1) 貸倒引当金の設定（差額補充法）

| （貸倒引当金繰入） | 16,000 | （貸倒引当金） | 16,000 |

貸倒引当金の設定にあたって、[資料Ⅱ] 1．を考慮します。

貸 倒 引 当 金：(360,000円 + 550,000円 − 10,000円) × 2 % = 18,000円（設定額）
　　　　　　　　　受取手形　　売掛金　　[資料Ⅱ]1.

貸倒引当金繰入：18,000円 − (6,000円 − 4,000円) = 16,000円
　　　　　　　　　設定額　　　試算表　　[資料Ⅱ]1.

(2) 売上原価の計算と期末商品の評価

① 売上原価の計算（仕入勘定で売上原価を計算する方法）

|（仕　　　　入）|220,000|（繰　越　商　品）|220,000|
|（繰　越　商　品）|340,000|（仕　　　　入）|340,000|

② 棚卸減耗損と商品評価損の計上

|（棚 卸 減 耗 損）|2,400|（繰　越　商　品）|2,400|
|（商 品 評 価 損）|4,220|（繰　越　商　品）|4,220|

なお、期末商品の評価にあたっては、次のようなボックス図を書いて計算します。

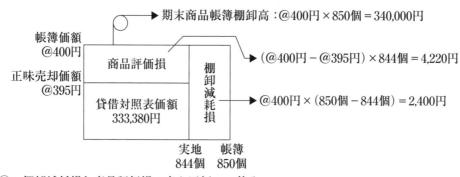

③ 棚卸減耗損と商品評価損の売上原価への算入

棚卸減耗損と商品評価損は売上原価に算入するため、仕入勘定へ振り替えます。

|（仕　　　　入）|2,400|（棚 卸 減 耗 損）|2,400|
|（仕　　　　入）|4,220|（商 品 評 価 損）|4,220|

(3) 減価償却費の計上

|（減 価 償 却 費）|165,200|（建物減価償却累計額）|50,000|
| | |（備品減価償却累計額）|115,200|

① 建物（定額法）

建物：$3,000,000円 \div 40年 \times \dfrac{8か月}{12か月} = 50,000円$

② 備品（定率法）

200％定率法の償却率：$1 \div 10年 \times 200\% = 0.2$

本来の減価償却費：(900,000円 − 324,000円) × 0.2 = 115,200円

償却保証額：900,000円 × 0.06552 = 58,968円
　　　　　　　取得原価　　保証率

115,200円 ＞ 58,968円
本来の減価償却費　償却保証額

∴ 本来の減価償却費　115,200円

第2部　本試験演習編

(4) **のれんの償却**

のれんは、2×16年4月1日に生じたもので、取得後5年間で償却しています。したがって、前期末まで2年経過しているため、残りの期間3年で償却します。

（ の れ ん 償 却 ）	80,000	（ の れ ん ）	80,000

のれん償却：240,000円 ÷ 3 年 = 80,000円
　　　　　　　　　　＿＿＿＿
　　　　　　　　　　試算表

(5) **満期保有目的債券の償却原価法（定額法）**

取得価額と額面総額との差額を5年間（60か月）で償却します。

（ 満 期 保 有 目 的 債 券 ）	1,400	（ 有 価 証 券 利 息 ）	1,400

取得価額：$700{,}000円 \times \dfrac{@99円}{@100円} = 693{,}000円$

当期償却額：$(\underset{\text{額面総額}}{700{,}000円} - \underset{\text{取得価額}}{693{,}000円}) \times \dfrac{12か月}{60か月} = 1{,}400円$

なお、利払日に関する指示がないときは、利払日と決算日が一致していると考え、決算では利札分の利息（クーポン利息）については何も考慮する必要はありません。

(6) **退職給付引当金の計上**

（ 退 職 給 付 費 用 ）	81,000	（ 退 職 給 付 引 当 金 ）	81,000

(7) **貯蔵品への振り替え**

収入印紙の期末未使用分は貯蔵品として翌期に繰り越します。

（ 貯 蔵 品 ）	25,000	（ 租 税 公 課 ）	25,000

(8) **費用の未払い（支払利息の計上）**

当期の8か月分（2×18年8月から2×19年3月まで）の支払利息の未払分を追加計上します。

（ 支 払 利 息 ）	7,200	（ 未 払 費 用 ）	7,200

未払費用：$900{,}000円 \times 1.2\% \times \dfrac{8か月}{12か月} = 7{,}200円$

(9) **法人税、住民税及び事業税の計上**

これまでの決算整理仕訳を行い、すべての収益と費用との差額から税引前当期純利益が**139,080円**と判明します。そこから、課税所得を求め、法定実効税率を掛けて「法人税、住民税及び事業税」を算定します。

（ 法人税、住民税及び事業税 ）	44,124	（ 仮 払 法 人 税 等 ）	18,000
		（ 未 払 法 人 税 等 ）	26,124

課税所得：$\underset{\text{税引前当期純利益}}{139{,}080円} + \underset{\text{損金不算入額}}{8{,}000円} = 147{,}080円$

法人税、住民税及び事業税：$\underset{\text{課税所得}}{147{,}080円} \times \underset{\text{実効税率}}{30\%} = 44{,}124円$

(10) **税効果会計の適用**

（ 繰 延 税 金 資 産 ）	2,400	（ 法 人 税 等 調 整 額 ）	2,400

繰延税金資産：$\underset{\substack{\text{将来減算}\\\text{一時差異}}}{8{,}000円} \times \underset{\text{実効税率}}{30\%} = 2{,}400円$

第4問(1) 本社工場会計を採用している場合の「工場側の仕訳」が要求されています。
難易度 A　使用できる勘定科目に留意して、勘定連絡図から仕訳を考えていきます。

1．材料の購入

素材と消耗器具をあわせて行います。

購入原価：＠400円×8,000kg ＋ 30,000円 ＝ **3,230,000円**
　　　　　　　　素　材　　　　消耗器具

＊　この結果をもとに、材料購入時の仕訳を行います。

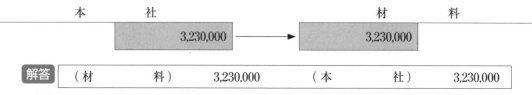

| 解答 | （材　　　料） | 3,230,000 | （本　　　社） | 3,230,000 |

工場会計が独立していない場合には、貸方科目を買掛金勘定や現金勘定などで処理しますが、工場会計が独立している場合には、本社と工場間の取引につき、本社に対する債権・債務を本社勘定で処理します。

なお、本社と工場間の取引となるのは、工場側に仕訳に必要な勘定科目が設定されていないときです。

2．材料費（素材費）の計算

素材費を「総平均法」により計算し、直接材料費として材料勘定から仕掛品勘定へ振り替えます。

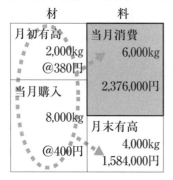

当月消費額（実際消費額）：
$$\frac{＠380円×2,000kg ＋ ＠400円×8,000kg}{2,000kg ＋ 8,000kg} ×6,000kg ＝ \mathbf{2,376,000円}$$

＊　この結果をもとに、材料消費時の仕訳を行います。

| 解答 | （仕　掛　品） | 2,376,000 | （材　　　料） | 2,376,000 |

3．労務費の計算

(1) 直接工の計算

直接工は予定総平均賃率@1,400円を用いて計算し、直接労務費は賃金勘定から仕掛品勘定へ振り替えます。

直接労務費：@1,400円×3,200時間＝**4,480,000円**
　　　　　　　　　　　直接作業時間

(2) 間接工の計算

間接労務費は賃金勘定から製造間接費勘定へ振り替えます。

```
              間 接 工 賃 金
当月支払              前月未払
                      120,000円
    1,500,000円   当月消費
当月未払
    100,000円           1,480,000円
```

間接労務費：1,500,000円 － 120,000円 ＋ 100,000円 ＝ **1,480,000円**
　　　　　　　当月支払　　前月未払　　当月未払

＊　この結果をもとに、賃金消費時の仕訳を行います。

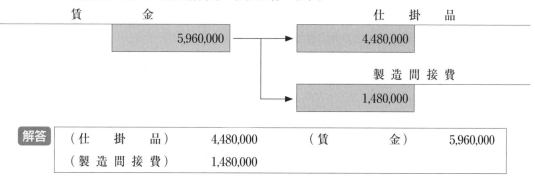

解答	（仕　掛　品）	4,480,000	（賃　　　金）	5,960,000
	（製造間接費）	1,480,000		

第4問(2) 等級別総合原価計算の問題です。まず、等級製品全部の完成品総合原価を単純総合原価計算と同じように計算します。次に、等級製品全部の完成品総合原価を各等級製品の生産量に等価係数を掛けた積数の比で按分します。

難易度 **A**

1．等級製品全部の完成品総合原価および月末仕掛品原価の計算（先入先出法）

正常仕損が工程の途中で発生した場合は「両者負担」とします。

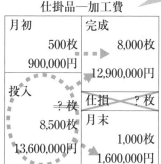
加工換算量で按分

```
仕掛品―直接材料費                    仕掛品―加工費
月初         完成                   月初         完成
   1,000枚     8,000枚                500枚       8,000枚
 700,000円                         900,000円
            6,300,000円                       12,900,000円
投入       仕損 1,000枚              投入        仕損 ?枚
  10,000枚                                 ?枚
   9,000枚  月末                           8,500枚  月末
7,200,000円    2,000枚               13,600,000円    1,000枚
            1,600,000円                        1,600,000円
```

(1) 直接材料費の計算（始点投入）

月末仕掛品原価：$\dfrac{7,200,000円}{(8,000枚-1,000枚)+2,000枚}\times 2,000枚 = 1,600,000円$

完成品総合原価：$700,000円 + 7,200,000円 - 1,600,000円 = 6,300,000円$

(2) 加工費の計算

月末仕掛品原価：$\dfrac{13,600,000円}{(8,000枚-500枚)+1,000枚}\times 1,000枚 = 1,600,000円$

完成品総合原価：$900,000円 + 13,600,000円 - 1,600,000円 = 12,900,000円$

(3) まとめ

月末仕掛品原価：$1,600,000円 + 1,600,000円 = $ **3,200,000円**

完成品総合原価：$6,300,000円 + 12,900,000円 = $ **19,200,000円**

2. 等級製品ごとの完成品総合原価および完成品単位原価の算定

等級製品	完成品量		等価係数		積　数		等価比率		完成品総合原価		単位原価
製品 X	6,000枚	×	3	=	**18,000枚**	⇒	90%	→	17,280,000円	→	2,880円/枚
製品 Y	2,000枚	×	1	=	**2,000枚**	⇒	10%	→	1,920,000円	→	960円/枚
					20,000枚		100%		19,200,000円		

（注）等価比率（％）は積数を全体量に対する割合で表したものです。

製品 X：$18,000枚 \div 20,000枚 \times 100 = $ **90%**

製品 Y：$2,000枚 \div 20,000枚 \times 100 = $ **10%**

(1) 各等級製品への完成品総合原価の按分

製品 X：$\dfrac{19,200,000円}{20,000枚}\times \underset{\text{積数}}{18,000枚} = 17,280,000円$

または、$19,200,000円 \times \underset{\text{等価比率}}{90\%} = 17,280,000円$

製品 Y：$\dfrac{19,200,000円}{20,000枚}\times 2,000枚 = 1,920,000円$

または、$19,200,000円 \times 10\% = 1,920,000円$

(2) 各等級製品の完成品単位原価

単位原価の計算は完成品総合原価を生産量で割って計算します。積数で割らないように注意してください。

製品 X：$17,280,000円 \div 6,000枚 = $ **2,880円/枚**

製品 Y：$1,920,000円 \div 2,000枚 = $ **960円/枚**

3．勘定連絡図（本問の体系）

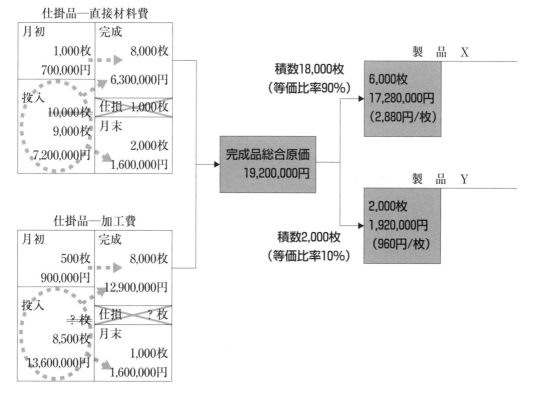

第5問 難易度 A　標準原価計算の一連の手続きを問う問題です。あらかじめ解答要求を意識して、必要なことだけ計算しましょう。

1．完成品標準原価と総差異の把握【問1・問2】
〈勘定連絡図〉

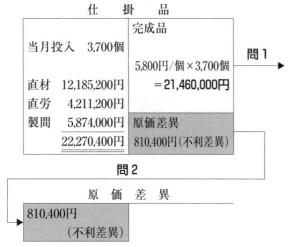

総差異：21,460,000円 − 22,270,400円 = △810,400円（不利差異・借方差異）
　　　　標準原価　　　実際原価

2．直接材料費差異の把握と分析【問3・問4】
　標準原価計算では、「当月の生産実績（当月投入）」に対する標準原価と実際原価を比較することで、原価差異を把握し、分析します。

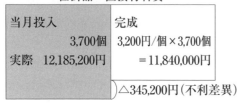

直接材料費差異：11,840,000円 − 12,185,200円 = △345,200円（不利差異・借方差異）
　　　　　　　　標準原価　　　実際原価

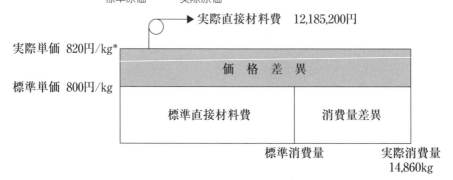

　＊　実際単価 = 12,185,200円 ÷ 14,860kg = 820円/kg

価格差異：(800円/kg − 820円/kg) × 14,860kg = △297,200円（不利差異・借方差異）

3. 直接労務費差異の把握と分析【問5】

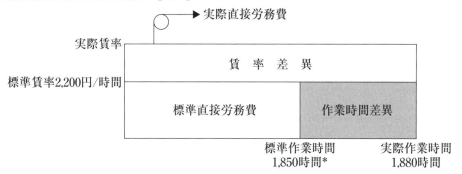

* 標準作業時間：3,700個 × 0.5時間/個 = 1,850時間

作業時間差異：2,200円/時間 × (1,850時間 − 1,880時間) = △66,000円（**不利差異・借方差異**）

4. 製造間接費差異の把握と分析【問6】

年間のデータを12か月で割って、月間データに直して分析します。

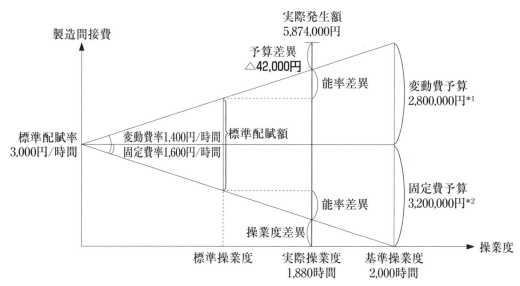

* 1　変動費予算：33,600,000円 ÷ 12か月 = 2,800,000円
* 2　固定費予算：38,400,000円 ÷ 12か月 = 3,200,000円

予算差異：(1,400円/時間 × 1,880時間 + 3,200,000円) − 5,874,000円
　　　　　　変動費率　　実際操業度　　固定費予算　　実際発生額

= △42,000円（**不利差異・借方差異**）

第11回 解答

問 題 ▶ 78

第1問 20点

仕訳一組につき4点

	借 方		貸 方	
	記　号	金　額	記　号	金　額
1	（ イ ） （ キ ） （ オ ） （ ク ）	6,000,000 1,000,000 1,000,000 200,000	（ ウ ） （ イ ）	7,000,000 1,200,000
2	（ エ ）	11,000,000	（ オ ）	11,000,000
3	（ エ ） （ ウ ）	200,000 20,000	（ ア ） （ オ ）	210,000 10,000
4	（ ウ ）	2,400,000	（ エ ） （ イ ）	2,360,000 40,000
5	（ ア ） （ オ ）	20,000,000 4,800,000	（ ウ ）	24,800,000

第2部 本試験演習編

●数字…予想配点

第2問 20点

問1

(注) 実際の本試験では、記号のみを解答してください。

満期保有目的債券

日 付			摘 要	借 方	日 付			摘 要	貸 方
×1	4	1	前 期 繰 越	4,900,000	×2	3	31	有価証券利息	5,000
	10	1	(イ)普 通 預 金	4,060,000		3	31	次 期 繰 越	8,975,000
×2	3	31	(オ)有価証券利息	20,000					
				8,980,000					8,980,000

その他有価証券

日 付			摘 要	借 方	日 付			摘 要	貸 方
×1	4	1	前 期 繰 越	21,330,000	×1	4	1	その他有価証券評価差額金	2,330,000
	5	10	(イ)普 通 預 金	1,250,000		11	20	(ア)当 座 預 金	1,337,500
	7	15	(イ)普 通 預 金	3,200,000		12	31	(ア)当 座 預 金	2,500,000
×2	3	31	普 通 預 金	31,500,000	×2	3	31	(ウ)子会社株式	31,500,000
	3	31	(エ)その他有価証券評価差額金	4,262,500		3	31	次 期 繰 越	23,875,000
				61,542,500					61,542,500

問2

有 価 証 券 利 息 ￥ 55,500

投資有価証券売却 (益) ￥ 460,000

問3

の れ ん ￥ 900,000

第3問 20点　　　　　　　　　　　　　　　　　　　　　　●数字…予想配点

貸　借　対　照　表
2×30年3月31日　　　　　　　　　　（単位：円）

資　産　の　部			負　債　の　部		
Ⅰ　流　動　資　産			Ⅰ　流　動　負　債		
現　　　　　金		150,000	支　払　手　形		190,000
当　座　預　金	②(	235,800)	買　　掛　　金		380,000
受　取　手　形	(170,000)		未　払　費　用	(	5,600) ②
貸倒引当金	(3,400)	(166,600)	未払法人税等	(	58,000) ②
売　　掛　　金	(410,000)		Ⅱ　固　定　負　債		
貸倒引当金	(8,200)	(401,800)	長　期　借　入　金		800,000
商　　　　　品	②(	29,750)	退職給付引当金	(	352,500) ②
Ⅱ　固　定　資　産			負　債　合　計	(	1,786,100)
建　　　　　物	(4,800,000)		純　資　産　の　部		
減価償却累計額	(905,000) ②(	3,895,000)	資　　本　　金		3,800,000
備　　　　　品	(600,000)		利　益　準　備　金		60,450
減価償却累計額	(292,800) ②(	307,200)	繰越利益剰余金	(	330,000) ②
満期保有目的債券	②(	790,400)	純　資　産　合　計	(	4,190,450)
資　産　合　計	①(	5,976,550)	負債・純資産合計	(	5,976,550) ①

第2部　本試験演習編

第4問⑴　12点

仕訳一組につき4点

	借　　方		貸　　方	
	記　　号	金　　額	記　　号	金　　額
1	（　ア　）	3,752,000	（　ウ　） （　イ　）	3,350,000 402,000
2	（　エ　）	100,000	（　ア　）	100,000
3	（　ウ　）	50,000	（　オ　）	50,000

第4問⑵　16点

●数字…予想配点

仕　掛　品

月 初 有 高	（ ② 540,000 ）	完 成 高	（ 2,400,000 ）
直 接 材 料 費	（ 1,817,000 ）	月 末 有 高	（ ② 490,000 ）
加 工 費	（ 594,000 ）	標 準 原 価 差 異	（ ② 61,000 ）
	（ 2,951,000 ）		（ 2,951,000 ）

月 次 損 益 計 算 書（一部）

（単位：円）

Ⅰ　売　　　　上　　　　高		（ 7,440,000 ）
Ⅱ　売　　上　　原　　価		
月 初 製 品 棚 卸 高	（ 240,000 ② ）	
当 月 製 品 製 造 原 価	（ 2,400,000 ② ）	
合　　　　　計	（ 2,640,000 ）	
月 末 製 品 棚 卸 高	（ 160,000 ）	
差　　　　　引	（ 2,480,000 ）	
標 準 原 価 差 異	（ 61,000 ）	（ 2,541,000 ② ）
売 上 総 利 益		（ 4,899,000 ）
Ⅲ　販売費及び一般管理費		（ 3,759,000 ② ）
営 業 利 益		（ 1,140,000 ② ）

解答

第11回

293

第5問 12点   ●数字…予想配点

問1
<u>直接原価計算による損益計算書</u>　（単位：円）

売　上　高	（　❶1,120,000　）
変動売上原価	（　❶　644,000　）
変動製造マージン	（　❶　476,000　）
変動販売費	（　❶　84,000　）
貢　献　利　益	（　❶　392,000　）
製造固定費	（　❶　168,000　）
固定販売費および一般管理費	（　❶　119,000　）
営　業　利　益	（　❶　105,000　）

問2　当 期 の 損 益 分 岐 点 の 売 上 高 ＝　❷　820,000　円

問3　営業利益140,000円を達成するための売上高＝　❷　1,220,000　円

第11回 解答への道

問題 ▶ 78

解答への道

指定勘定科目を記号で解答しなければ正解になりませんので注意してください。
第1問 A：普通、B：やや難しい、C：難問となっています。

| 1 | B | 2 | B | 3 | B | 4 | B | 5 | B |

---

1. 建設仮勘定の振り替えと有形固定資産の除却

解答

（建　　　　　物）	6,000,000	（建 設 仮 勘 定）	7,000,000
（修　繕　費）	1,000,000		
（建物減価償却累計額）	1,000,000	（建　　　　　物）	1,200,000
（固定資産除却損）	200,000		

建設仮勘定の振り替えと有形固定資産の除却の処理をあわせて行います。

(1) 工事代金の支払い時 ← すでにこの処理を行っていることが前提（2回の分割合計）

（建 設 仮 勘 定）	7,000,000	（現 金 預 金）	7,000,000

建物の建設に係る代金を前払いした場合は、いったん建設仮勘定で処理をしています。

(2) 本問の取引（以下、①と②の仕訳を合算したものが解答です）

① 建物と修繕費への振り替え

（建　　　　　物）	6,000,000	（建 設 仮 勘 定）	7,000,000
（修　繕　費）	1,000,000		

完成・引渡を受けたときに建物勘定へ振り替えます。なお、工事代金に修繕費が含まれていますので注意してください。

② 有形固定資産の除却

（建物減価償却累計額）	1,000,000	（建　　　　　物）	1,200,000
（固定資産除却損）	200,000		

固定資産を除却した際、「間接法」で記帳している場合には、固定資産の勘定（取得原価）と減価償却累計額を減少させます。この差額は固定資産の帳簿価額になりますが、除却した固定資産に処分価額がないため、全額を固定資産除却損勘定で処理します。

2. 外貨建取引（為替予約）

解答

（売 掛 金）	11,000,000	（売　　　　　上）	11,000,000

将来に予定されている外貨建取引により生じるであろう外貨建金銭債権債務の為替相場の変動にともなうリスクをヘッジする目的で、事前に一定の枠をとって、あらかじめ為替予約を行っておくことがあります。本問では、外貨建取引の1週間前の段階で、500,000ドルの枠で1ドル110円の売予約が済んでいるため、振当処理によると、当該取引によって生じた100,000ドルの売掛金に対して、先物為替相場（1ドル110円）を乗じて円換算することとなります。したがって、会計処理方法としては、「取引発生時に為替予約を付した場合」と同じになります。輸出時の直物為替相場（1ドル115円）で円換算しないように注意しましょう。なお、残りの400,000ドルの枠については、今後の取引によって生じるであろう外貨建金銭債権に対して利用されることとなるため、本問の解

295

答上は考慮する必要はありません。

　　　外貨建て売掛金：100,000ドル×110円/ドル＝11,000,000円
　　　　　　　　　　　　　　　　　　　FR

3．クレジット売掛金と消費税

解答	（売　　　　上）	200,000	（クレジット売掛金）	210,000
	（仮受消費税）	20,000	（支払手数料）	10,000

クレジットカード払いの条件で販売した商品が返品されたときの取引です。

(1)　クレジット払いで販売したとき ← すでにこの処理を行っていることが前提

　①　商品の販売

（クレジット売掛金）	190,000	（売　　　　上）	200,000
（支払手数料）	10,000		

　　商品の販売時に、顧客からクレジットカードによる支払いの申し出があった場合には、クレジット売掛金に計上し、カードの利用にともなうクレジット会社に対する手数料の支払いは、商品の販売時に支払手数料としています。

　　　クレジット手数料：200,000円× 5 ％＝10,000円
　　　　　　　　　　　　　販売代金

　②　消費税の受け取り（税抜方式）

（クレジット売掛金）	20,000	（仮受消費税）	20,000

　　税抜方式の場合、消費税を受け取ったときはいったん仮受消費税勘定で処理しています。

　　　仮受消費税：200,000円×10％＝20,000円
　　　　　　　　　　販売代金

(2)　商品が返品されたとき ← 本問

　　クレジットカード払いの条件で販売した商品が返品されたときは、上記(1)①と②をあわせた仕訳の貸借逆仕訳をして商品販売時の記録を取り消します。

4．ファイナンス・リース取引（利子込み法）

解答	（リ ー ス 資 産）	2,400,000	（リ ー ス 債 務）	2,360,000
			（普 通 預 金）	40,000

　ファイナンス・リース取引における(1)リース取引開始時と(2)第 1 回目の支払い時の取引が同時に問われています。なお、「利子込み法」によった場合はリース資産・リース負債の金額を、リース料総額をもって計上します。したがって、利子込み法では「支払利息」勘定を使用することはありません。

(1)　リース取引開始時

（リ ー ス 資 産）	2,400,000	（リ ー ス 債 務）	2,400,000

　　リース料総額：(40,000円/月×12か月)× 5 年＝2,400,000円
　　　　　　　　　　年間リース料総額　　　リース期間

(2)　 1 回目のリース料支払時

（リ ー ス 債 務）	40,000	（普 通 預 金）	40,000

　上記の取引を合算した仕訳が解答となります。

5．ソフトウェア仮勘定の振り替えと長期前払費用の計上

解答

（ソフトウェア）	20,000,000	（ソフトウェア仮勘定）	24,800,000
（長期前払費用）	4,800,000		

ソフトウェア仮勘定の振り替えと長期前払費用の計上の処理をあわせて行います。

(1) ソフトウェア代金の支払い時 ← すでにこの処理を行っていることが前提（4回の分割合計）

（ソフトウェア仮勘定）	24,800,000	（現　金　預　金）	24,800,000

ソフトウェアの開発等に係る代金を前払いした場合は、ソフトウェア仮勘定で処理しています。

(2) 本問の取引（以下、①と②の仕訳を合算したものが解答です）

① ソフトウェアへの振り替え

（ソフトウェア）	20,000,000	（ソフトウェア仮勘定）	20,000,000

ソフトウェア：24,800,000円－4,800,000円＝20,000,000円

ソフトウェアが完成し使用を開始した際にソフトウェア勘定へ振り替えます。

② 費用の前払い

（長期前払費用）	4,800,000	（ソフトウェア仮勘定）	4,800,000

ソフトウェア仮勘定のなかに「今後の4年間のシステム関係の保守費用4,800,000円」が含まれています。いったん保守費勘定を使って費用計上し、決算で未経過分を繰り延べる方法もありますが、勘定科目の指定に保守費勘定がないことと長期の保守費用という点から、いったん資産計上し、決算で経過分を費用に振り替える方法と考えます。

第2問　難易度 C

本問は、有価証券取引に関する一連の処理を問う問題となっています。問題資料として与えられている銘柄数や取引数が多いうえに、解答要求として、勘定記入だけでなく、有価証券利息や売却損益の金額、さらには連結した場合に計上される「のれん」の金額まで求められているので、かなりボリュームがあり、非常に難易度が高い問題であるといえます。したがって、満点を狙わずに、効率的に部分点を狙っていくのが得策です。

1．当期首残高の計算（開始記入）

(1) 満期保有目的債券

前期末（20×1年3月31日）に保有している満期保有目的債券は、E債券のみであり、すべて前期末に購入したものであるため、前期末評価額は、償却原価ではなく、取得原価となります。

よって、**問1の満期保有目的債券勘定の「前期繰越」には、4,900,000円**を記入します。

(2) その他有価証券

前期末に保有しているその他有価証券の前期末の評価額は、次のようになります。なお、その他有価証券については時価評価を行いますが、その他有価証券であっても、非上場株式のような時価のない株式については取得原価で評価します。

銘　柄	前期末の評価額	備　考
A株式	4,800,000円	時　価
B株式	9,000,000円	時　価
C株式	2,500,000円	取得原価
D債券	5,030,000円	時　価
合　計	21,330,000円	

よって、**問1のその他有価証券勘定の「前期繰越」には、21,330,000円**を記入します。

２．再振替仕訳（20×1年４月１日）

その他有価証券の評価差額の会計処理は洗替方式によるため、期首において再振替仕訳（評価差額の振戻仕訳）を行い、簿価を取得原価に戻します。ただし、Ｃ株式については、前期末に時価評価を行っていないため、再振替仕訳はありません。なお、通常、評価差額には税効果会計を適用しますが、本問では、税効果会計を考慮しない旨の指示があるので、その指示に従って解答する必要がある点に注意しましょう。

(1) Ａ株式

（その他有価証券評価差額金）	800,000	（その他有価証券）	800,000*

＊ 4,800,000円 － 4,000,000円 ＝ 800,000円
　　前期末時価　　取得原価　　前期末評価差額

(2) Ｂ株式

（その他有価証券評価差額金）	1,500,000	（その他有価証券）	1,500,000*

＊ 9,000,000円 － 7,500,000円 ＝ 1,500,000円
　　前期末時価　　取得原価　　前期末評価差額

(3) Ｄ債券

（その他有価証券評価差額金）	30,000	（その他有価証券）	30,000*

＊ 5,030,000円 － 5,000,000円 ＝ 30,000円
　　前期末時価　　取得原価　　前期末評価差額

(4) まとめ（(1)〜(3)）

（その他有価証券評価差額金）	2,330,000	（その他有価証券）	2,330,000*

＊ 800,000円 ＋ 1,500,000円 ＋ 30,000円 ＝ 2,330,000円
　　Ａ株式　　　Ｂ株式　　　Ｄ債券

３．期中仕訳

(1) Ａ株式の購入（20×1年５月10日）

（その他有価証券）	1,250,000*	（普 通 預 金）	1,250,000

＊ @2,500円 × 500株 ＝ 1,250,000円

(2) Ｂ株式の購入（20×1年７月15日）

（その他有価証券）	3,200,000*	（普 通 預 金）	3,200,000

＊ @3,200円 × 1,000株 ＝ 3,200,000円

∴ 平均単価：$\dfrac{7,500,000円 ＋ 3,200,000円}{3,000株 ＋ 1,000株}$ ＝ @2,675円

第2部　本試験演習編

解答への道

(3)　債券の利払い（20×1年9月30日）

① D債券

（普　通　預　金）	10,000	（有価証券利息）	10,000*

＊　$\underset{\text{額面金額}}{\underline{5,000,000\text{円}}} \times 0.4\% \times \dfrac{6\text{か月}}{12\text{か月}} = 10,000\text{円}$

② E債券

（普　通　預　金）	7,500	（有価証券利息）	7,500*

＊　$\underset{\text{額面金額}}{\underline{5,000,000\text{円}}} \times 0.3\% \times \dfrac{6\text{か月}}{12\text{か月}} = 7,500\text{円}$

(4)　F債券の購入（20×1年10月1日）

（満期保有目的債券）	4,060,000	（普　通　預　金）	4,060,000

(5)　B株式の売却（20×1年11月20日）

（当　座　預　金）	1,700,000 *1	（その他有価証券）	1,337,500 *2
		（投資有価証券売却益）	362,500 *3

＊1　$\underset{\text{売却価額}}{\underline{@3,400\text{円} \times 500\text{株} = 1,700,000\text{円}}}$

＊2　$\underset{\text{平均単価}}{\underline{@2,675\text{円}}} \times 500\text{株} = \underset{\text{売却原価}}{\underline{1,337,500\text{円}}}$

＊3　$1,700,000\text{円} - 1,337,500\text{円} = \underset{\text{売却益}}{\underline{362,500\text{円}}}$

(6)　D債券の売却（20×1年12月31日）

　　債券を売却したときは、前利払日の翌日から売却日当日までの期間に相当する利息を端数利息（経過利息）として受け取り、その金額を「有価証券利息」として計上します。

（当　座　預　金）	2,600,000	（その他有価証券）	2,500,000 *1
		（投資有価証券売却益）	97,500 *2
		（有価証券利息）	2,500

＊1　$5,000,000\text{円} \times 50\% = \underset{\text{売却原価}}{\underline{2,500,000\text{円}}}$

＊2　$2,600,000\text{円} - \underset{\text{経過利息}}{\underline{2,500\text{円}}} = \underset{\text{売却価額}}{\underline{2,597,500\text{円}}}$

$2,597,500\text{円} - 2,500,000\text{円} = \underset{\text{売却益}}{\underline{97,500\text{円}}}$

∴　問2　投資有価証券売却損益：$\underset{\text{B株式}}{\underline{362,500\text{円}}} + \underset{\text{D債券}}{\underline{97,500\text{円}}} = \underset{\text{売却益}}{\mathbf{460,000\text{円}}}$

第11回

(7) G株式の購入（20×2年3月31日）

本問では、問題文の指示に従い、いったんその他有価証券に計上後に、子会社株式に振り替えます。

（その他有価証券）	31,500,000	（普 通 預 金）	31,500,000
（子 会 社 株 式）	31,500,000	（その他有価証券）	31,500,000

(8) 債券の利払い（20×2年3月31日）

① D債券

（普 通 預 金）	5,000	（有価証券利息）	5,000*

* $5,000,000円 - 2,500,000円 = 2,500,000円$
　　　　　売却分　　　未売却分

$2,500,000円 \times 0.4\% \times \dfrac{6か月}{12か月} = 5,000円$
　未売却分

② E債券

（普 通 預 金）	7,500	（有価証券利息）	7,500*

* $5,000,000円 \times 0.3\% \times \dfrac{6か月}{12か月} = 7,500円$
　額面金額

③ F債券

（普 通 預 金）	8,000	（有価証券利息）	8,000*

* $4,000,000円 \times 0.4\% \times \dfrac{6か月}{12か月} = 8,000円$
　額面金額

4．決算整理仕訳（20×2年3月31日）

(1) その他有価証券の期末評価（時価評価）

① A株式

（その他有価証券）	1,250,000 *	（その他有価証券評価差額金）	1,250,000

* $2,000株 + 500株 = 2,500株$
　　　　　　　当期末株数

$@2,600円 \times 2,500株 = 6,500,000円$
　1株当たりの時価　　　当期末時価

$4,000,000円 + 1,250,000円 = 5,250,000円$
　2,000株分　　500株分　当期末簿価

$6,500,000円 - 5,250,000円 = 1,250,000円$
　　　　　　　　　　当期末評価差額

② B株式

| （その他有価証券） | 2,887,500 * | （その他有価証券評価差額金） | 2,887,500 |

* 3,000株 + 1,000株 − 500株 = 3,500株
　　　　　　　　　　　　　　当期末株数

　@3,500円 × 3,500株 = 12,250,000円
　1株当たりの時価　　　当期末時価

　@2,675円 × 3,500株 = 9,362,500円
　平均単価　　　　　　当期末簿価

　12,250,000円 − 9,362,500円 = 2,887,500円
　　　　　　　　　　　　　　当期末評価差額

③ D債券

| （その他有価証券） | 125,000 * | （その他有価証券評価差額金） | 125,000 |

* $\dfrac{2,500,000円〈未売却分〉}{@1,000円} = 2,500口$
　　　　　　　　　　　　　　当期末口数

　@1,050円 × 2,500口 = 2,625,000円
　額面1,000円当たりの時価　当期末時価

　2,625,000円 − 2,500,000円 = 125,000円
　　　　　　　　　　　　　　当期末評価差額

④ まとめ（①～③）

| （その他有価証券） | 4,262,500 * | （その他有価証券評価差額金） | 4,262,500 |

* 1,250,000円 + 2,887,500円 + 125,000円 = 4,262,500円
　　A株式　　　　B株式　　　　D債券

⑵ 満期保有目的債券の期末評価（償却原価法の適用）

① E債券

| （満期保有目的債券） | 20,000 * | （有価証券利息） | 20,000 |

* 5,000,000円 − 4,900,000円 = 100,000円
　額面金額　　　取得原価　　金利調整差額

　$100,000円 × \dfrac{12か月〈20×1年4/1～20×2年3/31〉}{60か月〈20×1年4/1～20×6年3/31〉} = 20,000円$
　　　　　　　　　　　　　　　　　　　　　　　　当期償却額

② F債券

F債券については、額面金額よりも高い価額で取得しているので、金利調整差額の償却額を取得原価から減額していきます。

| （有価証券利息） | 5,000 | （満期保有目的債券） | 5,000* |

* 4,000,000円 − 4,060,000円 = △60,000円
　額面金額　　　取得原価　　金利調整差額

　$△60,000円 × \dfrac{6か月〈20×1年10/1～20×2年3/31〉}{72か月〈20×1年10/1～20×7年9/30〉} = △5,000円$
　　　　　　　　　　　　　　　　　　　　　　　　当期償却額

∴ D債券有価証券利息：10,000円 + 2,500円 + 5,000円 = 17,500円
            9/30   12/31端数利息 3/31

E債券有価証券利息：7,500円 + 7,500円 + 20,000円 = 35,000円
            9/30   3/31   3/31当期償却額

F債券有価証券利息：8,000円 − 5,000円 = 3,000円
            3/31   3/31当期償却額

問2 有価証券利息：17,500円 + 35,000円 + 3,000円 = **55,500円**
             D債券   E債券   F債券

なお、**問1**の満期保有目的債券勘定およびその他有価証券勘定は、上記の再振替仕訳、期中仕訳、決算整理仕訳を転記し、締切記入を行って完成させます。

5．連結貸借対照表に計上されるのれんの金額

G社を連結する際に行う「投資と資本の相殺消去」の連結修正仕訳を示すと、以下のようになります。

（資　本　金）	24,000,000	（子会社株式）	31,500,000
（利益剰余金）	27,000,000 *1	G社株式	
（の　れ　ん）	900,000 *2	（非支配株主持分）	20,400,000 *3

＊1　6,000,000円 + 21,000,000円 = 27,000,000円
     利益準備金 繰越利益剰余金   利益剰余金

＊2　24,000,000円 + 27,000,000円 = 51,000,000円
     資本金   20×2年3/31のG社純資産合計

　　51,000,000円 × 60％ = 30,600,000円
              所有比率 取得持分

　　31,500,000円 − 30,600,000円 = 900,000円
     G社株式の取得原価   のれん

＊3　51,000,000円 × 40％ = 20,400,000円
              非支配株主
              持分割合

∴ **問3** のれん：**900,000円**

貸借対照表の作成問題です。貸借対照表項目（資産・負債・純資産）だけ仕訳して解答すると速く解けます。本問では、法人税等の納税額が与えられているため、利益関係の金額まで計算することができます。

1．未処理事項［資料Ⅱ］

（1）前期貸倒れ債権の回収

| （当　座　預　金） | 6,000 | （償却債権取立益） | 6,000 |

前期に貸倒れ処理していた売掛金を回収した場合は償却債権取立益（収益）を計上します。誤って売掛金を減少させないように注意しましょう。

(2) 手形の割引き

（当 座 預 金）	49,800	（受 取 手 形）	50,000
（手 形 売 却 損）	200		

＊ 受取手形：220,000円 － 50,000円 ＝ 170,000円
　　　　　　　前T/B

(3) 建物の完成・引渡し

（建　　　物）	1,800,000	（建 設 仮 勘 定）	1,200,000
		（当 座 預 金）	600,000

＊ 当座預金：780,000円 ＋ 6,000円 ＋ 49,800円 － 600,000円 ＝ 235,800円
　　　　　　　前T/B

＊ 建物：3,000,000円 ＋ 1,800,000円 ＝ 4,800,000円
　　　　　前T/B

2．決算整理事項［資料Ⅲ］

(1) 貸倒引当金の設定（差額補充法）

（貸倒引当金繰入）	4,600	（貸 倒 引 当 金）	4,600

貸倒引当金の設定にあたって、[資料Ⅱ] 2. を考慮します。

貸 倒 引 当 金：(170,000円 ＋ 410,000円) × 2 ％ ＝ 11,600円
　　　　　　　　　受取手形　　　売掛金

貸倒引当金繰入：11,600円 － 7,000円 ＝ 4,600円
　　　　　　　　　設定額　　前T/B

(2) 売上原価の計算と期末商品の評価

① 売上原価の計算（仕入勘定で計算する方法）

（仕　　　入）	30,000	（繰 越 商 品）	30,000
（繰 越 商 品）	31,680	（仕　　　入）	31,680

② 棚卸減耗損の計上

（棚 卸 減 耗 損）	180	（繰 越 商 品）	180

③ 商品評価損の計上

（商 品 評 価 損）	1,750	（繰 越 商 品）	1,750

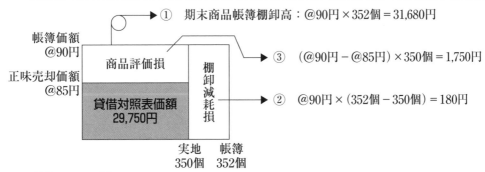

＊ 商品：29,750円

(3) 減価償却費の計上

（ 減 価 償 却 費 ）	181,800	（ 建物減価償却累計額 ）	105,000
		（ 備品減価償却累計額 ）	76,800

① 建物（定額法）

減価償却の計算にあたって、**[資料Ⅱ]** 3. を考慮します。

既存の建物：3,000,000円÷30年＝100,000円

新規の建物：$1,800,000円÷30年×\dfrac{1か月}{12か月}=5,000円〈2×30.3.1〜2×30.3.31〉$ ⎱ 105,000円

② 備品（200％定率法）

200％定率法は「定額法償却率を2倍した率」を償却率として使用します。

償却率：1 ÷ 10年 ＝ 0.1
耐用　定額法
年数　償却率

0.1 × 2.0 ＝ 0.2
定率法
償却率

（600,000円 － 216,000円）× 0.2 ＝ 76,800円

＊　建物減価償却累計額：800,000円 ＋ 105,000円 ＝ 905,000円
前T/B

＊　備品減価償却累計額：216,000円 ＋ 76,800円 ＝ 292,800円
前T/B

(4) 満期保有目的債券の償却原価法（定額法）

（ 満期保有目的債券 ）	2,400	（ 有 価 証 券 利 息 ）	2,400

額面総額800,000円と取得価額との差額を5年間（60か月）で償却します。

当期償却額：$(800,000円 － 788,000円)×\dfrac{12か月}{60か月}=2,400円〈2×29.4.1〜2×30.3.31〉$
額面総額　　　前T/B

なお、利払日と決算日が一致しているため、利札分の利息（クーポン利息）の処理は必要ありません。

＊　満期保有目的債券：788,000円 ＋ 2,400円 ＝ 790,400円
前T/B

(5) 退職給付引当金の計上

（ 退 職 給 付 費 用 ）	92,500	（ 退 職 給 付 引 当 金 ）	92,500

＊　退職給付引当金：260,000円 ＋ 92,500円 ＝ 352,500円
前T/B

(6) 費用の未払い（未払費用の計上）

（ 支 払 利 息 ）	5,600	（ 未 払 費 用 ）	5,600

未払費用：$800,000円×利率年1.2\%×\dfrac{7か月}{12か月}=5,600円〈2×29.9.1〜2×30.3.31〉$
長期借入金

(7) 法人税等の計上

（法人税,住民税および事業税）	125,000	（仮 払 法 人 税 等）	67,000
		（未 払 法 人 税 等）	58,000

(8) 繰越利益剰余金の推定

すべての金額が判明すると答案用紙の貸借対照表の貸借差額から330,000円と推定できます。

5,976,550円 － 5,646,550円 ＝ 330,000円
　借方合計　　繰越利益剰余金
　　　　　　　以外の貸方合計

材料費と製造間接費の仕訳問題です。勘定連絡図をイメージしながら仕訳を考えましょう。

1．材料の購入

材料の購入原価は、購入代価に材料副費（付随費用）を加算して計算します。なお、材料副費は購入代価の12％を予定配賦しています。また仕訳は、素材、買入部品および工場消耗品を合わせて行います。

原　　料：4,000円/kg×500kg ＋ (4,000円/kg×500kg)×12％ ＝ 2,240,000円
　　　　　　　購入代価　　　　　　　　材料副費

買入部品：200円/枚×6,000枚 ＋ (200円/枚×6,000枚)×12％ ＝ 1,344,000円

補助材料：150,000円 ＋ 150,000円×12％ ＝ 168,000円

購入原価： 3,752,000円

* この結果をもとに、材料購入時の仕訳を行います。

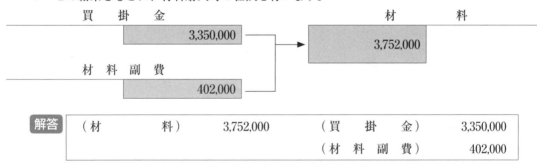

解答	（材　　　料）	3,752,000	（買　掛　金）	3,350,000
			（材 料 副 費）	402,000

2．経費の計上

本社が支払った工場の光熱費などの間接経費100,000円を製造間接費勘定へ振り替えます。

* この結果をもとに、経費消費時の仕訳を行います。

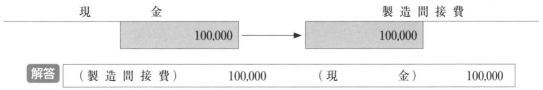

解答	（製 造 間 接 費）	100,000	（現　　　金）	100,000

3．製造間接費配賦差異の計上

製造間接費配賦差異を製造間接費勘定へ振り替えます。

配賦差異：3,520,000円－3,470,000円＝＋50,000円（貸方差異）
　　　　　予定配賦額　　実際発生額

＊　この結果をもとに、配賦差異計上の仕訳を行います。

製 造 間 接 費		原 価 差 異
実際発生額 3,470,000	予定配賦額 3,520,000円	50,000（貸方）
配賦差異 50,000		

解答　（製 造 間 接 費）　50,000　　（原 価 差 異）　50,000

306

第2部 本試験演習編

解答への道

標準原価計算制度を採用している場合、製品原価はすべて標準原価で計算します。
なお、パーシャル・プランにより仕掛品勘定の記入をしたうえで、月次損益計算書の作成をします。勘定連絡図にあわせて下書きを書くとよいでしょう。

【勘定連絡図（本問の体系）】

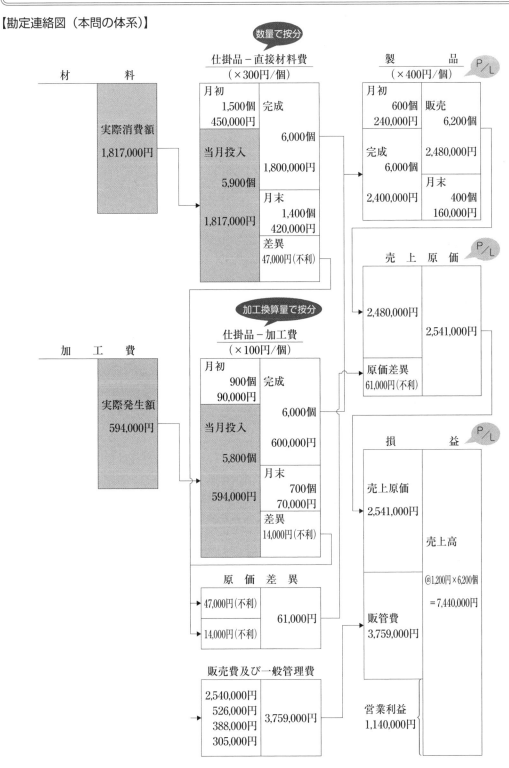

第5問 直接原価計算による損益計算書を作成し、CVP分析を行う問題です。
難易度 A このような問題では一つの計算ミスが大きな失点につながるので注意してください。

1. 直接原価計算方式の損益計算書

　全部原価計算とは製造原価のうち変動費と固定費の両方で製品原価を計算する方法です。一方、直接原価計算とは製造原価のうち変動費のみで製品原価を計算する方法です。

　ここでは、生産量と販売量が同じであるため、単純に全部原価計算の損益計算書（変動費と固定費の合計）から固定費を差し引いて、変動費を計算します。

　変動売上原価：812,000円 － 168,000円 ＝ 644,000円
　　　　　　　　全部原価計算　　固定製造原価
　　　　　　　　の売上原価

　変動販売費：203,000円 － (24,000円 ＋ 95,000円) ＝ 84,000円
　　　　　　　全部原価計算　　　固定販売費：119,000円
　　　　　　　の販管費

直接原価計算による損益計算書を示すと、次のとおりです。【問1の解答】

損　益　計　算　書　（単位：円）

売　　上　　高	1,120,000
変　動　売　上　原　価	644,000
変動製造マージン	476,000
変　動　販　売　費	84,000
貢　献　利　益	392,000
製　造　固　定　費	168,000
固定販売費および一般管理費	119,000
営　業　利　益	105,000

2. CVP分析

　損益分岐点における売上高をS円とおいて直接原価計算による損益計算書を作成します。なお、解答要求が売上高ですから、売上高をS円とおくと速く解答できます。

　CVP分析では営業利益に影響を与えるすべての項目を前提に計算しますので、総原価（製造原価、販売費および一般管理費）を計算対象とすることに注意してください。

損　益　計　算　書　（単位：円）

売　　上　　高	S
変　　動　　費	0.65S　←(644,000円 ＋ 84,000円) ÷ 1,120,000円
貢　献　利　益	0.35S　　変動売上原価　変動販売費　　売上高
固　　定　　費	287,000　←168,000円 ＋ 119,000円
営　業　利　益	**0.35S － 287,000**　製造固定費　固定販管費

第2部　本試験演習編

(1)　損益分岐点売上高

損益計算書の営業利益を0とおいて売上高を求めます。

$0.35 \text{S} - 287{,}000 = 0$

$0.35 \text{S} = 287{,}000$

$\text{S} = 287{,}000 \div 0.35$

$\therefore \text{S} = \textbf{820,000円【問2の解答】}$

(2)　目標営業利益達成売上高

損益計算書の営業利益を140,000円とおいて売上高を求めます。

$0.35 \text{S} - 287{,}000 = 140{,}000$

$0.35 \text{S} = 287{,}000 + 140{,}000$

$0.35 \text{S} = 427{,}000$

$\text{S} = 427{,}000 \div 0.35$

$\therefore \text{S} = \textbf{1,220,000円【問3の解答】}$

第12回 解答

問題 ▶ 88

第1問 20点　　　　　　　　　　　　　　　　　　仕訳一組につき4点

	借　　方		貸　　方	
	記　号	金　額	記　号	金　額
1	（　オ　） （　エ　） （　キ　）	1,440,000 2,160,000 1,440,000	（　ア　） （　ウ　）	1,440,000 3,600,000
2	（　イ　） （　ウ　）	240,000 60,000	（　オ　）	300,000
3	（　エ　）	27,000,000	（　イ　） （　ウ　）	23,000,000 4,000,000
4	（　イ　）	54,100,000	（　エ　）	54,100,000
5	（　エ　） （　オ　）	25,000,000 5,800,000	（　イ　）	30,800,000

第2問 20点

●数字…予想配点

連結貸借対照表
×3年3月31日　（単位：千円）

資産の部

現　金　預　金	（	455,600	）
売　　掛　　金	（②	516,000	）
貸　倒　引　当　金	△（	5,160	）
商　　　　　品	（②	424,900	）
前　払　費　用	（②	12,000	）
建　　　　　物	（	334,000	）
建物減価償却累計額	△（②	115,800	）
備　　　　　品	（	150,000	）
備品減価償却累計額	△（②	74,000	）
土　　　　　地	（②	419,000	）
の　　れ　　ん	（②	113,600	）
資　産　合　計	（	2,230,140	）

負債の部

買　　掛　　金	（	136,000	）
未　　払　　金	（②	23,000	）
退職給付に係る負債	（②	98,600	）
負　債　合　計	（	257,600	）

純資産の部

資　　本　　金	（	700,000	）
資　本　剰　余　金	（	440,000	）
利　益　剰　余　金	（	596,580	）
非　支　配　株　主　持　分	（②	235,960	）
純　資　産　合　計	（	1,972,540	）
負債純資産合計	（	2,230,140	）

第3問 20点 　　　　　　　　　　　　　　　　　　　●数字…予想配点

損　　　　　　　益

日	付	摘　要		金　額	日	付	摘　要		金　額
3	31	仕　　　　入	❷	3,696,000	3	31	売　　　　上		7,700,000
3	31	棚 卸 減 耗 損		23,100	3	31	受 取 手 数 料		48,700
3	31	商 品 評 価 損	❷	19,400	3	31	有 価 証 券 利 息	❷	13,000
3	31	支 払 家 賃	❷	720,000	3	31	有 価 証 券 売 却 益		10,000
3	31	給　　　　料		900,000	3	31	受 取 配 当 金		20,000
3	31	広 告 宣 伝 費	❷	759,000	3	31	支　　　　店	❷	235,900
3	31	減 価 償 却 費	❷	160,000					
3	31	貸 倒 引 当 金 繰 入	❷	80					
❷ 3	31	(の れ ん) 償 却		120,000					
3	31	租 税 公 課		19,000					
3	31	支 払 利 息		56,000					
❷ 3	31	(繰 越 利 益 剰 余 金)		1,555,020					
				8,027,600					8,027,600

312

第4問(1) 12点

仕訳一組につき4点

	借方		貸方	
	記号	金額	記号	金額
1	(エ) (オ)	1,036,000 386,000	(イ)	1,422,000
2	(ウ)	48,000	(イ)	48,000
3	(エ)	1,110,000	(オ)	1,110,000

第4問(2) 16点

●数字…予想配点

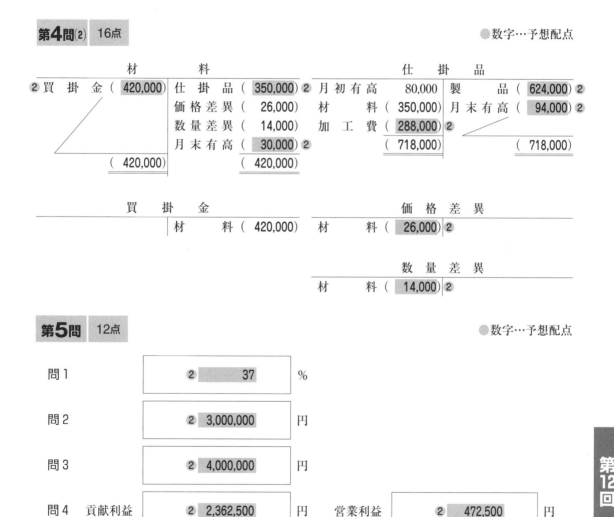

第12回 解答への道　問　題▶88

| 第1問 | 指定勘定科目を記号で解答しなければ正解になりませんので注意してください。
A：普通、B：やや難しい、C：難問となっています。 |

1 B　**2** A　**3** B　**4** B　**5** B

1．リース取引（中途解約）

解答	（リース債務）	1,440,000	（普通預金）	1,440,000
	（リース資産減価償却累計額）	2,160,000	（リース資産）	3,600,000
	（固定資産除却損）	1,440,000		

　ファイナンス・リース取引にかかるリース契約を中途で解約した場合には、リース債務の未払残高（未払リース料の残額全額）を支払うとともに、リース資産の未償却残高を除却損として処理します。したがって、基本的には、通常の借入金の返済や、有形固定資産の除却（廃棄）の処理と同じになります。本問には、記帳方法についての指示がありませんが、指定勘定科目にリース資産減価償却累計額が示されているため、間接法で解答するのが無難だといえます。また、利子込み法によっている旨の指示があるため、リース資産およびリース債務の計上額が、リース料総額となる点に注意してください。

　　　×4年4月以後の未払リース料：60,000円×24か月＝1,440,000円
　　　　　　　　　　　　　　　　　月額リース料　残りの年数　リース債務の
　　　　　　　　　　　　　　　　　　　　　　　　　　　　　　　未払残高

　　　リース資産の計上額：60,000円×12か月×5年＝3,600,000円
　　　　　　　　　　　　　月額リース料　　　　リース期間

　　　解約時の減価償却累計額：3,600,000円÷5年×3年＝2,160,000円
　　　　　　　　　　　　　　　　取得原価　　リース期間　経過年数

　　　固定資産除却損：3,600,000円－2,160,000円＝1,440,000円
　　　　　　　　　　　　　　　　　　　　　　　リース資産の
　　　　　　　　　　　　　　　　　　　　　　　未償却残高

　なお、貸手に対して、リース債務の未払残高を超える金額を損害金（違約金）として支払った場合には、差額をリース債務解約損として処理します。

2．配当金の受け取りと源泉所得税の計上

解答	（当座預金）	240,000	（受取配当金）	300,000
	（仮払法人税等）	60,000		

　配当金の受け取りと、そのさいにかかる源泉所得税の計上をします。なお、源泉所得税は企業の場合には法人税の一部であるため仮払法人税等勘定で処理をします。また、当座預金口座への入金額240,000円は、源泉所得税20%控除後の金額であることに注意をしてください。

　　　受取配当金：240,000円÷（100%－20%）＝300,000円

　　　仮払法人税等：300,000円×20%＝60,000円

314

第2部　本試験演習編

3．退職一時金の支給

解答

（退職給付引当金）	27,000,000	（当 座 預 金）	23,000,000
		（預　り　金）	4,000,000

　　退職一時金を支給したときは、同額の退職給付引当金を取り崩します。なお、本問の場合、「退職一時金の給付は内部積立方式により」という文言から、退職給付引当金が設定されていることを読み取る必要があります。また、退職一時金総額から源泉徴収した所得税は、預り金として処理します。なお、3級で学習したように、所得税預り金勘定を使用する場合もありますが、本問では、指定勘定科目より、預り金勘定を使用することとなります。

4．外貨建取引（為替予約）

解答

（売　掛　金）	54,100,000	（売　　　上）	54,100,000

　　将来に予定されている外貨建取引により生じるであろう外貨建金銭債権債務の為替相場の変動にともなうリスクをヘッジする目的で、事前に一定の枠を取って、あらかじめ為替予約を行っておくことがあります。本問では、外貨建取引の1週間前の段階で、300,000ドルの枠で1ドル107円の売予約が済んでいるため、振当処理によると、当該取引によって生じた500,000ドルのうち、300,000ドルの売掛金に対しては、先物為替相場（1ドル107円）を乗じて円換算することになります。したがって、「取引発生時に為替予約を付した場合」の会計処理方法と同じになります。残りの200,000ドルの売掛金については、為替予約の枠が残っていないため、輸出時の直物為替相場（1ドル110円）を乗じて円換算することになります。

　　外貨建売掛金：＠107円×300,000ドル ＋ ＠110円×（500,000ドル－300,000ドル）＝54,100,000円
　　　　　　　　　　32,100,000円　　　　　　　　　　22,000,000円

5．ソフトウェア仮勘定の振り替え

解答

（ソフトウェア）	25,000,000	（ソフトウェア仮勘定）	30,800,000
（固定資産除却損）	5,800,000		

⑴　ソフトウェア開発費用の支払時

　　ソフトウェアの開発費用を支払ったときは、それが完成し使用を開始するまで、いったんソフトウェア仮勘定で処理しておきます。ただし、本問では、銀行振込により全額支払済みである旨の記述があるため、すでにこの処理が済んでいることを前提に解答する必要がある点に注意してください。

（ソフトウェア仮勘定）	30,800,000	（現　金　預　金）	30,800,000

⑵　本問の取引（以下の①と②をまとめると、解答の仕訳になります）

①　除却処理

　　ソフトウェア開発費用のうち、資産性がないものについては、ソフトウェア勘定への振り替えは行わずに、除却処理を行います。

（固定資産除却損）	5,800,000	（ソフトウェア仮勘定）	5,800,000

②　ソフトウェアへの振り替え

　　ソフトウェアが完成し使用を開始したときは、ソフトウェア勘定へ振り替えます。

（ソフトウェア）	25,000,000 *	（ソフトウェア仮勘定）	25,000,000

　　＊　30,800,000円 － 5,800,000円＝25,000,000円

315

本問は、P社を親会社とし、S社を子会社とする連結貸借対照表作成問題です。P社の試算表が決算整理前のものであることから、P社の決算整理から行う必要があるうえ、連結修正事項も少なくないため、ボリュームが多い問題となっています。また、期首商品に含まれている未実現利益の調整や、土地に含まれる未実現損失の消去など、応用的な内容が出題されています。よって、満点を狙わずに、のれんの金額や、成果連結の論点のうち、容易に計算できる項目のみを解答するなどして、効率的に部分点を狙っていくのが得策です。

I　P社の決算整理仕訳（仕訳の単位：千円）

　問題資料として与えられているP社の試算表は、決算整理前残高試算表（前T/B）であるため、決算整理仕訳を行い、決算整理後の残高を計算します。

1．外貨建売掛金の換算替え

| （売　掛　金） | 1,000* | （為替差損益） | 1,000 |

*　12,000千円÷@120円＝100ユーロ
　　外貨建売掛金　　取得時レート

　　@130円×100ユーロ－12,000千円＝1,000千円
　　　　　　　　　　　　　　　　　　為替差益

2．貸倒引当金の設定（差額補充法）

| （販売費及び一般管理費） | 1,460* | （貸倒引当金） | 1,460 |
| 貸倒引当金繰入 | | | |

*　（342,000千円＋1,000千円－7,000千円）×1％＝3,360千円
　　　　　　　　　換算替え　　S社に対する分　　　　　当期末設定額

　　3,360千円－1,900千円＝1,460千円
　　　　　　　前T/B貸倒引当金　当期繰入額

3．有形固定資産の減価償却

(1)　建物（定額法）

| （販売費及び一般管理費） | 7,800* | （建物減価償却累計額） | 7,800 |
| 減価償却費 | | | |

*　234,000千円÷30年＝7,800千円

　　7,800千円×10年＝78,000千円
　　　　　　　経過年数　前T/B建物減価償却累計額

(2)　備品（200％定率法）

| （販売費及び一般管理費） | 24,000* | （備品減価償却累計額） | 24,000 |
| 減価償却費 | | | |

*　1÷5年＝0.2
　　　　　定額法償却率

　　0.2×200％＝0.4
　　　　　　定率法償却率

　　100,000千円×0.4＝40,000千円
　　　　　　　　　　前T/B備品減価償却累計額

　　（100,000千円－40,000千円）×0.4＝24,000千円
　　　　　　　　　　　　　　　　　　当期減価償却費

第2部 本試験演習編

解答への道

4．退職給付費用の計上

（販売費及び一般管理費）	6,800	（退職給付引当金）	6,800
退職給付費用			

5．前払費用の計上

3年前から継続して向こう1年分のリース料を支払っているため、試算表の支払リース料は、当期首の再振替仕訳分（6か月分）と当期の支払分（12か月分）の合計（18か月分）を示しています。よって、次期に帰属する6か月分を「前払費用」として繰り延べます。

（前　払　費　用）	12,000*	（支払リース料）	12,000

$$* \quad \underset{\text{前T/B}}{\underline{36,000千円}} \times \frac{6か月\langle×3年4/1～×3年9/30\rangle}{18か月\langle×2年4/1～×3年9/30\rangle} = \underset{\text{未経過分}}{\underline{12,000千円}}$$

Ⅱ　P社とS社の個別貸借対照表

P社とS社の個別貸借対照表を示すと、以下のようになります。

貸　借　対　照　表

×3年3月31日　　　　　（単位：千円）

科　　目	P　社	S　社
現　金　預　金	407,500	48,100
売　　掛　　金	343,000*1	180,000
貸　倒　引　当　金	△　3,360*2	△　1,800
未　　収　　入　　金		80,000
商　　　　　品	276,000	150,400
前　　払　　費　　用	12,000	
建　　　　　物	234,000	100,000
建物減価償却累計額	△　85,800*3	△　30,000
備　　　　　品	100,000	50,000
備品減価償却累計額	△　64,000*4	△　10,000
土　　　　　地	319,000	90,000
子　会　社　株　式	400,000	
資　産　合　計	1,938,340	656,700
買　　掛　　金	89,000	54,000
未　　払　　金	100,000	3,000
退　職　給　付　引　当　金	78,800*5	19,800
資　　本　　金	700,000	150,000
資　本　剰　余　金	440,000*6	150,000*6
利　益　剰　余　金	530,540*7	279,900*7
負債純資産合計	1,938,340	656,700

*1　$\underset{\text{前T/B}}{\underline{342,000千円}} + \underset{\text{換算替え}}{\underline{1,000千円}} = 343,000千円$

*2　$\underset{\text{前T/B}}{\underline{1,900千円}} + \underset{\text{当期繰入額}}{\underline{1,460千円}} = 3,360千円$

*3　$\underset{\text{前T/B}}{\underline{78,000千円}} + \underset{\text{当期減価償却費}}{\underline{7,800千円}} = 85,800千円$

＊4 40,000千円＋24,000千円＝64,000千円
　　　 前T／B　　当期減価償却費

＊5 72,000千円＋6,800千円＝78,800千円
　　　 前T／B　　当期繰入額

＊6 資本準備金

＊7 貸借差額

Ⅲ　タイムテーブル（S社の純資産の推移）
　　本問の資料にもとづいて、タイムテーブルを作成すると、以下のようになります（単位：千円）。

＊1　［資料3］1より

＊2　430,000千円×60％＝258,000千円
　　　純資産合計　P社持分割合　取得持分

＊3　［資料3］1より

＊4　400,000千円－258,000千円＝142,000千円
　　　S株式の取得原価　　取得持分　　　のれん

＊5　142,000千円÷10年＝14,200千円
　　　　のれん　　　　　のれん償却額

＊6　解説Ⅱの個別B／Sより

＊7　546,900千円－275,500千円－192,700千円－10,000千円＝68,700千円
　　　　売上　　　　売上原価　　販売費及び一般管理費　土地売却損

＊8　［資料3］3より

＊9　279,900千円－68,700千円＋25,000千円＝236,200千円
　　　x3.3.31　　　利益　　　　配当　　　x2.3.31

＊10　236,200千円－130,000千円＝106,200千円
　　　 x2.3.31　　　x1.4.1

第2部　本試験演習編

Ⅳ　連結修正仕訳（仕訳の単位：千円）

本問の解答要求が連結貸借対照表（B／S）のみであることから、株主資本等変動計算書（S／S）の科目を使用せずに連結修正仕訳を行っていくのが、解答時間の短縮につながる実践的な解き方といえます。よって、解説では、純資産の科目について「当期首残高」や「当期変動額」などの区別をせずに連結修正仕訳を示していきます。

1．開始仕訳

(1)　支配獲得日の連結修正仕訳（投資と資本の相殺消去）

（資　本　金）	150,000	（子 会 社 株 式）	400,000
		S社株式	
（資 本 剰 余 金）	150,000		
（利 益 剰 余 金）	130,000	（非支配株主持分）	172,000^{*2}
（の　れ　ん）	142,000^{*1}		

$*1$　150,000千円＋150,000千円＋130,000千円＝430,000千円
　　　　　　　　　　　　　　　　　　　支配獲得日の
　　　　　　　　　　　　　　　　　　　S社純資産合計

　　　430,000千円×60％＝258,000千円
　　　　　　　　P社持分割合　取得持分

　　　400,000千円－258,000千円＝142,000千円
　　　S社株式の取得原価

$*2$　430,000千円×40％＝172,000千円
　　　　　　　　非支配株主
　　　　　　　　持分割合

(2)　×1年度の連結修正仕訳

開始仕訳における損益計算書（P／L）項目は、当期の連結S／Sの「利益剰余金」に影響を与えることになるため、科目を置き換えて仕訳を行います。

①　のれんの償却

| （利 益 剰 余 金） | 14,200* | （の　れ　ん） | 14,200 |
| のれん償却 | | | |

$*$　142,000千円÷10年＝14,200千円

②　子会社当期純利益の非支配株主持分への振り替え

| （利 益 剰 余 金） | 42,480* | （非支配株主持分） | 42,480 |
| 非支配株主に帰属する当期純利益 | | | |

$*$　106,200千円×40％＝42,480千円
　　　×1年度S社当期純利益

(3)　開始仕訳のまとめ（(1)＋(2)）

（資　本　金）	150,000	（子 会 社 株 式）	400,000
（資 本 剰 余 金）	150,000	（非支配株主持分）	214,480
（利 益 剰 余 金）	186,680		
（の　れ　ん）	127,800		

319

2．期中仕訳（×2年度の連結修正仕訳）

(1) のれんの償却

（のれん償却）	14,200 *	（の れ ん）	14,200

＊ 142,000千円÷10年＝14,200千円

(2) 子会社当期純利益の非支配株主持分への振り替え

（非支配株主に帰属する当期純利益）	27,480 *	（非支配株主持分）	27,480

＊ 68,700千円×40％＝27,480千円
　　<u>×2年度S社当期純利益</u>

(3) 配当金の修正

（受 取 配 当 金）	15,000 *1	（利 益 剰 余 金）	25,000
（非支配株主持分）	10,000 *2		

＊1 25,000千円×60％＝15,000千円
　　　<u>×2年度S社配当金</u>

＊2 25,000千円×40％＝10,000千円

(4) 売上高と売上原価の相殺消去

（売 上 高）	91,000	（売 上 原 価）	91,000
P社P/L		S社P/L当期商品仕入高	

(5) 商品に含まれる未実現利益の調整（ダウン・ストリーム）

　P社がS社に商品を販売しているため、ダウン・ストリームのケースに該当します。

① 前期末分（当期首分）

(a) 開始仕訳

（利 益 剰 余 金）	900 *	（商　　　品）	900
売上原価			

＊ 3,900千円×$\dfrac{30\%}{100\%+30\%〈付加利益率〉}$＝900千円
　　　　　　　　　　　　　　　　　　　　<u>未実現利益</u>

(b) 実現仕訳

　前期末分（当期首分）が当期中に販売されることで、前期末に消去した未実現利益が実現利益となるため、前期末に行った連結修正仕訳を取り消すための逆仕訳を行います。

（商　　　品）	900	（売 上 原 価）	900

(c) まとめ ((a)＋(b))

（利 益 剰 余 金）	900	（売 上 原 価）	900

② 当期末分

（売 上 原 価）	1,500 *	（商　　　品）	1,500

＊ 6,500千円×$\dfrac{30\%}{100\%+30\%〈付加利益率〉}$＝1,500千円
　　　　　　　　　　　　　　　　　　　　<u>未実現利益</u>

第2部　本試験演習編

(6)　土地に含まれる未実現損失の消去（アップ・ストリーム）

　S社がP社に土地を売却しているため、アップ・ストリームのケースに該当します。なお、連結会計上は、S社が計上している売却損が未実現となるため、未実現損失として消去する必要があります。よって、未実現利益の消去の場合とは、連結修正仕訳が貸借逆になる点に注意しましょう。

（土　　　地）	10,000 *1	（土 地 売 却 損）	10,000
（非支配株主に帰属する当期純利益）	4,000 *2	（非支配株主持分）	4,000

＊1　80,000千円 － 90,000千円 ＝ 10,000千円
　　　売却価額　　S社の取得原価　　未実現損失

＊2　10,000千円 × 40％ ＝ 4,000千円
　　　非支配株主
　　　持分割合

(7)　売掛金と買掛金の相殺消去

（買　　掛　　金）	7,000	（売　　掛　　金）	7,000
S社B/S		P社B/S	

(8)　未収入金と未払金の相殺消去

（未　　払　　金）	80,000	（未　収　入　金）	80,000
P社B/S		S社B/S	

(9)　科目の振り替え

　個別貸借対照表上の「退職給付引当金」は、連結貸借対照表上においては「退職給付に係る負債」として表示することとなっているため、科目を振り替えます。

（退職給付引当金）	98,600 *	（退職給付に係る負債）	98,600

＊　78,800千円 ＋ 19,800千円 ＝ 98,600千円
　　　P社　　　　S社

V 連結精算表

本問の解答要求が連結B/Sのみであることから、連結精算表も連結B/Sの部分のみを示しておきます。なお、利益剰余金については、連結B/Sの貸借差額で計算するのが、解答時間の短縮につながる実践的な解き方であるため、利益剰余金の行の修正・消去欄の記入は省略します。

(単位:千円)

科　　　目	個別貸借対照表（×3年3月31日）			修正・消去		連結貸借対照表
	P 社	S 社	合 計	借 方	貸 方	
現 金 預 金	407,500	48,100	455,600			455,600
売 掛 金	343,000	180,000	523,000		7,000	516,000
貸 倒 引 当 金	△ 3,360	△ 1,800	△ 5,160			△ 5,160
未 収 入 金		80,000	80,000		80,000	
商 品	276,000	150,400	426,400		1,500	424,900
前 払 費 用	12,000		12,000			12,000
建 物	234,000	100,000	334,000			334,000
建物減価償却累計額	△ 85,800	△ 30,000	△115,800			△115,800
備 品	100,000	50,000	150,000			150,000
備品減価償却累計額	△ 64,000	△ 10,000	△ 74,000			△ 74,000
土 地	319,000	90,000	409,000	10,000		419,000
の れ ん				127,800	14,200	113,600
子 会 社 株 式	400,000		400,000		400,000	
資 産 合 計	1,938,340	656,700	2,595,040			2,230,140
買 掛 金	89,000	54,000	143,000	7,000		136,000
未 払 金	100,000	3,000	103,000	80,000		23,000
退 職 給 付 引 当 金	78,800	19,800	98,600	98,600		
退 職 給 付 に 係 る 負 債					98,600	98,600
資 本 金	700,000	150,000	850,000	150,000		700,000
資 本 剰 余 金	440,000	150,000	590,000	150,000		440,000
利 益 剰 余 金	530,540	279,900	810,440			596,580*
非 支 配 株 主 持 分				10,000	214,480	235,960
					27,480	
					4,000	
負 債 純 資 産 合 計	1,938,340	656,700	2,595,040			2,230,140

* 連結B/Sの貸借差額

第2部　本試験演習編

● ワンポイントアドバイス ●

連結貸借対照表の利益剰余金の計算

　連結B/Sの利益剰余金の金額は、連結B/Sの貸借差額で計算するのが簡単です。また、以下のように計算することもできますので、検算に使ってみてください。

> ①　P社とS社の個別B/S上の利益剰余金を合算する。
> ②　連結修正仕訳のうち、利益剰余金に影響を与える科目を、①の金額に集計していく。

　なお、損益計算書項目も「親会社株主に帰属する当期純利益」を通じて「利益剰余金」の「当期末残高」に影響を与えるので、集計の対象に含める必要があります。具体的には、以下のようになります。

①
- 　　530,540千円　←　P社個別B/S利益剰余金
- 　　279,900千円　←　S社個別B/S利益剰余金

②
- △　186,680千円　←　開始仕訳
- △　14,200千円　←　のれん償却
- △　27,480千円　←　子会社当期純利益の非支配株主持分への振り替え
- △　15,000千円　←　配当金の修正
- ＋　25,000千円　←　配当金の修正
- △　91,000千円 ┐
- ＋　91,000千円 ┘ 売上高と売上原価の相殺消去（**省略可**）
- △　　900千円 ┐
- ＋　　900千円 ┘ 期首商品に含まれる未実現利益の消去（**省略可**）
- △　　1,500千円　←　期末商品に含まれる未実現利益の消去
- ＋　10,000千円　←　土地に含まれる未実現損失の消去
- △　　4,000千円　←　土地に含まれる未実現損失の消去

596,580千円

323

第3問
難易度 A

本支店会計を前提とした、本店と支店の帳簿決算の手続きを問う問題です。本店・支店それぞれで未処理事項等と決算整理仕訳を行います。
「**本店の損益勘定**」のみが解答要求なので、時間がない場合には、本店側の収益・費用だけを計算して解答を埋めるのが得策といえるでしょう。

〈本店側と支店側の帳簿決算の手続き〉

本　店　側	支　店　側

(1) 未処理事項等

① （現金預金） 60,000 （売掛金） 60,000
② （車　　両）2,000,000 （未払金）2,000,000
④ （支　　店） 110,000 （仕　入） 110,000

(1) 未処理事項等

③ （本　　店） 9,000 （現金預金） 9,000*
④ （仕　　入） 110,000 （本　店） 110,000

＊ 76,000円 − 67,000円 = 9,000円

(2) 決算整理仕訳
① 売上原価の計算（期末商品の評価）

（仕　　入） 726,000 （繰越商品） 726,000
（繰越商品） 770,000 （仕　　入） 770,000
（棚卸減耗損） 23,100 （繰越商品） 23,100
（商品評価損） 19,400 （繰越商品） 19,400

(2) 決算整理仕訳
① 売上原価の計算（期末商品の評価）

（仕　　入） 495,000 （繰越商品） 495,000
（繰越商品） 440,000 （仕　　入） 440,000
（棚卸減耗損） 8,250 （繰越商品） 8,250

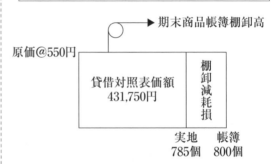

期末商品帳簿棚卸高：@770円×1,000個 = 770,000円
棚卸減耗損：@770円×(1,000個 − 970個) = 23,100円
商品評価損：(@770円 − @750円)×970個 = 19,400円

期末商品帳簿棚卸高：@550円×800個 = 440,000円
棚卸減耗損：@550円×(800個 − 785個) = 8,250円
（注）原価より正味売却価額が高い場合は、商品評価損についての仕訳は不要です。

② 貸倒引当金の設定（差額補充法）

（貸倒引当金繰入） 80* （貸倒引当金） 80

＊ (1,098,000円 − 60,000円)×1% − 10,300円 = 80円
　　　　　　　未処理事項

② 貸倒引当金の設定（差額補充法）

（貸倒引当金繰入） 2,450* （貸倒引当金） 2,450

＊ 865,000円×1% − 6,200円 = 2,450円

③ 固定資産の減価償却

（減価償却費） 160,000 （備品減価償却累計額） 120,000 *1
　　　　　　　　　　　　（車両減価償却累計額） 40,000 *2

③ 固定資産の減価償却

（減価償却費） 70,000 （備品減価償却累計額） 70,000*

＊ 備品：350,000円 ÷ 5年 = 70,000円

＊1　備品：600,000円 ÷ 5年 = 120,000円

＊2　車両：$2,000,000円 \times \dfrac{3,000km}{150,000km} = 40,000円$

第2部　本試験演習編

(注)　生産高比例法の場合、当期の利用距離分だけを減価償却するため、月割計算は不要です。

④　満期保有目的債券の評価（償却原価法）

| （満期保有目的債券） | 1,000* | （有価証券利息） | 1,000 |

＊　（1,000,000円－990,000円）÷10年＝1,000円

⑤　その他有価証券の評価（全部純資産直入法）

| （その他有価証券） | 59,000 | （その他有価証券評価差額金） | 59,000* |

＊　784,000円－725,000円＝59,000円

(注)　この仕訳は収益・費用に影響しません。

⑥　費用の未払い・前払い

| （給　　　料） | 70,000 | （未払給料） | 70,000 |
| （前払家賃） | 60,000 | （支払家賃） | 60,000 |

⑥　費用の未払い

| （給　　　料） | 50,000 | （未払給料） | 50,000 |
| （支払家賃） | 50,000 | （未払家賃） | 50,000 |

⑦　のれんの償却

| （のれん償却） | 120,000* | （の　れ　ん） | 120,000 |

＊　840,000円÷（10年－3年）＝120,000円

⑧　費用の振り替え

| （支　　　店） | 60,000 | （広告宣伝費） | 60,000 |

⑧　費用の振り替え

| （広告宣伝費） | 60,000 | （本　　　店） | 60,000 |

(3)　決算振替仕訳

①　収益・費用の振り替え

（売　　　上）	7,700,000	（損　　　益）	7,791,700
（受取手数料）	48,700		
（有価証券利息）	13,000		
（有価証券売却益）	10,000		
（受取配当金）	20,000		

(3)　決算振替仕訳

①　収益・費用の振り替え

| （売　　　上） | 3,300,000 | （損　　　益） | 3,301,800 |
| （受取手数料） | 1,800 | | |

325

（損　　益）	6,472,580	（仕　　入）	3,696,000
		（棚卸減耗損）	23,100
		（商品評価損）	19,400
		（支払家賃）	720,000
		（給　　料）	900,000
		（広告宣伝費）	759,000
		（減価償却費）	160,000
		（貸倒引当金繰入）	80
		（のれん償却）	120,000
		（租税公課）	19,000
		（支払利息）	56,000

（注）　前T/Bに(1)未処理事項等、(2)決算整理仕訳を加減算して、決算整理後の収益・費用の諸勘定残高を求めます。

（損　　益）	3,065,900	（仕　　入）	1,606,000
		（棚卸減耗損）	8,250
		（支払家賃）	600,000
		（給　　料）	660,000
		（広告宣伝費）	119,200
		（減価償却費）	70,000
		（貸倒引当金繰入）	2,450

（注）　前T/Bに(1)未処理事項等、(2)決算整理仕訳を加減算して、決算整理後の収益・費用の諸勘定残高を求めます。

② 支店純利益の振り替え

（支　　店）	235,900	（損　　益）	235,900

② 支店純利益の振り替え

（損　　益）	235,900	（本　　店）	235,900

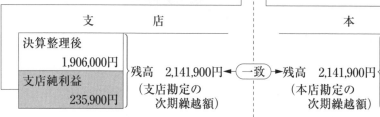

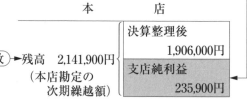

③ 会社全体の当期純利益の算定

（損　　益）	1,555,020	（繰越利益剰余金）	1,555,020

（本支店合算）損　　益

費用合計	6,472,580円	収益合計	7,791,700円
会社全体の当期純利益 1,555,020円		支店純利益 235,900円	

第4問(1) 難易度 A

労務費と製造間接費の仕訳問題です。勘定連絡図をイメージしながら仕訳を考えましょう。

1．労務費の計算

(1) 直接工の計算

直接工賃金は予定賃率1,400円/時間を用いて計算し、賃金・給料勘定から直接労務費は仕掛品勘定へ、間接労務費は製造間接費勘定へ振り替えます。

(2) 間接工の計算

間接労務費は賃金・給料勘定から製造間接費勘定へ振り替えます。

間 接 工 賃 金	
当月支払 350,000円	前月未払 100,000円
当月未払 80,000円	当月消費 330,000円

当月消費額：350,000円 － 100,000円 ＋ 80,000円 ＝ 330,000円
　　　　　　　当月支払　　前月未払　　当月未払

(3) まとめ

直接労務費：**1,036,000円**
　　　　　　　直接工

間接労務費：56,000円 ＋ 330,000円 ＝ **386,000円**
　　　　　　　直接工　　　間接工

＊ この結果をもとに、賃金・給料消費時の仕訳を行います。

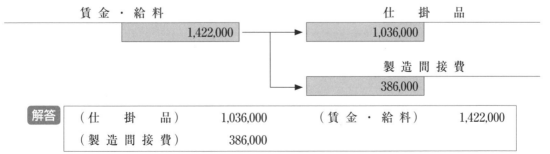

[解答]　（仕　掛　品）　1,036,000　　（賃　金　・　給　料）　1,422,000
　　　　　　（製 造 間 接 費）　　386,000

2．直接工の計算（賃率差異の計上）

(1) 実際消費額の計算

当月消費額（実際消費額）：
1,120,000円 − 60,000円 + 80,000円 = 1,140,000円
　　当月支払　　前月未払　　当月未払

(2) 賃率差異の計上

1,092,000円 − 1,140,000円 = △**48,000円**（借方差異・不利差異）
予定消費額　　実際消費額

＊　この結果をもとに、賃率差異計上時の仕訳を行います。

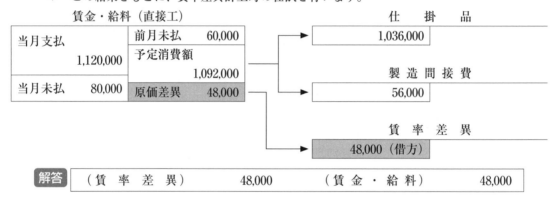

解答　（賃　率　差　異）　48,000　　（賃　金・給　料）　48,000

3．製造間接費の予定配賦

(1) 予定配賦率の算定

$$\frac{年間の変動製造間接費予算5,400,000円 + 固定製造間接費予算8,100,000円}{年間予定総直接作業時間9,000時間} = 1,500円/時間$$

(2) 製造指図書別の予定配賦額

製造間接費は直接作業時間を配賦基準に予定配賦しているため、実際直接作業時間は「直接工の直接作業時間」を使用して計算します。

1,500円/時間 × 740時間 = **1,110,000円**
　　　　　　　実際直接作業時間

＊　この結果をもとに、予定配賦の仕訳を行います。

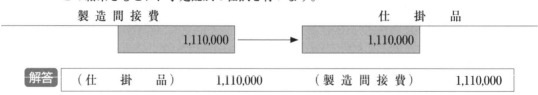

解答　（仕　　掛　　品）　1,110,000　　（製　造　間　接　費）　1,110,000

第２部　本試験演習編

第4問(2) 難易度 A

標準原価計算の問題です。シングル・プランにより仕掛品勘定の記入をすることを前提に、勘定連絡図を書いて考えましょう。

シングル・プランは仕掛品勘定の**当月投入を標準原価**で記入する方法です。したがって、原価差異は各原価要素の勘定で把握されることになります。

【勘定連絡図（本問の体系）】

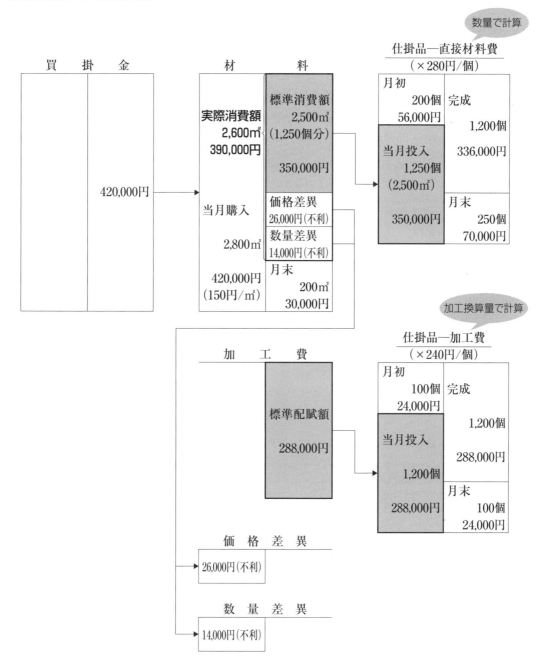

〈直接材料費差異の分析〉
当月投入数量1,250個×2㎡（1個あたりの標準消費量）＝2,500㎡（標準消費量）

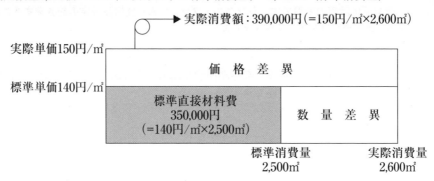

直接材料費差異：350,000円－390,000円＝△40,000円（不利差異）
価　格　差　異：(140円/㎡－150円/㎡)×2,600㎡＝△26,000円（不利差異）
数　量　差　異：140円/㎡×(2,500㎡－2,600㎡)＝△14,000円（不利差異）

第5問 難易度 **A**　CVP分析の問題です。変動費と固定費の内容が具体的に示されていて、CVP分析の本質的な理解が要求されているといえます。

1．総原価データの整理

まず総原価のデータを次のように整理します。

(1) 変動費の合計金額

変　動　費	
食　材　費	805,000円
アルバイト給料	420,000円
そ　の　他	70,000円
合　　　計	1,295,000円

(2) 固定費の合計金額

固　定　費	
正社員給料	650,000円
水道光熱費	515,000円
支払家賃	440,000円
そ　の　他	285,000円
合　　　計	1,890,000円

2．CVP分析

問1　変動費率の計算

（売上高）変動費率は売上高に占める変動費の割合ですから、次のように計算します。

変動費率（％）： $\dfrac{10月の変動費1,295,000円}{10月の売上高3,500,000円} \times 100 = \mathbf{37\%}$

第2部　本試験演習編

解答への道

問2　損益分岐点売上高

　売上高をＳ円とおいて直接原価計算による損益計算書を作成します。答えが出たら方程式に代入して、式が成立するか検算しましょう。

　ＣＶＰ分析で対象とする利益は、通常、「営業利益（本業のもうけ）」です。したがって、営業利益に影響を与えるすべての項目（売上高、製造原価、販売費・一般管理費）を対象に分析します。

<u>損　益　計　算　書</u>　（単位：円）

売　　上　　高	S
変　　動　　費	0.37S　←売上高×変動費率
貢　献　利　益	0.63S
固　　定　　費	1,890,000　←固定費合計
営　業　利　益	**0.63S－1,890,000**

　上記、損益計算書の営業利益を 0 とおいて売上高を求めます。

$$0.63S － 1,890,000円 = 0$$
$$0.63S = 1,890,000円$$
$$S = 1,890,000円 ÷ 0.63$$
$$∴ S = \textbf{3,000,000円}$$

問3　目標営業利益を達成する売上高

　問2で作成した損益計算書をもとにして、営業利益を630,000円にする売上高を算定します。

$$0.63S － 1,890,000円 = 630,000円$$
$$0.63S = 630,000円 + 1,890,000円$$
$$S = 2,520,000円 ÷ 0.63$$
$$∴ S = \textbf{4,000,000円}$$

問4　予想貢献利益と営業利益の計算

　11月の売上高が3,750,000円と予想され、利益計画は10月と同じ条件であるため、**問2**で作成した損益計算書に売上高3,750,000円を代入すればよいだけです。

　貢献利益：$0.63S = 3,750,000円 × 0.63 = \textbf{2,362,500円}$

　営業利益：$0.63S － 1,890,000円 = 3,750,000円 × 0.63 － 1,890,000円 = \textbf{472,500円}$

問5　水道光熱費の変動費率の計算

　「高低点法」により水道光熱費を変動費と固定費に分解します。最高の営業量（売上高）が8月、最低の営業量（売上高）が6月ですから、この2点の資料を利用します。

	4月	5月	6月（最低）	7月	8月（最高）	9月
売　上　高	3,525,000円	3,900,100円	3,345,000円	3,809,000円	4,095,000円	3,742,000円
水道光熱費	512,200円	525,000円	509,000円	521,500円	527,000円	516,600円

$$変動費率（\%）：\frac{8月の水道光熱費527,000円 － 6月の水道光熱費509,000円}{8月の売上高4,095,000円 － 6月の売上高3,345,000円} × 100 = \textbf{2.4\%}$$

第12回

331

MEMO

よくわかる簿記シリーズ

合格するための本試験問題集　日商簿記2級
2021年AW対策

（'04年11月検定対策　2004年7月20日　初版　第1刷発行）

2021年8月18日　初　版　第1刷発行

編 著 者	Ｔ Ａ Ｃ 株 式 会 社	
	（簿記検定講座）	
発 行 者	多　田　敏　男	
発 行 所	ＴＡＣ株式会社　出版事業部	
	（ＴＡＣ出版）	

〒101-8383
東京都千代田区神田三崎町3-2-18
電　話　03（5276）9492（営業）
ＦＡＸ　03（5276）9674
https://shuppan.tac-school.co.jp

印　　刷	株 式 会 社　光　　　邦	
製　　本	東京美術紙工協業組合	

© TAC 2021　　　Printed in Japan　　　　　ISBN 978-4-8132-8851-0
N.D.C. 336

本書は，「著作権法」によって，著作権等の権利が保護されている著作物です。本書の全部または一部につき，無断で転載，複写されると，著作権等の権利侵害となります。上記のような使い方をされる場合，および本書を使用して講義・セミナー等を実施する場合には，小社宛許諾を求めてください。

乱丁・落丁による交換，および正誤のお問合せ対応は，該当書籍の改訂版刊行月末日までといたします。なお，交換につきましては，書籍の在庫状況等により，お受けできない場合もございます。
また，各種本試験の実施の延期，中止を理由とした本書の返品はお受けいたしません。返金もいたしかねますので，あらかじめご了承くださいますようお願い申し上げます。

簿記検定講座のご案内

選べる学習メディアでご自身に合うスタイルでご受講ください！

通学講座
3級コース ／ 3・2級コース ／ 2級コース ／ 1級コース ／ 1級上級・アドバンスコース

教室講座 〔通って学ぶ〕
定期的な日程で通学する学習スタイル。常に講師と接することができるという教室講座の最大のメリットがありますので、疑問点はその日のうちに解決できます。また、勉強仲間との情報交換も積極的に行えるのが特徴です。

ビデオブース講座 〔通って学ぶ／予約制〕
ご自身のスケジュールに合わせて、TACのビデオブースで学習するスタイル。日程を自由に設定できるため、忙しい社会人に人気の講座です。

直前期教室出席制度
直前期以降、教室受講に振り替えることができます。

無料体験入学
ご自身の目で、耳で体験し納得してご入学いただくために、無料体験入学をご用意しました。

無料講座説明会
もっとTACのことを知りたいという方は、無料講座説明会にご参加ください。

無料／予約不要※
※ビデオブース講座の無料体験入学は要予約。
無料講座説明会は一部校舎では要予約。

通信講座
3級コース ／ 3・2級コース ／ 2級コース ／ 1級コース ／ 1級上級・アドバンスコース

Web通信講座 〔スマホやタブレットにも対応／見て学ぶ〕
教室講座の生講義をブロードバンドを利用し動画で配信します。ご自身のペースに合わせて、24時間いつでも何度でも繰り返し受講することができます。また、講義動画はダウンロードして2週間視聴可能です。有効期間内は何度でもダウンロード可能です。
※Web通信講座の配信期間は、お申込コースの目標月の翌月末までです。

WEB SCHOOL ホームページ
URL https://portal.tac-school.co.jp/
※お申込み前に、左記のサイトにて必ず動作環境をご確認ください。

DVD通信講座 〔見て学ぶ〕
講義を収録したデジタル映像をご自宅にお届けします。講義の臨場感をクリアな画像でご自宅にて再現することができます。
※DVD-Rメディア対応のDVDプレーヤーでのみ受講が可能です。パソコン・ゲーム機での動作保証はいたしておりません。

資料通信講座（1級のみ）
テキスト・添削問題を中心として学習します。

Webでも無料配信中！〔スマホ・タブレット／パソコン〕
「TAC動画チャンネル」

● 講座説明会 ※収録内容の変更のため、配信されない期間が生じる場合がございます。
● 1回目の講義（前半分）が視聴できます

詳しくは、TACホームページ「TAC動画チャンネル」をクリック！
TAC動画チャンネル 簿記 〔検索〕
https://www.tac-school.co.jp/kouza_boki/tacchannel.html

コースの詳細は、簿記検定講座パンフレット・TACホームページをご覧ください。
パンフレットのご請求・お問い合わせは、TACカスタマーセンターまで

通話無料 0120-509-117 （ゴウカク イイナ）
受付時間：月～金・土・日・祝 10:00～17:00
※携帯電話からもご利用になれます。

TAC簿記検定講座ホームページ TAC 簿記 〔検索〕
https://www.tac-school.co.jp/kouza_boki/

資格の学校 TAC

簿記検定講座

お手持ちの教材がそのまま使用可能!
【テキストなしコース】のご案内

TAC簿記検定講座のカリキュラムは市販の教材を使用しておりますので、こちらのテキストを使ってそのまま受講することができます。独学では分かりにくかった論点や本試験対策も、TAC講師の詳しい解説で理解度も120％UP!本試験合格に必要なアウトプット力が身につきます。独学との差を体感してください。

左記の各メディアが【テキストなしコース】でお得に受講可能!

こんな人にオススメ!
- ● テキストにした書き込みをそのまま活かしたい!
- ● これ以上テキストを増やしたくない!
- ● とにかく受講料を安く抑えたい!

※お申込前に必ずお手持ちのテキストのバージョンをご確認ください。場合によっては最新のものに買い直していただくことがございます。詳細はお問い合わせください。

お手持ちの教材をフル活用!!

会計業界の就職サポートは
安心のTAC

TACキャリアエージェントなら
BIG4・国内大手法人
就職支援実績多数！

- 税理士学習中の方
- 日商簿記学習中の方
- 会計士／USCPA学習中の方
- 会計業界で就業中の方で転職をお考えの方
- 会計業界でのお仕事に興味のある方

「残業なしで勉強時間を確保したい…」
「簿記3級から始められる仕事はあるの？」
といったご相談も大歓迎です！

スキマ時間に **PC・スマホ・タブレットで**
WEB面談実施中！
忙しくて時間の取れない方、遠方に
お住まいの方、ぜひご利用ください。

詳細はこちら！
https://tacnavi.com/
accountant/web-mendan/

完全予約制
【相談会場】
東京オフィス	03-3518-6775
大阪オフィス	06-6371-5851
名古屋オフィス（登録会場）	0120-757-655

ご相談は無料です。会計業界を知り尽くしたプロの
コンサルタントにご相談ください。
※相談時間は原則としてお一人様60分とさせていただきます。

✉ shoukai@
tac-school.co.jp

メールでご予約の際は、
件名に「相談希望のオフィス」
をご入力ください。
（例：相談希望 東京）

TAC 会計士・税理士専門の転職サポートサービス
キャリアエージェント

会計業界への就職・転職支援サービス

TACの100%出資子会社であるTACプロフェッションバンク(TPB)は、会計・税務分野に特化した転職エージェントです。勉強された知識とご希望に合ったお仕事を一緒に探しませんか？相談だけでも大歓迎です！どうぞお気軽にご利用ください。

人材コンサルタントが無料でサポート

Step1 相談受付 完全予約制です。HPからご登録いただくか、各オフィスまでお電話ください。

Step2 面談 ご経験やご希望をお聞かせください。あなたの将来について一緒に考えましょう。

Step3 情報提供 ご希望に適うお仕事があれば、その場でご紹介します。強制はいたしませんのでご安心ください。

正社員で働く
- 安定した収入を得たい
- キャリアプランについて相談したい
- 面接日程や入社時期などの調整をしてほしい
- 今就職すべきか、勉強を優先すべきか迷っている
- 職場の雰囲気など、求人票でわからない情報がほしい

TACキャリアエージェント

https://tacnavi.com/

派遣で働く（関東のみ）
- 勉強を優先して働きたい
- 将来のために実務経験を積んでおきたい
- まずは色々な職場や職種を経験したい
- 家庭との両立を第一に考えたい
- 就業環境を確認してから正社員で働きたい

TACの経理・会計派遣

https://tacnavi.com/haken/

※ご経験やご希望内容によってはご支援が難しい場合がございます。予めご了承ください。　※面談時間は原則お一人様30分とさせていただきます。

自分のペースでじっくりチョイス

正社員アルバイトで働く
- 自分の好きなタイミングで就職活動をしたい
- どんな求人案件があるのか見たい
- 企業からのスカウトを待ちたい
- WEB上で応募管理をしたい

Webで

TACキャリアナビ

https://tacnavi.com/kyujin/

就職・転職・派遣就労の強制は一切いたしません。会計業界への就職・転職を希望される方への無料支援サービスです。どうぞお気軽にお問い合わせください。

 TACプロフェッションバンク

東京オフィス
〒101-0051
東京都千代田区神田神保町1-103
東京パークタワー 2F
TEL.03-3518-6775

大阪オフィス
〒530-0013
大阪府大阪市北区茶屋町6-20
吉田茶屋町ビル 5F
TEL.06-6371-5851

名古屋 登録会場
〒450-0002
愛知県名古屋市中村区名駅1-2-4
名鉄バスターミナルビル 10F
TEL.0120-757-655

■ 有料職業紹介事業 許可番号13-ユ-010678　■ 一般労働者派遣事業 許可番号(派)13-010932

2021年6月現在

TAC出版 書籍のご案内

TAC出版では、資格の学校TAC各講座の定評ある執筆陣による資格試験の参考書をはじめ、資格取得者の開業法や仕事術、実務書、ビジネス書、一般書などを発行しています！

TAC出版の書籍
*一部書籍は、早稲田経営出版のブランドにて刊行しております。

資格・検定試験の受験対策書籍

- 日商簿記検定
- 建設業経理士
- 全経簿記上級
- 税理士
- 公認会計士
- 社会保険労務士
- 中小企業診断士
- 証券アナリスト
- ファイナンシャルプランナー(FP)
- 証券外務員
- 貸金業務取扱主任者
- 不動産鑑定士
- 宅地建物取引士
- 賃貸不動産経営管理士
- マンション管理士
- 管理業務主任者
- 司法書士
- 行政書士
- 司法試験
- 弁理士
- 公務員試験(大卒程度・高卒者)
- 情報処理試験
- 介護福祉士
- ケアマネジャー
- 社会福祉士　ほか

実務書・ビジネス書

- 会計実務、税法、税務、経理
- 総務、労務、人事
- ビジネススキル、マナー、就職、自己啓発
- 資格取得者の開業法、仕事術、営業術
- 翻訳ビジネス書

一般書・エンタメ書

- ファッション
- エッセイ、レシピ
- スポーツ
- 旅行ガイド (おとな旅プレミアム/ハルカナ)
- 翻訳小説

(2021年7月現在)

書籍のご購入は

1 全国の書店、大学生協、ネット書店で

2 TAC各校の書籍コーナーで

資格の学校TACの校舎は全国に展開！
校舎のご確認はホームページにて

資格の学校TAC ホームページ
https://www.tac-school.co.jp

3 TAC出版書籍販売サイトで

TAC出版書籍販売サイト

24時間ご注文受付中

https://bookstore.tac-school.co.jp/

- 新刊情報をいち早くチェック！
- たっぷり読める立ち読み機能
- 学習お役立ちの特設ページも充実！

TAC出版書籍販売サイト「サイバーブックストア」では、TAC出版および早稲田経営出版から刊行されている、すべての最新書籍をお取り扱いしています。

また、無料の会員登録をしていただくことで、会員様限定キャンペーンのほか、送料無料サービス、メールマガジン配信サービス、マイページのご利用など、うれしい特典がたくさん受けられます。

サイバーブックストア会員は、特典がいっぱい！（一部抜粋）

通常、1万円（税込）未満のご注文につきましては、送料・手数料として500円（全国一律・税込）頂戴しておりますが、1冊から無料となります。

専用の「マイページ」は、「購入履歴・配送状況の確認」のほか、「ほしいものリスト」や「マイフォルダ」など、便利な機能が満載です。

メールマガジンでは、キャンペーンやおすすめ書籍、新刊情報のほか、「電子ブック版TACNEWS（ダイジェスト版）」をお届けします。

書籍の発売を、販売開始当日にメールにてお知らせします。これなら買い忘れの心配もありません。

日商簿記検定試験対策書籍のご案内

TAC出版の日商簿記検定試験対策書籍は、学習の各段階に対応していますので、あなたのステップに応じて、合格に向けてご活用ください!

3タイプのインプット教材

①

> 簿記を専門的な知識にしていきたい方向け

● **満点合格を目指し次の級への土台を築く**
「合格テキスト」&「合格トレーニング」
- 大判のB5判、3級～1級累計300万部超の、信頼の定番テキスト&トレーニング! TACの教室でも使用している公式テキストです。
- 出題論点はすべて網羅しているので、簿記をきちんと学んでいきたい方にぴったりです!
- ◆3級 □2級 商簿、2級 工簿 ■1級 商・会 各3点、1級 工・原 各3点

②

> スタンダードにメリハリつけて学びたい方向け

● **教室講義のようなわかりやすさでしっかり学べる**
「簿記の教科書」&「簿記の問題集」 滝澤 ななみ 著
- A5判、4色オールカラーのテキスト&模擬試験つき問題集!
- 豊富な図解と実例つきのわかりやすい説明で、もうモヤモヤしない!!
- ◆3級 □2級 商簿、2級 工簿 ■1級 商・会 各3点、1級 工・原 各3点

DVDの併用で、さらに理解が深まります!

『簿記の教科書DVD』
- 「簿記の教科書」3、2級の準拠DVD。わかりやすい解説で、合格力が短時間で身につきます!
- ◆3級 □2級 商簿、2級 工簿

③

> 気軽に始めて、早く全体像をつかみたい方向け

● **初学者でも楽しく続けられる!**
「スッキリわかる」
テキスト/問題集一体型
滝澤 ななみ 著(1級は商・会のみ)
- 小型のA5判によるテキスト/問題集一体型。これ一冊でOKの、圧倒的に人気の教材です。
- 豊富なイラストとわかりやすいレイアウト! かわいいキャラの「ゴエモン」と一緒に楽しく学べます。
- ◆3級 □2級 商簿、2級 工簿 ■1級 商・会 4点、1級 工・原 4点

シリーズ待望の問題集が誕生!
「スッキリとける本試験予想問題集」
滝澤 ななみ 監修 TAC出版開発グループ 編著
- 本試験タイプの予想問題9回分を掲載
- ◆3級 □2級

DVDの併用で、さらに理解が深まります!

『スッキリわかる 講義DVD』
- 「スッキリわかる」3、2級の準拠DVD。超短時間でも要点はのがさず解説。3級10時間、2級14時間+10時間で合格へひとっとび。
- ◆3級 □2級 商簿、2級 工簿

TAC出版

コンセプト問題集

● 得点力をつける!
『みんなが欲しかった! やさしすぎる解き方の本』

B5判　滝澤 ななみ 著

● 授業で解き方を教わっているような新感覚問題集。再受験にも有効。
◆3級　□2級

本試験対策問題集

● 本試験タイプの問題集
『合格するための本試験問題集』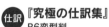
（1級は過去問題集）
B5判

● 12回分（1級は14回分）の問題を収載。ていねいな「解答への道」、各問対策が充実。
◆3級　□2級　■1級

● 知識のヌケをなくす!
『まるっと完全予想問題集』
（1級は網羅型完全予想問題集）
A4判

● オリジナル予想問題（3級10回分、2級12回分、1級8回分）で本試験の重要出題パターンを網羅。
● 実力養成にも直前の本試験対策にも有効。
◆3級　□2級　■1級

直前予想

『第○回をあてる TAC直前予想模試』
A4判

● TAC講師陣による4回分の予想問題で最終仕上げ。
● 年3回（1級は年2回）、各試験に向けて発行します。
◆3級　□2級　■1級

あなたに合った合格メソッドをもう一冊!

仕訳　『究極の仕訳集』
B6変型判

● 悩む仕訳をスッキリ整理。ハンディサイズ、一問一答式で基本の仕訳を一気に覚える。
◆3級　□2級

仕訳　『究極の計算と仕訳集』
B6変型判　境 浩一朗 著

● 1級商会で覚えるべき計算と仕訳がすべてつまった1冊!
■1級 商・会

理論　『究極の会計学理論集』
B6変型判

● 会計学の理論問題を論点別に整理、手軽なサイズが便利です。
■1級 商・会、全経上級

電卓　『カンタン電卓操作術』
A5変型判　TAC電卓研究会 編

● 実践的な電卓の操作方法について、丁寧に説明します!

：本番とまったくおなじ環境でネット試験の演習ができる模擬試験プログラムつき（2級・3級）

・2021年3月現在　・刊行内容、表紙等は変更することがあります　・とくに記述がある商品以外は、TAC簿記検定講座編です

書籍の正誤についてのお問合わせ

万一誤りと疑われる箇所がございましたら、以下の方法にてご確認いただきますよう、お願いいたします。

なお、正誤のお問合わせ以外の書籍内容に関する解説・受験指導等は、**一切行っておりません。**
そのようなお問合わせにつきましては、お答えいたしかねますので、あらかじめご了承ください。

1 正誤表の確認方法

TAC出版書籍販売サイト「Cyber Book Store」の
トップページ内「正誤表」コーナーにて、正誤表をご確認ください。

CYBER TAC出版書籍販売サイト
BOOK STORE

URL:https://bookstore.tac-school.co.jp/

2 正誤のお問合わせ方法

正誤表がない場合、あるいは該当箇所が掲載されていない場合は、書名、発行年月日、お客様のお名前、ご連絡先を明記の上、下記の方法でお問合わせください。
なお、回答までに1週間前後を要する場合もございます。あらかじめご了承ください。

文書にて問合わせる

● 郵 送 先 　〒101-8383 東京都千代田区神田三崎町3-2-18
　　　　　　　TAC株式会社 出版事業部 正誤問合わせ係

FAXにて問合わせる

● FAX番号 　**03-5276-9674**

e-mailにて問合わせる

● お問合わせ先アドレス 　**syuppan-h@tac-school.co.jp**

※お電話でのお問合わせは、お受けできません。また、土日祝日はお問合わせ対応をおこなっておりません。
※正誤のお問合わせ対応は、該当書籍の改訂版刊行月末日までといたします。

乱丁・落丁による交換は、該当書籍の改訂版刊行月末日までといたします。なお、書籍の在庫状況等により、お受けできない場合もございます。
また、各種本試験の実施の延期、中止を理由とした本書の返品はお受けいたしません。返金もいたしかねますので、あらかじめご了承くださいますようお願い申し上げます。

TACにおける個人情報の取り扱いについて
■お預かりした個人情報は、TAC(株)で管理させていただき、お問い合わせへの対応、当社の記録保管および当社商品・サービスの向上にのみ利用いたします。お客様の同意なしに業務委託先以外の第三者に開示、提供することはございません(法令等により開示を求められた場合を除く)。その他、個人情報保護管理者、お預かりした個人情報の開示等及びTAC(株)への個人情報の提供の任意性については、当社ホームページ(https://www.tac-school.co.jp)をご覧いただくか、個人情報に関するお問い合わせ窓口(E-mail:privacy@tac-school.co.jp)までお問合せください。

(2020年10月現在)

答案用紙

答案用紙冊子　　　　　　　色紙

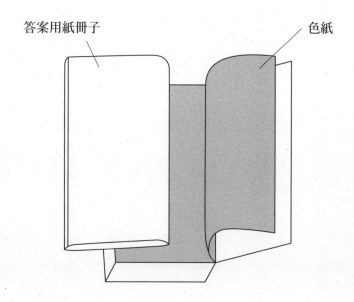

〈答案用紙ご利用時の注意〉

　以下の「答案用紙」は，この色紙を残したままでていねいに抜き取り，ご利用ください。

　また，抜取りの際の損傷についてのお取替えはご遠慮願います。

答案用紙はダウンロードもご利用いただけます。
TAC出版書籍販売サイト・サイバーブックストアにアクセスしてください。
https://bookstore.tac-school.co.jp/

チェック・リスト

問題	回数	第1問	第2問	第3問	第4問	第5問	合　計
1回	1回目	点	点	点	点	点	点
	2回目	点	点	点	点	点	点
2回	1回目	点	点	点	点	点	点
	2回目	点	点	点	点	点	点
3回	1回目	点	点	点	点	点	点
	2回目	点	点	点	点	点	点
4回	1回目	点	点	点	点	点	点
	2回目	点	点	点	点	点	点
5回	1回目	点	点	点	点	点	点
	2回目	点	点	点	点	点	点
6回	1回目	点	点	点	点	点	点
	2回目	点	点	点	点	点	点
7回	1回目	点	点	点	点	点	点
	2回目	点	点	点	点	点	点
8回	1回目	点	点	点	点	点	点
	2回目	点	点	点	点	点	点
9回	1回目	点	点	点	点	点	点
	2回目	点	点	点	点	点	点
10回	1回目	点	点	点	点	点	点
	2回目	点	点	点	点	点	点
11回	1回目	点	点	点	点	点	点
	2回目	点	点	点	点	点	点
12回	1回目	点	点	点	点	点	点
	2回目	点	点	点	点	点	点

本試験演習編

第2部　答案用紙

第1回 答案用紙

問　題 ▶ 2
解　答 ▶ 100

第1問 20点

	借　方		貸　方	
	記　号	金　額	記　号	金　額
1	( )		( )	
	( )		( )	
	( )		( )	
	( )		( )	
	( )		( )	
2	( )		( )	
	( )		( )	
	( )		( )	
	( )		( )	
	( )		( )	
3	( )		( )	
	( )		( )	
	( )		( )	
	( )		( )	
	( )		( )	
4	( )		( )	
	( )		( )	
	( )		( )	
	( )		( )	
	( )		( )	
5	( )		( )	
	( )		( )	
	( )		( )	
	( )		( )	
	( )		( )	

2

第2問 20点

①	②	③	④	⑤

⑥	⑦	⑧	⑨
			千円

第3問 20点

精　算　表
×28年3月31日 （単位：円）

勘　定　科　目	残 高 試 算 表 借　方	残 高 試 算 表 貸　方	修 正 記 入 借　方	修 正 記 入 貸　方	損 益 計 算 書 借　方	損 益 計 算 書 貸　方	貸 借 対 照 表 借　方	貸 借 対 照 表 貸　方
現　　　　　金	65,350							
当　座　預　金	450,000							
受　取　手　形	280,000							
売　　掛　　金	390,000							
売買目的有価証券	147,550							
繰　越　商　品	69,800							
建　　　　　物	7,500,000							
備　　　　　品	670,000							
建　設　仮　勘　定	1,200,000							
の　　れ　　ん	196,000							
満期保有目的債券	495,200							
支　払　手　形		263,000						
買　　掛　　金		320,000						
退職給付引当金		680,000						
貸　倒　引　当　金		28,000						
建物減価償却累計額		1,575,000						
備品減価償却累計額		326,800						
資　　本　　金		6,500,000						
利　益　準　備　金		540,000						
繰越利益剰余金		383,600						
売　　　　　上		6,770,000						
有　価　証　券　利　息		7,500						
仕　　　　　入	5,450,000							
給　　　　　料	360,000							
保　　険　　料	120,000							
	17,393,900	17,393,900						
雑　　　　　益								
貸倒引当金繰入								
有　価　証　券　評　価　損								
棚　卸　減　耗　損								
減　価　償　却　費								
の　れ　ん　償　却								
退　職　給　付　費　用								
前　払　保　険　料								
当　期　純　利　益								

第2部　本試験演習編

第4問(1)　12点

	借　方		貸　方	
	記　号	金　額	記　号	金　額
1	(　　)		(　　)	
	(　　)		(　　)	
2	(　　)		(　　)	
	(　　)		(　　)	
3	(　　)		(　　)	
	(　　)		(　　)	

第4問(2)　16点

仕　掛　品　　　　　　（単位：円）

月 初 有 高	(　　　　)	完 成 高	(　　　　)
直 接 材 料 費	(　　　　)	月 末 有 高	(　　　　)
直 接 労 務 費	(　　　　)		
製 造 間 接 費	(　　　　)		
	(　　　　)		(　　　　)

月 次 損 益 計 算 書　　　　　（単位：円）

Ⅰ　売　　　上　　　高		22,740,000	
Ⅱ　売　　上　　原　　価			
月 初 製 品 有 高	(　　　　)		
当 月 製 品 製 造 原 価	(　　　　)		
合　　　計	(　　　　)		
月 末 製 品 有 高	(　　　　)		
原　価　差　異	(　　　　)	(　　　　)	
売 上 総 利 益		(　　　　)	

（以下略）

5

第5問 12点

ア	売 上 総 ・ 貢 献 ・ 経 常
①	
②	
イ	比 例 し て ・ 反比例して ・ 関 係 な く
③	
④	
⑤	
⑥	

MEMO

第2部　本試験演習編

答案用紙

第1回

第2回 答案用紙

問題▶ 8
解答▶ 114

第1問 20点

	借　方		貸　方	
	記　号	金　額	記　号	金　額
1	（　　）		（　　）	
	（　　）		（　　）	
	（　　）		（　　）	
	（　　）		（　　）	
	（　　）		（　　）	
2	（　　）		（　　）	
	（　　）		（　　）	
	（　　）		（　　）	
	（　　）		（　　）	
	（　　）		（　　）	
3	（　　）		（　　）	
	（　　）		（　　）	
	（　　）		（　　）	
	（　　）		（　　）	
	（　　）		（　　）	
4	（　　）		（　　）	
	（　　）		（　　）	
	（　　）		（　　）	
	（　　）		（　　）	
	（　　）		（　　）	
5	（　　）		（　　）	
	（　　）		（　　）	
	（　　）		（　　）	
	（　　）		（　　）	
	（　　）		（　　）	

第2問 20点

株 主 資 本 等 変 動 計 算 書
自×29年4月1日　至×30年3月31日　　　　（単位：千円）

| | 株　　主　　資　　本 | | | |
| | 資　本　金 | 資　本　剰　余　金 | | |
		資本準備金	その他資本剰余金	資本剰余金合計
当 期 首 残 高	20,000	（　　　　　）	（　　　　　）	（　　　　　）
当 期 変 動 額				
剰余金の配当		（　　　　　）	（　　　　　）	（　　　　　）
別途積立金の積立て				
新 株 の 発 行	（　　　　　）	（　　　　　）		（　　　　　）
吸 収 合 併	（　　　　　）		（　　　　　）	（　　　　　）
当 期 純 利 益				
当期変動額合計	（　　　　　）	（　　　　　）	（　　　　　）	（　　　　　）
当 期 末 残 高	（　　　　　）	（　　　　　）	（　　　　　）	（　　　　　）

（下段へ続く）

（上段から続く）

	株　　主　　資　　本				
	利　益　剰　余　金				株主資本合　　計
	利益準備金	その他利益剰余金		利益剰余金合　　計	
		別途積立金	繰越利益剰余金		
当 期 首 残 高	400	（　　　　）	（　　　　）	（　　　　）	（　　　　）
当 期 変 動 額					
剰余金の配当	（　　　　）		（　　　　）	（　　　　）	（　　　　）
別途積立金の積立て		（　　　　）	（　　　　）	—	—
新 株 の 発 行					（　　　　）
吸 収 合 併					（　　　　）
当 期 純 利 益			（　　　　）	（　　　　）	（　　　　）
当期変動額合計	（　　　　）	（　　　　）	（　　　　）	（　　　　）	（　　　　）
当 期 末 残 高	（　　　　）	（　　　　）	（　　　　）	（　　　　）	（　　　　）

第3問 20点

損 益 計 算 書

（自×27年4月1日　至×28年3月31日）

（単位：円）

Ⅰ　売　　上　　高		（　　　　　）
Ⅱ　売　上　原　価		
1　期首商品棚卸高	（　　　　　）	
2　当期商品仕入高	（　　　　　）	
合　　　計	（　　　　　）	
3　期末商品棚卸高	（　　　　　）	
差　　　引	（　　　　　）	
4　棚卸減耗損	（　　　　　）	
5　商品評価損	（　　　　　）	（　　　　　）
売上総利益		（　　　　　）
Ⅲ　販売費及び一般管理費		
1　給　　　料	9,608,300	
2　水道光熱費	256,500	
3　保　険　料	（　　　　　）	
4　退職給付費用	（　　　　　）	
5　減価償却費	（　　　　　）	
6　貸倒損失	（　　　　　）	
7　貸倒引当金繰入	（　　　　　）	（　　　　　）
営業利益		（　　　　　）
Ⅳ　営業外収益		
1　受取利息	（　　　　　）	
2　有価証券評価益	（　　　　　）	（　　　　　）
Ⅴ　営業外費用		
1　支払利息	288,000	
2　貸倒引当金繰入	（　　　　　）	
3　有価証券売却損	964,000	（　　　　　）
経常利益		（　　　　　）
Ⅵ　特別利益		
1　固定資産売却益		（　　　　　）
Ⅶ　特別損失		
1　災害損失		（　　　　　）
税引前当期純利益		（　　　　　）
法人税、住民税及び事業税		（　　　　　）
当期純利益		（　　　　　）

第2部　本試験演習編

第4問(1) 12点

	借　方		貸　方	
	記　号	金　額	記　号	金　額
1	(　　)		(　　)	
	(　　)		(　　)	
2	(　　)		(　　)	
	(　　)		(　　)	
3	(　　)		(　　)	
	(　　)		(　　)	

第4問(2) 16点

材　料

月 初 有 高	(　　　　　　)	直 接 材 料 費	(　　　　　　)
当 月 仕 入 高	(　　　　　　)	間 接 材 料 費	(　　　　　　)
		月 末 有 高	(　　　　　　)
	(　　　　　　)		(　　　　　　)

製 造 間 接 費

間 接 材 料 費	(　　　　　　)	予 定 配 賦 額	(　　　　　　)
間 接 労 務 費	388,000	配 賦 差 異	(　　　　　　)
間 接 経 費	425,000		
	(　　　　　　)		(　　　　　　)

仕 掛 品

月 初 有 高	233,000	当 月 完 成 高	(　　　　　　)
直 接 材 料 費	(　　　　　　)	月 末 有 高	214,000
直 接 労 務 費	101,000		
製 造 間 接 費	(　　　　　　)		
	(　　　　　　)		(　　　　　　)

答案用紙

第2回

11

第5問 12点

直接原価計算による損益計算書では、売上高から変動費を控除して（①　　　　　　　）を計算し、さらに固定費を控除して営業利益を計算する。第1期の①は（②　　　　　　　）円、営業利益は（③　　　　　　　）円である。一方、全部原価計算によると、第1期の売上総利益は（④　　　　　　　）円、営業利益は直接原価計算と同じである。

第2期の営業利益は、直接原価計算によると（⑤　　　　　　　）円、全部原価計算によると（⑥　　　　　　　）円である。この営業利益の差は、全部原価計算において期末棚卸資産に含まれる（⑦　　　　　　　）の分である。

仮に、第2期の製品生産量を3,000個とすると、期末製品在庫量は（⑧　　　　　　　）個に増える。このときの営業利益は、直接原価計算によると（⑨　　　　　　　）円、全部原価計算によると（⑩　　　　　　　）円になる。

MEMO

第3回 答案用紙

問　題 ▶	14
解　答 ▶	136

第1問 20点

	借　　方		貸　　方	
	記　　号	金　　額	記　　号	金　　額
1	（　　）		（　　）	
	（　　）		（　　）	
	（　　）		（　　）	
	（　　）		（　　）	
	（　　）		（　　）	
2	（　　）		（　　）	
	（　　）		（　　）	
	（　　）		（　　）	
	（　　）		（　　）	
	（　　）		（　　）	
3	（　　）		（　　）	
	（　　）		（　　）	
	（　　）		（　　）	
	（　　）		（　　）	
	（　　）		（　　）	
4	（　　）		（　　）	
	（　　）		（　　）	
	（　　）		（　　）	
	（　　）		（　　）	
	（　　）		（　　）	
5	（　　）		（　　）	
	（　　）		（　　）	
	（　　）		（　　）	
	（　　）		（　　）	
	（　　）		（　　）	

第2問 20点

問1

(1)

借　　方		貸　　方	
記　　号	金　　額	記　　号	金　　額
（　　）		（　　）	
（　　）		（　　）	
（　　）		（　　）	
（　　）		（　　）	

(2)

総 勘 定 元 帳（抄）

の　れ　ん　　　　　　　　35

日　付		摘　　要	仕丁	借　　方	日　付			摘　　要	仕丁	貸　　方
×8	4	1	前 期 繰 越	✓	4,200,000	×9	3	31	（　　）	20	
		1	（　　）	1					（　　）		

15

問2

		借 方		貸 方	
		記　号	金　　額	記　号	金　　額
(1)		（　　　）		（　　　）	
		（　　　）		（　　　）	
		（　　　）		（　　　）	
		（　　　）		（　　　）	
(2)		（　　　）		（　　　）	
		（　　　）		（　　　）	
		（　　　）		（　　　）	
		（　　　）		（　　　）	
(3)	①	（　　　）		（　　　）	
		（　　　）		（　　　）	
		（　　　）		（　　　）	
		（　　　）		（　　　）	
	②	（　　　）		（　　　）	
		（　　　）		（　　　）	
		（　　　）		（　　　）	
		（　　　）		（　　　）	
	③	（　　　）		（　　　）	
		（　　　）		（　　　）	
		（　　　）		（　　　）	
		（　　　）		（　　　）	

第3問 20点

貸借対照表

株式会社鹿児島商会　　　　20×9年3月31日　　　　　　　　（単位：円）

資産の部

I 流動資産		
現金及び預金		（　　　　　）
売掛金	（　　　　　）	
貸倒引当金	（　　　　　）	（　　　　　）
商品		（　　　　　）
未収入金		（　　　　　）
流動資産合計		（　　　　　）
II 固定資産		
建物	15,000,000	
減価償却累計額	（　　　　　）	（　　　　　）
備品	7,200,000	
減価償却累計額	（　　　　　）	（　　　　　）
投資有価証券		（　　　　　）
長期貸付金	3,000,000	
貸倒引当金	（　　　　　）	（　　　　　）
固定資産合計		（　　　　　）
資産合計		（　　　　　）

負債の部

I 流動負債	
買掛金	7,736,000
未払法人税等	（　　　　　）
未払消費税	（　　　　　）
流動負債合計	（　　　　　）
II 固定負債	
繰延税金負債	（　　　　　）
固定負債合計	（　　　　　）
負債合計	（　　　　　）

純資産の部

I 株主資本	
資本金	30,000,000
繰越利益剰余金	（　　　　　）
株主資本合計	（　　　　　）
II 評価・換算差額等	
その他有価証券評価差額金	（　　　　　）
評価・換算差額等合計	（　　　　　）
純資産合計	（　　　　　）
負債純資産合計	（　　　　　）

第4問(1) 12点

	借　方		貸　方	
	記　号	金　額	記　号	金　額
1	（　　）		（　　）	
	（　　）		（　　）	
2	（　　）		（　　）	
	（　　）		（　　）	
3	（　　）		（　　）	
	（　　）		（　　）	

第4問(2) 16点

問1

仕　掛　品　　　　　　　　（単位：円）

6/1 月初有高　（　　　　　）	6/30 製　　品　（　　　　　）
30 直接材料費　（　　　　　）	〃 月末有高　（　　　　　）
〃 直接労務費　（　　　　　）	
〃 製造間接費　（　　　　　）	
（　　　　　）	（　　　　　）

月 次 損 益 計 算 書

（単位：円）

売　上　高		9,320,000
売　上　原　価		
月初製品有高	560,000	
当月製品製造原価	（　　　　　）	
合　　計	（　　　　　）	
月末製品有高	（　　　　　）	
差　引	（　　　　　）	
原　価　差　異	（　　　　　）	（　　　　　）
売上総利益		（　　　　　）
販売費および一般管理費		1,870,000
営業利益		（　　　　　）

18

第2部　本試験演習編

問2　予 算 差 異 = 〔　　　　　　　　　　　〕円　（　借方差異　・　貸方差異　）

いずれかを○で囲むこと

操業度差異 = 〔　　　　　　　　　　　〕円　（　借方差異　・　貸方差異　）

いずれかを○で囲むこと

第5問　12点

直接原価計算による損益計算書　　　　（単位：円）

	前 々 期	前 　 期
売 　 上 　 高	（　　　　　　　　）	（　　　　　　　　）
変 　 動 　 費	（　　　　　　　　）	（　　　　　　　　）
貢 　 献 　 利 　 益	（　　　　　　　　）	（　　　　　　　　）
固 　 定 　 費	（　　　　　　　　）	（　　　　　　　　）
営 　 業 　 利 　 益	（　　　　　　　　）	（　　　　　　　　）

第4回 答案用紙

問　題 ▶ 22
解　答 ▶ 156

第1問 20点

	借　方		貸　方	
	記　号	金　額	記　号	金　額
1	(　　)		(　　)	
	(　　)		(　　)	
	(　　)		(　　)	
	(　　)		(　　)	
	(　　)		(　　)	
2	(　　)		(　　)	
	(　　)		(　　)	
	(　　)		(　　)	
	(　　)		(　　)	
	(　　)		(　　)	
3	(　　)		(　　)	
	(　　)		(　　)	
	(　　)		(　　)	
	(　　)		(　　)	
	(　　)		(　　)	
4	(　　)		(　　)	
	(　　)		(　　)	
	(　　)		(　　)	
	(　　)		(　　)	
	(　　)		(　　)	
5	(　　)		(　　)	
	(　　)		(　　)	
	(　　)		(　　)	
	(　　)		(　　)	
	(　　)		(　　)	

第2部　本試験演習編

第2問 20点

問1

当座預金勘定調整表

（3月31日現在）　（単位：円）

当座預金帳簿残高　　　　　　　　　　　　　　　　　（　　　　　　　）

（加算）　　　　　　［　　　］　（　　　　　　）

　　　　　　　　　　［　　　］　（　　　　　　）　（　　　　　　　）

（減算）　　　　　　［　　　］　（　　　　　　）

　　　　　　　　　　［　　　］　（　　　　　　）

　　　　　　　　　　［　　　］　（　　　　　　）　（　　　　　　　）

当座預金銀行残高　　　　　　　　　　　　　　　　　（　　　　　　　）

注　［　　　］には［資料Ⅰ］の番号(1)から(4)、（　　　）には金額を記入すること。

問2

[資料Ⅰ] に関する仕訳

番号	借　方		貸　方	
	記　　号	金　　額	記　　号	金　　額
(2)	（　　　）		（　　　）	
	（　　　）		（　　　）	
	（　　　）		（　　　）	
	（　　　）		（　　　）	
(3)	（　　　）		（　　　）	
	（　　　）		（　　　）	
	（　　　）		（　　　）	
	（　　　）		（　　　）	
(4)	（　　　）		（　　　）	
	（　　　）		（　　　）	
	（　　　）		（　　　）	
	（　　　）		（　　　）	

21

［資料Ⅱ］に関する仕訳

| 番号 | 借　　方 | | 貸　　方 | |
	記　　号	金　　額	記　　号	金　　額
(1)	(　　　)		(　　　)	
	(　　　)		(　　　)	
	(　　　)		(　　　)	
	(　　　)		(　　　)	
(2)	(　　　)		(　　　)	
	(　　　)		(　　　)	
	(　　　)		(　　　)	
	(　　　)		(　　　)	
(4)	(　　　)		(　　　)	
	(　　　)		(　　　)	
	(　　　)		(　　　)	
	(　　　)		(　　　)	

第3問 20点

精 算 表

勘 定 科 目	残高試算表 借方	残高試算表 貸方	修正記入 借方	修正記入 貸方	損益計算書 借方	損益計算書 貸方	貸借対照表 借方	貸借対照表 貸方
現 金 預 金	416,250							
受 取 手 形	70,000							
売 掛 金	234,000							
売買目的有価証券	149,500							
繰 越 商 品	82,000							
建 物	3,000,000							
備 品	600,000							
建 設 仮 勘 定	800,000							
満期保有目的債券	49,400							
の れ ん	6,000							
未 決 算	200,000							
支 払 手 形		40,000						
買 掛 金		157,000						
前 受 金		30,000						
借 入 金		300,000						
貸 倒 引 当 金		3,700						
建物減価償却累計額		900,000						
備品減価償却累計額		292,800						
資 本 金		3,400,000						
利 益 準 備 金		82,000						
繰越利益剰余金		143,500						
売 上		2,808,000						
有 価 証 券 利 息		1,000						
仕 入	1,926,000							
給 料	600,000							
支 払 保 険 料	15,000							
支 払 利 息	9,850							
	8,158,000	8,158,000						
火 災 損 失								
貸倒引当金繰入								
有 価 証 券 評 価 益								
棚 卸 減 耗 損								
商 品 評 価 損								
未 払 金								
減 価 償 却 費								
の れ ん 償 却								
前 払 保 険 料								
未 払 利 息								
当 期 純 利 益								

第4問(1) 12点

	借 方		貸 方	
	記　号	金　額	記　号	金　額
1	(　　)		(　　)	
	(　　)		(　　)	
2	(　　)		(　　)	
	(　　)		(　　)	
3	(　　)		(　　)	
	(　　)		(　　)	

第4問(2) 16点

問1　　　　　　　　　　補　助　部　門　費　配　賦　表　　　　　　　　　（単位：円）

費　　目	合　　計	製　造　部　門		補　助　部　門		
		切　削　部	組　立　部	修　繕　部	動　力　部	工場事務部
部　門　費	2,200,000	300,000	120,000	350,000	630,000	800,000
工場事務部費						
動　力　部　費						
修　繕　部　費						
製　造　部　門　費						

問2　　　　　　　　　　　　製　造　間　接　費―仕　掛　　　　　　　　（単位：円）

月　初　有　高	103,000	完　成　高	(　　　　　)
当月実際配賦額	(　　　　　)	月　末　有　高	(　　　　　)
	(　　　　　)		(　　　　　)

第5問 12点

全部原価計算による損益計算書	（単位：円）
売　　上　　高	（　　　　　）
売　上　原　価	（　　　　　）
配　賦　差　異	（　　　　　）
売　上　総　利　益	（　　　　　）
販　　売　　費	（　　　　　）
一　般　管　理　費	（　　　　　）
営　業　利　益	394,400

直接原価計算による損益計算書	（単位：円）
売　　上　　高	（　　　　　）
変　動　売　上　原　価	（　　　　　）
変　動　製　造　マ　ー　ジ　ン	（　　　　　）
変　動　販　売　費	（　　　　　）
貢　献　利　益	（　　　　　）
固　　定　　費	（　　　　　）
営　業　利　益	（　　　　　）

第5回 答案用紙

| 問 題 ▶ 30 |
| 解 答 ▶ 174 |

第1問 20点

	借 方		貸 方	
	記 号	金 額	記 号	金 額
1	( )		( )	
	( )		( )	
	( )		( )	
	( )		( )	
	( )		( )	
2	( )		( )	
	( )		( )	
	( )		( )	
	( )		( )	
	( )		( )	
3	( )		( )	
	( )		( )	
	( )		( )	
	( )		( )	
	( )		( )	
4	( )		( )	
	( )		( )	
	( )		( )	
	( )		( )	
	( )		( )	
5	( )		( )	
	( )		( )	
	( )		( )	
	( )		( )	
	( )		( )	

26

第2問 20点

株 主 資 本 等 変 動 計 算 書
自×27年4月1日　至×28年3月31日　　　　　（単位：千円）

		株　主　資　本			
	資　本　金	資　本　剰　余　金			
		資 本 準 備 金	その他資本剰余金	資本剰余金合計
当 期 首 残 高	20,000	1,500	800	2,300
当 期 変 動 額				
剰 余 金 の 配 当		（　　　）	（　　　）	（　　　）
別途積立金の積立て				
新 株 の 発 行	（　　　）	（　　　）		（　　　）
当 期 純 利 益				
株主資本以外の項目の当期変動額(純額)				
当 期 変 動 額 合 計	（　　　）	（　　　）	（　　　）	（　　　）
当 期 末 残 高	（　　　）	（　　　）	（　　　）	（　　　）

（下段へ続く）

（上段より続く）

	株　　主　　資　　本					評価・換算差額等		純資産合　計
	利　益　剰　余　金				株主資本合　計	その他有価証券評　価差額金	評価・換　算差額等合　計	
	利 益準備金	その他利益剰余金		利 益剰余金合 計				
		別　途積立金	繰越利益剰余金					
当 期 首 残 高	500	100	2,600	3,200	25,500	80	80	25,580
当 期 変 動 額								
剰 余 金 の 配 当	（　）		（　　　）	（　　　）	（　　　）			（　　　）
別途積立金の積立て		（　　　）	（　　　）	―	―			―
新 株 の 発 行					（　　　）			（　　　）
当 期 純 利 益			（　　　）	（　　　）	（　　　）			（　　　）
株主資本以外の項目の当期変動額(純額)						（　　　）	（　　　）	（　　　）
当 期 変 動 額 合 計	（　　　）	（　　　）	（　　　）	（　　　）	（　　　）	（　　　）	（　　　）	（　　　）
当 期 末 残 高	（　　　）	（　　　）	（　　　）	（　　　）	（　　　）	（　　　）	（　　　）	（　　　）

第3問 20点

損 益 計 算 書

自×23年4月1日 至×24年3月31日 （単位：円）

Ⅰ 売 上 高		5,805,000	
Ⅱ 売 上 原 価			
1 期 首 商 品 棚 卸 高	（ ）		
2 当 期 商 品 仕 入 高	（ ）		
合 計	（ ）		
3 期 末 商 品 棚 卸 高	（ ）		
差 引	（ ）		
4 棚 卸 減 耗 損	（ ）		
5 商 品 評 価 損	（ ）	（ ）	
売 上 総 利 益		（ ）	
Ⅲ 販売費及び一般管理費			
1 給 料 手 当	（ ）		
2 退 職 給 付 引 当 金 繰 入	（ ）		
3 貸 倒 引 当 金 繰 入	（ ）		
4 減 価 償 却 費	（ ）		
5 消 耗 品 費	（ ）		
6 研 究 開 発 費	（ ）		
7 の れ ん 償 却	（ ）	（ ）	
営 業 利 益		（ ）	
Ⅳ 営 業 外 収 益			
1 受 取 家 賃	（ ）		
2 有 価 証 券 利 息	（ ）	（ ）	
Ⅴ 営 業 外 費 用			
1 支 払 利 息	（ ）	（ ）	
税 引 前 当 期 純 利 益		（ ）	
法人税、住民税及び事業税		（ ）	
当 期 純 利 益		（ ）	

第2部　本試験演習編

第4問(1)　12点

	借　　方		貸　　方	
	記　　号	金　　額	記　　号	金　　額
1	（　　　）		（　　　）	
	（　　　）		（　　　）	
2	（　　　）		（　　　）	
	（　　　）		（　　　）	
3	（　　　）		（　　　）	
	（　　　）		（　　　）	

第4問(2)　16点

問1　修　繕　部　費　　　　　　　　　　　　円/時間

問2　第一製造部費　　　　　　　　　　　　円/時間

　　　第二製造部費　　　　　　　　　　　　円/時間

問3　第一製造部費　　　　　　　　　　　　円

　　　第二製造部費　　　　　　　　　　　　円

問4　修繕部費配賦差異　　　　　　　　　　円　（　借方差異　・　貸方差異　）

　　　　　　　　　　　　　　　　　　　　　　　　いずれかを○で囲むこと

問5　第一製造部費配賦差異　　　　　　　　円　（　借方差異　・　貸方差異　）

　　　　　　　　　　　　　　　　　　　　　　　　いずれかを○で囲むこと

29

第5問 12点

仕 掛 品

期 首 有 高	585,000	当 期 完 成 高	(	)
直 接 材 料 費	( )	期 末 有 高	(	)
直 接 労 務 費	( )			
変動製造間接費	( )			
	( )		(	)

直接原価計算による損益計算書

(単位：円)

Ⅰ 売 上 高			10,070,000
Ⅱ 変 動 売 上 原 価			
1 期 首 製 品 棚 卸 高	710,000		
2 当期製品変動製造原価	( )		
合 計	( )		
3 期 末 製 品 棚 卸 高	( )		
差 引	( )		
4 原 価 差 異	( )	(	)
変 動 製 造 マ ー ジ ン		(	)
Ⅲ 変 動 販 売 費		(	)
貢 献 利 益		(	)
Ⅳ 固 定 費			
1 製 造 固 定 費	( )		
2 固定販売費・一般管理費	( )	(	)
営 業 利 益		(	)

MEMO

第2部　本試験演習編

答案用紙

第5回

第6回 答案用紙

| 問 | 題 ▶ 38 |
| 解 | 答 ▶ 190 |

第1問 20点

	借 方		貸 方	
	記　号	金　額	記　号	金　額
1	（　　）		（　　）	
	（　　）		（　　）	
	（　　）		（　　）	
	（　　）		（　　）	
	（　　）		（　　）	
2	（　　）		（　　）	
	（　　）		（　　）	
	（　　）		（　　）	
	（　　）		（　　）	
	（　　）		（　　）	
3	（　　）		（　　）	
	（　　）		（　　）	
	（　　）		（　　）	
	（　　）		（　　）	
	（　　）		（　　）	
4	（　　）		（　　）	
	（　　）		（　　）	
	（　　）		（　　）	
	（　　）		（　　）	
	（　　）		（　　）	
5	（　　）		（　　）	
	（　　）		（　　）	
	（　　）		（　　）	
	（　　）		（　　）	
	（　　）		（　　）	

第2部　本試験演習編

第2問 20点

問1

売　掛　金

月	日	摘　　要	借　方	月	日	摘　　要	貸　方
4	1	前　期　繰　越	1,700,000	4	12	（　　　）	
	8	（　　　）			22	（　　　）	
	18	（　　　）			30	次　月　繰　越	

商　　　品

月	日	摘　　要	借　方	月	日	摘　　要	貸　方
4	1	前　期　繰　越		4	5	（　　　）	
	4	（　　　）			8	（　　　）	
	10	（　　　）			18	（　　　）	
	15	（　　　）			30	次　月　繰　越	

問2

4　月　の　売　上　高	￥
4　月　の　売　上　原　価	￥

答案用紙

第6回

第3問 20点

精　算　表　　　　　　　　　　　　　（単位：円）

勘 定 科 目	試　算　表 借　方	試　算　表 貸　方	修　正　記　入 借　方	修　正　記　入 貸　方	損　益　計　算　書 借　方	損　益　計　算　書 貸　方	貸　借　対　照　表 借　方	貸　借　対　照　表 貸　方
現　　　　　金	29,000							
当 座 預 金	162,300							
受 取 手 形	106,000							
売 　掛 　金	200,000							
繰 越 商 品	308,000							
仮 　払 　金	30,000							
建　　　　　物	750,000							
備　　　　　品	530,000							
建 設 仮 勘 定	240,000							
満期保有目的債券	595,000							
支 払 手 形		27,000						
買 　掛 　金		100,000						
退職給付引当金		180,000						
貸 倒 引 当 金		2,500						
建物減価償却累計額		237,500						
備品減価償却累計額		190,800						
資 　本 　金		1,392,000						
繰越利益剰余金		437,500						
売　　　　　上		2,980,000						
有 価 証 券 利 息		3,000						
仕　　　　　入	2,070,000							
給　　　　　料	400,000							
水 道 光 熱 費	100,000							
保 　険 　料	30,000							
	5,550,300	5,550,300						
売 上 原 価								
商 品 評 価 損								
棚 卸 減 耗 損								
貸倒引当金繰入額								
貸 倒 損 失								
減 価 償 却 費								
退 職 給 付 費 用								
修 　繕 　費								
前 払 保 険 料								
為 替 差 損 益								
当 期 純 利 益								

第2部　本試験演習編

第4問(1) 12点

	借　方		貸　方	
	記　　号	金　　額	記　　号	金　　額
1	（　　　）		（　　　）	
	（　　　）		（　　　）	
2	（　　　）		（　　　）	
	（　　　）		（　　　）	
3	（　　　）		（　　　）	
	（　　　）		（　　　）	

第4問(2) 16点

月末仕掛品のA原料費＝ [　　　　　　] 円

月末仕掛品のB原料費＝ [　　　　　　] 円

月末仕掛品の加工費＝ [　　　　　　] 円

完 成 品 総 合 原 価＝ [　　　　　　] 円

完 成 品 単 位 原 価＝ [　　　　　　] 円/kg

第5問 12点

問1 [   ] 円

問2 [   ] 円

問3

(1)　価格差異　[   ] 円　（　有利　・　不利　）

　　※（　　）内の「有利」または「不利」を○で囲むこと。以下同じ。

　　　数量差異　[   ] 円　（　有利　・　不利　）

(2)　予算差異　[   ] 円　（　有利　・　不利　）

　　　能率差異　[   ] 円　（　有利　・　不利　）

　　　操業度差異　[   ] 円　（　有利　・　不利　）

MEMO

第7回 答案用紙

問　題 ▶ 44
解　答 ▶ 206

第1問 20点

	借　方		貸　方	
	記　　号	金　　額	記　　号	金　　額
1	(　　　)		(　　　)	
	(　　　)		(　　　)	
	(　　　)		(　　　)	
	(　　　)		(　　　)	
	(　　　)		(　　　)	
2	(　　　)		(　　　)	
	(　　　)		(　　　)	
	(　　　)		(　　　)	
	(　　　)		(　　　)	
	(　　　)		(　　　)	
3	(　　　)		(　　　)	
	(　　　)		(　　　)	
	(　　　)		(　　　)	
	(　　　)		(　　　)	
	(　　　)		(　　　)	
4	(　　　)		(　　　)	
	(　　　)		(　　　)	
	(　　　)		(　　　)	
	(　　　)		(　　　)	
	(　　　)		(　　　)	
5	(　　　)		(　　　)	
	(　　　)		(　　　)	
	(　　　)		(　　　)	
	(　　　)		(　　　)	
	(　　　)		(　　　)	

第2部　本試験演習編

第2問 20点

問1

売買目的有価証券

日 付			摘　要	借　方	日 付			摘　要	貸　方
29	2	1	（　　　）		29	10	1	（　　　）	
	12	31	有価証券評価益			12	31	（　　　）	

満期保有目的債券

日 付			摘　要	借　方	日 付			摘　要	貸　方
29	4	1	（　　　）		29	12	31	（　　　）	
	12	31	（　　　）						

有 価 証 券 利 息

日 付			摘　要	借　方	日 付			摘　要	貸　方
29	2	1	（　　　）		29	6	30	（　　　）	
	12	31	（　　　）			10	1	（　　　）	
						12	31	当 座 預 金	
						〃		未収有価証券利息	
						〃		（　　　）	

問2

有価証券売却（　　　　　）	￥

39

第3問 20点

損 益 計 算 書
(自×25年4月1日　至×26年3月31日)

(単位：円)

Ⅰ	売　上　高		(　　　　　)
Ⅱ	売　上　原　価		
	1 期首商品棚卸高	(　　　　　)	
	2 当期商品仕入高	(　　　　　)	
	合　計	(　　　　　)	
	3 期末商品棚卸高	(　　　　　)	
	差　引	(　　　　　)	
	4 棚卸減耗損	(　　　　　)	
	5 商品評価損	(　　　　　)	(　　　　　)
	売上総利益		(　　　　　)
Ⅲ	販売費及び一般管理費		
	1 給　料	(　　　　　)	
	2 旅費交通費	(　　　　　)	
	3 水道光熱費	(　　　　　)	
	4 保　険　料	20,000	
	5 通　信　費	(　　　　　)	
	6 減価償却費	(　　　　　)	
	7 商標権償却	(　　　　　)	
	8 貸倒引当金繰入	(　　　　　)	
	9 退職給付費用	(　　　　　)	(　　　　　)
	営業利益		(　　　　　)
Ⅳ	営業外収益		
	1 受取利息		(　　　　　)
Ⅴ	営業外費用		
	1 支払利息	(　　　　　)	
	2 手形売却損	(　　　　　)	(　　　　　)
	経常利益		(　　　　　)
Ⅵ	特別利益		
	1 固定資産売却益		(　　　　　)
Ⅶ	特別損失		
	1 災害損失		1,500
	税引前当期純利益		(　　　　　)
	法人税、住民税及び事業税		(　　　　　)
	当期純利益		(　　　　　)

第2部　本試験演習編

第4問(1)　12点

	借　方		貸　方	
	記　号	金　額	記　号	金　額
1	(　　)		(　　)	
	(　　)		(　　)	
2	(　　)		(　　)	
	(　　)		(　　)	
3	(　　)		(　　)	
	(　　)		(　　)	

第4問(2)　16点

問1

総　合　原　価　計　算　表　　　　　　(単位：円)

	A 原 料 費	B 原 料 費	加　工　費	合　　　計
月初仕掛品原価	480,000	0	220,000	700,000
当月製造費用	7,080,000	660,000	9,600,000	17,340,000
合　　　計	7,560,000	660,000	9,820,000	18,040,000
差引：月末仕掛品原価	(　　　　)	(　　　　)	(　　　　)	(　　　　)
完成品総合原価	(　　　　)	(　　　　)	(　　　　)	(　　　　)

問2

完成品総合原価　＝　[　　　　　　　　]　円

41

第5問 12点

問1 | 万円

問2 | 万円

問3 | %

問4 | 万円

問5 | 万円

MEMO

第2部　本試験演習編

答案用紙

第7回

第8回 答案用紙

問　題 ▶ 52
解　答 ▶ 224

第1問 20点

	借　方		貸　方	
	記　　号	金　　額	記　　号	金　　額
1	(　　)		(　　)	
	(　　)		(　　)	
	(　　)		(　　)	
	(　　)		(　　)	
	(　　)		(　　)	
2	(　　)		(　　)	
	(　　)		(　　)	
	(　　)		(　　)	
	(　　)		(　　)	
	(　　)		(　　)	
3	(　　)		(　　)	
	(　　)		(　　)	
	(　　)		(　　)	
	(　　)		(　　)	
	(　　)		(　　)	
4	(　　)		(　　)	
	(　　)		(　　)	
	(　　)		(　　)	
	(　　)		(　　)	
	(　　)		(　　)	
5	(　　)		(　　)	
	(　　)		(　　)	
	(　　)		(　　)	
	(　　)		(　　)	
	(　　)		(　　)	

第2問 20点

（単位：千円）

科　目	個別財務諸表		修正・消去		連結財務諸表
	P　社	S　社	借　方	貸　方	
貸借対照表					
現　金　預　金	180,000	65,000			
売　　掛　　金	480,000	220,000			
商　　　　　品	370,000	165,000			
未　収　入　金	80,000	13,000			
貸　　付　　金	150,000				
未　収　収　益	12,000				
土　　　　　地	165,000	36,000			
建　　　　　物	50,000				
建物減価償却累計額	△24,000				
（　　　　　　　　）					
S　社　株　式	200,000				
資　産　合　計	1,663,000	499,000			
買　　掛　　金	181,000	205,000			
借　　入　　金	125,000	70,000			
未　　払　　金	120,000	42,000			
未　払　費　用	88,000	2,000			
資　　本　　金	226,000	100,000			
資　本　剰　余　金	123,000	20,000			
利　益　剰　余　金	800,000	60,000			
非　支　配　株　主　持　分					
負　債　純　資　産　合　計	1,663,000	499,000			
損　益　計　算　書					
売　　上　　高	1,560,000	1,080,000			
売　上　原　価	1,014,000	767,000			
販売費及び一般管理費	465,000	288,000			
（　　　　　）償　却					
受　取　利　息	5,200	800			
支　払　利　息	4,000	1,800			
土　地　売　却　益	6,000				
当　期　純　利　益	88,200	24,000			
非支配株主に帰属する当期純利益					
親会社株主に帰属する当期純利益					

第3問 20点

貸 借 対 照 表

×26年 3 月31日　　　　　　　　　　　　　（単位：円）

資 産 の 部			負 債 の 部	
I 流 動 資 産			I 流 動 負 債	
現 金 預 金	（　　　）		支 払 手 形	1,455,000
受 取 手 形	（　　　）		買 掛 金	1,537,000
貸 倒 引 当 金	（　　　）	（　　　）	未 払 消 費 税	（　　　）
売 掛 金	（　　　）		未 払 法 人 税 等	（　　　）
貸 倒 引 当 金	（　　　）	（　　　）	未 払 費 用	（　　　）
商 品		（　　　）	流動負債合計	（　　　）
未 収 入 金		（　　　）	II 固 定 負 債	
前 払 費 用		（　　　）	長 期 借 入 金	9,000,000
未 収 収 益		（　　　）	退職給付引当金	（　　　）
流動資産合計		（　　　）	固定負債合計	（　　　）
II 固 定 資 産			負 債 の 部 合 計	（　　　）
建 物	（　　　）		純 資 産 の 部	
減価償却累計額	（　　　）	（　　　）	資 本 金	10,000,000
備 品	（　　　）		利 益 準 備 金	1,500,000
減価償却累計額	（　　　）	（　　　）	繰越利益剰余金	（　　　）
固定資産合計		（　　　）	純資産の部合計	（　　　）
資 産 の 部 合 計		（　　　）	負債・純資産合計	（　　　）

区分式損益計算書に表示される利益

① 売 上 総 利 益	¥
② 営 業 利 益	¥
③ 経 常 利 益	¥
④ 当 期 純 利 益	¥

第2部　本試験演習編

第4問(1) 12点

	借　方		貸　方	
	記　号	金　額	記　号	金　額
1	（　　）		（　　）	
	（　　）		（　　）	
	（　　）		（　　）	
2	（　　）		（　　）	
	（　　）		（　　）	
	（　　）		（　　）	
3	（　　）		（　　）	
	（　　）		（　　）	
	（　　）		（　　）	

第4問(2) 16点

第1工程月末仕掛品の原料費＝ 　　　　　　　　　 円

第1工程月末仕掛品の加工費＝ 　　　　　　　　　 円

第2工程月末仕掛品の前工程費＝ 　　　　　　　　　 円

第2工程月末仕掛品の加工費＝ 　　　　　　　　　 円

第2工程完成品総合原価＝ 　　　　　　　　　 円

答案用紙

第8回

第5問 12点

(1) 当月の直接材料費総額＝ [　　　　　　　] 円

(2) 当月の製造間接費総額＝ [　　　　　　　] 円

(3) 当月の貢献利益＝ [　　　　　　　] 円

(4) 当月の損益分岐点売上高＝ [　　　　　　　] 円

(5) 当月の必要売上高＝ [　　　　　　　] 円

第 2 部　本試験演習編

MEMO

答案用紙

第 8 回

第9回 答案用紙

問　題 ▶ 60
解　答 ▶ 248

第1問 20点

	借　　方		貸　　方	
	記　　号	金　　額	記　　号	金　　額
1	（　　）		（　　）	
	（　　）		（　　）	
	（　　）		（　　）	
	（　　）		（　　）	
	（　　）		（　　）	
2	（　　）		（　　）	
	（　　）		（　　）	
	（　　）		（　　）	
	（　　）		（　　）	
	（　　）		（　　）	
3	（　　）		（　　）	
	（　　）		（　　）	
	（　　）		（　　）	
	（　　）		（　　）	
	（　　）		（　　）	
4	（　　）		（　　）	
	（　　）		（　　）	
	（　　）		（　　）	
	（　　）		（　　）	
	（　　）		（　　）	
5	（　　）		（　　）	
	（　　）		（　　）	
	（　　）		（　　）	
	（　　）		（　　）	
	（　　）		（　　）	

第2部　本試験演習編

第2問 20点

問1

総 勘 定 元 帳
建 物

年	月	日	摘　要	借　方	年	月	日	摘　要	貸　方
29	4	1	前 期 繰 越					（　　　）	
								（　　　）	

機 械 装 置

年	月	日	摘　要	借　方	年	月	日	摘　要	貸　方
			（　　　）					（　　　）	
								（　　　）	
								（　　　）	

リ ー ス 資 産

年	月	日	摘　要	借　方	年	月	日	摘　要	貸　方
			（　　　）					（　　　）	
								（　　　）	

答案用紙

第9回

51

問2

借　　方		貸　　方	
記　　号	金　　額	記　　号	金　　額
（　　　）		（　　　）	
（　　　）		（　　　）	
（　　　）		（　　　）	
（　　　）		（　　　）	

問3　(1)　未実現損益の消去

借　　方		貸　　方	
記　　号	金　　額	記　　号	金　　額
（　　　）		（　　　）	
（　　　）		（　　　）	
（　　　）		（　　　）	
（　　　）		（　　　）	

(2)　債権債務の相殺消去

借　　方		貸　　方	
記　　号	金　　額	記　　号	金　　額
（　　　）		（　　　）	
（　　　）		（　　　）	
（　　　）		（　　　）	
（　　　）		（　　　）	

第3問 20点

損　益　計　算　書
（自20×8年4月1日　至20×9年3月31日）　　　　　（単位：千円）

Ⅰ　売　　上　　高		（　　　　　）
Ⅱ　売　上　原　価		（　　　　　）
売　上　総　利　益		（　　　　　）
Ⅲ　販売費及び一般管理費		
1　販　　売　　費	（　　　　　）	
2　減　価　償　却　費	（　　　　　）	
3　退　職　給　付　費　用	（　　　　　）	
4　貸　倒　引　当　金　繰　入	（　　　　　）	（　　　　　）
営　業　利　益		（　　　　　）
Ⅳ　営　業　外　収　益		
1　受　取　利　息・配　当　金	1,300	
2　有　価　証　券　利　息	（　　　　　）	
3　製品保証引当金戻入	（　　　　　）	（　　　　　）
Ⅴ　営　業　外　費　用		
1　支　　払　　利　　息		16,400
当　期　純　利　益		（　　　　　）

貸借対照表に表示される項目
（単位：千円）

①　仕　掛　品	
②　投資有価証券	
③　買　掛　金	

第4問(1) 12点

	借　方		貸　方	
	記　号	金　額	記　号	金　額
1	（　　）		（　　）	
	（　　）		（　　）	
2	（　　）		（　　）	
	（　　）		（　　）	
3	（　　）		（　　）	
	（　　）		（　　）	

第4問(2) 16点

組 別 総 合 原 価 計 算 表　　　　　　（単位：円）

	A　製　品		B　製　品	
	直接材料費	加　工　費	直接材料費	加　工　費
月初仕掛品原価	—	—	—	—
当 月 製 造 費 用	1,404,000		1,085,000	
合　　　　計	1,404,000		1,085,000	
月末仕掛品原価	—	—		
完成品総合原価	1,404,000			

月 次 損 益 計 算 書(一部)　　　　（単位：円）

売　　上　　高　　　　　　　　　（　　　　　　）
売　上　原　価
　月初製品棚卸高　　（　　　　　　）
　当月製品製造原価　（　　　　　　）
　　小　　計　　　　（　　　　　　）
　月末製品棚卸高　　（　　　　　　）　（　　　　　　）
売　上　総　利　益　　　　　　　（　　　　　　）

第2部　本試験演習編

第5問　12点

問1　固定製造間接費の標準配賦率　＝ [　　　　　　　　] 円/時間

問2　当 月 の 標 準 配 賦 額　＝ [　　　　　　　　] 円

問3　製造間接費総差異　＝ [　　　　　　] 円（ 有利 ・ 不利　差異 ）

　　　予 算 差 異　＝ [　　　　　　] 円（ 有利 ・ 不利　差異 ）

　　　能 率 差 異　＝ [　　　　　　] 円（ 有利 ・ 不利　差異 ）

　　　操 業 度 差 異　＝ [　　　　　　] 円（ 有利 ・ 不利　差異 ）

（注）（　）内の「有利」または「不利」を○で囲むこと。

55

第10回 答案用紙

問題 ▶ 68
解答 ▶ 270

第1問 20点

	借 方		貸 方	
	記 号	金 額	記 号	金 額
1	( )		( )	
	( )		( )	
	( )		( )	
	( )		( )	
	( )		( )	
2	( )		( )	
	( )		( )	
	( )		( )	
	( )		( )	
	( )		( )	
3	( )		( )	
	( )		( )	
	( )		( )	
	( )		( )	
	( )		( )	
4	( )		( )	
	( )		( )	
	( )		( )	
	( )		( )	
	( )		( )	
5	( )		( )	
	( )		( )	
	( )		( )	
	( )		( )	
	( )		( )	

第2問 20点

(1)

総 勘 定 元 帳
買　掛　金

年	月	日	摘　　要	借　方	年	月	日	摘　　要	貸　方
×1	2	28	普 通 預 金		×1	1	1	前 期 繰 越	
			（　　）					（　　）	
	12	31	次 期 繰 越					（　　）	
								（　　）	

商　　　品

年	月	日	摘　　要	借　方	年	月	日	摘　　要	貸　方
×1	1	1	前 期 繰 越		×1	1	31	売 上 原 価	
	4	30	（　　）					（　　）	
			（　　）					（　　）	
								（　　）	
								（　　）	
								（　　）	
						12	31	次 期 繰 越	

機 械 装 置

年	月	日	摘　要	借　方	年	月	日	摘　　要	貸　方
×1	11	1	（　　）					（　　）	
						12	31	次 期 繰 越	

(2) 損益の金額

① 当期の売上高　　¥＿＿＿＿＿＿＿＿

② 当期の為替差損　¥＿＿＿＿＿＿＿＿

③ 当期の為替差益　¥＿＿＿＿＿＿＿＿

第3問 20点

損　益　計　算　書
自2×18年4月1日　至2×19年3月31日
（単位：円）

Ⅰ　売　上　高		7,249,000	
Ⅱ　売　上　原　価			
1　商品期首棚卸高	（　　　　　）		
2　当期商品仕入高	（　　　　　）		
合　計	（　　　　　）		
3　商品期末棚卸高	（　　　　　）		
差　引	（　　　　　）		
4　棚卸減耗損	（　　　　　）		
5　商品評価損	（　　　　　）	（　　　　　）	
売上総利益		（　　　　　）	
Ⅲ　販売費及び一般管理費			
1　給　料	720,000		
2　水道光熱費	49,800		
3　退職給付費用	（　　　　　）		
4　租税公課	（　　　　　）		
5　減価償却費	（　　　　　）		
6　貸倒引当金繰入	（　　　　　）		
7　貸倒損失	（　　　　　）		
8　のれん償却	（　　　　　）	（　　　　　）	
営業利益		（　　　　　）	
Ⅳ　営業外収益			
1　有価証券利息		（　　　　　）	
Ⅴ　営業外費用			
1　支払利息		（　　　　　）	
経常利益		（　　　　　）	
Ⅵ　特別利益			
1　固定資産売却益		（　　　　　）	
Ⅶ　特別損失			
1　火災損失		（　　　　　）	
税引前当期純利益		（　　　　　）	
法人税、住民税及び事業税	（　　　　　）		
法人税等調整額	（△　　　　）	（　　　　　）	
当期純利益		（　　　　　）	

58

第4問(1) 12点

	借　　方		貸　　方	
	記　　号	金　　額	記　　号	金　　額
1	（　　　）		（　　　）	
	（　　　）		（　　　）	
2	（　　　）		（　　　）	
	（　　　）		（　　　）	
3	（　　　）		（　　　）	
	（　　　）		（　　　）	

第4問(2) 16点

問1

等 価 比 率 計 算 表

等級製品	重　量	等価係数	完成品量	積　　数	等価比率
X	300g	3	6,000枚	枚	％
Y	100g	1	2,000枚	枚	％
					100　％

問2　当月の月末仕掛品原価 ＝ _____　円

問3　当月の完成品総合原価 ＝ _____　円

問4　等級製品Xの完成品単位原価 ＝ _____　円/枚

問5　等級製品Yの完成品単位原価 ＝ _____　円/枚

第5問 12点

問1 | | 円

問2 | | 円 　（ 　借方差異 　・ 　貸方差異 　）
　　　　　　　　　　　　　　いずれかを○で囲むこと

問3 | | 円 　（ 　借方差異 　・ 　貸方差異 　）
　　　　　　　　　　　　　　いずれかを○で囲むこと

問4 | | 円 　（ 　借方差異 　・ 　貸方差異 　）
　　　　　　　　　　　　　　いずれかを○で囲むこと

問5 | | 円 　（ 　借方差異 　・ 　貸方差異 　）
　　　　　　　　　　　　　　いずれかを○で囲むこと

問6 | | 円 　（ 　借方差異 　・ 　貸方差異 　）
　　　　　　　　　　　　　　いずれかを○で囲むこと

MEMO

第11回 答案用紙

問　題 ▶ 78
解　答 ▶ 290

第1問 20点

	借　方		貸　方	
	記　号	金　額	記　号	金　額
1	（　　）		（　　）	
	（　　）		（　　）	
	（　　）		（　　）	
	（　　）		（　　）	
	（　　）		（　　）	
2	（　　）		（　　）	
	（　　）		（　　）	
	（　　）		（　　）	
	（　　）		（　　）	
	（　　）		（　　）	
3	（　　）		（　　）	
	（　　）		（　　）	
	（　　）		（　　）	
	（　　）		（　　）	
	（　　）		（　　）	
4	（　　）		（　　）	
	（　　）		（　　）	
	（　　）		（　　）	
	（　　）		（　　）	
	（　　）		（　　）	
5	（　　）		（　　）	
	（　　）		（　　）	
	（　　）		（　　）	
	（　　）		（　　）	
	（　　）		（　　）	

第2部　本試験演習編

第2問 20点

問1

満期保有目的債券

日 付			摘 要	借 方	日 付			摘 要	貸 方
×1	4	1	前 期 繰 越		×2	3	31	有価証券利息	
	10	1	（　　）			3	31	次 期 繰 越	
×2	3	31	（　　）						

その他有価証券

日 付			摘 要	借 方	日 付			摘 要	貸 方
×1	4	1	前 期 繰 越		×1	4	1	その他有価証券評価差額金	
	5	10	（　　）			11	20	（　　）	
	7	15	（　　）			12	31	（　　）	
×2	3	31	普 通 預 金		×2	3	31	（　　）	
	3	31	（　　）			3	31	次 期 繰 越	

問2

有 価 証 券 利 息　　　　　　￥＿＿＿＿＿＿＿＿＿＿

投資有価証券売却　（　　　　　）　￥＿＿＿＿＿＿＿＿＿＿

問3

の　れ　ん　￥＿＿＿＿＿＿＿＿＿＿

第3問 20点

貸 借 対 照 表

2×30年 3 月31日　　　　　　　　　　　　　　　　（単位：円）

資　産　の　部			負　債　の　部		
Ⅰ　流　動　資　産			Ⅰ　流　動　負　債		
現　　　　　金		150,000	支　払　手　形		190,000
当　座　預　金		（　　　　）	買　　掛　　金		380,000
受　取　手　形	（　　　）		未　払　費　用		（　　　　）
貸倒引当金	（　　　）	（　　　　）	未払法人税等		（　　　　）
売　　掛　　金	（　　　）		Ⅱ　固　定　負　債		
貸倒引当金	（　　　）	（　　　　）	長　期　借　入　金		800,000
商　　　　　品		（　　　　）	退職給付引当金		（　　　　）
Ⅱ　固　定　資　産			負　債　合　計		（　　　　）
建　　　　　物	（　　　）		純　資　産　の　部		
減価償却累計額	（　　　）	（　　　　）	資　　本　　金		3,800,000
備　　　　　品	（　　　）		利　益　準　備　金		60,450
減価償却累計額	（　　　）	（　　　　）	繰越利益剰余金		（　　　　）
満期保有目的債券		（　　　　）	純　資　産　合　計		（　　　　）
資　産　合　計		（　　　　）	負債・純資産合計		（　　　　）

第2部　本試験演習編

第4問(1)　12点

	借　　方		貸　　方	
	記　　号	金　　額	記　　号	金　　額
1	（　　　）		（　　　）	
	（　　　）		（　　　）	
2	（　　　）		（　　　）	
	（　　　）		（　　　）	
3	（　　　）		（　　　）	
	（　　　）		（　　　）	

第4問(2)　16点

仕　　掛　　品

月 初 有 高 （　　　　　）	完 成 高 （　　　　　）
直 接 材 料 費 （　　　　　）	月 末 有 高 （　　　　　）
加 工 費 （　　　　　）	標 準 原 価 差 異 （　　　　　）
（　　　　　）	（　　　　　）

月 次 損 益 計 算 書(一部)

（単位：円）

Ⅰ　売　　　　　上　　　　　高　　　　　　　　　（　　　　　）

Ⅱ　売　　　上　　　原　　　価

　　　月 初 製 品 棚 卸 高　　　（　　　　　）

　　　当 月 製 品 製 造 原 価　　（　　　　　）

　　　　　合　　　　　計　　　　（　　　　　）

　　　月 末 製 品 棚 卸 高　　　（　　　　　）

　　　　　差　　　引　　　　　（　　　　　）

　　　標 準 原 価 差 異　　　（　　　　　）　（　　　　　）

　　　　売 上 総 利 益　　　　　　　　　　（　　　　　）

Ⅲ　販 売 費 及 び 一 般 管 理 費　　　　　　（　　　　　）

　　　　営　　業　　利　　益　　　　　　　　（　　　　　）

65

第5問 12点

問1
                    直接原価計算による損益計算書　（単位：円）

売　上　高	（	）
変動売上原価	（	）
変動製造マージン	（	）
変動販売費	（	）
貢　献　利　益	（	）
製造固定費	（	）
固定販売費および一般管理費	（	）
営　業　利　益	（	）

問2　当 期 の 損 益 分 岐 点 の 売 上 高 =　　　　　　　　　　　　　　円

問3　営業利益140,000円を達成するための売上高 =　　　　　　　　　　　円

66

MEMO

第2部　本試験演習編

答案用紙

第11回

第12回 答案用紙

問　題 ▶ 88
解　答 ▶ 310

第1問 20点

	借　方		貸　方	
	記　号	金　額	記　号	金　額
1	（　　）		（　　）	
	（　　）		（　　）	
	（　　）		（　　）	
	（　　）		（　　）	
	（　　）		（　　）	
2	（　　）		（　　）	
	（　　）		（　　）	
	（　　）		（　　）	
	（　　）		（　　）	
	（　　）		（　　）	
3	（　　）		（　　）	
	（　　）		（　　）	
	（　　）		（　　）	
	（　　）		（　　）	
	（　　）		（　　）	
4	（　　）		（　　）	
	（　　）		（　　）	
	（　　）		（　　）	
	（　　）		（　　）	
	（　　）		（　　）	
5	（　　）		（　　）	
	（　　）		（　　）	
	（　　）		（　　）	
	（　　）		（　　）	
	（　　）		（　　）	

第2問 20点

第2部　本試験演習編

答案用紙

連結貸借対照表
x3年3月31日　　（単位：千円）

資　産　の　部

現　金　預　金	（	）
売　　掛　　金	（	）
貸　倒　引　当　金	△（	）
商　　　　品	（	）
前　払　費　用	（	）
建　　　　物	（	）
建物減価償却累計額	△（	）
備　　　　品	（	）
備品減価償却累計額	△（	）
土　　　　地	（	）
の　　れ　　ん	（	）
資　産　合　計	（	）

負　債　の　部

買　　掛　　金	（	）
未　　払　　金	（	）
退職給付に係る負債	（	）
負　債　合　計	（	）

純　資　産　の　部

資　　本　　金	（	）
資　本　剰　余　金	（	）
利　益　剰　余　金	（	）
非　支　配　株　主　持　分	（	）
純　資　産　合　計	（	）
負債純資産合計	（	）

第12回

第3問 20点

損　　　益

日付		摘　　要	金　額	日付		摘　　要	金　額
3	31	仕　　　　　入		3	31	売　　　　　上	
3	31	棚 卸 減 耗 損		3	31	受 取 手 数 料	
3	31	商 品 評 価 損		3	31	有 価 証 券 利 息	
3	31	支 払 家 賃		3	31	有 価 証 券 売 却 益	
3	31	給　　　　　料		3	31	受 取 配 当 金	
3	31	広 告 宣 伝 費		3	31	支　　　　　店	
3	31	減 価 償 却 費					
3	31	貸 倒 引 当 金 繰 入					
3	31	(　　　　) 償 却					
3	31	租 税 公 課					
3	31	支 払 利 息					
3	31	(　　　　　　　)					

第2部　本試験演習編

答案用紙

第4問(1)　12点

	借　　方		貸　　方	
	記　　号	金　　額	記　　号	金　　額
1	（　　　）		（　　　）	
	（　　　）		（　　　）	
2	（　　　）		（　　　）	
	（　　　）		（　　　）	
3	（　　　）		（　　　）	
	（　　　）		（　　　）	

第4問(2)　16点

```
            材        料                         仕   掛   品
買  掛  金（        ）｜仕  掛  品（        ）   月初有高   80,000｜製    品（        ）
                     ｜価格差異（        ）   材    料（        ）｜月末有高（        ）
                     ｜数量差異（        ）   加  工  費（        ）｜
                     ｜月末有高（        ）            （        ）｜     （        ）
       （        ）｜     （        ）
```

```
            買    掛    金                         価   格   差   異
                     ｜材    料（        ）   材    料（        ）｜
```

```
                                               数   量   差   異
                                             材    料（        ）｜
```

第12回

71

第5問 12点

問1 [　　　　　　　　] ％

問2 [　　　　　　　　] 円

問3 [　　　　　　　　] 円

問4 貢献利益 [　　　　　　　　] 円　　営業利益 [　　　　　　　　] 円

問5 [　　　　　　　　] ％